Kuki Gallmann

Ich träumte von Afrika

Roman

Aus dem Amerikanischen
von Ulrike Wasel und
Klaus Timmermann

Knaur

Die amerikanische Originalausgabe erschien 1991
unter dem Titel »I Dreamed of Africa« bei Viking, New York.

Besuchen Sie uns im Internet:
www.droemer-knaur.de

Vollständige Taschenbuchausgabe Februar 1999
Droemersche Verlagsanstalt Th. Knaur Nachf., München
Dieser Titel erschien bereits unter der
Bandnummer 77098 und 62009.

Umschlaggestaltung: Agentur ZERO, München
Umschlagfoto: Tony Stone, München
Druck und Bindung: Ebner, Ulm
Printed in Germany
ISBN 3-426-60868-5

4 5 3

Für Paolo und Emanuele

Eine Hoffnung jenseits des Schattens eines Traumes
John Keats, *Endymion*

Inhalt

Teil III

Emanuele

Teil IV

Die Zeit danach

Danksagung

Ich hatte eine Geschichte zu erzählen. Wer geduldig bis zum Ende liest, wird verstehen, warum ich sie aufschrieb, obwohl ich dadurch einen sehr persönlichen Teil meines Lebens einer großen Zahl von Menschen offenbare, von denen mir die meisten unbekannt sind.

Ohne die Unterstützung meiner Freunde, die zu viele sind, um im einzelnen genannt zu werden, hätte ich die Geschichte vielleicht nie vollendet. Wie dankbar ich ihnen bin, wird man bei der Lektüre meines Buches verstehen. Mein besonderer Dank gilt:

Adrian House, der mich als erster ermunterte, weiter in Englisch zu schreiben, für seine Großzügigkeit, seine schonungslose Kritik und dafür, daß er mir seine Zeit schenkte und meinen Ouzo annahm;

Aino Block, Carol Byrne, Amedeo und Josephine Buonajuti, Rocky Francombe, Hilary Ruben, John und Buffy Sacher fürs Manuskriptlesen; und Oria und Iain Douglas-Hamilton für die besondere Rolle, die sie in meiner Geschichte gespielt haben;

Toby Eady, weil er bereit war, mein »Bruder« zu sein;

Mehmood Quraishy für die hervorragende Bearbeitung meiner alten Fotografien und Dias;

Cecilia Wanjiru, Simon Itot und all meinen Freunden aus Laikipia und Nairobi dafür, daß sie sich, in traurigen und in glücklichen Zeiten, liebevoll und treu um mich und meine Tochter gekümmert haben.

Vor allem aber danke ich meiner Tochter Sveva für die taktvolle Art, mich zu ertragen, und für die Bereitschaft, ihre Kindheit und ihre Mutter über Monate hinweg mit einem Computer und all den Papierstapeln zu teilen.

August 1990

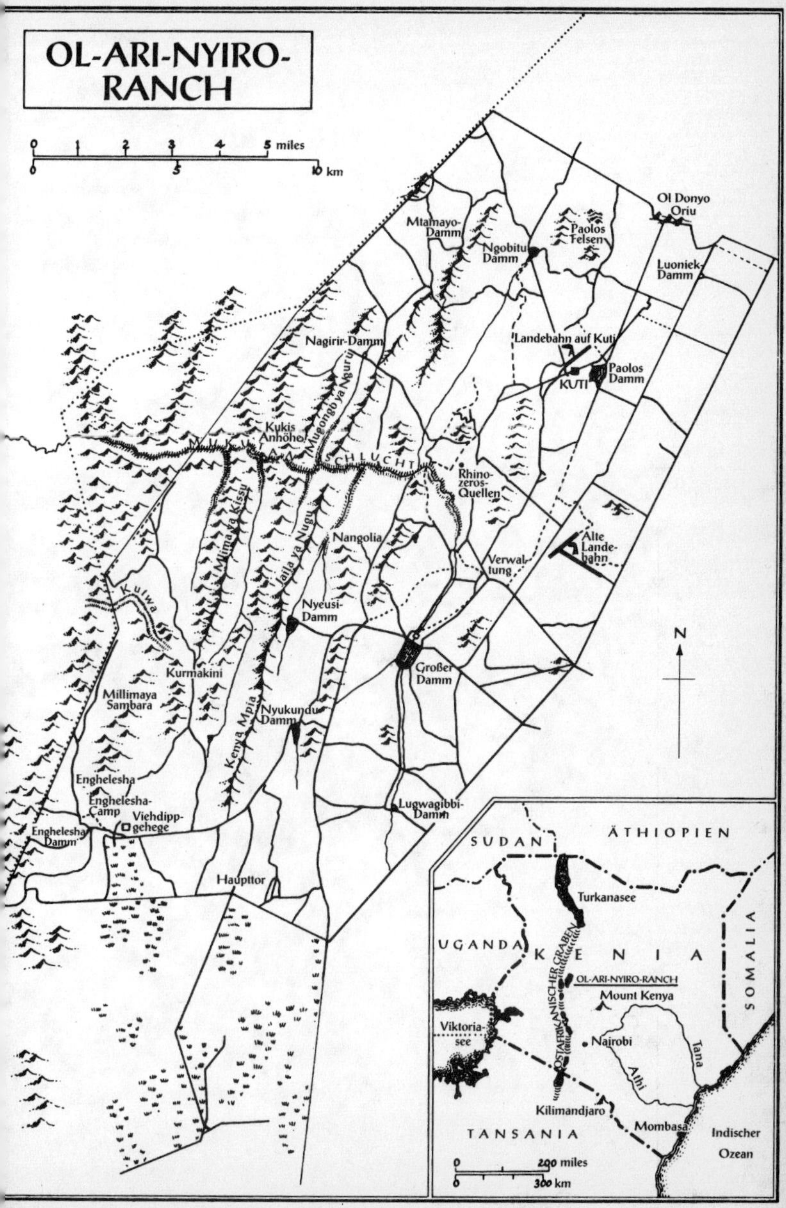
OL-ARI-NYIRO-RANCH
0 1 2 3 4 5 miles
0 5 10 km
Ol Donyo Oriu
Mtamayo-Damm
Paolos Felsen
Ngobitu Damm
Luoniek-Damm
Nagirir-Damm
Landebahn auf Kuti
KUTI
Paolos Damm
Mugongo ya Nguru
Kukis Anhöhe
MUKUTAN-SCHLUCHT
Rhino-zeros-Quellen
Mlima ya Kissu
Jaila ya Nugu
Nangolia
Alte Lande-bahn
Verwal-tung
Kulwa
Nyeusi-Damm
N
Großer Damm
Kurmakini
Millimaya Sambara
Kenya Mpia
Nyukundu Damm
Enghelesha
Enghelesha-Camp
Viehdipp-gehege
Lugwagibbi-Damm
Enghelesha Damm
Haupttor
SUDAN
ÄTHIOPIEN
Turkanasee
UGANDA
KENIA
SOMALIA
OSTAFRIKANISCHER GRABEN
OL-ARI-NYIRO-RANCH
Mount Kenya
Viktoria-see
Nairobi
Tana
Athi
Kilimandjaro
Mombasa
TANSANIA
Indischer Ozean
0 200 miles
0 300 km

Prolog

Ein Lied von längst verstorbenen Freunden,
längst vergangenen Zeiten,
von Kindern, groß geworden und hinausgezogen ...

Lyall Watson, *Gift of Unkown Things*

In jenen Stunden des Tages, wenn Silberstreifen auf dem Savannengras liegen und die Silhouetten der Hügel blaßgold umrandet sind, fahre ich oft mit meinen Hunden hinauf zur Mukutan-Schlucht, um zuzusehen, wie die Sonne hinter dem See untergeht und die Abendschatten sich auf Täler und Ebenen des Laikipia-Plateaus legen.

Dort, am äußersten Rand des Ostafrikanischen Grabens, wächst ein vom ewigen Wind gebeugter Akazienbaum, der die Schlucht bewacht. Dieser Baum ist mein Freund und mein Bruder. Ich lehne mich an seinen Stamm, der so schuppig und grau ist wie ein weiser alter Elefant. Durch seine Äste, verdreht wie Arme in einem stummen Tanz, blicke ich hinauf zum Himmel über Afrika. Die Dunkelheit kommt schnell, Rot wird zu tiefem Purpur, der Mond gleitet als blasser Fleck am Horizont entlang. Ein letzter Adler fliegt majestätisch zurück in sein Nest auf dem steilen Felsen. Wie aus der Urzeit klingen die Töne aus der Schlucht herauf: Blätter rascheln, Schlangen huschen, Baumfrösche trillern im verborgenen, die ersten Nachtvögel schreien. Dazwischen schnaubt ein Büffel, kreischen Paviane oder hustet ein Leopard rauh und krächzend.

Die enge Welt Europas ist fern und fremd. Gibt es Venedig wirklich, und treibt der Abendnebel aus verschlafenen Kanälen hinüber zu alten Palästen? Fliegen die Schwalben noch immer zu ihren Nestern unter den Dachtraufen des verlassenen Hauses meines Großvaters in Venezien? Und ist das Auto damals, in jener Sommernacht, wirklich ins Schleudern geraten am Rande der Lagune?

Das Quietschen von Bremsen brachte mich schlagartig zur Besinnung. Die Sterne sahen klein aus und sehr weit entfernt. Das Gras war naß vom Tau der Nacht. Die Grillen hatten aufgehört zu singen. Die einzigen Geräusche in der unheimlichen Stille waren schweres Atmen und ein schwaches Wimmern, das bald verstummte. Die rechte Seite meines Körpers fühlte sich naß und klebrig an. Ich berührte mein Kleid mit der Hand, und trotz der Dunkelheit wußte ich, daß es mit Blut getränkt war, das dem Mann, dessen Kopf schwer auf meiner Schulter lag, aus dem Mund sickerte. Ich rief sanft seinen Namen, doch er war zu tief im Koma, aus dem er erst sechs Monate später wieder erwachen sollte. Damals dachte ich, er läge im Sterben.

Ich spürte eigentlich keine Schmerzen, nur eine pochende Taubheit im Bereich meines linken Beines: Als ich prüfend die Hand ausstreckte, fühlte ich dort, wo mein Oberschenkel gewesen war, nur eine geschwollene breiige Masse. Mein linker Oberschenkelknochen war in winzige Knochenstückchen zersplittert. Als Tochter eines Chirurgen war mir klar, daß es lange dauern würde, bis ich wieder würde gehen können, wenn überhaupt. Es entbehrte nicht einer gewissen Ironie, daß wir alle auf dem Weg zum Tanzen waren, als das Auto ins Schleudern geriet und sich überschlug.

Meine größte Sorge war, daß niemand uns finden würde. Ich konnte weder das Auto noch die Straße sehen. Ich hatte keine Ahnung, wo wir waren. Ich wußte nur, daß der Freund im Sterben lag, und Mariangela... Ich konnte nur ihr weißes Kleid erkennen, fast durchsichtig im blassen Licht der Sterne, in dem Glühwürmchen tanzten. Das Wimmern kam von ihr, aber sie antwortete mir nicht. Ich hatte mich gerade mit ihr unterhalten, als uns die Scheinwerfer des Lastwagens blendeten, der Wagen außer Kontrolle geriet, gegen ein paar Bäume prallte und wir hinaus in ein Luzernenfeld geschleudert wurden.

Aber jetzt war ein Wagen zu hören, dann andere, die quietschend bremsten ... Stimmen, entsetztes Aufschreien ... »Hier!« rief ich, so laut ich konnte. »Drei von uns sind hier ...«

Chiara fand mich. Sie waren nach dem Essen mit ihrem Wagen hinter uns hergefahren; wir waren alle zu dem gleichen Lokal unterwegs gewesen, einem Nachtclub unter freiem Himmel. Wir waren jung, und es war Sommer.

Ich sah ihre schmalen Füße, als sie zögernd durchs Gras lief. Sie war barfuß, und mir fiel ein, daß sie einmal gesagt hatte, sie streife als erstes ihre Schuhe ab, wenn irgend etwas ihr wirklich angst mache. Die stille, aristokratische Chiara, die wir alle bewunderten und gern hatten.

»Mein Oberschenkel ist kaputt. Mach dir keine Sorgen um mich. Kümmere dich um Mariangela, dahinten, und um ihn hier: Sie reagieren nicht.« Der Kopf des stummen Freundes lag schwer auf meiner Schulter. »Ich warte, bis der Krankenwagen kommt. Sorg dafür, daß niemand uns bewegt.«

Hinterher wunderte ich mich darüber, daß ich so gefaßt blieb. Ich empfand eine fast absolute, ruhige Distanz. Ich mußte nur eins nach dem anderen angehen ... die Nerven bewahren. Ich konnte nicht wissen, daß die Notwendigkeit, hier die Ruhe zu bewahren, erst der Anfang war: Meine neuentdeckte Fähigkeit, in dramatischen Augenblicken einen klaren Kopf zu behalten, sollte später wieder auf die Probe gestellt werden. Immer und immer wieder.

Chiara gab mir ihren dünnen Pullover, denn durch den Schock hatte ich angefangen zu zittern, aber ich schüttelte den Kopf. Sie blieb nur wenige Augenblicke bei der Gestalt, die einige Meter entfernt von mir lag. Als sie zurückkam, konnte ich ihrem Gesicht ablesen, was passiert war. Sanft deckte sie mich zu.

»Sie braucht das nicht mehr.«

So erfuhr ich, daß Paolos Frau tot war.

Paolo selbst war schwer verletzt. Sein Kiefer und mehrere Wirbel waren gebrochen, eine gebrochene Rippe war in seine Lunge eingedrungen. Sie hatten ihn, bewußtlos in einer Blutlache liegend, auf der Straße gefunden. Es sollte Wochen dauern, bis sie ihm sagen konnten, was geschehen war. Vom Augenblick dieser absurden Tragödie an waren unser beider Leben und das seiner beiden kleinen Töchter, die in dieser warmen Juninacht so viel verloren hatten, für immer miteinander verflochten.

Während ich noch immer auf der Erde lag und auf den einzigen Krankenwagen des kleinen Ferienorts an der Küste wartete, empfand ich tiefes Mitleid für uns alle, doch am meisten für Paolo: Nicht nur, daß er körperlich leiden mußte – seine Frau war tot, seine kleinen Töchter hatten die Mutter verloren. Als man Tage später feststellte, daß die Sehne seines linken Zeigefingers durchtrennt worden war, war es zu spät, um etwas dagegen zu unternehmen, und bis zum Ende seines Lebens blieb der Finger gekrümmt, wie ein Haken.

Das Bett war hart und schmal. Ein fast unerträglicher Schmerz strahlte vom Bein aus durch meinen ganzen Körper, und ich versank in seinem Strudel.

Jemand murmelte etwas in einer fremden und doch vertrauten Sprache. Es war ein Gebet: »*Ego te absolvo ab peccatis tuis.*«

Ich versuchte, die Augen zu öffnen. Das grelle Licht über meinem Kopf blendete mich. Der Priester stand über mich gebeugt und erteilte mir die Sterbesakramente. Er roch nach Weihrauch. Ich blinzelte. Das konnte nur ein Traum sein. Ein Irrtum. Ich lebte, und ich würde weiterleben. »Sparen Sie sich Ihre Gebete, Herr Pfarrer«, sagte ich heftig mit der ganzen mir noch verbliebenen Kraft. Ich versuchte, mich aufzusetzen. Es mißlang. »Ich bin noch nicht tot. Noch ist meine Zeit nicht gekommen.«

Vielleicht schrie ich. Eine trockene Hand berührte beruhigend meine Stirn. Eine Nadel drang in meinen Arm, und fast im gleichen Moment wurde ich von einer angenehmen, traumartigen Taubheit überflutet, durch die eine rauhe, sanfte Stimme zu mir drang, die ich überall wiedererkannt hätte: »Du wirst wieder gesund, Kuki.« Erleichtert sah ich auf. Ernste, grüne Augen betrachteten mich hinter einer dicken Brille. Ich war in Sicherheit. Es war mein Vater.

Teil I

Die Zeit davor

1

Ein Kind Italiens

Ich lernte, was jedes träumende Kind wissen muß – daß kein Horizont so fern ist, daß man ihn nicht erreichen oder über ihn hinausgelangen könnte ...

Beryl Markham, *Westwärts mit der Nacht*

In meiner frühesten Erinnerung sehe ich meinen Vater als einen schlanken jungen Mann mit gerader Nase und schönem Mund, schwarzem Haar und graugrünen Augen hinter einer Brille; er trägt eine seltsame grünliche Hose und ein Hemd mit goldenen Sternen und Vögeln. Ich weiß noch, wie peinlich es mir war, daß er kein Jackett trug, wie alle anderen Männer in unserem Haus. Daß sie alte Männer waren und er jung – er war erst Ende Zwanzig –, machte für meine kindliche Vorstellung von Schicklichkeit keinen Unterschied: Damals, auf dem Land, trugen alle Männer Jackett und Krawatte, sogar morgens.

Ich lebte im Landhaus meines Großvaters, das zu seiner Seidenfabrik in einem Dorf in den Hügeln Veneziens gehörte, zusammen mit meiner Mutter und ihrer Familie, die aus alten Männern und Frauen bestand: Alle jungen Männer waren im Krieg. Wir waren hierhergezogen, um den Bombenangriffen auf die Stadt zu entfliehen. Ich war ein verwöhntes kleines Mädchen, neugierig und immer auf der Suche nach Abenteuern und geheimnisvollen Dingen. Als einzigem Kind im Haus schenkte mir die ganze Familie von meinen Babytagen an viel Zeit und Aufmerksamkeit. In diesen Tagen der Angst muß ich für sie die Hoffnung auf die Zukunft verkörpert haben. In einer Welt voller Erwachsener, die von mir begeistert waren, umgeben von ihrer Liebe und Fürsorge, wuchs ich mit einem großen Selbstbewußtsein auf.

In meinen frühesten Erinnerungen an den Krieg werde ich von einem Erwachsenen im Laufschritt durch die Nacht getragen, zum Luftschutzkeller am Ende unseres Gartens; mit uns zusammen laufen Menschen, die ängstlich zum Himmel hinaufschauen, wo kleine rote und grüne Lichter sich mit schrecklich donnerndem Lärm in der Dunkelheit bewegen.

Sie sprachen in meiner Gegenwart von meinem Vater und von ihrer Sorge um sein Schicksal; er war Fallschirmspringer und Sanitätsoffizier und kämpfte irgendwo an vorderster Front in einem Krieg, an den er nicht glaubte. Als Italien durch den Bürgerkrieg gespalten wurde, war er in den freien Süden abkommandiert worden. Nachdem ein Offizier des britischen Nachrichtendienstes an ihn herangetreten war, hatte er sich bereit erklärt, in den Norden zurückzugehen, um dort in den Bergen bei Udine zu kämpfen, die er sehr gut kannte. Er war wie alle seine Vorfahren aus dem Aostatal ein leidenschaftlicher Bergsteiger, und schon mit elf, zwölf Jahren hatte er ganz allein und zu seinem Vergnügen Bergtouren unternommen.

Er kam von der warmen, milden Küste Apuliens, und in der Dunkelheit einer Herbstnacht setzten sie ihn auf dem *Col Di Luna* in Norditalien ab; er kam in die Hölle zurück, um zu kämpfen.

Fast zwei Jahre lang führte mein Vater in den Bergen von Friaul das freie, aber einsame Leben eines Partisans, hungerte und fror in den Scheunen, belauerte den Feind und wurde belauert, erlebte Zerstörung und sah seine Freunde sterben.

Eines Tages dann wurde er von italienischen Landsleuten gefangengenommen, die zum äußersten rechten Flügel der faschistischen Partei, der berüchtigten *Decima Mas*, gehörten. Er wurde in das düstere Kastell von Conegliano verbracht, einem Schauplatz wahnwitziger Folter. Noch niemand war dort lebend wieder herausgekommen. Mein Vater schaffte es. Als er erfuhr, daß der Krieg dem Ende zuging und daß die Tage der Gefangenen gezählt waren, gelang ihm eines Nachts, zusammen mit einem Freund, die Flucht. Meine Mutter, die durch einen Spion verständigt worden war, trug mich in derselben Nacht durch einen Wald zu einem Kloster, wo man uns Unterschlupf gewährte. Es war gerade noch rechtzeitig. Sie kamen, um an meiner Mutter und mir Vergeltung zu üben, aber wir waren schon fort. Da nahmen sie an meiner Stelle meinen Großvater als Geisel. Später mußten sie ihn wieder laufenlassen.

In dieser Zeit lag ständig Spannung in der Luft, worüber ich mir dank meines wachen kindlichen Gespürs völlig im klaren war. Meinen Vater, den ich bis dahin noch nicht einmal gesehen hatte und dessen Namen man nur flüsternd aussprach, stellte ich mir wie eine Art Supermann vor, und ich fragte mich, ob ich ihn je kennenlernen würde.

Dann, eines Tages, war er da.

Der Krieg war zu Ende, und er kam zurück, noch immer in der Khakiuniform der Alliierten, in Begleitung eines Engländers, der den fremd klingenden Namen Nicholson trug – ein Deckname, denn sein richtiger Name war Roworth; ihm verdanke ich meinen Spitznamen »Cookie«. Mein Vater hatte Dosen mit Kondensmilch mitgebracht, die ich mochte, und Corned beef, das ich nicht mochte: Es schmeckte nach Metall und Fett und war meiner vorsichtig prüfenden Zunge fremd. Der Engländer schenkte mir meinen ersten Schokoriegel.

Mit der Rückkehr meines Vaters und der anderen Überlebenden waren die Straßen des Dorfes und unser Haus mit einemmal voller junger Männer. Alle waren aufgeregt und euphorisch. An den Frühlingsabenden tanzten und sangen die Menschen im Freien, und die Stimme meines Vaters klang klar und hell, wenn er die wehmütigen Lieder der Partisanen anstimmte. Meine Mutter lachte viel; sie erwartete ihr zweites Kind, und mein Leben veränderte sich durch all das Neue.

Wie kein anderer verstand es mein Vater, wie in sich selbst auch in mir den Glauben wachzuhalten, daß es immer ein neues Abenteuer gibt, etwas, das nur darauf wartet, entdeckt zu werden, wenn wir uns nur die Zeit nehmen, danach zu suchen, und den Mut haben, den Sprung zu wagen. Sein Elan und seine vitale Einstellung zum Leben elektrisierten mich, machten mir bewußt, daß dem, was man erreichen kann, keine Grenzen gesetzt sind. Ich war begierig darauf, neue Entdeckungen zu machen, und bemühte mich eifrig, in seine Fußstapfen zu treten. Wie er habe auch ich nie einen Augenblick der Langeweile erlebt.

Er liebte die Natur, wilde und gezähmte Lebewesen, und konnte Grausamkeit gegen Tiere nicht ertragen. Er flößte mir die gleichen Gefühle ein. Einmal fand er eine harmlose Ringelnatter, die vom Messer des Rasenmähers fast in zwei Hälften zerschnitten worden war. Er nähte die Wunde, und um mir dabei zu helfen, meinen natürlichen Ekel zu überwinden, bestand er darauf, daß ich ihm assistierte und ihm die Instrumente reichte. Später rettete er einen jungen Fuchs und eine Grünmeerkatze aus einem Tiergeschäft, wo man sie eingesperrt und den gleichgültigen Blicken vorbeihastender Passanten ausgesetzt hatte. Ich habe das kleine, neugierige, haarige rote Fuchsgesicht, das aus den Falten seines Winterpelzes lugte, noch vor Augen. Das Affenweibchen wurde zu einer regelrechten Bedrohung, denn es nahm meinen Vater regelrecht in Besitz und war auf alles Weibliche eifersüchtig. Im Frühling nahm ich es oft mit zur Schule, wo es während des Unterrichts draußen auf einem Baum saß und unter der schützenden Hand des Hausmeisters, den das sehr erheiterte, die Schüler höhnisch verlachte. Dieser Hausmeister liebte alles, was mit Afrika zu tun hatte; als junger Mann war er Soldat in Somalia gewesen, wo er eine schöne Freundin gefunden, aber seine Träume verloren hatte.

So lange ich denken kann, hatten wir Haustiere. Meine Eltern liebten Hunde, besonders Foxterriers. Diese gedrungenen, mutigen und intelligenten Tiere scheren sich wenig um ihre geringe Körpergröße, sondern gleichen sie durch Aggressivität und einen reizbaren Charakter aus. Sie brauchen sehr viel Bewegung. Mein Vater ging jeden Abend mit den Hunden spazieren, und meistens begleitete ich ihn.

Am frühen Abend, wenn die Fledermäuse niedrig flogen, ging ich neben meinem Vater, und das Bellen unserer Hunde, die eine Katze oder eine Wasserratte jagten, wurde in der Ferne schwächer. In der Dämmerung fiel das Reden leicht, und meine Jugend spielte keine Rolle. Einige dieser Unterhaltungen bei Sonnenuntergang haben sich für immer in meine Erinnerung eingegraben. Genauso erinnere ich mich an ganz besondere Augenblicke, die mir noch heute viel bedeuten, wenn er beispielsweise nach Hause kam und mir Bücher zum Lesen mitbrachte.

»Kuki!« rief er schon im Flur. »Komm und such dir ein Buch aus.« Voller Vorfreude lief ich dann zu ihm. Aus einem offenen Koffer ergossen sich die verschiedenartigsten Bände auf den grauen Marmorfußboden; er bekam sie von einem Antiquar, den er einmal von Nierensteinen befreit hatte.

Mein Vater ließ mich immer zuerst aussuchen, und sobald ich mir aus dem verstreuten Haufen die Bücher genommen hatte, die mich am meisten interessierten, erzählte er mir etwas über deren Inhalt, die Geschichte, den Stil und den Autor. Er ließ mir völlig freie Wahl, ich durfte mir, ungeachtet meines Alters, aussuchen, was ich wollte. Auf diese Weise eignete ich mir umfassende, wenn auch unsystematische Kenntnisse in Literatur und Dichtung an, und das in einem Alter, in dem andere Kinder sich fast ausschließlich mit Comics und Geschichten beschäftigen. Von Edgar Allan Poe – in der Übersetzung, wie alle nichtitalienischen Autoren – bis Boccaccio, von Mark Twain bis Victor Hugo oder Ibsen, von Hemingway bis Machiavelli, von Sappho bis Saint-Exupéry, Byron,

Tolstoi, Leopardi oder Lamartine – meine späte Kindheit und frühe Jugend verbrachte ich damit, jedes Buch zu verschlingen, das mir in die Hände kam. Die einzige Bedingung, die mein Vater stellte, war Qualität, und ich werde es ihm ewig danken, daß er meinen Geschmack seinem hohen Maßstab gemäß prägte. Viele seiner Freunde waren Schriftsteller oder Künstler, und unser Haus stand ihnen immer offen. Ich liebte es, ihren Gesprächen zu lauschen.

Ich liebte Lyrik und war von ihren harmonischen Rhythmen fasziniert. Oft rezitierten mein Vater und ich, über dieselbe Seite gebeugt, klassische italienische Gedichte im Duett. Wir beide genossen diese herrlichen und anregenden Augenblicke, und bis heute schlummern Verse in meinem Unterbewußtsein, die häufig als Zitate an die Oberfläche kommen, um eine Situation, eine Empfindung, ein besonderes Ereignis zu unterstreichen. Diese Augenblicke zählen zu den glücklichsten Erinnerungen an meine Kindheit, und vielleicht habe ich bei jedem Mann in meinem Leben nach einem Spiegelbild meines Vaters gesucht.

Er begeisterte sich für Archäologie. Wir erkundeten oft gemeinsam die Höhlen in den Hügeln von Montello, untersuchten die Wände mit Fackeln, entdeckten Knochen und Zähne des steinzeitlichen Höhlenbären. Er brachte mir bei, nach angespitzten Pfeilspitzen zu suchen, die von irgendeinem in Felle und Pelze gehüllten Vorfahren aus rosafarbenem oder grauem Stein gehauen worden waren. In frisch gepflügten Feldern fanden wir römische Münzen und Amphoren in ausgetrockneten Flußbetten. Wir fuhren zu verlassenen Friedhöfen auf dem Lande, oder ich kletterte hinter ihm her auf steile Berge, einem wolkenverhangenen Gipfel entgegen.

In späteren Jahren habe ich mich oftmals gefragt, wie alles begonnen hat. Manchmal verspürte ich den dringenden Wunsch, herauszufinden, wo die Wurzeln meiner Verbindung zu Afrika liegen, warum ich in dieses Land gekommen bin, und wenn mich Leute fragen, was mich zu diesem Schritt bewogen hat, dann ist die Antwort darauf in meiner Kindheit zu finden.

Ein Vogelnest hing grau in einer Ecke der Veranda am Landhaus meines Großvaters. So lange wir zurückdenken konnten, war dieses Nest da gewesen. Im Herbst und Winter war es leer, und kleine trockene Lehmbröckchen fielen herab. Dann, im Mai, bevölkerte sich der Himmel wieder mit hin und her schießenden Vögeln, Kreischen und Zwitschern belebten die Dämmerung, und mit hektischer Betriebsamkeit wurde das

Nest erneuert und wieder bezogen. Die Schwalben waren zurück. Woher sie kamen, wie sie es schafften, genau diesen winzigen Fleck auf der Erde wiederzufinden, bereitete mir jahrelang Kopfzerbrechen. Später wurde mir klar, daß es nicht in alle Ewigkeit dieselben Schwalben sein konnten und daß ein ererbtes Erinnerungsvermögen die jungen Vögel an den Ort führte, den vorangegangene Generationen ausgesucht hatten.

Der Wunsch, nach Afrika zu gehen, schien aus einer verborgenen Sehnsucht zu kommen, einer Sehnsucht zurückzukehren, aus dem von Heimweh getragenen ererbten Bedürfnis, dorthin zurückzugehen, wo unsere Vorfahren herkamen. Es war eine Erinnerung, die in meinen Genen lag. Der Drang, nach Hause zu fliegen wie die Schwalben.

Eines Tages lautete das Aufsatzthema: *Io, tra ventanni* (Wie ich in zwanzig Jahren sein werde). Ich erhielt mein Heft unzensiert zurück.

Ich war zwölf, und normalerweise hatte ich in Aufsätzen gute Noten. Ich verstand nicht, was diesmal falsch gewesen war. Ich hatte mich von Herzen bemüht, das zu erklären, was ich tun wollte, wo ich in zwanzig Jahren sein wollte.

Die Lehrerin, eine Frau mittleren Alters mit dunklem, mahagonifarbenem Haar, betrachtete mich über den Rand ihrer Brille hinweg: »Es ist gut geschrieben, wie üblich«, sagte sie, »aber es ist vollkommen absurd. Du hättest etwas beschreiben sollen, das im Rahmen des Möglichen liegt, wie deine Klassenkameradinnen das getan haben. Du hast doch ganz bestimmt einen realistischen Zukunftswunsch? Wie zum Beispiel ... Lehrerin werden, oder Ärztin, Mutter, vielleicht Schriftstellerin ... oder Tänzerin, mit deinen langen Beinen ... etwas, was du hier tun kannst, hier, wo du geboren bist, wo deine Familie und deine Freunde sind, etwas Normales. Warum mußtest du über Afrika schreiben?«

Ich kann mich noch erinnern: ein kalter, nebliger Novembertag. Lange Schul- und Wintermonate lagen vor mir. Bis zum Sommer hatte ich meine Bücher und meine Träume, und ich klammerte mich an sie, als wären sie mein einziger Lichtblick; in meiner Phantasie sah ich ein heißes Land mit endlosen Horizonten, Tierherden in den Savannen und eine Farm im Hochland, auf der ich mit meiner Familie lebte, frühmorgens über Berge und Täler ritt, nachts an einem Flußufer zeltete ... ein Land, wo dunkelhäutige Menschen lebten, deren seltsame Sprachen ich verstehen konnte, Menschen, die noch im Einklang mit der Natur waren und deren Geheimnisse kannten ... staubige rote Wege im dichten Busch, uralte Seen mit Flamingos, Löwen, die in der unergründlichen Dunkelheit brüllten, und schnaubende Büffel ... Sonnenuntergänge voller Gold und Feuer, vor denen sich die Silhouette einer Giraffe abzeichnete, Trommeln in der Nacht ...

»Aber ich will wirklich in Afrika leben. Ich will nicht mein ganzes Leben lang hierbleiben. Irgendwann gehe ich nach Afrika. Ich werde Ihnen eine Postkarte schicken, Signora, in zwanzig Jahren.«

Zwanzig Jahre später tat ich es.

Als ich ungefähr dreizehn Jahre alt war, veränderte sich plötzlich die Stimme meines Vaters und wurde zu einem heiseren, rauhen Flüstern. Als Chirurg erkannte er, daß die Symptome ernst waren, und die Untersuchungen bestätigten seine eigene Diagnose: Er hatte Kehlkopfkrebs.

Obwohl man uns nichts erzählte, spürten meine jüngere Schwester und ich, daß sich im Haus etwas verändert hatte. Die Gespräche waren gedämpft, und eine düstere Wolke überschattete uns an dem Tag, als unser Vater operiert wurde. Sie erklärten uns, daß er nur eine gutartige Wucherung im Hals hätte. Doch ich wußte, daß es eine Lüge war und daß er vielleicht sterben würde, und nächtelang starrte ich an die Decke meines Zimmers und weinte heiße Tränen der Verzweiflung. Mein Vater überlebte seinen bösartigen Krebs, der dank der frühzeitigen Diagnose erfolgreich entfernt werden konnte, zusammen mit einem Stimmband. Seine schöne Stimme kam nie wieder. Ich vermißte seine Geschichten und seine klangvolle Aussprache. Ich empfand sein Gebrechen als ebenso lähmend für mich, wie er es für sich empfunden haben muß. Doch bald behauptete sich sein Lebensmut, und seine Stimme wurde allmählich kräftiger, obgleich sie nie ihre Musikalität zurückgewann und den Rest seines Lebens heiser bleiben sollte.

In diesen Tagen begann er, mir von Afrika und den Nomadenstämmen in der Wüste zu erzählen, die ihn faszinierten. Bald fing er an, regelmäßige Reisen dorthin zu unternehmen, und er begann eine Liebesaffäre mit der Sahara, die anhalten wird, solange er lebt. Ich begleitete ihn ein paarmal. Die Tuaregs in der Wüste ritten auf großen, schnellen Kamelen, ihre schlanken Körper waren in fließende, blaue Gewänder gehüllt, die in der Taille mit silberbeschlagenen Gürteln zusammengehalten wurden. Sie bewegten sich wie Schatten und hinterließen kaum eine Spur. In den kühlen sternklaren Nächten saßen wir am Feuer und aßen gemeinsam mit ihnen dicken Ziegeneintopf, der so stark mit Pfeffer gewürzt war, daß mein Mund brannte, und tranken süßen Minzetee aus Gläsern, die so klein wie Fingerhüte waren. Schwarze *ganduras* schützten sie vor dem Wind, und Turbane schirmten ihre Schlitzaugen gegen den feinen, alles durchdringenden Sand ab. Einsame Schakale heulten ihre Trauer über die Wellen der kahlen Dünen hinweg, die endlos waren wie das Meer, und die Nacht hörte zu.

Aber es war nicht mein Afrika.

2

Mario und Emanuele

Emanueles Augen: »eine alte, geheimnisvolle Traurigkeit . . .«

Kurz nachdem ich die Schule verlassen hatte und im ersten Jahr Politologie an der Universität studierte, lernte ich Mario kennen und verliebte mich sofort unsterblich in ihn. Wenige Monate später waren wir verheiratet, und ich habe mein Studium nie zu Ende gebracht.

Mario stammte aus einem wohlhabenden halb sizilianischen, halb piemontesischen Milieu, und diese Mischung aus arabischem und nordeuropäischem Blut hatte ihn mit einem ungewöhnlich attraktiven Äußeren ausgestattet: Sein glattes Haar war braun, und seine mandelförmigen Augen schimmerten golden; die olivfarbene Haut betonte die glänzenden, ebenmäßigen Zähne und einen wundervoll sinnlichen Mund unter einer leicht geschwungenen Adlernase. Obwohl er nur wenige Jahre älter war als ich, besaß er dank seiner guten Erziehung und ungewöhnlichen Bildung ein selbstsicheres und galantes Auftreten. Er war ein großer Kenner und ein ebenso leidenschaftlicher Liebhaber von Kunst und Musik, Antiquitäten und Rennpferden, schnellen Autos und schönen Frauen. Sein *Savoir-faire* und sein ästhetisches Empfinden waren sehr viel weiter entwickelt als bei irgendeinem seiner Altersgenossen, und er besaß die unwiderstehliche Gabe, dem Teenager, der ich noch immer war, das Gefühl zu geben, eine Frau zu sein. Er war mein erster Mann, und ich war völlig hingerissen.

Mein Vater, der mich liebte und mich gut kannte, war entschieden gegen unsere Heirat, denn er spürte, daß sie nicht von Dauer sein konnte; er erklärte sich schließlich nur deshalb bereit, seine Unterschrift unter das Dokument zu setzen, das seiner minderjährigen Tochter die Heirat erlaubte, weil er mich respektierte und das Gefühl hatte, daß die Entscheidung letzten Endes allein mir zustand. Ich war neunzehn. Obwohl es in meiner Familie keine Bigotterie gab, war es zu Beginn der sechziger

Jahre in Italien völlig ausgeschlossen, daß eine junge Frau mit einem Mann zusammenlebte, ohne mit ihm verheiratet zu sein.

Mit Mario hatte ich, zwei Monate vor dem festgelegten Tag unserer Hochzeit, meinen ersten schweren Unfall.

Es war der 7. Januar. Unser Sohn Emanuele sollte zwei Jahre später am gleichen Tag geboren werden. Mario mißachtete an einer Kreuzung die Vorfahrt, und ein Auto fuhr seinem schwarzen Jaguar in die Seite. Die Tür auf meiner Seite sprang auf, und ich wurde mit dem Oberkörper hinausgeschleudert. Meine Füße waren eingeklemmt, und so wurde ich, mit dem Gesicht nach unten, über den Teer geschleift, bis der schleudernde Wagen zum Stehen kam.

Es war ein gräßliches Gefühl völliger Hilflosigkeit, bei dieser Geschwindigkeit plötzlich an den Beinen gezogen zu werden wie eine leblose Stoffpuppe. Mein Gesicht schlug einmal auf den Teer auf, doch da ich bei Bewußtsein war, setzte ich meine ganze Willenskraft ein, um meinen Nacken anzuspannen und meinen Kopf von der Straße zu heben, damit mein Kopf nicht völlig abgeschürft wurde. Ich trug einen Pelzmantel, der durch die Reibung völlig abrasiert wurde, aber meinen Körper schützte.

Mein linkes Bein, die linke Schulter und mein Gesicht waren zum Teil mit winzigen schwarzen Teerpartikeln tätowiert, und der brennende Schmerz war unerträglich. Aber ich hatte keine tiefen Schnittwunden oder Verletzungen, und alles in allem schätzte ich mich glücklich, so davongekommen zu sein. Einige Monate Behandlung und Pflege waren nötig, damit die Narben völlig verheilten, und bis heute sind ein paar winzige Teerpartikel aus einer ansonsten vergessenen Straße in Conegliano kaum sichtbar in meiner Schulter und unter meinem Kiefer eingegraben. Mario, der den Wagen gefahren und sich natürlich am Lenkrad festgeklammert hatte, stand unter Schock, war aber unverletzt.

Ungachtet aller Vorzeichen heirateten wir an einem Tag im April. Mein Vater führte mich zum Altar, in einer mit Freunden vollbesetzten Kirche, die mit Pfirsichblüten geschmückt war. Ich trug Weiß und einen langen Schleier, doch schon von Anfang an fehlte irgend etwas. Vielleicht war es der Zauber, der alle Dinge läutert und segnet.

Zwei Jahre später brachte ich einen Sohn zur Welt. Wir nannten ihn Emanuele. Er wurde in einer kalten Nacht im alten Krankenhaus *S. Giovanni e Paolo* in Venedig geboren; es fiel Schnee, was in der Stadt selten ist. Im Winter entfaltet Venedig, das das ganze Jahr über bezaubernd ist, einen besonders subtilen Charme; die Touristen sind verschwunden, und es gehört wieder den Venezianern, den Tauben und den Katzen.

In den langen, hochgewölbten alten Fluren, in der ersten stillen, grauen Morgendämmerung nach seiner Geburt ließ nichts die goldene Freiheit, die sonnigen Landschaften erahnen, die in wenigen Jahren den Hintergrund von Emanueles außergewöhnlicher Kindheit und Jugend bilden würden.

Von Anfang an war er ein stiller, ernster und zurückgezogener kleiner Junge mit intelligenten braunen Augen und der schmalen, aristokratischen Nase seines Vaters. Von mir hatte er das Lächeln und, so glaube ich, die Konstitution geerbt. Schon in sehr jungen Jahren sprach er ein wortreiches und korrektes Italienisch und konnte sich problemlos mit Erwachsenen unterhalten. Mit vier konnte er flüssig lesen und hatte sich schon ein erstaunliches Wissen auf dem Gebiet angeeignet, das seine immerwährende Leidenschaft werden sollte: Tiere. Als er sechs Jahre alt war, hatte er bereits eine bemerkenswerte Sammlung von Büchern und Nachschlagewerken über wildlebende Tiere zusammengetragen. Er las sie alle sehr methodisch und fachmännisch und merkte sich die typischen Merkmale, die Heimat und den lateinischen Namen jedes Tieres. Wie Mario war Emanuele ein geborener Sammler, und wie mein Vater war er mit einem bemerkenswerten Gedächtnis ausgestattet. Doch das auffälligste an Emanuele waren seine Augen. In ihnen lag eine Weisheit und seltsame Traurigkeit, als ob er mehr wüßte, als es seinem Alter entsprach.

Unsere Ehe dauerte nur etwas über zwei Jahre. Mein Mangel an Erfahrung und meine Liebe zu Mario konnten mein Gespür dafür nicht überdecken, daß unsere Beziehung der Prüfung der Zeit nicht standhielt; ich spürte, daß eine rechtzeitige, wenn auch schmerzhafte Trennung besser war als die unausweichliche Bitterkeit, die sich nach einer vergeudeten Jugend eines Tages einstellen würde. Deshalb sprach ich kurz nach Emanueles Geburt an einem Abend, als wir uns in unsere Bibliothek zurückgezogen hatten, schweren Herzens mit Mario zu den Klängen von Mozart über unsere Trennung. Wir waren beide erst Anfang Zwanzig, als wir beschlossen, unsere Ehe im Einvernehmen zu beenden, und um des Kindes willen blieben wir noch jahrelang gute Freunde. In dieser Nacht fand ein weiterer Abschnitt meines Lebens seinen Abschluß.

Meine Eltern nahmen dies zum Anlaß, sich ebenfalls zu trennen. Meine Mutter hatte sich schon seit Jahren auf ihr Interesse an Kunstgeschichte konzentriert und war wieder an die Universität von Padua zurückgekehrt, zunächst um zu studieren, später um zu lehren. Mein Vater war immer häufiger fort, in Algerien, Niger und im Sudan, und er verbrachte den Großteil seiner Zeit damit, seine Abenteuer niederzuschreiben.

Ich zog zu meiner Mutter in eine große alte Villa am Brenta; die von uralten Bäumen und wunderschön angelegten Gärten überschatteten kühlen Ufer dieses Flusses hatten den Venezianern, die sich nur per Boot bewegten, schon immer Schutz vor den stickigen Sommern in der Lagune geboten. Die *Riviera del Brenta* war vor zwei- oder dreihundert Jahren der Zufluchtsort der feinen venezianischen Gesellschaft gewesen, und ihre palladianischen Villen, die heute größtenteils Museen sind, zeugen noch immer von der einstigen Pracht.

In dieser leicht vergeistigten Atmosphäre, in einer Welt, die hauptsächlich aus Frauen und Hunden bestand, in einem ungewöhnlich großen, aber düsteren Garten verbrachte Emanuele die ersten Jahre seines Lebens.

3

Freunde in Venezien

Die Tage des Weins und der Rosen, sie währen nicht lange ...

Ernest Dowson, *Vitae Summa Brevis*

In der Nähe des Hauses meiner Mutter wohnten Carletto Ancilotto und seine Frau Chiara, die ich seit meiner Kindheit kannte. Er war ein Graf, und ihr Landsitz an der Lagune stand Freunden immer offen. Dort lernte ich Paolo kennen, der mit Mariangela, einer künstlerisch begabten und intelligenten Frau, verheiratet war. Sie hatten zwei kleine Töchter, Valeria und Livia. Es war unmöglich, Paolo nicht zu bemerken. Er verströmte Energie; die Aura von intensiver Lebendigkeit und Wachheit, die ihn umgab, war außerordentlich anziehend. Er hatte eine besondere Art, hoch aufgerichtet zu gehen und seinem Gesprächspartner die ungeteilte Aufmerksamkeit seiner offenen, intelligenten und beeindruckend blauen Augen zu schenken. Paolo war Doktor der Agrarwissenschaft und interessierte sich auch praktisch für die Landwirtschaft, die er erfolgreich betrieb. Er war, wie die meisten Gutsbesitzer zur damaligen Zeit, ein begeisterter Angler, Jäger und Sportschütze – Leidenschaften, die er mit Carletto teilte.

Paolos Vater hatte sein Geburtsland, die Schweiz, verlassen, als er noch keine zwanzig Jahre alt war, um im Süden der Vereinigten Staaten zu leben, wo er alles Wissenswerte über Baumwolle lernte; später hatte er sich in Indien niedergelassen und sich ganz dieser florierenden Branche gewidmet. Paolos Großvater mütterlicherseits war ein Pionier der Luftfahrt gewesen, und zu Beginn dieses Jahrhunderts hatte er in Italien die bekannte Flugzeugfabrik *Macchi* gegründet. Seine Mutter hatte am Konservatorium studiert und war eine ausgezeichnete Geigerin. Von seiner Mutter hatte Paolo die Leidenschaft für Musik und von seinem Vater die Reiselust und Begeisterung für die Tropen geerbt.

Sobald er sein Studium abgeschlossen hatte, nahm sich Paolo ein Jahr frei und reiste per Schiff nach Afrika. An einem Tag im Jahre 1959 kam er in Mombasa an: Es war der Anfang seiner Liebe zu diesem Kontinent.

Er schloß dort viele Freundschaften, besonders mit den Brüdern Jack und Tubby Block, die aus jener Pionierfamilie stammten, die das Hotelgewerbe in Kenia dominierte, sowie mit den Roccos, einem regelrechten Clan halb italienischer, halb französischer Herkunft, die auf einer Farm am Ufer des Naivashasees lebten. Auf seinen Reisen durch das Land entdeckte Paolo eine Farm auf dem Kinangop am Fuße des Aberdare-Gebirgszuges, durch die ein Fluß voller Forellen floß. Sie stand zum Verkauf, und er verlor sein Herz daran. Er fuhr wieder nach Italien, heiratete Mariangela, seine Jugendfreundin, und kehrte mit ihr nach Kenia zurück, nachdem er seinen Vater dazu überredet hatte, die Farm zu kaufen.

Im Jahre 1960, kurz vor der Unabhängigkeit, stand Kenia noch ganz unter dem Einfluß der Mau-Mau. Menschen, die auf abgelegenen Farmen lebten, gingen noch immer mit griffbereitem Gewehr zu Bett. Es war ein völlig anderes Leben als in Mailand, und Mariangela fiel es schwer, sich daran zu gewöhnen. Als sie ein Kind erwartete, überredete sie Paolo, nach Italien zurückzukehren.

Sie gingen zurück nach Europa und ließen sich in Venezien an der Lagune nieder, auf dem Gut »Cavallino« (Kleines Pferd), wo es von Wildgänsen und Fischen wimmelte. Die Blocks oder einige Mitglieder der Rocco-Familie kamen sie oft besuchen und entfachten immer wieder Paolos Sehnsucht nach Afrika.

In der Gesellschaft des venezianischen Landadels waren sie von Anfang an akzeptiert. Ich traf sie häufig und verstand mich mit beiden ausgezeichnet. Paolos Intelligenz und Bildung, sein flinker Verstand und die Art, wie er Geschichten von Afrika erzählte, faszinierten mich. Im Sommer fuhr unser ganzer Freundeskreis oft zu verschiedenen Gartenrestaurants, die für ihre Küche und ihren exzellenten Wein berühmt waren.

An einem dieser Abende beschlossen wir, gemeinsam mit Carletto, Chiara und ein paar anderen Freunden ein neues Fischrestaurant am Ufer des Sile auszuprobieren. Unglücklicherweise hatte Paolo seinen Wagen an diesem Tag Dorian Rocco geliehen, der aus Kenia zu Besuch war, und der Wagen seiner Frau war zur Inspektion. Carletto und Chiara holten sie deshalb mit ihrem Wagen an der Anlegestelle auf dem Festland ab, und ich begleitete sie.

Das Essen war ausgezeichnet, und wir waren in bester Stimmung. Danach trennten wir uns und tauschten die Wagen, da Carletto und Chiara sich entschieden hatten, nach Hause zu fahren, und wir übrigen tanzen gehen wollten. Die Nacht war mild, und überall leuchteten Glühwürmchen. Wir lachten und unterhielten uns im Auto, ohne den Lastwagen zu beachten, der mit vollem Tempo und aufgeblendeten Scheinwerfern auf uns zuraste.

Ein Knall, Schreie, das Geräusch von splitterndem Glas und quietschendem Metall. Das Gefühl, auseinandergerissen zu werden, von einem gewaltigen Strudel brutal nach hinten gerissen, in einen dunklen Tunnel, aus dem es kein Zurück gab. Eine Strähne meines blonden Haares hing blutverklebt an der geborstenen Heckscheibe.

Die Glühwürmchen tanzten noch immer, unbekümmert.

Durch die Tragödie hatte ich das, was mir noch von meiner jugendlichen Naivität geblieben war, verloren. In schweren Gips wie in einen überdimensionalen Kokon gehüllt, lag ich flach auf dem Rücken über acht Monate lang in verschiedenen Krankenhausbetten. Zu meinen zahlreichen Frakturen kam noch die Entdeckung hinzu, daß ich an akuter Anämie litt; vor dem Unfall war ich einfach extrem dünn gewesen.

Eines Nachmittags hob man mich mühselig auf eine fahrbare Liege und rollte mich in einen anderen Raum, wo ich auf einem Schwarzweißfernseher verblüfft beobachtete, wie ein Mensch, der selbst wie vom Gewicht eines unförmigen Gipsverbandes niedergedrückt schien, die ersten vorsichtigen Schritte auf der leuchtenden Oberfläche des Mondes unternahm. Später an diesem Abend lag ich in der Dunkelheit und fing in meinem Handspiegel das silberne Licht des Mondes ein, den der Mensch erobert hatte und der doch in diesem Sommer von meinem Bett so weit entfernt war.

Ich lernte, mit kaum erhobenem Kopf zu essen und zu trinken und es nicht als Demütigung zu empfinden, daß ich bei meinen körperlichen Bedürfnissen völlig auf die Krankenschwestern angewiesen war.

Während der endlosen heißen Sommernächte, wenn sich die eigenartige Stille der Krankenhäuser, die vom Atmen so vieler unbekannter leidender Menschen erfüllt war, auf mich legte, starrte ich an die klinisch weißen Zimmerdecken und wartete geduldig darauf, daß mein Körper gesund wurde, wohl wissend, daß das, was danach geschehen würde, zum großen Teil von mir selbst abhing.

Der Schlüssel zu meiner Zukunft war Paolo. Trotz der Operationen und Bluttransfusionen, trotz des körperlichen Schmerzes und des quälenden Grübelns fing ich an, mich auf seine Besuche zu freuen. Allmählich verkörperte er die Verbindung zu einer anderen Welt, die Hoffnung auf Veränderung und auf ein neues Leben.

Seine Beine waren unverletzt, und sein Kiefer, seine Rippen und das Rückgrat, die verletzt waren, konnten ihn nicht unbegrenzt ans Bett fesseln. Paolo mußte sich einfach bewegen. Er strömte Heiterkeit und Abenteuergeist aus. Er saß an meinem Bett und erzählte mir mit zusammengebissenen Zähnen von dem Ort, an dem er einmal gelebt hatte und wo er, wie er aus ganz irrationalen Gründen fühlte, hingehörte. Paolo, schlank und gerade, stets sonnengebräunt, mit funkelnden blauen Augen, aus denen Leiden, aber auch unerschütterliche Energie sprachen, rief in mir Bilder wach von einer grenzenlosen Freiheit, von endlosen Horizonten und roten Sonnenuntergängen, von grünem Hochland, in dem es von wilden Tieren wimmelte. Seine Anwesenheit tauchte das Krankenzimmer in goldenes Licht; ich konnte das trockene Gras der unbekannten Savannen riechen, den ersten Regen, der nach langer Dürre auf die staubige Erde fiel, und ich konnte den Wind in meinem Haar und die brennende Sonne auf meiner Haut spüren. Der Traum meiner Kindheit erwachte durch seine lebhaften Erzählungen zu neuem Leben.

Einmal erzählte er mir von den Aalen, die die Kanäle und Flüsse verlassen, wo sie geboren werden, die gefährlichen Meere durchqueren und in die Tausende von Meilen entfernte Sargassosee zurückschwimmen, um dort zu laichen und zu sterben. Und von den Jungaalen, die denselben Weg zurückschwimmen, zu denselben Flüssen und Kanälen, von denen ihre Eltern kamen. Ich dachte an die Schwalben.

Damals sprachen wir nicht ein einziges Mal über das, was geschehen war und was unser Schicksal für immer verändert hatte. Um unsere tieferen Wunden zu heilen und allmählich wieder Fuß zu fassen, war es nötig, daß wir beide hoffnungsvoll in die Zukunft blickten, auf ein ganz neues Leben, in dem keine Schatten der Vergangenheit lauerten, wo uns keine Erinnerungen verfolgten und wir den Sinn des Lebens neu würden entdecken können. Instinktiv wußten wir beide, daß das nur an einem Ort geschehen konnte, wo wir ganz von vorne anfangen konnten. Irgendwo weit fort, irgendwo, wo alles noch mehr oder weniger unbekannt war. Sein Enthusiasmus berauschte mich. Mein Enthusiasmus gab ihm Wärme und neue Hoffnung. Uns verband die Vision von diesem fernen Kontinent jenseits des Ozeans und der Wille zu überleben.

Als das Wetter kalt und neblig wurde und die Bäume erneut ihre Blätter verloren, hatten wir uns ineinander verliebt.

»Du mußt gesund werden. Du mußt wieder gehen können. Dann werde ich dir Kenia zeigen.«

Ich konnte es nicht erwarten. Unter dem schweren Gipsverband trainierte ich ständig meine Muskeln, um so fit wie möglich zu sein, wenn man mich endlich aus dieser Schale würde befreien können.

Als der Augenblick kam, war Paolo da. Er half mir, mich im Bett aufzusetzen, und ich konnte aus dem Fenster auf ein graues Wintermeer blicken. Doch als ich zu stehen versuchte, konnte ich es nicht. Mein Bein war nicht einfach schwach, es war kürzer, verdreht. Ich war ein Krüppel.

4

Afrika

Ich sprech' von Afrika und goldner Freude.

Shakespeare, *Heinrich IV*

Und so, als ein Krüppel, kam ich zum ersten Mal in das Land, das ich eines Tages aufrecht gehend erkunden wollte, um auf die atemberaubenden Weiten des Ostafrikanischen Grabens zu blicken, wie ich es mir in meinen Träumen vorgestellt hatte.

Man schob mich in einem Rollstuhl zum Flugzeug nach Nairobi, doch an Bord half mir Paolo. Als die afrikanische Morgendämmerung den Himmel erhellte, sah ich, wie sein schmales, sonnengebräuntes Gesicht alle Müdigkeit der Nacht abschüttelte, und augenblicklich wußte ich, daß wir angekommen waren. Er blickte lächelnd und mit äußerster Konzentration zum Flugzeugfenster hinaus. Es war, als ob in ihm ein Licht aufleuchtete, und zum ersten Mal seit dem Tod von Mariangela sah ich, wie sein wahres Selbst zurückkehrte und sich behauptete.

In seinem weit ausholenden, leichtfüßigen Schritt lag eine neue Elastizität, sein Gang hatte etwas Wunderbares, als ob er wieder auf sicherem Grund und Boden ging, wo er, wie er spürte, hingehörte und wo er leben sollte, in einem Land, das ihm vertraut war und das er verstand, wo er sich am besten entfalten konnte. Er zeigte mir Kenia genauso, wie ich es von ihm erwartet hatte, mit der Begeisterung eines Menschen, der nur dort wirklich glücklich gewesen war und der niemals hatte fortgehen wollen. Selbst wenn ich auf Krücken gehen mußte, ich war endlich in Afrika.

Im Februar 1970 war es in Kenia außerordentlich heiß und trocken. Das gelbe Gras und die ersten Akazien auf dem Weg vom Flughafen, eine Gazelle – vielleicht eine Impala –, die in dem langen seltsamen Gras äste, die afrikanischen Gesichter lächelnder Träger, Frauen in leuchtenden Stoffen, die Körbe auf dem Kopf balancierten – das waren nach dem Nebel und der Feuchtigkeit in Venedig meine stärksten Eindrücke.

Die seltsamen tropischen Pflanzen bezauberten mich. Verwundert sah ich meinen ersten Jacaranda in voller Blüte, eine blaue Pracht. Dieser Kontinent war vollkommen anders; er verstärkte jeden körperlichen Reiz und war stark und auf fast aggressive Weise schön, wie von einer sicheren und kraftvollen Hand gemalt. Die subtilen sanften Aquarellfarben des intellektuellen und dekadenten Europa schienen mir nun wesensfremder als die brennende, gnadenlose, herrliche Sonne, die uns willkommen hieß.

Wir fuhren direkt nach Nairobi. Unser Zimmer im Norfolk-Hotel, dem besten der Hotelkette der Familie Block, sah aus wie ein überdachter Innenhof mit Käfigen voller exotischer Vögel. Ich konnte nicht schlafen. Ein großer roter Hibiskusbusch, Paolos Lieblingspflanze, wuchs gleich vor unserem Zimmer. Er war zehnmal so groß wie der, den ich in Italien zu pflanzen versucht hatte. Ich humpelte nach draußen in die Sonne und betrachtete die riesigen scharlachroten Blüten, deren grellgelbe Staubgefäße von roten Tupfen bekränzt wurden. In ihren seidigen Kelchen, die mit leuchtendem Pollen bestäubt waren, hingen Tautropfen wie Juwelen. Ich sog den feinen Duft ein. Vom ersten Atemzug an empfand ich neue Energie und ein ungewöhnliches Gefühl des körperlichen Wohlbefindens, doch erst in Dorians Flugzeug stellte ich fest, daß auch ich mich in Afrika verliebt hatte.

Am ersten Morgen nach unserer Ankunft im Norfolk-Hotel beschloß Paolo, sofort Dorian Rocco anzurufen. Man sagte ihm, daß Dorian nach Wilson gefahren sei, dem Flughafen Nairobis für Privatflugzeuge. Paolo beschloß, direkt dorthin zu fahren, um ihn zu treffen; ich spürte, daß er von dem Verlangen getrieben wurde, seine Verbindung zu Kenia und seinem früheren Leben hier zu erneuern.

Dorian hatte bei Paolo in der Lagune von Venedig gewohnt, als der Unfall passierte. Dorians Eltern waren in den dreißiger Jahren während einer Afrikareise nach Kenia gekommen. Seine Mutter Giselle stammte aus einer französischen Familie und war Künstlerin. Sein Vater, Mario Rocco, genannt Pappi, war Neapolitaner. Sie ließen sich auf einer Farm am Ufer des Naivashasees nieder, wo sie eine zauberhafte Villa im italienischen Stil erbauten, mit einer wie in der Toskana von hohen Zypressen gesäumten Allee, die hinunter zum See führte. Sie waren eine unkonventionelle und abenteuerlustige Familie, die ständig an ungewöhnlichen

Unternehmungen beteiligt war. Dorian hatte zwei jüngere Schwestern, Mirella und Oria.

Dorian wollte übers Wochenende an die Küste fliegen, und er lud uns ein, ihn zu begleiten. Ohne eine Sekunde zu zögern, nahmen wir an. Paolos Augen leuchteten, während er sich bemühte, meine Krücken hinten in dem kleinen Flugzeug zu verstauen. Ich hatte nichts bei mir außer der Kleidung, die ich trug, eine Jeans und ein Khakihemd, und dem brennenden Verlangen, in einem kleinen Flugzeug hoch über Afrika zu fliegen. Alles andere war unwichtig. Bevor wir abhoben, sagte Dorian: »Zieht die Köpfe ein, wenn wir am Tower vorbeirollen. Ich habe noch keine Lizenz dafür, Passagiere mitzunehmen.«

Ich zog meinen Kopf ein und sah durch ein Loch, das in den ramponierten Boden gerissen war, die Teerpiste vorbeirasen. Dann, undeutlich, verbranntes Gras und blauen Himmel. Es gab kein Zurück mehr. Wir flogen.

Der Nairobi-Nationalpark grenzt unmittelbar an Wilson. Bald bewegte sich genau unter uns gemächlich die erste Herde Giraffen, langhalsig und graziös. Dorian steuerte das Flugzeug in einen steilen Sturzflug. Sie liefen wie in Zeitlupe und wirbelten den Staub auf. Filigrane Dornenbäume am Ufer eines Flusses verdeckten kaum ein paar schläfrige Büffel. Ich schrie vor Begeisterung. Ich war berauscht von der Hitze, dem Lärm des Flugzeugs, dem unglaublichen Gefühl, zum ersten Mal in einer kleinen Maschine über die afrikanischen Ebenen zu fliegen. Dorian unterstützte meine Stimmung, wie nur ein Rocco es konnte. Als wir das Tsavo-Gebiet erreichten, kreisten wir über Elefantenherden und folgten dann dem Lauf träger Flüsse auf der Suche nach Flußpferden und Krokodilen. Ich nahm die Vegetation, die aus niedrigem Buschland und Savannen bestand, in mich auf, die kleinen Gruppen von Grantgazellen mit ihrem zuckenden Schwanz, die Pavianrudel, die die gelben Fieberakazien hinab flüchteten, Dumpalmen mit fächerförmigen, symmetrischen Ästen, und die ersten eindrucksvollen, silbrigen, riesigen Affenbrotbäume.

Dann tauchte ein Lager auf, hellgrüne Zelte in ordentlichen Reihen an einer Flußbiegung, wo ein schwarzes Nashorn friedlich trank. In der Nähe war ein Graslandeplatz. »Oh, bitte laßt uns dort landen!« rief ich flehend über den Lärm der Maschine hinweg.

»Morgen«, sagte Dorian, »morgen landen wir dort und trinken eine Tasse Tee. Wir sind wirklich spät dran.«

Er hatte recht.

Die Sonne erschien mir noch immer hoch und hell, doch ich hatte mich noch nicht an den plötzlichen Untergang der Sonne am Äquator gewöhnt. Bald war der Himmel in Rot und Purpur getaucht, als hätte man knapp hinter dem Horizont ein gewaltiges Feuer entzündet. Die wenigen Wolken bekamen einen goldenen Rand, während die Sonne, orangefarben und rund wie eine glühende Münze, tiefer und tiefer glitt und dann verschwand. Ich konnte die unbeschreibliche blaue Weite des Indischen Ozeans sehen, spiegelglatt, nur mit ein paar kleinen Wellen um das Korallenriff. Die Palmen wurden rasch dunkler, Autoscheinwerfer tauchten auf der schmalen Teerstraße auf, und es war Nacht.

Ich war nicht auf die winzige Landebahn zwischen dichten Palmenhainen und riesigen Affenbrotbäumen vorbereitet, auf der wir bei nahezu völliger Dunkelheit landeten, nachdem wir zuvor über einer Gruppe strohgedeckter Hütten gekreist waren, um unsere Ankunft zu signalisieren. Wir rollten über die holprige Sandbahn, wobei wir von einem Dutzend halbnackter Kinder eskortiert wurden, die vor Begeisterung kreischend neben uns herliefen. Schließlich hielten wir auf einer Art Parkplatz an, vor einer schwach erleuchteten, sympathisch altmodischen Tür mit der Aufschrift: »Mnarani Club«.

»Da sind wir«, sagte Dorian. »Wir übernachten bei Mirella.« Ein offener Landrover kam heran, und meine Tür wurde geöffnet. Ein starker Jasmingeruch und die warme würzige Seeluft umhüllten mich, und ich blickte in herausfordernde blaue Augen. Da stand ein Mann mit langem blondem Haar, das zu einem Pferdeschwanz gebunden war, mit tief gebräunter Haut und mageren nackten Füßen, die unter einem wallenden türkisfarbenen Kaftan hervorschauten.

»Ich bin Lorenzo Ricciardi«, sagte er auf italienisch. »Willkommen in Kilifi. Ich fahre euch zu mir nach Hause.«

Ich war überwältigt und benommen von all den neuen Empfindungen und Entdeckungen; die unglaubliche Schönheit dieses Landes hatte mich bereits voll und ganz erobert, und das exotische, ungewöhnliche Aussehen unseres Gastgebers faszinierte mich. Unwillkürlich rief ich: »Sie sehen aus wie ein Pirat!«

Lorenzo grinste: »Ich bin einer«, sagte er.

Lorenzo war mit Dorians Schwester Mirella, einer bekannten Fotografin, verheiratet. Ihr Buch *Vanishing Africa* war kurz zuvor veröffentlicht worden, und ich besaß ein Exemplar. Es war ein außergewöhnliches Buch, die Arbeit einer Künstlerin, die Afrika kannte und liebte und der es gelungen war, die schwer faßbare und doch betörende Eigenart des Landes und der Menschen, die noch in der Vergangenheit und in ihrer traditionellen Kultur lebten, einzufangen. Ich war gespannt darauf, sie kennenzulernen.

Mirella war mehr als nur schön. Grüne Augen und volle Lippen, lokkiges Haar, das ihren Kopf wie ein Glorienschein umgab, dunkle Haut, eine schlanke, in farbige Baumwoll-Kangas gehüllte Gestalt und Arme, die mit silbernen Armbändern behängt waren, fielen als erstes ins Auge. Doch ihre heisere Stimme verriet mehr. Ihr Italienisch hatte einen starken, aber angenehmen Akzent, ihr Auftreten war direkt, fast maskulin, und sie vermittelte sofort den Eindruck einer unabhängigen, schöpferischen und begabten Frau, die den Mut und die Energie besaß, ihr Leben so zu leben, wie es ihr gefiel. Paolo kannte sie von früher. Sie gab sich natürlich und ungezwungen, und sie erzählte mir von den Plänen, Erinnerungen und Abenteuern ihres unkonventionellen Lebens, als hätte sie mich schon immer gekannt. Ich fühlte mich willkommen und ganz wie zu Hause.

Ihr Haus auf der Klippe ließ den Abendwind herein, und das Meer war so nah, als befänden wir uns an Deck einer arabischen Dhau. Helle Kissen säumten die Wände, und Strohmatten bedeckten den Boden, auf dem man nur barfuß gehen konnte. Ein Zauber umgab dieses Haus, und der Umstand, daß ich meine erste Nacht in Kenia nicht in einem anonymen Hotelbett verbringen mußte, erschien mir wie ein gutes Omen. Ich gehörte bereits hierher.

In dieser Nacht lag ich in dem großen geschnitzten Bett, bei geöffneten Fenstern, die die Ozeanbrise hereinließen, und unter dem Moskitonetz, das sich leicht hin und her bewegte, und ich lauschte auf das Geräusch der Brandung, in das sich die neuen geheimnisvollen Stimmen der afrikanischen Nacht mischten – Affen und Nachtvögel. Paolo hielt meine Hand, und lange Zeit sagte keiner von uns ein Wort. Ein einziger Tag nur trennte uns vom kalten europäischen Winter, aber es war mehr als die Zeit und die Entfernung. Ich wußte, daß ich bereits die Grenze zu einer neuen Welt überschritten hatte und daß dies mehr als nur ein Urlaubsaufenthalt sein würde.

Während ich meinen ersten Tag in Afrika praktisch in der Luft verbrachte, erlebte ich am zweiten die wahre Hitze einer gnadenlosen Äquatorsonne, die sich tief in meine Haut brannte, die Wärme des salzigen Wassers, in dem es von unzähligen Tieren wimmelte, das Weiß des

Sandes, die ganze Pracht der Farben und Gerüche, und – zu meiner Überraschung – einen Schwarm Delphine, die draußen vor dem schimmernden Riff spielten.

Am frühen Nachmittag flogen wir wieder ab, und dieses Mal konnte ich sehen, wie dicht wir am Abend zuvor neben dem Kilifi-Fluß gelandet waren.

Dorian hielt Wort. »Wir werden in Cottars Camp Tee trinken.«

Wieder tauchten die grünen, ans Flußufer gedrängten Zelte aus dem ausgedörrten Busch auf, Dorian kreiste in niedriger Höhe, stieg erneut auf und lenkte das Flugzeug dann zu der grasbedeckten Rollbahn, auf der wir landeten.

Das Gras war höher, als wir gedacht hatten, und verbarg ein großes Erdloch. Ehe wir wußten, wie uns geschah, war eines der Räder eingesackt, der Propeller schlug gegen irgend etwas, und ein Affenbrotbaum am Ende der Landebahn kam immer näher. Paolo blickte mir in die Augen, seine Finger gruben sich tief in meinen Arm.

»Festhalten, wir machen eine Bruchlandung«, sagte Dorian gelassen, und inmitten krachender Äste kam die Maschine zum Stillstand, wobei sie auf die Seite kippte. »Springt raus! Vielleicht fängt sie Feuer.«

Mit meinem verkrüppelten Bein war das nicht so einfach. Paolo half mir hinaus, und so schnell ich konnte, humpelte ich weg, an seinen Arm geklammert, denn meine Krücken hatte ich zurückgelassen.

Das Flugzeug fing nicht Feuer. Wir blieben atemlos stehen und blickten zurück auf die deformierte Maschine. Es roch nach frisch gemähtem Heu, nach Staub und Harz. Insekten summten um uns herum, und die unvermeidlichen afrikanischen Kinder hatten sich bereits zu einer stummen, barfüßigen kleinen Gruppe versammelt, die uns anstarrte. Um mich zu beruhigen, faßte Paolo mich mit seinen starken, sanften Händen an den Schultern. Die Benommenheit verschwand, und ich lächelte ihn an. »Wir haben's geschafft.«

Zum Nachdenken war gar keine Zeit gewesen. Mein afrikanisches Abenteuer hatte begonnen, und mir blieb keine andere Wahl, als mich mit allem, was es mit sich brachte, abzufinden.

Über die Landebahn näherte sich vom Lager her ein seltsames Paar. Ein dünner älterer Mann mit Bart, kurzer Khakihose und einer Pfeife im Mund, und eine rundliche Frau in einem geblümten Kittel und Gummisandalen. Es waren die zuständigen Leiter. Wir müssen eigenartig ausgesehen haben – zerzaust, von Staub und Zweigen bedeckt, mit dem zerfetzten Flugzeugwrack im Hintergrund. Der Mann kam gelassen auf uns zu, als ob nichts Ungewöhnliches geschehen wäre.

»Haben Sie Gepäck?« fragte er in knappem Englisch.

Er wartete die Antwort nicht ab. »Kommen Sie, trinken Sie eine Tasse Tee.«

»Deshalb sind wir hergekommen«, sagte ich, und wir mußten alle lachen.

Statt per Funk in Nairobi ein anderes Flugzeug anzufordern, beschlossen wir, die Nacht in dem Lager zu verbringen. Es würde meine allererste Nacht in einem Zelt sein. Wir saßen draußen vor dem Küchenzelt, schlürften Getränke und beobachteten ein Nashorn, das an der gegenüberliegenden Flußseite trank. Einige Jahre später sollte dies ein äußerst seltener Anblick werden, doch damals wußte ich das noch nicht.

Nachdem ich die Paraffinlampe gelöscht hatte, lauschte ich vor dem Einschlafen einer weit entfernten Hyäne, riesigen krächzenden Kröten, seltsam raschelnden Geräuschen. Das plötzliche kehlige Brüllen eines Löwen, das alle anderen Geräusche verschluckte, war so erschreckend nah, daß die Zeltwand bei dem Klang zu vibrieren schien. Es war erst meine zweite Nacht in Afrika, und doch hatte etwas in mir zu wachsen begonnen, das ich nicht aufhalten konnte; es war, als ob meine Kindheitsträume endlich den Ort gefunden hatten, an dem sie Wirklichkeit werden konnten. Ich war dort angekommen, wohin ich schon immer gewollt hatte. Ich wußte nicht, wie es zu machen sein würde, aber ich hatte nicht den leisesten Zweifel, daß ich hier und nirgendwo sonst leben wollte.

Vieles mußte getan werden, bevor das möglich war, und die Krücken am Fußende des Bettes waren die erste Hürde. Ich wollte und konnte hier nicht als Krüppel leben. Ich würde starke Beine brauchen, um zu rennen, wenn es nötig war, und um aufrecht an Paolos Seite über das Land gehen zu können, das wir, so hoffte ich, eines Tages in Afrika für uns finden würden. Ich wußte, daß dies noch mehr Operationen bedeutete, noch mehr Krankenhäuser, noch mehr Schmerzen und Geduld. Es würde Zeit brauchen. Aber ich würde es schaffen. Wo ein Wille ist, ist auch ein Weg, das wurde mir wieder einmal klar, ebenso wie die Tatsache, daß ein würdiges Ziel das einzige ist, was zählt. Zwischen Paolo und mir bestand jetzt ein weiteres Band. Wie er war auch ich in Afrika verliebt.

»Ich muß wieder gehen können«, sagte ich flüsternd zu Paolo, bevor ich in den besten Schlaf glitt, den ich seit Monaten gehabt hatte. »Ich muß wieder lernen, zu gehen und zu laufen, egal wie lange es dauert.«

Es dauerte noch drei Jahre.

5

Wieder gehen können

Wir müssen die Art und Weise ändern, mit der wir auf unsere Erfahrungen reagieren. Denn unsere Probleme ergeben sich nicht aus dem, was wir erleben, sondern daraus, wie wir damit umgehen.

Akong Rimpoche

Venedig lag in gelbem Nebel, als wir landeten, und in der blassen Menschenmenge am Flughafen von Tessera wirkten unsere dunkel leuchtende Haut und das sonnengebleichte Haar unpassend. Ein kleiner Junge mit einer blonden Ponyfrisur lief der kleinen Gruppe voraus, die gekommen war, um uns abzuholen, und ich kniete mich hin, um ihn zu umarmen. Während ich fort war, hatte ich ihm jeden Tag mindestens zwei Ansichtskarten mit Tierfotos geschickt, denn ich wußte, wie sehr er sich auf den mit seiner Fahrradglocke klingelnden Briefträger freuen würde, und auf die kleinen Botschaften aus dem Land jenseits des Meeres, die ihm versicherten, daß seine Mutter ihn liebte und immer an ihn dachte. Das einzige, worauf ich mich während der herrlichen zwei Monate in Afrika wirklich gefreut hatte, war das Wiedersehen mit Emanuele. Er war vier Jahre alt und in der Obhut seines Kindermädchens geblieben und natürlich in der meiner Mutter, die ihn mehr liebte als jeden anderen Menschen auf der Welt.

Am ersten Abend nach meiner Rückkehr saß ich an seinem Bett in seinem blauen Zimmer und erzählte ihm von Kenia und von den Orten, an denen ich gewesen war, von den Tieren, die ich gesehen, und von den Menschen, die ich kennengelernt hatte. Er lauschte still, versunken in all die Geschichten. Auf seinem Gesicht lag dieser konzentrierte, klare Ausdruck, der für sein Alter und seine Erfahrung ungewöhnlich war und der mir immer zu denken gab. Ohne daß ich es wollte, hörte ich mich selbst sagen: »Eines Tages werden wir dort leben.« Ohne überrascht zu sein, sagte er leise: »Ja.«

Als ich meiner Mutter davon erzählte, meinte sie, ich sei verrückt. Aber sie kannte mich gut genug, um zu wissen, daß ich es ernst meinte. »Du kennst dort niemanden. Du sprichst kein Englisch. Du haßt Autofahren. Du ... kannst noch nicht wieder gehen«, protestierte sie.

»Ich werde es lernen. Das ist der Ort, an dem ich leben will. Wenn Paolo mich fragen würde, würde ich morgen abreisen.« Am Ende sollte ich es sein, die ihn fragte.

Nach unserem zweiten Ferienaufenthalt in Kenia sagte ich beim Landeanflug zu Paolo: »Statt in Italien zu leben und unsere Ferien in Kenia zu verbringen, könnten wir es doch auch umgekehrt machen, oder?«

Ich hatte für meine Frage genau den Zeitpunkt gewählt, als sich auf Paolos Gesicht in Erwartung eines Lebens, für das er jegliche Begeisterung verloren hatte, die Schwermut abzeichnete, und ich stellte sie genau in dem Augenblick, als sich der Klang der Motoren veränderte. Ich wußte, daß ich meine Worte, wenn ich sie einmal ausgeprochen hatte, nicht mehr würde zurücknehmen können und daß ich damit den Beschluß gefaßt hatte, mein Schicksal auf den Weg zu lenken, der mir schon immer bestimmt war.

Paolo sah mich mit seinen leuchtenden blauen Augen unverwandt an und faßte mich an den Handgelenken. »Danke«, sagte er einfach. »Jetzt müssen wir heiraten.«

Kurz zuvor war in Italien das Gesetz, das Scheidungen ermöglichte, in Kraft getreten. Seit Jahren hatte ich von meinem Mann getrennt gelebt, und innerhalb weniger Wochen war die Scheidung ausgesprochen.

Die Institution der Ehe war mir nicht sonderlich wichtig; meine Liebe zu Paolo würde durch einen Vertrag, der sie legalisierte, nicht größer werden. Aber für ein Leben in Afrika würde es einfacher sein, wenn wir verheiratet wären. Darüber hinaus konnte es unseren Kindern ein Gefühl von Sicherheit und Identität geben, wenn sie wußten, daß wir uns gegenseitig aneinander gebunden hatten und somit, indirekt, auch an sie.

Die folgenden Monate und Jahre waren der Vorbereitung gewidmet.

Ich möchte hier nicht von all den Operationen sprechen; den Krankenhäusern, den Ärzten, den ermüdenden Stunden, die ich mit endlosen Übungen verbrachte. Dennoch möchte ich es nicht versäumen, dem Berner Chirurgen Professor Müller, eine hervorragende Kapazität auf seinem Gebiet, mein Lob auszusprechen; mit außergewöhnlicher Geduld und Geschicklichkeit brach er erneut mein Bein, drehte es in seine richtige Stellung zurück, verlängerte es und richtete es wieder. Er war der beste Arzt, und ich hatte Glück. Gleich bei meinem ersten Besuch, als er mir meine Krücken abnahm und mich aufforderte, vor ihm in seinem Zimmer auf und ab zu gehen, und ich in seinen Augen angesichts meines unbeholfenen Humpelns einen unprofessionell mitleidigen Schimmer erblickte, entstand zwischen uns eine Beziehung, die von völligem Vertrauen getragen wurde.

»Ich kann Sie dahin bringen, daß Sie wieder so gehen können wie früher, aber Sie müssen mir dabei helfen. Sie werden hart arbeiten müssen. Sie müssen Geduld haben. Es wird sich lohnen. Sie sind zu jung, um als Krüppel zu leben.«

Mehrere Operationen mit den entsprechenden Heilungsphasen waren notwendig, aber ich hatte absolutes Vertrauen zu ihm, und er hielt sein Versprechen.

Während eines weiteren kurzen europäischen Sommers, den ich in einem Krankenhausbett verbrachte, kam er gewöhnlich am frühen Nachmittag in mein Zimmer. Er saß an meinem Bett, und wir unterhielten uns. Er sprach Französisch, die Sprache meiner Großmutter, und da sämtliche Krankenschwestern nur Deutsch sprachen, war er der einzige Mensch, mit dem ich reden konnte. Paolo, der mit seinen Töchtern in Italien war, konnte mich immer nur kurz besuchen kommen, und Emanuele war weit weg bei meiner Mutter. So war Professor Müller mein einziger Freund im »Lindenhof«.

Er und die Vögel. Ich hatte die Vögel einmal mit Brotresten von meinem Frühstück gefüttert, in der Hoffnung, daß sie wiederkommen würden. Bald kamen sie schon früh am Morgen, bevor das Zimmermädchen die Vorhänge aufzog, und sie pickten mit ihren Schnäbeln kräftig gegen die Fensterscheiben, um mich zu wecken. Ich freute mich schon auf ihren Morgengruß, und als ich abreiste, quälte mich noch wochenlang der Gedanke, daß sie wie gewöhnlich an mein Fenster fliegen würden, nur um festzustellen, daß ich fort war, und ich hoffte, daß auch der nächste Patient sich mit ihnen anfreunden würde. Jedesmal, wenn ich im Laufe der nächsten zwei Jahre dorthin zurückkehrte, fand ich neue Vögel, die ich fütterte und die mir Gesellschaft leisteten – oder waren es dieselben? –, und es lehrte mich, wie kleine Dinge häufig große Dinge erträglich machen.

6

Das erste Feuer

... ausgebrannte Stümpfe rauchiger Tage ...

T. S. Eliot, *Preludes*

Der Bürgermeister des kleinen Dorfes, in dem meine Mutter lebte, vollzog die Trauung. Ich trug ein weißes Kleid, das mit roten Erdbeeren bedruckt war, die Kleidung der Kinder war aus dazu passendem rotem Stoff, und Paolo glänzte mit einer roten Seidenkrawatte. Auf allen Fotos lächeln wir uns an, und wir sehen glücklich aus.

Erst eine Woche zuvor war ich aus der Schweiz zurückgekommen, wo das letzte Metallstück aus meinem Bein entfernt worden war. Es war völlig verheilt und hatte exakt die gleiche Länge wie das andere. Professor Müller hatte sein Wort gehalten. Erst an diesem Morgen hatte ich für immer den Stock beiseite gelegt, den ich in den letzten Monaten benutzt hatte. Unser Gepäck war bereit, ebenso wie unsere Flugtickets nach Nairobi.

Zum Mittagessen am Tag unserer Hochzeit fuhren wir mit dem Boot auf die kleine Insel Burano, wo man in einem bekannten Fischrestaurant einen herrlichen Festschmaus mit Delikatessen aus der Lagune vorbereitet hatte.

Eine Sache war noch zu erledigen, bevor wir abreisten. Im Alter von zwölf Jahren hatte ich angefangen, Tagebuch zu führen. Fast jeden Tag füllte ich Seite um Seite mit meinen Eindrücken und Empfindungen, mit Erlebnissen und Erfahrungen. Meine Freuden und Zweifel, meine Fragen und Antworten waren minuziös aufgezeichnet. Während meiner Genesung, während der langen Nächte im Krankenhaus, hatte ich bei der Niederschrift meiner Gefühle, Hoffnungen und Ängste Zuflucht und Trost gefunden. Für mich war mein Tagebuch das, was für andere vielleicht ein Psychotherapeut ist: eine gesunde Art, Dinge loszuwerden, sie auf die leeren, vorurteilslosen Seiten zu ergießen. Ich bewahrte die zwei

Dutzend Bände in einem grünen Reisekoffer auf. Nachdem die Entscheidung gefallen war, Europa zu verlassen und in Afrika zu leben, dachte ich wochenlang darüber nach, was ich mit diesen Tagebüchern anfangen sollte. Sie enthielten mein ganzes bisheriges Leben. Nun war dieser Lebensabschnitt zu Ende gegangen, es war buchstäblich eine neue Seite aufgeschlagen worden. Ich konnte diesen sperrigen Koffer nicht mit nach Kenia nehmen, wo wir noch keinen festen Ort zum Leben hatten und es möglicherweise Jahre dauern würde, bis wir ein Zuhause gefunden hätten. Trotzdem konnte ich meine Tagebücher nicht zurücklassen. Sie enthielten zwar keine besonderen Geheimnisse, die mir peinlich gewesen wären, aber sie waren meine ganz persönliche Darstellung meiner Vergangenheit und all der Menschen und Ereignisse, die in meinem Leben bis dahin eine Rolle gespielt hatten. Selbst wenn ich den Koffer verschloß und ihn in der Obhut meiner Mutter ließ, hätte ich mich bei dem Gedanken nicht wohl gefühlt, daß ich einen Teil meines Lebens zurückgelassen hatte, unbehütet und der möglichen Neugier unbekannter Menschen schutzlos ausgeliefert. Nach Afrika zu gehen war für mich wie eine Wiedergeburt, und durch meinen Unfall hatte ich gelernt, daß die Schote mit dem Samen aufplatzen und sterben muß, damit eine neue Pflanze wachsen kann. Man kam nicht vorwärts, wenn man an Altem festhielt. Ich beschloß, meine Tagebücher zu verbrennen.

An meinem letzten Nachmittag in Europa sammelte ich mit Emanueles Hilfe im hinteren Teil des weitläufigen Gartens meiner Mutter einen großen Haufen Brennholz zusammen und legte meine Tagebücher darauf wie auf einen zeremoniellen Scheiterhaufen. Ich übergoß sie mit Paraffin und zündete ein Streichholz an. Das Papier fing sofort Feuer, und in den klaren Julinachmittag stiegen Hitzewellen auf. Ich saß im Gras, das gelb und blau mit Butterblumen und Vergißmeinnicht gesprenkelt war, und beobachtete, wie meine Vergangenheit vor meinen Augen für immer verbrannte und in Rauch aufging. Meine Mutter, die den Rauch gesehen hatte, kam beunruhigt aus dem Haus. Sie blieb wie versteinert stehen, als sie sah, was da vor sich ging, denn sie hatte, wie meine ganze Familie, von meinen Tagebüchern gewußt. Ein kleines Häufchen papierner Asche und glimmendes Holz waren alles, was übrigblieb. Ich streckte den Arm aus, um mit meinem Gehstock in der Glut zu stochern. Einige Seiten stiegen auf, halbverkohlt flogen sie durch die Hitze nach oben wie Blätter bei einem Buschfeuer. Etwas Rußgeschwärztes wurde sichtbar, das noch immer glimmte. Meine Mutter schnappte nach Luft. Eine menschliche Form, ein Torso, ein gestrecktes Bein ... Ich lächelte sie beruhigend an: Es war nur mein abgelegter Gips, und darunter die geschmolzenen Plastikteile und das geschwärzte Aluminium meiner Krükken. Ich stand auf und warf meinen Gehstock ins Feuer. Ich war bereit zu gehen.

Am nächsten Tag flogen wir mit Paolos Töchtern und meinem Sohn und einer großen Menge Gepäck vom Flughafen bei Venedig ab. Vor uns lagen Afrika und unser neues Leben.

Teil II

Paolo

7

Ein neues Leben

Auch eine Reise von tausend Meilen muß man mit einem Schritt beginnen.

Chinesisches Sprichwort

Wir hatten uns vorgenommen, nach einem Grundstück zu suchen, das wir kaufen konnten, um uns dort niederzulassen. Paolo hatte an eine Ranch gedacht, auf der er Vieh züchten wollte, aber, was noch wichtiger war, es sollte dort wilde Tiere im Überfluß geben. Eines war in unserer beider Vorstellung völlig klar: Wir kamen nicht hierher, um unser Glück zu suchen. Wir wählten eine bestimmte Art zu leben.

Die Kinder waren von der Idee begeistert, in ein geheimnisvolles und fremdes Land zu ziehen, wo der Sommer das ganze Jahr über dauerte. Emanuele verliebte sich sofort in Kenia, und zwar mit einer Leidenschaft, die ihn nie mehr verließ. Es war der Ort, der all das verkörperte, wovon er geträumt hatte, wo die Tiere lebten, die er bisher nur aus Büchern kannte, und vom allerersten Augenblick an war sein Leben in Kenia ein herrliches und fröhliches Abenteuer.

Zu Anfang war Paolos Schwägerin unsere wichtigste Anlaufstelle. Angesteckt von Paolos Begeisterung, war Paolos älterer Bruder ein paar Jahre früher nach Kenia gegangen und hatte in der Nähe von Thika eine gutgehende Kaffeeplantage gekauft. Es war noch die Zeit der Großwildjagd, bevor die Auswüchse der Wilderei und die Zerstörung der Umwelt aus diesem Sport einen Anachronismus machten und schließlich zu seinem Verbot führten; es war noch die Zeit der berühmten »Weißen Jäger« und der großen Zeltsafaris, fast so, wie Hemingway sie verherrlicht hat.

Eines Abends schoß Paolos Bruder bei Voi, einem Jagdrevier in der Nähe der Küste, auf einen Elefanten in einer Herde und tötete ihn. Statt zu flüchten, griffen die anderen Elefanten ihn an. Am nächsten Morgen fand man ihn in einer Blutlache, der tote Elefant neben ihm. Ein Stoßzahn hatte seine Leiste durchbohrt, und er war verblutet. Drei Monate später starb sein kleiner Sohn, der bei seinen Großeltern in Italien war, im Schlaf; die Ursache wurde nie festgestellt. Paolos Schwägerin beschloß, in Kenia zu bleiben. Sie heiratete schließlich einen Mann, der wesentlich älter als sie war, und die beiden waren es, die sich in der ersten Zeit in Nairobi um uns kümmerten.

Wir waren im Juli angekommen, einem der kühlsten Monate des Jahres im Hochland von Kenia. Zunächst wohnten wir in einem ruhigen Hotel in Nairobi, dessen Zimmer auf einen weitläufigen wilden Garten gingen, von dem aus man auf einen Fluß blicken konnte. Am ersten Morgen platzte Emanuele, der seit dem frühen Tagesanbruch auf Entdeckungstour gewesen war, mit vor Begeisterung gerötetem Gesicht in mein Zimmer, was sehr ungewöhnlich war, denn normalerweise war er sehr ruhig.

»Pep«, sagte er atemlos und benutzte den Kosenamen, mit dem er mich am liebsten rief, »Pep, ich habe eine Schlange gesehen. Ich bin sicher, es war eine *Naja nigricollis*. Ich muß in meinem Buch nachsehen.«

Sein Buch gab ihm recht: Die Schlange war eine Kobra.

Viele Jahre, viele Ereignisse später, während der längsten Nacht meines Lebens, als mir wie ein Schlüssel zu jenem absurden Rätsel völlig unerwartete und längst vergessene Einzelheiten einfielen, erinnerte ich mich wieder an diesen Zwischenfall: Das erste Tier, das Emanuele in Afrika gesehen hatte, war eine Schlange gewesen.

Da es einige Zeit dauern würde, bis wir das Richtige gefunden hatten, und wir nicht ewig in einem Hotel wohnen konnten, beschlossen wir, ein Haus in Nairobi zu kaufen. Wir fanden ein hübsches zweigeschossiges Haus aus grauem Stein mit einem rund einen Hektar großen Garten, in dem viele einheimische Bäume standen. Es lag einem Gebiet, das Gigiri genannt wurde, in der Nähe von Muthaiga, wo viele unserer Freunde lebten, und nahe einer Schule, in der unsere Kinder Englisch lernen würden.

Was mein eigenes Englisch anging, so beschloß ich, englische Bücher zu lesen. Ich bevorzuge Biographien, geschichtliche Themen, die Klassiker, Lyrik, Philosophie oder Theologie, aber es war klar, daß ich mich nicht Hals über Kopf auf diese Gebiete in einer Fremdsprache stürzen konnte; daher entschied ich mich für etwas, das ich sonst selten lese: Romane. Mit einem Wörterbuch auf dem Schoß arbeitete ich mich durch endlos lange Romane, die in makellosem Englisch geschrieben waren. Ich lernte zahllose Erzieherinnen, junge Pastoren- oder Lehrerstöchter kennen, meistens verwaist und mittellos, die in vornehmen, aber düsteren Herrenhäusern in Cornwall zahllose verwöhnte und zugleich unglückliche adelige Gören erzogen und sich unweigerlich in den verwitweten, bedrohlich gutaussehenden, aber düsteren Herrn des Hauses verliebten. Die Handlung war fast immer gleich, und nach den letzten, spannenden Seiten fand sie ihr – absehbares – glückliches Ende. Paolo, der ein tadelloses Englisch sprach, amüsierte sich darüber, und er machte sich oft über die Wahl meiner Lehrbücher lustig, doch da er stets wißbegierig war, fing er an, sich für diese Epen zu interessieren, und am Ende mußte ich ihm fast alle Geschichten erzählen. Ich lernte zwar eine Menge altmodischer Wörter, doch ich schaffte es, mir einen annehmbaren Wortschatz anzueignen. Ich war jetzt in der Lage, das zu lesen, was mich wirklich interessierte, und das meiste zu verstehen, was bei einer Unterhaltung gesagt wurde. Als mir sogar Wortspiele und Scherze wie im Italienischen gelangen, hatte ich das Gefühl, meinen Kampf mit dem Englischen gewonnen zu haben.

Swahili war weniger schwer. Wie im Italienischen ist die Schreibweise in Swahili phonetisch. Da ich keine Schwierigkeiten mit der Aussprache hatte und ein passables Gedächtnis besaß, fiel es mir leicht, die Sprache zu lernen. Da wir uns entschieden hatten, in Kenia zu bleiben, war es mir unvorstellbar, nicht zumindest die wichtigste Sprache meiner neuen Heimat zu lernen. Wie das neue Land nahm ich auch die Sprache auf: voller Neugier, Interesse und Liebe.

8

Freunde in Kenia

Was allein zählt, sind Freunde.

Guy Burgess

Mit unserer Liebe zu Afrika waren wir nicht allein.

Die Menschen europäischer Herkunft, die sich frei entschieden hatten, in Kenia zu leben, und nicht wie Diplomaten oder Manager von internationalen Unternehmen aus beruflichen Gründen gekommen waren, bildeten eine eng verbundene Gemeinschaft. Sie waren entweder als Nachfahren der ersten Siedler oder Pioniere dort geboren und hatten sich zum Bleiben entschieden, oder sie hatten sich Kenia ausgesucht, weil sie sich, wie wir, in das Land verliebt hatten. Auf dieser gemeinsamen Grundlage entwickelte sich eine enge Bindung: Nirgendwo sonst waren wir glücklich; uns allen hatte es dieses Land angetan, und auf unterschiedliche Weise fühlten wir, daß wir das Beste daraus machen mußten.

Paolo wollte, daß ich seine Freunde von früher kennenlernte, und in den ersten Wochen waren wir ständig unterwegs, um sie zu besuchen. Fast alle lebten im Landesinneren, einige kannte ich bereits. Einer der ersten Orte, die Paolo mir zeigte, war der Naivashasee etwa eine Autostunde von Nairobi entfernt. Die Blocks hatten am südlichen Ufer einen Besitz, Longonot Farm, und die Roccos besaßen eine Villa am gegenüberliegenden Ufer. Ihre D. D. D.-Farm, »Dominio Di Doriano«, war nach unserem Freund, ihrem Sohn, benannt.

Man gelangte zum Haus der D. D. D.-Farm über großzügig angelegte Stufen, die sanft geschwungen zwischen Palmen und Feigenbäumen aufstiegen. Pappi Rocco und Giselle verbrachten die meiste Zeit in den geräumigen hohen Zimmern im Erdgeschoß. Durch die Architektur, die Wandgemälde, Giselles Bilder und Skulpturen herrschte im Haus eine Art-Déco-Atmosphäre. In der getäfelten Bibliothek erzählten Schwarzweißfotografien an den Wänden und auf fast allen Regalen die ungewöhnliche Geschichte ihrer beiden Töchter Mirella und Oria. Ich lernte Oria und ihren schottischen Mann Iain Douglas-Hamilton zunächst durch diese Fotos kennen. Ein Foto zeigte Oria an ihrem Hochzeitstag; mit ihrem langem Kleid und Fransenschal erinnerte sie an eine Zigeunerin, im Hintergrund eine windgepeitschte Insel vor der Küste Schottlands. Iain stand neben ihr, mit langem blondem Haar, das auf ein Samtjackett mit Spitzenjabot fiel, dazu Hornbrille und der obligatorische Kilt. Ein großes Foto zeigte eine ganze Elefantenherde am Manyarasee, aus so geringer Distanz aufgenommen, daß man kaum noch von einem Sicherheitsabstand sprechen konnte. Ein nacktes Kleinkind stand mit hochgereckten Armen auf einem Ameisenhaufen und berührte den ausgestreckten Rüssel einer friedlichen Elefantenmutter. Eine Schar schmächtiger, nackter Rocco-Kinder, mit helleuchtendem Haar um die dunkel gebräunten Gesichter, spielte mit mageren, nackten afrikanischen Kindern. Auf schlammbeschmierten Körpern bemalten sie sich gegenseitig mit seltsamen Arabesken und verwandelten sich in lebende Lehmskulpturen.

Die alten Roccos waren unvergleichliche Geschichtenerzähler; aus ihrem Mund klang alles wie Legenden.

Die faszinierende Kombination aus aromatischen neapolitanischen Speisen und französischer Küche, die sich der alte Kimuyu ausdachte, wurde von Dienern mit rotem Fes auf der von Zypressen geschützten Terrasse serviert. Während eines dieser Mittagessen kam das Geräusch eines Motors näher, am Himmel tauchte ein kleines Flugzeug auf und steuerte – jedenfalls kam es mir so vor – mit voller Geschwindigkeit direkt auf uns zu, wie ein wahnsinniger Kamikazeflieger im Anflug auf sein Ziel. Das Porzellangeschirr auf dem Tisch schien zu klirren und das Fahrgestell das Dach um Zentimeter zu verfehlen. Fast hätte ich meinen Wein verschüttet, die Kinder jubelten, doch die alten Roccos verzogen keine Miene. »Iain und Oria«, sagten sie beiläufig. »Schön. Sie sind doch noch rechtzeitig zum Essen da.« So also lernte ich sie kennen, und auch ihre engelhaften kleinen Töchter Saba und Dudu.

Wie Mirella war auch Oria dunkelhäutig und feminin, lebhaft und exotisch, mit einer tiefen, leisen Stimme, lebendigen Augen und einem unaufhörlichen Bedürfnis, Ungewöhnliches zu erreichen. Iain stammte aus einer schottischen Adelsfamilie und hatte seinen Doktortitel an der Universität von Oxford mit einer Dissertation über die Elefanten am Manyarasee in Tansania erworben, wo er und seine Frau jahrelang lebten. Die Entscheidung für dieses Thema sollte den weiteren Verlauf seines Lebens bestimmen und aus ihm mit der Zeit einen berühmten und anerkannten Fachmann für Elefanten machen. Sie waren eine attraktive, glückliche und originelle Familie, intelligente Menschen, eine Mischung aus italienischer Kreativität und Spontaneität, französischer Eleganz und schottischer Entschlossenheit sowie Abenteuerlust und der Freude an Herausforderungen. Ich wußte sofort, daß sie immer ein anregendes und interessantes Leben führen würden. Ich fühlte mich augenblicklich zu ihnen hingezogen, im Laufe der Jahre wurde unsere Freundschaft ganz selbstverständlich immer enger, und schließlich waren unsere Leben untrennbar miteinander verbunden. Durch die Wärme und Kultiviertheit der Roccos fühlte ich mich gut aufgehoben und zu Hause, und ich freute mich jedesmal, wenn ich sie besuchte, denn in ihrer Gesellschaft war nichts vorhersehbar oder langweilig.

Am Südufer des Naivashasees lag die Longonot-Farm, der Landsitz der Blocks, benannt nach dem Krater, der den See oberhalb der überwältigenden Höllenschlucht beherrscht, in der noch heute sehr viele Antilopen und Giraffen leben. Ihr Vater war zu Anfang des Jahrhunderts aus Südafrika gekommen. Sein einziges Vermögen war ein Sack Saatkartoffeln gewesen, und daraus schuf er sein eigenes Imperium. Die Blocks waren für ihre Gastfreundschaft bekannt. Freundschaften bedeutete ihnen viel, und stets traf man in ihrem Haus eine bunte Mischung aus talentierten und herausragenden Menschen aus aller Welt. Trotz ihrer feinen Lebensart und ihrer gesellschaftlichen Verpflichtungen liebten sowohl Tubby als auch seine schwedische Frau Aino jeder auf seine Weise die Natur und das friedliche Landleben. Für Tubby war es ein großes Vergnügen, Besucher in seinem tadellosen Gemüsegarten und dem verschwenderischen Obstgarten herumzuführen; er ging von Pflanze zu Pflanze, kostete eine Frucht und zeigte dabei eine naive Freude und einen ländlichen Stolz, was bei einem solchen Mann von Welt erstaunlich und erfrischend war. Er hatte die Gabe, einfache Dinge genießen zu können. Er nahm uns unter seine Fittiche und wurde der treuste und zuverlässigste Freund, den man sich denken kann. Aino war eine elegante und exquisite Gastgeberin. Doch es gab eine Seite an Aino, die nur wenige Menschen kannten, und als sie mir eines Tages davon erzählte, entstand zwischen uns ein starkes Band, durch das sie mir zu einer engen Vertrauten wurde. Ihr erster Sohn war im Alter von wenigen Jahren an einer unheilbaren Krankheit gestorben, und ich werde nie vergessen, wie ergreifend sie mir dies damals schilderte.

Von ihrem Haus konnte man auf den See blicken, wo Paolo mit Emanuele gern in Tubbys Boot nach Schwarzbarschen fischte. Das Boot glitt über das ruhige Wasser, durch Wasserlilien und Teppiche von wild wuchernden Salvinia, dicht vorbei an schlafenden Flußpferden. Pelikane, Fischadler und eine atemberaubende Vielfalt von Wasservögeln kreisten in der Luft oder hockten kreischend auf bis zur Hälfte mit Wasser bedeckten Baumstümpfen. In der ersten Zeit, als wir selbst noch auf der Suche nach unserem eigenen Paradies waren, verbrachten wir immer wieder gern solche idyllischen Wochenenden bei den Blocks, und wenn wir nach Nairobi zurückfuhren, das Auto zum Bersten voll mit frischem Obst und Gemüse, dachten wir noch tagelang an Ainos fabelhafte Baisers mit Erdbeeren, die es zum Nachtisch gegeben hatte.

Es übernachteten auch noch andere Gäste auf der Longonot-Farm, und so lernten wir die Rubens kennen. Der alte Ruben, der dem gleichen russisch-jüdischen Milieu wie die Blocks entstammte, war ebenfalls als kleiner Junge um die Jahrhundertwende nach Kenia gekommen, und gegen Ende des Ersten Weltkriegs startete er mit zwei Lasteseln die Firma »*Express Transport*«, die sich zu einem gigantischen Transportunternehmen mit einer großen LKW-Flotte und Hunderten von Beschäftigten entwickelte. Monty Ruben war Zoologe und interessierte sich leidenschaftlich für Fotografie, Medizin und Technik. Monty war ein zutiefst verläßlicher, großzügiger und sensibler Mensch, der das Land über alles liebte, und wie Paolo fühlte er sich in großem Maße als Afrikaner. Gemäß der afrikanischen Tradition betrachtete er mich schließlich fast als ein Mitglied der Familie, und ich machte die Erfahrung, daß ich mich immer auf ihn verlassen konnte, wenn ich Rat oder Hilfe brauchte. Vom Temperament her war seine Frau Hilary der absolute Gegensatz zu ihm. Sie lebte in ihrer eigenen vergeistigten Welt und liebte Schönheit und Kultur, Lyrik und Mystik, Musik und die Natur. Gleichzeitig war sie ein mitfühlender Mensch, der sich fürsorglich um andere kümmerte. Ihre Gegenwart empfand ich als bereichernd und anregend. Hilary und mich verband eine Seelenverwandtschaft, aus der ein gemeinsames Gespür für die wesentlichen Dinge des Lebens erwuchs, und darin lag die Wurzel unserer Freundschaft.

Zu den neu gewonnenen Freunden zählte auch Carol Byrne. Sie war so unauffällig, daß ich mich nicht einmal erinnern kann, wie wir uns kennenlernten. Sie trat auf leisen Sohlen in unser Leben, und sie war da, als wäre sie immer dagewesen. Diese Frau war wie ein flüchtiger Schatten, weder vom Alter noch vom Leben gezeichnet. Das Schicksal hatte Carol hart mitgespielt. Ihr Mann war bei einem Flugzeugabsturz ums Leben gekommen, und sie war seitdem allein mit ihrem Kind Sam, einem reizenden und sensiblen kleinen Jungen, der ein paar Jahre jünger war als Emanuele. Dennoch hatten die Sorgen und die Probleme, die sie, wie wir wußten, durchgemacht hatte, auf ihrem schönen, jugendlichen, vergeistigten Gesicht keinerlei Spuren hinterlassen und ihre ruhige Art nicht negativ beeinflussen können. Alles gelang ihr mit würdevoller Leichtigkeit; ihre Gesellschaft war eine besondere Ehre, und ihre Gegenwart stets ein Geschenk, das uns neue Kraft gab. Sie liebte Bücher, Musik und östliche Philosophie. Sie gehörte zu jenen wenigen Menschen, die das, was sie glauben, uneingeschränkt in die Tat umsetzen, und ihr Leben strahlte Harmonie aus. Sie wohnte in einem Haus, das aus Stein, Stroh und großen Holzplanken am Felshang des Mbagathiflusses in Kitengela gebaut worden war. Es war voller Bücher, Teppiche und Kissen, voller Musik und Gegenstände, die alle eine eigene Geschichte hatten, und wie seine Besitzerin besaß dieses Haus eine Art transparente Seele. Durch die großen Fenster konnte man beobachten, wie die Tiere im Nationalpark von Nairobi zum Trinken an den Fluß kamen. Es kam oft vor, daß Löwen in ihrer Einfahrt saßen, und an ihren Kletterpflanzen rieben sich Nashörner den Rücken.

Schneller als ich es mir hätte träumen lassen können, war ich in den Kreis meiner neuen afrikanischen Familie aufgenommen worden.

9

Erkundung des Turkanasees

... giunta era l'ora che volge al desio
e ai naviganti intenerisce il cuore ...*

Dante Alighieri, *La Divina Commedia*

Das Land zu erkunden hatte für uns vorrangige Bedeutung und war unbedingt notwendig, um den Ort zu finden, nach dem wir suchten. Deshalb gehörten ein Geländewagen und eine Campingausrüstung zu den ersten Dingen, die wir kauften. Auf der Landkarte von Kenia bezeichnete Paolo die Orte, die wir als nächstes besuchen würden. Begeistert erkundeten wir das Land von Naro Moru am Fuße des Mount Kenia zum Naivashasee und Baringosee, vom Nakurusee zu den Nationalparks und -reservaten von Amboseli, Tsavo, den Shimba Hills, Samburu, Marsabit und Mara, von der wilden Landschaft des Nguruman und der Aberdares zu den arabischen Städten an der Küste, Lamu, Kiunga, den Bajuniinseln und Shimoni im Süden, wo man ausgezeichnet fischen konnte.

Einer unserer Lieblingsorte war der Turkanasee im Norden, der damals noch nach dem österreichischen Kronprinzen Rudolfsee genannt wurde.

Auf dem letzten Streckenstück zum Turkanasee führt die Straße über schwarzes Vulkangestein, und man kommt nur langsam voran. Ein letzter in der Hitze glühender Lavahügel, ausgedörrte Landschaften, und dann taucht die purpurne, graue, schwarze und jadegrüne Weite des vorgeschichtlichen Sees auf, still und majestätisch, mit seinen Inseln, die wie riesige schlafende Dinosaurier im Wasser liegen.

In unserer ersten Zeit in Kenia verbrachten wir Wochen und Monate dort, wenn die Kinder Ferien hatten. Manchmal zelteten wir in der San-

* ... die Stunde der Erinnerung war gekommen, die das Herz der ruhelosen Seefahrer mit Trauer füllt ...

dy Bay, einer kahlen, gelben kleinen Bucht, gesäumt von einem Strand mit braunen Kieselsteinen und schwarzem Sand, wo es Paolo immer, sogar vom Ufer aus, gelang, unglaublich große Nilbarsche zu fangen. Es sind gewaltige, aber lethargische Fische, die leicht zu fangen sind, wenn sie erst einmal angebissen haben. Manche Exemplare sind leuchtend goldgelb, andere graurosa mit den für Fische typischen, großen, runden überraschten Augen, in denen wir Menschen keinerlei Ausdruck von Schmerz oder Leiden lesen können, so daß wir uns – ebenso wie bei Insekten und Mollusken – nicht schuldig an ihrem Tod fühlen. Manchmal zelteten wir auf langen Dünenstreifen im Schutz sehr großer *Acacia ethiopica*, in deren Schatten die Kinder in Badekleidung nachmittags ihre Hausaufgaben machten. Der Wind wehte fast unaufhörlich, und es regnete selten am Turkanasee, außer in der langen Regenzeit im April, wenn plötzlich Sturm aufkam und sich der Himmel verfinsterte. Dann veränderten riesige Wellen die makellose Schönheit des Sees, der pechschwarz und violett, bedrohlich und unbezähmbar wurde; reißende Wassermassen wirbelten dann auf und füllten die sandigen *luggas*.

Einmal brach der Sturm nachts los, als wir gerade nördlich von Loyangelani am Fuße des Mount Por zelteten. Wir hatten zwei Zelte, und in einem davon schliefen die Kinder. Um Mitternacht begann der Wind heftig zu heulen, und ein gewaltiger Regen peitschte mit ohrenbetäubendem Lärm auf die Zeltwände. Es war, als ob der Himmel explodierte, und die Erde schien zu bersten und zu beben wie vor einem Vulkanausbruch. Ich hatte Angst um die Kinder, aber es war unmöglich, aus unserem Zelt herauszukommen. Der Wind war so stark, daß wir nicht einmal den Reißverschluß des Zelteingangs öffnen konnten. Dann brach eine der Zeltstangen, und es war stockdunkel um uns herum.

Der Wind legte sich so plötzlich, wie er begonnen hatte. Eine Zeitlang war nur der Fluß zu hören, der neu entstanden war und der ein paar Stunden lang in den See floß. Dann erwachte in der feuchtnassen Stille der Nacht ein Chor von Vögeln und Fröschen zum Leben. Wir krochen mühsam aus unserem Zelt und stellten fest, daß das Zelt der Kinder wie durch ein Wunder unbeschädigt geblieben war. Die Kinder selbst schliefen friedlich. Am nächsten Morgen erwachten sie so früh wie immer und stellten verblüfft fest, daß von all unseren Campingsachen, die draußen gelegen hatten, praktisch nichts übriggeblieben war. Als ob ein Tornado durch unser Zeltlager gefegt wäre und alle unsere Töpfe und Pfannen mitgenommen hätte. Tische und Stühle waren umgekippt und etliche

Meter weit weggeweht worden, Bäume waren mit *kangas* und mit Toilettenpapier geschmückt.

Das Leben am Turkanasee verlief nach uralten Mustern. Paolo ging jeden Tag mit Emanuele fischen. Ich kochte. Die Teller reinigten wir mit dem groben sodahaltigen Sand. Wir schwammen im warmen Wasser und beobachteten Vögel und Krokodile. Emanuele suchte nach Chamäleons und fand oft kleine schwarze Skorpione unter den Felsen oder in der Nacht jene dicke und bösartig aussehende, aschfahle Giftspinne, die *sole fugens* heißt. Er hatte damals mehrere Chamäleons zum Spielen und nannte sie nach englischen Königen – Alfred der Große oder Robert the Bruce. Es waren komische Tiere, mit ihrem bedächtigen, vorsichtigen Gang, ihren listigen Augen, die sich in alle Richtungen drehten, und ihren interessanten Verhaltensweisen. Ema liebte sie einfach. Er hatte einen Lieblingstraum, der immer wiederkehrte: Er träumte von einem blauen Bambuswald, in dem es von orangefarbenen Chamäleons wimmelte.

Wir machten lange Wanderungen, und abends ließen wir am Ufer Drachen steigen.

Wenn wir hin und wieder richtig fischen wollten, mietete Paolo ein Boot in Loyangelani, und wir fuhren alle zusammen hinaus. Ich weiß noch, wie wir einmal bei Sonnenuntergang zurückkamen, das Boot mit riesigen Fischen gefüllt; ich saß mit Emanuele, der sieben oder acht Jahre alt war, am Bug. Der warme Wind, der nach Soda und Guano von Wasservögeln roch, blies durch sein glattes blondes Haar, das von der Sonne blasse Strähnen bekommen hatte. Seine Haut war dunkel, seine Augen tiefbraun und sanft. Sein Kopf ruhte an meiner Schulter, während ich ihm alte italienische Gedichte vortrug, die er an seiner englischen Schule nie lernen würde: Leopardis *Silvia* und Dantes »Fünfter Gesang« aus dem Höllenteil der *Göttlichen Komödie*, Pascoli und Foscolo, Jacopone da Todi und Carduccis *Jaufré Rudel*. Ich hoffte, Emanuele die gleiche Leidenschaft, die gleiche Liebe zu dem harmonischen Rhythmus der Verse vermitteln zu können, die ich noch aus der Zeit mit meinem Vater in Erinnerung behalten hatte und wie einen Schatz hütete. Es war eigenartig und schön zugleich, im Herzen Äquatorialafrikas zu sein, langsam über diesen weiten, alten See zu fahren, wo unsere Vorfahren vor Millionen von Jahren gelebt hatten, und meinem Sohn klassische italienische Verse vorzutragen.

Passa la nave mia con vele nere
con vele nere pel selvaggio mare.
Ho in petto una ferita di dolore
*tu ti diverti a farla sanguinare ...**

oder

... il volo d'un grigio alcione
prosegue la dolce querela
e sopra la candida vela
*s'affige di nuvoli il sol ...***

Emanuele lauschte, den Blick starr in die Ferne gerichtet. Seine Haut hatte den warmen Duft eines gesunden, sonnengebräunten Jungen, und ich liebte ihn mit einem feinen Schmerz, der Vorahnung, daß es nicht von Dauer sein würde.

* Da fährt mein Schiff mit schwarzen Segeln, / mit schwarzen Segeln über das wilde Meer. / Mein Herz ist wund von wehem Schmerz, / und dir macht es Spaß, es bluten zu lassen. / (aus G. Carducci, *Passa la nave mia*)

** ... Der Flug eines grauen Eisvogels / singt weiter das süße Lied, / und über den weißen Segeln / sammelt die Sonne Wolken ... / (G. Carducci, *Jaufrè Rudel*)

1. Kuki am Mugono ya Ngurue (Kuki Gallmann)

2. Ol Ari Nyiro: Enghelesha vom Berg Sambara aus gesehen (Simon Welland)

3. Ol Ari Nyiro: Rinder beim Trinken an einem Stausee um die Mittagszeit (Kuki Gallmann)

4. Paolo: die Elefantenjagd (Kuki Gallmann)

5. Emanuele mit einer Riesenschildkröte auf den Seychellen. Er hatte ein besonderes Gespür für Reptilien (Kuki Gallmann)

6. Paolo (Kuki Gallmann)

7. Mirimuk (Kuki Gallmann)
8. Colin (Mirella Ricciardi)
9. Luftbild von Kuti
(Yann Arthus-Bertrand)
10. Paolos Beerdigung
(Aino Block)
11. Mirimuk, Luka und die
Wächter auf Paolos
Beerdigung
(Aino Block)

8 ▶

7 ▼

9 ▼

10 ▲

11 ▼

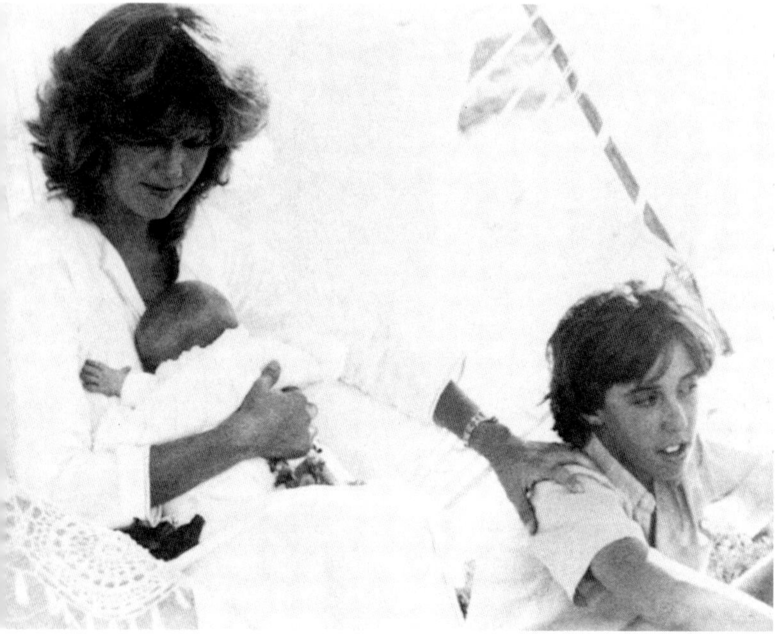

12. Das Baby: Kuki, Sveva und Emanuele (Giorgio Borletti)

13. Sveva und Wanjiru (Kuki Gallmann)

10

Die Küste

Am Nachmittag betraten sie ein Land,
wo niemals sich der Tag zu neigen schien.
Entlang der Küste strich die laue Luft,
wie ein Mensch atmet, der ermattet träumt.

Alfred Lord Tennyson, *Die Lotos-Esser*

Paolo und ich beschlossen, den nächsten Sommer allein zu verbringen und die nördliche Küste zu erkunden. Wir schickten die Kinder zu ihren Großeltern nach Europa und machten uns mit unserem Landrover, einem Zelt, einem Dinghi, einer Angelausrüstung und natürlich einem Gewehr auf den Weg. Wir wollten Lamu, Kiunga und Kiwayu besuchen.

Ich habe Lamu immer als eine Art kleineres und ärmeres Venedig empfunden, mit ähnlichen charakteristischen Eigenarten. Die engen gepflasterten Gassen, die arabische Architektur, die hohen, überfüllten, mit Bögen versehenen Gebäude und die Promenaden entlang der Lagune ... sogar die Gerüche und der Schmutz und, in gewisser Weise, die Katzen.

Wie Venedig war die Stadt Anziehungspunkt für eine kosmopolitische Mischung aus exzentrischen und gebildeten Weltenbummlern, Künstlern und Hippies. Ein kurzer Besuch war ein Vergnügen, erst recht, wenn man ein Boot besaß oder eine Dhau mieten konnte, um auf Erkundungsfahrt zu gehen. Die endlosen, verschlafenen flachen Kanäle, voller Mangrovenbäume, erinnerten mich immer wieder an die kleineren Inseln in der venezianischen Lagune, die in meiner Kindheit noch einsam und sauber waren. Man konnte Ruinen besichtigen, und über allem hing der alte und faulige Geruch von frühen Kulturen und vermoderndem Gestein, der mich faszinierte und mir vertraut war; doch ich mochte viel lieber die einsamen, offeneren und sonnigeren Orte im Landesinneren. Wir kamen durch ausgedehnte menschenleere Wälder, wo wir häufig hinter der Biegung einer Sandpiste riesige Elefanten beim Trinken überraschten; sie standen tief in stehendem Wasser, das voller blauer Wasserlilien war, und weiße Kuhreiher saßen auf ihren grauen Rücken.

Eines Nachts zelteten wir bei Kiunga, das damals aus ein paar verlassenen Fischerhäusern gegenüber den Bajuniinseln bestand. Paolo mietete ein Fischerboot mit einer kleinen Besatzung und beschloß, am nächsten Morgen nach Melango aufzubrechen, wo angeblich riesige Klippenbarsche versteckt in Unterwasserhöhlen lebten. Als wir am nächsten Morgen erwachten, bot sich uns ein seltsamer Anblick: Während der Nacht war ein Schiff auf das Riff gelaufen. Der Bug war in einem gefährlichen Winkel nach oben gerichtet, die hohen Monsunwellen schlugen gegen die Seiten, und seine Silhouette am Horizont erinnerte an eine herabgestürzte Möwe mit gebrochenem Flügel. Drum herum balancierten auf ihren Auslegern, wie Blätter oder Nußschalen, die kleinen Kanus der Fischer, die uns die Neuigkeit überbrachten: Es handelte sich um ein griechisches Frachtschiff, das mit einer Ladung Tierfutter auf dem Weg zum Kilindinihafen in Mombasa gewesen war. Der Frachtraum war leckgeschlagen und füllte sich schnell mit Wasser; man würde es verlassen müssen, bevor die Flut ihren höchsten Stand erreichte, denn dann würde es mit Sicherheit sinken. Der Kapitän versuchte, sich mit seiner Firma in Verbindung zu setzen, um Instruktionen einzuholen, was sich wegen eines Defektes am Funkgerät verzögerte, und die Crew wollte ausharren. Sie wollten keine Hilfe.

Es war eigenartig, angesichts dieser traurigen Mahnung daran, wie machtlos und zerbrechlich der Mensch gegenüber dem Meer und den Naturgewalten ist, zum Fischen hinauszufahren. Am frühen Nachmittag kam die Flut, und ich konnte an Deck Gestalten erkennen, die sich hin und her bewegten und den Wasserstand prüften. Mit jeder Sekunde schlug die weiße Gischt der Wellen höher.

Ich behielt das Schiff im Auge, denn ich dachte, daß man unsere Hilfe vielleicht benötigen würde; dann stieg eine graue, abgerissen und windzerzaust wirkende Gestalt auf das Oberdeck und hob einen Arm zum Himmel, wo sich Wolken, die schwer vom Monsunregen waren, zusammenzogen; ein schwacher Knall, und eine rote Rakete zog ein paar Sekunden lang am trüben Himmel ihre Bahn, wie ein umgedrehter Meteorit ... eine kurze Pause, und wieder stieg eine Rakete auf. Viele Boote näherten sich dem Schiff, und wir schlossen uns ihnen an, gerade noch rechtzeitig.

Die ausgezehrte, niedergeschlagene Mannschaft stieg schweigend in die Kanus. Wir nahmen vier Männer an Bord, da unser Boot das größte und stabilste war. Unter ihnen war auch der Kapitän, ein Grieche mittleren Alters, der kein Englisch sprach und der, wie alle übrigen, schmutzig und unrasiert war. Er drückte das in gelbes Öltuch eingewickelte Logbuch seines Schiffes an sich und grübelte über sein Schicksal und die drohende Konfrontation mit seinen Auftraggebern nach, vor denen er sein Unglück oder seine Fahrlässigkeit würde verantworten müssen; seine Augen waren blutunterlaufen und irgendwie traurig, doch geistesabwesend. Sie alle sahen aus wie ein zerlumpter Haufen, erschöpft, schokkiert und betrunken. Die einzige unbeschädigte Ladung war eine beträchtliche Anzahl Kisten mit sehr gutem Whisky. Sie verteilten die Flaschen, und amüsiert betrachtete ich, wie eilig die moslemischen Fischer sie entgegennahmen, wahrscheinlich, um sie zu verkaufen. Es war eine gute Sorte Whisky, den auch Paolo sehr schätzte. Die Mannschaft ließ die Flasche kreisen und war schon ziemlich betrunken, als sich plötzlich das Schiff aufbäumte und mit dem Kiel zum schieferfarbenen Himmel zeigte, aus dem nun der Regen kam; binnen Sekunden sank es und verschwand in dem tosenden, pechschwarzen Ozean. Es war eine seltsame, unvergeßliche Szene, die mir wie in einer Geschichte von Melville das Gefühl gab, Mitspieler in den zahllosen Dramen zu sein, die sich in der Vergangenheit auf dem Meer zugetragen haben.

Von Kiunga aus fuhren wir durch Mambore hinunter zu dem Dorf Mkokoni, ein paar vereinzelte Palmen auf einer Landzunge, die in einer idyllischen Bucht gegenüber der Insel Kiwayu lag. Damals lebten dort nur die Dorfbewohner. Ein paar Jahre später sollte etwas weiter strandaufwärts ein kleines exklusives Touristencamp entstehen, doch im Sommer des Jahres 1973 gehörten Kiwayu und Mkokoni nur uns allein. Wir bauten unser Zelt unmittelbar außerhalb des Dorfes am Strand auf, wo die Pflanzen in verschlungenen Mustern wuchsen und einen Teppich aus grünen Blättern und blassen malvenfarbenen Blumen bildeten, den das Wasser selbst bei Flut nicht erreichte.

Mit dem Dinghi konnten wir jederzeit schnell zur Insel Kiwayu mit ihren von Mangroven gesäumten Kanälen fahren, wo die Fischgründe lagen. Wegen des Monsuns und der Strömungen eignet sich der August nicht gut zum Fischen. Das Wasser war trübe, und daher ging Paolo dazu über, tief am Meeresboden zu fischen. Der Fischer, den wir als Führer beschäftigt hatten, brachte uns täglich frischen Hummer in gewaltigen

Mengen. Ich entwickelte ein recht gutes Geschick, sie auf verschiedene Arten zuzubereiten – gekocht, pochiert, in Butter und Cognac sautiert, mit Curry, gebraten, als Ragout zu Spaghetti, in einer Weinsauce auf Reis, mit Kräutern, Gewürzen, in Tomaten und Oregano, mit Ingwer und Schalotten ... nach zehn Tagen schwor Paolo, er könne keinen Hummer mehr sehen und würde für ein schönes Stück gebratenes Fleisch alles tun.

Wir fuhren mit dem Boot hinüber nach Kiwayu und gingen ins Dorf, um eine Ziege zu kaufen. Wie in allen afrikanischen Dörfern muß man sich mit einer solchen Bitte an den Dorfhäuptling wenden. Er war ein dicker Mann mit gelbbrauner Haut, der mit einem weiten karierten *kikoi* um seinen stattlichen Bauch unter einem Paternosterbaum vor seiner Hütte saß, während nackte Kinder und Hühner um ihn herum im staubigen Sand scharrten. Er hatte eine bestickte Moslemkappe auf und kaute Betelnüsse; hin und wieder spuckte er in gefährlichem Winkel einen geraden Strahl schmutzigbraunen Speichels aus. Eine Augengeschwulst hatte ihn erblinden lassen. Frauen mit großen samtigen Augen kamen und gingen, einige kicherten schüchtern über unser merkwürdiges Aussehen, andere waren aufgrund von Alter und Erfahrung etwas beherzter. Sie trugen Ketten mit bernsteinfarbenen und roten Glasperlen um den Hals, den Kopf hatten sie im arabischen Stil mit dünnen bunten Tüchern bedeckt, in ihren Ohrläppchen steckten winzige silberne Ohrringe, und durch die schmalen Nasenlöcher hatten sie Ringe gezogen.

Fliegen schwirrten herum und landeten überall; niemand achtete darauf. Wir saßen beim Häuptling, während Paolo um eine junge Ziege handelte, die noch draußen auf der Weide graste und bald mit der übrigen kleinen Herde zurückkommen würde. Der Mann saß im Schneidersitz, ohne sich um den Schmutz zu kümmern, und strahlte Würde und eine sonderbare Weltlichkeit aus. Plötzlich sprach er uns in einem recht guten Italienisch mit einem überraschenden Triester Akzent an. Er erzählte uns, daß er viele Jahre zur See gefahren sei und auf Frachtern gearbeitet habe. Er kannte viele Häfen in Europa und im Mittleren und Fernen Osten und wußte sich in vielen Sprachen zu verständigen. Bis er blind wurde, hatte er mehr von der Welt gesehen, als sich die übrigen Dorfbewohner in ihrem ganzen Leben erhoffen konnten.

Ich fragte ihn, ob er nicht den weiteren Horizont und die größere Freiheit, an die er aufgrund seiner kosmopolitischen Erfahrungen gewöhnt gewesen sei, vermißte. Er grinste ein weises und fast zahnloses Lächeln.

Er gab einer Frau ein Zeichen, und sie brachte ihm ein Stück Stoff, in dem ein paar dünne, unregelmäßig gedrehte Marihuanazigaretten eingewickelt waren. Er suchte sich eine aus, und ein kleiner Junge beeilte sich, ihm Feuer zu geben. Der süße, aromatische Cannabisrauch, der durch die Luft trieb, überdeckte angenehm den für die meisten Küstendörfer typischen Geruch von getrocknetem Fisch, überreifen Mangos, Kokosnüssen, Jasmin und menschlichen Ausdünstungen; dann setzte der Häuptling ein noch breiteres, glückseliges Lächeln auf, erhob sich, aufrecht und stolz, und er schien mit einer ausladenden Handbewegung alles um sich herum zu umfassen und an sich zu ziehen, alles, was er nicht mehr sehen konnte.

»All das gehört mir«, sagte er feierlich. »Dies ist mein Haus, und dies sind meine Kinder. Was sonst sollte ich mir noch wünschen? Ich habe die Welt gesehen, habe fremde Länder bereist. Jetzt, da meine Augen blind sind und ich nicht mehr sehen kann, bleibt mir immer noch die Erinnerung; und wo könnte ich mich besser erinnern als hier, unter diesem Baum, in dem Dorf, in dem ich geboren bin?«

Seine majestätische Bewegung umfaßte die schäbigen Hütten, die nackten Kinder, Ziegenkot, Hühner, Netze, die zum Trocknen aufgehängt waren – die gleiche Kulisse wie in Hunderten von Fischerdörfern am Indischen Ozean. Er war ein glücklicher Mann. Paolo sah mich durch den Rauch des Joint-Stummels an, und wir gaben einander wortlos zu verstehen, daß der Mann recht hatte. Wir begriffen, wie weise er war.

Die kleine Ziege war weiß und mager und hatte einen aufgeblähten Bauch. Sie meckerte mitleiderregend, als einer der jüngeren Söhne des Häuptlings sie beiseite nahm und ihr ein langes scharfes Messer in den Hals stach. Das Meckern hörte abrupt auf.

»Wie konntest du nur!« fuhr ich Paolo empört an. »So eine süße kleine Ziege. Ich weigere mich, sie für dich zuzubereiten. Ich werde sie nicht essen!«

Paolo setzte sein hungriges, verspieltes Lächeln auf. »Na schön. Mußt du ja gar nicht. Dann eß ich sie eben allein.«

Als wir ins Lager zurückgekehrt waren, stieg mir der Geruch von gegrilltem Fleisch verführerisch in die Nase, und nach so vielen Tagen Hummer lief mir das Wasser im Munde zusammen, doch ich widerstand und rührte die Ziege nicht an. Getreu seinem Wort, aß Paolo sie ohne schlechtes Gewissen ganz allein und mit großem Genuß auf.

Ich habe diese Tage als glückliche und wunderbare Zeit in Erinnerung. Nachts kamen rosa Sandkrabben neugierig bis an unser Lagerfeuer, stahlen kleine Bissen von unserem Essen, liefen seitwärts davon und verschwanden damit in ihren runden Löchern. Oft gelang es ihnen, durch die Reißverschlußöffnung in unser Zelt zu kriechen, und wir mußten sie mit der Taschen- oder Sturmlampe suchen, um sie wieder hinauszuschaffen, da wir nicht schlafen konnten, wenn sie über die Zeltplane kratzten.

Einmal näherten sich spätnachts aufgeregte Stimmen und Laternen unserem Zelt. Paolo wickelte sich schnell einen *kikoi* um die Taille und ging hinaus; draußen stand eine Gruppe Männer aus dem Dorf. Da er ein Gewehr und Munition hatte, wollten sie, daß er ihnen half, einen umherstreunenden Löwen zu erlegen, der einen Bullen getötet hatte. Paolo ging mit, doch zu meiner Erleichterung ließ sich der Löwe nicht wieder blicken.

Eines Tages kam eine Abordnung aus dem Dorf und bat Paolo um sein Dinghi. Sie wollten damit den Leichnam eines Mannes von der Insel holen, der von einem Bienenschwarm getötet worden war. Paolo willigte ein, und der wie eine Mumie in weißes Leinen gewickelte, schmächtige Leichnam wurde unter großem Wehklagen an Land gebracht und auf dem moslemischen Friedhof im Wald in einem flachen Sandgrab bestattet.

In entlegenen Dörfern Afrikas ist es durchaus üblich, daß die Bewohner durchreisende Europäer auf Safari um Medizin bitten, vor allem, wenn eine Frau darunter ist. Wenn ich morgens aufwachte, war das Zelt stets in respektvollem Abstand von einer Schar Frauen mit kleinen Kindern umringt. In ihre leuchtenden *kangas* gehüllt, saßen sie schweigend im Schneidersitz im Sand und warteten nur darauf, daß ich wach wurde. Sie wollten Medizin für die verschiedensten Krankheiten: Malaria, Husten und Durchfall waren einige der häufigsten Leiden, oder manchmal eine eiternde Wunde. Ich lernte schnell, daß es am besten war, ihnen jeden Tag zu einer bestimmten Zeit zu helfen, so daß wir den übrigen Tag für uns hatten.

Der Fischer, den Paolo als Führer angeheuert hatte, war ein dünner, drahtiger Mann, der nicht größer als ein Kind war und Mote hieß. Sein Bruder war beim Tauchen nach Hummern im Melango bei Mkokoni von einem Hai gefressen worden. Mote kannte alle Schlupfwinkel und die besonders guten Stellen entlang der Mangrovenkanäle, wo es von Fischen wimmelte. Er war eine Frohnatur und ein geselliger Mensch.

Schon bald begrüßten uns alle Dorfbewohner wie alte Freunde und luden uns zu einem gewürzten Bajunitee in ihre dunklen Häuser im arabischen Stil ein, die aus Korallengestein und Lehm gebaut waren und nach Rauch, parfümierten Sandelholzöl und Moschus rochen. Die Frauen machten mir kleine Geschenke wie zum Beispiel Muschelhalsketten oder ein Sträußchen wilden Jasmin. Ich revanchierte mich mit Seife, Salz, Zucker und einmal einem kleinen Spiegel, den sie gemeinsam benutzten und wie einen Schatz hüteten.

Auf dem Rückweg schlug Paolo vor, die Nacht in Kipini an der Mündung des Tana nördlich von Ras en Ngomeni zu verbringen. Wir kamen am Nachmittag in dem Dorf an, als das goldene Licht schon schwächer wurde. Hinter den großen Dünen konnten wir hören, wie die Meereswellen gegen das unsichtbare Riff schlugen. Wir fuhren hinauf zu einer Stelle neben der Hauptroute, die Paolo kannte und von der er meinte, daß man dort ausgezeichnet zelten könnte. Es war eine Lichtung, auf der noch die Reste eines Hauses standen. Der Kalkanstrich blätterte von den Korallenwänden ab, und violette Bougainvilleen wuchsen durch die Ritzen, in denen Kolonien von Geckos lebten, bis hinauf zum zerfallenen *makuti*-Dach. In der Mitte des sandigen Hofes war die Öffnung eines ausgetrockneten Steinbrunnens zu sehen. Wer immer hier gewohnt hatte, war seit langem fort, und der Ort sah verlassen und verloren aus.

Unterhalb der Dünen kam die Abendflut herein und schwemmte Seetang, Treibholz und jenes Strandgut an den dünnen Strandstreifen, die jede Abendflut an jeden Strand des Indischen Ozeans anschwemmt. Ich empfand eine unerklärliche Schwermut und wurde von einer dieser plötzlichen, aber intensiven, bedrückenden Vorahnungen gepackt, die mich hin und wieder befielen. Ich fühlte, es war mir einfach unmöglich, die Nacht hier zu verbringen.

Ich wollte nicht unvernünftig sein. Es wäre soviel einfacher gewesen, dort zu zelten, wo wir waren; schließlich wollten wir beim ersten Morgenlicht nach Kilifi weiterfahren. Aber für mich lag etwas greifbar Feindseliges und Böses über diesem Ort, ein ungelöstes Geheimnis umgab ihn, etwas Gefährliches und Schauriges, für das es keine Erklärung gab. Die perlmuttfarbene Dämmerung, die am Äquator der Nacht vorausgeht, schimmerte milchig und war so unwirklich, als ob wir uns in der Schale einer Auster befänden. Ich drehte mich nach Paolo um. Das noch vorhandene Licht reflektierte einen türkisfarbenen Schimmer in seinen Augen, so daß sie klar und leuchtend gegen sein sonnenverbranntes Gesicht abstachen. Sein windzerzaustes lockiges, dunkelblondes Haar umgab ihn wie ein Heiligenschein, was ihm eine wundervolle, doch unwirkliche Ausstrahlung verlieh, wie die eines Propheten, den ein Bild in den Himmel entschwindend zeigt.

Er sah mich an. Dasselbe Licht, derselbe Wind in meinen langen blonden Haaren, meine noch unausgesprochene Vorahnung und Furcht müssen mir das gleiche unwirkliche Aussehen verliehen haben. Eigentlich war nichts geschehen, ich hatte nichts gesagt, doch die Atmosphäre war spannungs- und emotionsgeladen. Ich hatte mich selten stärker von Paolo angezogen gefühlt, und ich hatte mich selten ängstlicher gefühlt als an diesem einsamen Ort über den Dünen bei Kipini. Unsere Augen ließen nicht voneinander.

»Nicht hier«, konnte ich gerade noch heiser flüsternd sagen, »überall sonst, aber ich kann hier nicht schlafen. Am Strand, im Auto, egal wo. Bitte. Der Ort ist verwunschen. Wir können hier nicht die Nacht verbringen.«

Die Spannung war unerträglich, und die Anziehungskraft zwischen uns trocknete mir den Mund aus. Seine heißen trockenen Hände waren plötzlich auf meinen Schultern, seine heißen trockenen Lippen auf meinen Lippen. Meine Wange kratzte über sein Gesicht, das er seit dem frühen Morgen nicht rasiert hatte. Seine schmale, muskulöse Brust preßte sich gegen meine, und durch das dünne Baumwollhemd konnte ich spüren, wie sein Herz gegen meines schlug, wie eine gefangene Schwalbe.

»Natürlich«, flüsterte er mir leise ins Ohr, »ich kenne dich. Ich schlage unser Zelt unten in der Bucht auf.«

Es war mir vorher einige Male passiert, und es ist mir seitdem wieder einige Male passiert: Ich spürte eine graue schicksalhafte Wolke, die über einem Ort liegt, eine graue schwindende Aura um einen Menschen, der bald sterben wird. Ich habe mich nie geirrt. Offenbar ist diese unheimliche »Sehergabe« bei den Frauen in meiner Familie verbreitet. Paolo respektierte sie.

Jahre später erfuhr ich, daß an jenem Ort eine Missionsstation gewesen war. Zwei Menschen hatten nacheinander Selbstmord begangen, nachdem sie von einer unerklärlichen Depression befallen worden waren. Danach hatte man den Ort verlassen. Man sagte, daß es dort spukt und daß er jedem, der sich dort aufhält, Unglück und einen frühen Tod bringt. Zu meinem Entsetzen gestand Paolo, daß er an dem Ort einmal übernachtet hatte und ihn deshalb kannte.

Die Nacht am Strand im Zelt, das wir im Schein der Sturmlampe eilig aufgeschlagen hatten, die Wärme und die vollkommene Verschmelzung unserer Körper entschädigten uns reichlich für die fehlende Bequemlichkeit, für das fehlende Essen.

11

Laikipia

In der Zwischenzeit kletterte Delamere die steilen Schluchten hinauf, oberhalb derer der Baringosee liegt –, ein Felsengebiet, das etwa 1200 m hoch ansteigt – und kam auf der nördlichen Ebene des Laikipia-Plateaus heraus.

Elspeth Huxley, *White Man's Country*

Paolo beschloß, an einem Wochenende nach Laikipia zu fahren, ein Gebiet, das sich vom Mount Kenia bis an den Rand des Ostafrikanischen Grabens erstreckt. Hierher war am Ende des letzten Jahrhunderts Lord Delamere, ein junger englischer Aristokrat und Forscher, gekommen, nachdem er monatelang durch die staubigen und dornigen Savannen-Äthiopiens und Somalias gezogen war. Die Gegend, in der es von wildlebenden Tieren wimmelte und wo es grünes Weideland, Hügel, Flüsse und Quellen gab, erschien dem müden Reisenden wie eine Fata Morgana. Es entging Delamere nicht, daß dieses Land sich möglicherweise landwirtschaftlich nutzen ließ. Nach England zurückgekehrt, verschaffte er sich eine Konzession, dort Landwirtschaft zu betreiben, und dies war der Anfang des berühmten »Weißen Hochlandes« von Britisch-Ostafrika.

Wir wohnten auf einer Farm am Südhang des Enghelesha-Berges, mit Blick auf den Baringosee; die Farm, die den Namen Colobus trug, gehörte der italienischen Familie Buonajuti. Antonietta Buonajuti war seit kurzem Witwe; ihr einziger Sohn Amedeo schloß gerade in den Vereinigten Staaten sein Studium ab. Sie trug sich mit dem Gedanken, angesichts der wachsenden Nachfrage nach fruchtbarem Ackerland in der Gegend die Farm zu verkaufen.

Auf der anderen Seite des Enghelesha-Berges, der damals noch mit dichtem Wald bestanden war, in dem Unmengen von Stummelaffen lebten, deren englische Bezeichnung *colobus monkey* der Farm ihren Namen gegeben hatte, grenzte Antoniettas Land an die riesige Ranch Ol Ari Nyiro, die sich über Berge, Schluchten und Ebenen ausdehnte und die für ihren Reichtum und ihre Vielfalt an wildlebenden Tieren, hauptsächlich Schwarze Nashörner, Elefanten und Büffel, bekannt war.

Die Eigentümer lebten selbst meist nicht auf ihrem Besitz. Der neue Verwalter, Colin Francombe, ein sympathischer junger Mann mit ungekünsteltem Auftreten und offenem Lächeln, machte Paolos Bekanntschaft und lud ihn zu einer Büffeljagd ein. Es gab vermutlich nichts in der Welt, das Paolo lieber tat, als zu Fuß im dichten Busch Büffel zu jagen. Es war eine Leidenschaft, die er zur Kunst verfeinert hatte. Der Instinkt des Jägers, verbunden mit Beharrlichkeit und Ausdauer, die Fähigkeit, der Fährte eines einzelnen Tieres über Stunden und häufig über Tage zu folgen und dabei ständig die Windrichtung zu überprüfen, um sich nicht durch die menschliche Witterung zu verraten. all das war eng mit Paolos fataler Risikofreude vermischt. Obwohl ich, da ich nie ein Tier getötet habe, seine Jagdleidenschaft nicht teilen konnte, respektierte ich die Art und Weise, wie Paolo jagte – und manchmal bewunderte ich sie sogar. Er besaß die alte und kultivierte Weisheit des Kriegers. Paolo war kein Killer. Er war ein Jäger, im besten Sinne des Wortes, und ich bin sicher, daß seine Jagdleidenschaft sich eines Tages konsequenterweise in reinen Naturschutz gewandelt hätte.

Paolo kam von seinem ersten Besuch auf Ol Ari Nyiro begeistert und wie geblendet zurück. Er fuhr noch mehrere Male hin, und ich werde nie vergessen, wie er mir eines Tages feierlich sagte: »Ich glaube, ich habe ihn gefunden – den richtigen Ort für uns. Aber du mußt mitkommen und dir selbst eine Meinung bilden.«

Ol Ari Nyiro, das sind 40 000 Hektar der unterschiedlichsten Landschaften: trockene weite Ebenen und dichter undurchdringlicher Busch, der üppige unberührte Zedernwald von Enghelesha und die steilen unvergeßlichen Felswände der atemberaubenden Mukutan-Schlucht; blaue Hügel und Akazienhaine; offene Savanne mit vereinzelten Akazien; ein endloser Blick auf Krater und Vulkane, die durch die Hitze und die Entfernung purpurrot und rosa wirken, wie eine zitternde Fata Morgana, und der Baringosee mit all seinen Inseln, der neunhundert Meter tiefer schimmert. Eine kühle leichte Luft, trocken und golden, und das Gefühl, auf dem Dach der Welt zu sein. Auf der Ranch mit ihren Tausenden von Rindern und Schafen gab es darüber hinaus einen reichen Bestand an wilden Tieren. Eines der ersten Tiere, das wir sahen, war ein davontrabendes Nashorn, dessen Silhouette sich gegen den Kamm eines Hügels abzeichnete. Es war eine Zeit, in der es in der Gegend noch immer »wahrlich von Nashörnern wimmelte«, wie Delamere achtzig Jahre zuvor geschrieben hatte.

Ich war von der Schönheit und der Weite des Landes überwältigt, doch noch mehr von dem unheimlichen Gefühl eines Déjà-vu-Erlebnisses. Die Umrisse der Hügel erschienen mir unerklärlich vertraut, so, als wäre ich schon einmal dort gewesen. Ich hatte das Gefühl, als sei ich schon früher einmal die Schluchten hinuntergegangen und hätte die verborgenen Wege gekannt. Es war mehr, als ich mir hätte träumen lassen, und doch war es gleichzeitg genau das, was ich mir erträumt hatte.

Ich stand auf einer Bergspitze und blickte hinab auf Adler, die lautlos und frei in der Tiefe der Schlucht dahinglitten, im Schatten der einzigen knorrigen Akazie, die wie ein gewundener Bonsaibaum am Rande der langen Bergkette von Mugongo ya Ngurue (›Der Eberrücken‹) wuchs, und ich sagte lange kein Wort. Ich berührte die an den Knoten abgewetzte rauhe, graue Rinde dieses außergewöhnlichen Baumes, als könnte ich aus seiner uralten Weisheit Kraft und Hilfe schöpfen. Afrika lag dort unter uns in seiner ganzen ungelösten Rätselhaftigkeit.

»Ja«, – ich drehte mich zu Paolo um –, »ich glaube, wir sind am Ziel.«

Hier in Laikipia konnte unsere Afrika-Geschichte beginnen.

An dieser Stelle habe ich so oft gestanden, mit dem Rücken gegen den Baum gelehnt; hier habe ich meinen einsamen Gedanken nachgehangen und versucht, Erklärungen für all die Geschehnisse zu suchen, ihnen einen Sinn zu geben. Und Jahre später kannte jeder in der Gegend meinen Lieblingsplatz als »Kuki's Point«, Kukis Anhöhe.

Hier in Laikipia sollte es noch andere Geschichten geben, deren Ausgang ich damals noch nicht kannte.

12

Die Büffeljagd

Oh give me a home
*where the buffalo roam . . .**

Home on the Range (amerikanisches Volkslied)

Wir übernachteten bei den Francombes. Colin war frisch verheiratet, und seine Frau Rocky erwartete ihr erstes Kind. Sie waren ein glückliches Paar. Rocky war rothaarig, hatte haselnußbraune Augen und Sommersprossen; sie war schlank, groß und äußerst tüchtig. Sie stammte aus einer Siedler- und Farmerfamilie. Während des Krieges hatte ihr Vater eine Eingeborenenkolonne in Birma unter General Wingate befehligt und war für seine Tapferkeit zu einem der jüngsten Brigadekommandeure in der britischen Armee befördert worden; man nannte ihn den »Glücklichen Brigadier«. Colin war ein großer, gutaussehender und freundlicher Mann, und wenn er lächelte, zeigte er weiße, ebenmäßige Zähne; er war tüchtig, sehr engagiert, selbstbewußt, und er hatte sich der Ranch und den dort wild lebenden Tieren verschrieben. Sein Vater war Oberstleutnant in der britischen Luftwaffe gewesen und hatte sich nach dem Krieg in Kenia zur Ruhe gesetzt. Als König George VI. starb, war Prinzessin Elizabeth mit ihrem Mann, dem Herzog von Edinburgh, gerade zu Besuch in Kenia. Colins Vater wurde die Aufgabe übertragen, die neue Königin von Nairobi nach Entebbe zu fliegen, von wo aus sie dann nach England weiterflog; er war der erste Mensch in der Geschichte, der ein Flugzeug mit einer britischen Königin an Bord steuerte.

Es war offensichtlich, daß sowohl Colin als auch Rocky die Ranch liebten. Sie nahmen uns mit der Herzlichkeit und Gastfreundschaft auf, die mir im Laufe der kommenden Jahre so vertraut werden sollten. Es war eine kalte Nacht, Windböen trugen unablässig die Schreie von Hyä-

* Dort, wo die Büffel zieh'n, da will ich zu Hause sein . . . (amerikanisches Volkslied)

nen und Nachtvögeln herüber. Es war nicht leicht, unter den vielen Bettdecken zu schlafen. Bevor Colin zu Bett ging, hatte er einen riesigen Wecker auf eine ungewöhnliche Uhrzeit gestellt und ihn dann seinem Hausdiener zurückgegeben, einem Luo namens Atipa; später gewöhnte ich mich an diese Prozedur, und noch heute, während ich an diesem Buch schreibe, findet sie jeden Tag statt.

Vor Sonnenaufgang, in finsterster Nacht, wurde Paolo von Atipa mit dem obligatorischen Morgentee geweckt – eine Sitte, mit der ich mich nie richtig anfreunden konnte –, und er ging mit Colin in die kühle Nacht hinaus, um einen umherstreifenden Büffel zu jagen. Sie waren zum Frühstück zurück. Sie hatten den Büffel verwundet und wollten ihn mit den Hunden aufspüren

»Komm mit!« sagte Colin.

Ich ging mit. Ich erinnere mich noch an jede Einzelheit jener ersten Büffeljagd. Zum erstenmal machte ich mit dieser unbekannten Seite Afrikas Bekanntschaft: Stundenlang in der Sonne eine Fährte verfolgen, mit den Füßen den Staub aufwirbeln, um die Windrichtung festzustellen, absolut geräuschlos in gleichmäßigem Tempo durch das dornige Buschwerk und das trockene Unterholz schleichen und dabei bloß nicht auf Zweige treten, auf jedes kleinste Geräusch achten, den scharfen Geruch von aromatischem Salbei, Harz und Dung in der Nase, mit ausgetrocknetem Mund und klopfendem Herzen, die Augen in ständiger Bewegung, um jeden Schatten wahrzunehmen, hinter dem flinken kleinen afrikanischen Fährtenleser versuchen, jede seiner Bewegungen nachzuahmen, nach einem Tropfen Blut auf einem Grashalm suchen, während die Hunde mit der Nase auf der Fährte hechelnd vorauslaufen. Dann ihr aufgeregtes und eindringliches Bellen, und ich wußte trotz meiner ungeübten Ohren, daß sie den Büffel gefunden hatten.

Die Männer erstarrten. Schweiß rann ihnen den Nacken herunter und bildete Flecken auf dem Rücken ihrer Khakihemden. Langsam, konzentriert, ohne ein Wort machten sie ihre Gewehre fertig, sie waren bereit.

Das Krachen zerbrechender Äste, näher und lauter, als ich erwartet hatte, ließ mich zusammenfahren. Colin und Paolo drehten sich gleichzeitig nach mir um: »Er kommt. Schnell, klettre auf einen Baum!«

Das Bellen kam näher. Mit fürchterlichem Krachen teilte sich das Gestrüpp, und ein riesiges schnaufendes schwarzes Tier kam direkt auf uns zu. Es gab keine richtigen Bäume, auf die man hätte klettern können, und selbst wenn, wäre dazu keine Zeit gewesen. Schnell wie der Blitz kletterte ich bis auf die Spitze einer kaum mannshohen dornigen jungen Akazie, die direkt hinter mir stand, und schickte im Geiste Professor Müller einen Segen, weil er meine Beine wieder gesund gemacht hatte. Paolo und Colin ließen sich direkt vor mir auf die Knie fallen. Beide legten an und feuerten.

Der ohrenbetäubende Lärm scheuchte die trägen Mittagsinsekten auf und brachte die Zikaden und die Vögel zum Schweigen. Die anschließende Stille wurde nur vom Hecheln und leisen Knurren der Hunde durchbrochen. Meine Ohren pochten, und das Herz schlug mir bis zum Halse.

Der Büffel war nur wenige Schritte von uns entfernt tot zusammengebrochen. Er lag da, schwarz und massig, eine dunkle Blutlache sickerte in das stoppelige Gras. Die Hunde beschnüffelten ihn vorsichtig. Schmeißfliegen schwirrten bereits um das schäumende Maul, um die runden Einschußlöcher und die offenen glanzlosen Augen, auf der Suche nach Feuchtem. Bevor Colin sich dem Tier näherte, warf er einen Kieselstein. An diesem Tag lernte ich, daß schon viele für tot gehaltene Büffel wieder zu sich gekommen sind und ihre Jäger auf die Hörner genommen haben. Man kann erst sicher sein, daß ein Büffel tot ist, wenn er nicht auf einen Stein ins Auge reagiert. Dieser hier rührte sich nicht, und wir gingen auf ihn zu.

Der Bauch schien aufgebläht, die Hörner riesig, und alle möglichen Zecken krochen bereits von dem toten Tier weg. Der Anführer der Hundemeute setzte besitzergreifend eine Pfote auf den Büffel. Er würde als erster ein Stück Leber zu fressen bekommen. Der kleine Tharaka-Fährtenleser, der uns mit so erstaunlichem Geschick geführt hatte, nahm sein Messer und schlitzte den Bauch auf. Luft entströmte in stinkenden Stößen, und die verschlungenen Gedärme brachen hervor. Den Arm bis zum Ellbogen in den Eingeweiden, fand der Mann die Leber und gab dem Hund davon. Dann schnitt er mit seinem scharfen Messer gekonnt ein Stück in Würfel, wie man es mit Mangos macht. Er preßte die dunkelgrüne Flüssigkeit der Galle darüber aus, als wäre es Zitronensaft. Höflich bot er mir etwas an.

Obwohl ich in der Regel recht unternehmungslustig bin, wenn es gilt, neue Speisen zu probieren, wagte ich es in diesem Fall einfach nicht, und ich schüttelte den Kopf. Auch Paolo und Colin lehnten dankend ab. Grinsend schaufelte sich der kleine Mann die warme breiige Masse in den Mund, Galle tropfte ihm dabei vom Kinn. Er leckte sich genüßlich die Lippen, säuberte sich die Hände an dem halbverdauten Mageninhalt – trockene Klumpen wiedergekäuten Futters – und wischte sie an seiner kurzen, geflickten Hose ab. Der Geruch von Kot und Blut drang stechend in meine Nase. Er lächelte. Erst jetzt fielen mir die wachsamen Augen, der dünne Schnurrbart und die weit auseinanderstehenden, spitzen weißen Zähne auf. Eine leuchtendrote Perlenkette hing um seinen kurzen, starken Hals. An der schief auf seinem Kopf sitzenden Baskenmütze steckte eine Silberbrosche mit einem Nashorn. Der kleine bewegliche Körper war mager und muskulös und damit ausgezeichnet geeignet, um im Busch zurechtzukommen.

Bevor er sich an die mühselige Arbeit machte, das Tier abzuhäuten, zeigte er mit einem knochigen Finger zum Himmel. Ich blickte hoch. Am unbarmherzig wolkenlosen blauen Mittagshimmel kreisten riesige Vögel. Immer mehr kamen dazu. Die ersten Aasgeier, die ich sah.

Meine erste Begegnung mit Laikipia war meine Bluttaufe gewesen.

»*Ndege*«, sagte der kleine Mann grinsend.

So lernte ich Luka Kiriongi kennen.

13

Tod eines Elefanten

Das große Meisterwerk der Natur, ein Elefant, das einzige harmlose große Wesen; der Riese unter den Tieren ...

John Donne

Während die Kaufverhandlungen für Ol Ari Nyiro im Gange waren, beschloß Paolo, einen Elefanten zu schießen. Wir hatten eine ernstliche Auseinandersetzung darüber, denn ich konnte seinen Wunsch, den ich für sinnlos und grausam hielt, nicht gutheißen.

Hätte er gewußt, was wir heute über Elefanten wissen, daß sie sensibel und gutmütig sind, Familiensinn besitzen und treu sind und vor allem unglaublich intelligent, wäre Paolo, da bin ich sicher, nie auf diese Elefantenjagd gegangen. Doch er war Jäger, und es waren andere Zeiten. In Nairobi machten die Läden, in denen alle möglichen Jagdgeräte angeboten wurden, gute Geschäfte, ebenso wie Tierpräparatoren und Andenkenläden, in denen man Elfenbeintrophäen und Felle kaufen konnte. Heute kommt einem die Zeit fern und eigenartig vor, und doch ist es nicht einmal zwanzig Jahre her. Anständige Menschen, angesehene Wildhüter, reiche Leute und Berühmtheiten, die heute vorbildliche Naturschützer geworden sind, gingen damals ganz selbstverständlich auf die Jagd, und niemand nahm daran Anstoß. Wie sehr hat sich doch die Zahl der wildlebenden Tiere verringert, und wie sehr hat sich die Wertschätzung des Menschen in dieser Hinsicht verändert.

Paolo beschloß, in den Norden zu fahren, in ein Jagdrevier in der Nähe von Garbatula und Isiolo. Weil ich neugierig darauf war, etwas von diesem Teil des Landes, den ich noch nicht kannte, zu sehen, nahm ich zähneknirschend das Angebot an, mit auf Safari zu gehen. Paolo lud Colin und auch Luka ein. Colin wollte einen »Hundertpfünder« oder gar keinen Elefanten. Schon damals war es praktisch unmöglich, einen Hundertpfünder zu finden. Heute sind alle längst getötet worden. Tatsächlich hat Colin seinen Hundertpfünder nie gefunden.

Palmen, heißes trockenes Land, Sand und Kamele bildeten den Hintergrund zu unserem Abenteuer unter den Stämmen der Somali und Borana. Diese schönen und wilden Menschen trugen meistens noch ihre traditionellen Gewänder: lange, karierte *kikoi* und Turbane für die Männer, lange Kleider und Schleier oder Fellröcke und Bernstein- und Silberschmuck für die großen, stolzen Frauen mit ihren dunklen samtigen Augen.

Tagsüber pirschten wir mit einem Somali-Führer zu Fuß durch den Busch, auf der Suche nach einem großen Bullen mit mächtigen Stoßzähnen. Wir kamen durch Dörfer und Nomadenlager, es war heiß, und es wimmelte von Fliegen. Wir begegneten Menschen, die Gurden mit saurer, dicker Kamelmilch trugen, und prüften die Spuren an trüben Gewässern, wo man, zwischen den Abdrücken von Kamelen, Eseln, Ziegen und Rindern, manchmal die majestätische, leicht wellige, runde Fährte von Elefanten entdecken konnte.

Abends saßen wir ums Lagerfeuer; die Männer tranken Bier und erzählten von ihren Jagdabenteuern, während ich ein Glas Ouzo trank und mich etwas fremd fühlte. Die Nächte, wenn wir erschöpft in tiefen Schlaf fielen, waren kurz. Ich erinnere mich nicht sehr gern an diese zwei langen Wochen der Jagd auf den Elefanten, der uns – unsichtbar – stets voraus war, und uns – wie ich insgeheim hoffte – unerreichbar blieb. Wir trafen auf viele kleine und große Herden, und erneut hatte ich Gelegenheit, zu beobachten, wie erfahren, gewandt und geschmeidig uns Luka direkt mitten in die Gruppe, praktisch zwischen die Beine dieser riesigen Tiere führte, so daß uns ihr beißender Geruch umgab und wir sie fast berühren konnten.

Eines Nachmittags schließlich trafen wir, gegen den Wind, überraschend auf drei äsende Elefanten. Einer war ein großer Bulle mit dicken, wenn auch nicht besonders langen Stoßzähnen, der größte, den wir bis dahin gesichtet hatten; die anderen waren seine jüngeren Adjutanten.

Der Jäger nickte Paolo zu. Paolo sah Colin an, als wollte er ihm den Vortritt lassen, doch Colin schüttelte den Kopf: Der Bulle war offensichtlich kein Hundertpfünder – vielleicht ein Siebzig-, Achtzigpfünder?

Ich glaube, Paolo verlor zunehmend die Lust an dieser Suche, die selbst ihm sinnlos erschienen sein muß. Er konnte sehen, daß ich nicht glücklich war. Ich benahm mich absichtlich ekelhaft und versuchte, die Safari mit List und Tücke zu behindern. Vielleicht hätte ich gar nicht erst mitkommen sollen, aber ich wollte bei Paolo sein, und natürlich war ich auf jedes Abenteuer neugierig, das ungewöhnlich zu werden versprach.

Paolo warf mir einen kurzen Blick zu. Ich schüttelte heftig den Kopf. Wir wandten uns beide dem Elefanten zu, der kaum fünfzig Meter entfernt war. Er schlug ab und zu mit den Ohren, beachtete uns aber nicht und fraß in aller Ruhe weiter von den Büschen um ihn herum.

Von Zeit zu Zeit schüttelte er seinen mächtigen grauen Kopf. Dann drehte er sich zu uns um, gelassen und ohne uns direkt ins Auge zu fassen; er wußte, daß wir da waren, doch da er uns nicht wittern konnte, beunruhigte es ihn nicht. Ich sah, wie Paolo entschlossen die Kiefer aufeinanderpreßte, und mein Herz setzte sekundenlang aus. Auf leisen, schnellen Sohlen näherte er sich dem Elefanten, und mir blieb nur, ihm in kurzem Abstand ins offene Gelände zu folgen. Ich blickte hoch zu der grauen mächtigen Masse und fühlte mich verwundbar. Paolo legte sein Gewehr an und zielte.

Der Elefant blickte ihn mit aufgestellten Ohren an. Ich schützte meine eigenen Ohren mit den Händen: Ich kannte den ohrenbetäubenden Knall der Großwildbüchse.

Die Luft explodierte, scheuchte Fliegen und Eidechsen auf, und der alte Bulle warf ruckartig seinen Kopf nach hinten, die Stoßzähne zum Himmel gerichtet, ohne jedes Geräusch.

Sekundenlang herrschte nur diese Stille. Dann brach er zusammen, wie ein majestätischer Baum, in den ein Blitz eingeschlagen war.

Wir hielten den Atem an, mein Herz raste. Alles stand still, wie in einem Zeitlupenfilm ohne Ton. Seine Gefährten standen wie gelähmt, fassungslos, suchten mit ausgestreckten Rüsseln in der Luft nach einer Erklärung, trompeteten wütend, stellten ihre Ohren wie zu einem Scheinangriff weit ab, drehten sich dann plötzlich gleichzeitig um und verschwanden krachend im Busch.

Paolo rannte auf den Elefanten zu, um ihm den Gnadenschuß zu geben. Ich folgte ihm auf den Fersen. Als wir ankamen, konnten wir sehen, daß sich mitten auf der Stirn, wie eine kleine böse Blume, ein rundes dunkles Loch gebildet hatte.

Es war ein sauberer Kopfschuß gewesen, doch der Elefant ist das größte Tier, das auf der Erde lebt, und sein großes Gehirn stirbt nicht so schnell. Ich konnte eines seiner Augen sehen, so nah, daß ich es mühelos hätte berühren können, braungelb, groß und glasig, umsäumt von geraden, staubigen, sehr langen Wimpern. Die Pupille war schwarz und bewegte sich. Er sah mich an. Ich blickte in das Auge, und wie in einem Spiegel sah ich mein verkleinertes Abbild, aufrecht, in einer kurzen Khakihose. Ich fühlte mich noch kleiner, beschämt und schockiert wurde mir klar, daß ich das letzte war, das er sah. Mir war, als läge ein Ausdruck schmerzlicher Verwunderung in seinem sterbenden gelben Auge, und mit ganzem Herzen versuchte ich, ihn meine Trauer und meine Anteilnahme spüren zu lassen und ihn um Vergebung zu bitten.

Eine große weiße Träne quoll aus dem unteren Lid hervor, rollte seine Wange hinab und hinterließ eine dunkle, nasse Spur. Das Lid flatterte leicht. Er war tot.

Ich drehte mich ruckartig um und sah Paolo an. Meine Augen waren voller Tränen, Wut und Scham schnürten mir den Hals zu. »Mit welchem Recht . . .« Er blickte mich an.

Der Jäger kam herbei und klopfte ihm, wie es üblich ist, auf die Schulter. »Gut gemacht. Ein sauberer Schuß ins Hirn. Glückwunsch.« Paolo blickte mich noch immer an. Wie so oft geschah es auch diesmal, daß jene besondere Verbindung zwischen uns hergestellt und der Rest der Welt in den Hintergrund getreten war, so, als gäbe es da nur noch uns zwei. Und den Elefanten.

Meine Augen funkelten. Mit einemmal wurde sein Blick traurig und müde. Er schüttelte den Kopf, als wollte er diese Szene, an der wir teilnahmen, auslöschen. »Nie mehr«, sagte er. »Nie mehr, ich verspreche es. Das ist mein letzter Elefant.« Es war auch sein erster.

Luka schärfte bereits sein Messer. Das Auto stand meilenweit entfernt, und wir gingen es zusammen holen. Als wir zurückkamen, sahen wir, daß die beiden jüngeren Elefanten zurückgekehrt waren und in blinder Wut Buschwerk und kleine Bäume um ihren Freund herum ausgerissen und seinen Körper sanft mit grünen Zweigen bedeckt hatten.

An diesem Tag sprach ich kein Wort mehr. Paolo war ungewöhnlich still. Im Dunkel der Nacht, kurz bevor ich einschlief, fiel mir wieder ein, daß ein Elefant seinen Bruder getötet hatte.

14

Gute Gefährten

... denn goldene Freunde hatte ich ...

A. E. Housman, *The Welsh Marches*

Wir zogen nach Laikipia.

Auf Ol Ari Nyiro lebten fünftausend Dorper-Schafe, weiße Tiere mit schwarzem Kopf, die für ihr vorzügliches Fleisch berühmt waren, und sechstausend Boran-Rinder, eine robuste Rasse mit braunem, weißem, schwarzem oder geflecktem Fell, die vom Zebu abstammte und von ihm den Fetthügel auf dem Rücken, die sanften, geduldigen Augen und die Widerstandskraft gegen rauhe Bedingungen, steiniges Gelände und karges Weideland geerbt hatte. In Ol Ari Nyiro hatte man die Tiere in mehrere Herden zu einigen hundert Stück nach Geschlecht, Alter und Farbe eingeteilt; dank des letzten Kriteriums konnte man sofort erkennen, zu welcher Herde eine Gruppe Rinder gehörte, die sich im Busch verirrt hatte. Es kam oft vor, daß Raubtiere oder plötzliche Regenstürme die weidenden Tiere über das dichte Buschland zerstreuten und ihr Verschwinden erst am Abend bemerkt wurde.

Jeden Tag nach Sonnenuntergang wurden die Rinder und Schafe von ihren Hirten – den *wachungai* – zusammengetrieben und in ihren jeweiligen *bomas*, den primitiven traditionellen Einfriedungen aus Dornenzweigen, gezählt. Wenn Tiere fehlten, machte man sich sogleich auf die Suche, denn eine Nacht draußen bedeutete meistens, daß sie von Löwen, Leoparden oder Hyänen getötet wurden. Ohnehin geschah es häufig, daß Löwen sich nicht von den kümmerlichen Umzäunungen beeindrucken ließen, sie übersprangen und sich mit einem jungen Bullen oder einem gerade entwöhnten Tier davonmachten, wobei sie in der zusammengepferchten Herde Panik auslösten. Leoparden und Hyänen zogen Schafe und junge Kälber vor. In der pechschwarzen Nacht konnten die *wachungai* meistens nicht viel mehr tun als schreien, Metalltrommeln schlagen, mit ihren Gewehren in die Luft schießen und das Beste hoffen. Wenn ein Löwe häufig Zuchtvieh fraß, entwickelte er eine Vorliebe für das fette Fleisch und, faul, wie Katzen nun einmal sind, ging er dann dazu über, nur noch zahme Tiere zu reißen, die nicht fliehen oder sich zur Wehr setzen konnten. In solchen Fällen wurde ein Köder ausgelegt und tagsüber ein windwärts gelegenes Versteck aus Zweigen aufgebaut, in dem Colin oder Paolo oder beide gemeinsam mit Luka auf den Löwen warteten.

Rinder und Schafe wurden regelmäßig gedippt, also mit einer desinfizierenden Lösung besprüht, um sie von Parasiten zu befreien, meistens von Büffeln abgefallene Zecken, die sie sich beim Grasen zuzogen und die bei ihnen eine Vielzahl von Krankheiten auslösen konnten; falls sie nicht frühzeitig entdeckt und geheilt wurden, verliefen sie tödlich. Colin und auch die Leute, die er ausgebildet hatte, waren Meister darin, so zum Beispiel ein Angehöriger des Meru-Stammes namens Garisha, ein geborener Veterinär, der von Natur aus mit jedem Tier gut umgehen konnte, und die Vormänner Ngobitu und Tunkuri. Die Praxis des Dippens hieß in Swahili *menanda*, und mit diesem Wort bezeichnete man auch das Areal, durch das die Tiere geführt wurden.

Einmal in der Woche kamen früh am Morgen die Herden in einer Staubwolke, blökend und muhend, umgeben von Pfiffen und den hellen Rufen der *wachungai;* sie wurden gruppenweise in Holzgehege getrieben und gingen still und brav nacheinander durch einen Gang, wo sie eingesprüht wurden. Sobald sie trocken waren, liefen sie wieder zu ihren jeweiligen Weiden und sprangen erleichtert durch die niedrigen Büsche, gut bewacht von ihren zerlumpten Hirten. Fliegen und ein angenehmer aromatischer Geruch blieben in der warmen Mittagssonne noch stundenlang in der Luft.

Mich erstaunte, mit welcher Sicherheit diese Menschen die Tiere wiedererkannten, die ihnen anvertraut waren, wie ihnen Kleinigkeiten oder geringe Veränderungen in ihrem Verhalten auffielen. Sie gaben ihnen Namen, wie wir es mit unseren Haustieren tun, und erinnerten sich an jedes charakteristische Merkmal jedes einzelnen von mehreren hundert Tieren.

Rinder und Schafe weideten frei und teilten mit den wildlebenden Tieren dasselbe Land, wie sie es getan hatten, seit man sie nach Afrika gebracht hatte. In der Hitze des Tages sah ich häufig Rinder, die auf der einen Seite einer Wasserstelle oder eines kleinen Stausees tranken, während ein Elefant auf der anderen Seite trank. Jeder tolerierte die Gegenwart des anderen, was mir sehr gefiel.

Es verging kein Tag in der glücklichen Anfangszeit in Laikipia, ohne daß ich etwas Neues lernte oder erlebte. Was Afrika mir zu bieten hatte, schien ebenso unerschöpflich wie meine Neugier.

Wir bezogen zunächst ein kleines Haus, eher eine Hütte, das von unseren Vorgängern mit spartanischer Gleichgültigkeit gegenüber Komfort in einer nach dem höchsten Berg im Umkreis benannten Gegend namens Kuti gebaut worden war. Kuti lag im nordwestlichen Teil der Ranch, etwa acht Kilometer vom Zentrum entfernt, wo sich die Werkstatt, das Hauptdorf, das Büro und das Haus der Francombes befanden. Das Haus war nur mit dem Notwendigsten eingerichtet, so daß es für mich nicht viel zu tun gab und mir ausreichend Zeit blieb, auf Entdekkungsreise zu gehen. Ol Ari Nyiro bot alles, was man sich unter Afrika vorstellt: Weite und Wildheit der Landschaften, mit ihrer Arbeit vertraute Menschen, Tiere und Pflanzen.

Für Paolo war es die Erfüllung all seiner Träume. Seine Liebe zur Natur und zu den Tieren und sein Freiheitsdrang verbanden sich, wie es häufig der Fall ist, mit seiner Liebe zur Jagd. In Afrika geht man nicht allein auf die Jagd, aber es gab ja Luka.

Noch ehe wir unser eigenes richtiges Haus bauten, war Luka jeden Nachmittag da, mit einem Grinsen auf seinem spitzen Gesicht und bereit für neue Abenteuer. Lukas kleine Gestalt wurde zum vertrauten Schatten, der Paolo auf seinen täglichen Streifzügen begleitete. Zwischen ihnen entwickelte sich eine ganz besondere und enge Beziehung, wie sie nur in Afrika entstehen kann, wenn man gemeinsam Gefahren besteht und stunden-, tage- und nächtelang begeistert dieselbe Beute, dieselbe Fährte, denselben Traum verfolgt. Wenn Paolo und Luka wieder einmal auf Büffeljagd gingen, begleitete ich sie oft. Und mit jedem Mal schärfte sich mein Blick für diesen Kontinent: Ich entdeckte seine verborgenen Tiere, seine Geheimnisse und Dramen, seine starken Emotionen, und unvermeidlich sah ich mich mit meiner inneren Wahrheit und meinen empfindlichsten Stellen konfrontiert.

Wie Luka in jener ersten Zeit Paolos Gefährte war, war Gordon mein Gefährte. Er half mir, mich mit den Tatsachen, die sich hinter dem romantisch verklärten Traum vom Leben in Afrika verbargen, abzufinden, mit der unvermeidlichen Abgeschiedenheit und gelegentlichen Einsamkeit jener Tage, in denen ich lernen mußte, mit einer Realität zurechtzukommen, die im krassen Gegensatz stand zu dem eleganten Leben, das ich in Italien geführt hatte; in denen ich lernen mußte, mich anderen Werten und anderen Regeln anzupassen. Gordon war mein stummer Schatten. Daß er da war, geduldig und treu, gab mir Trost und Sicherheit, und bis ans Ende meiner Tage werde ich ihn in Dankbarkeit und Liebe als einen wichtigen Gefährten in meinem Leben in Erinnerung behalten.

Die Tatsache, daß er ein Hund war, macht dabei keinen Unterschied.

»Such dir einen aus«, hatte mein Freund gesagt. Die jungen Hunde waren alle verspielt, flauschig und süß, doch einer von ihnen hatte bereits einen klugen, ernsthaften und neugierigen Ausdruck. Er blickte mich unverwandt an, wie ein Mensch, und ich wußte, daß er der Richtige war. Ich nannte ihn Gordon nach dem Freund, der ihn mir geschenkt hatte.

Seit meiner Kindheit war ich der Überzeugung gewesen, daß man einen Ort erst dann sein »Zuhause« nennen konnte, wenn man ihn mit seinem Hund teilen konnte. Gordon war ein junger Schäferhund, ein wuscheliges Knäuel mit wachen und intelligenten Augen. Seine Großmutter, ein belgischer Schäferhund, hatte seinen Genen den Hauch von Exotik verliehen, für mich ein wesentliches Kriterium für Originalität. Seit ich ihn zum erstenmal sah, war er für mich etwas Besonderes, ein starker kleiner Hund, der noch viel erleben sollte.

Ich machte es mir zur Gewohnheit, mit Gordon Spaziergänge im Busch zu unternehmen, ein Notizbuch und einen Stift in der Tasche meiner kurzen Khakihose. Ich ging durch das trockene Buschland, und Gordon folgte dicht hinter mir. Hin und wieder blieb ich stehen und kraulte ihm den Kopf hinter den Ohren oder zwischen Nase und Stirn, wo Hunde es besonders gern haben, und seine stille Freude war meine Belohnung. Wenn mich der Schatten eines besonderen Dornenbaums einlud, legte ich mich dorthin, den Kopf auf seinem kräftigen, gesunden Körper. Durch den Baldachin aus Zweigen mit den dünnen filigranen Blättern wirkte der unbarmherzig blaue Himmel Afrikas heiter. Ich holte mein kleines Buch hervor und schrieb, umgeben von völligem Frieden, meine Gedichte.

Obwohl ich die Entscheidung, in Laikipia zu leben, nicht ein einziges Mal bereute, war es zunächst nicht einfach, sich an die Veränderungen zu gewöhnen: Die Landschaft, der Tagesablauf, die Gewohnheiten, die Lebensumstände und die Menschen – alles war völlig anders. Paolo war zwangsläufig fast den ganzen Tag außer Haus, denn er mußte sich in das für ihn neue Geschäft einarbeiten. Er war schon immer ein Frühaufsteher gewesen, und jetzt war er jeden Morgen verschwunden, bevor es hell wurde, und kam häufig nicht vor Sonnenuntergang zurück. Ich hatte viel Zeit für mich, und da unser Haus noch nicht gebaut und der Garten noch nicht angelegt war, nutzte ich sie zum Nachdenken und um mit meiner unwiderruflichen Entscheidung zurechtzukommen.

Gordon war in dieser Zeit mein ständiger Begleiter. Er war es, der mir auf unerklärliche Weise das Fremde vertraut, das Unbekannte akzeptabel machen konnte. Er wachte über mich, treu und geduldig, mutig und ergeben. Nachts schlief er vor der Tür meines Schlafzimmers, und sein tiefes Atmen wirkte beruhigend auf mich. Häufig wachte er auf, alarmiert durch ein fremdes Geräusch oder einen wilden Geruch, den der Wind hereintrug. Dann hörte ich, wie er die Schatten von Tieren anbellte, während ein stürmischer Wind den neu gepflanzten Pfefferbaum wiegte und die Regenpfeifer mit ihren rosaroten Beinen aufschreckte, so daß sie ihre Klagelieder anstimmten. Gordon bildete den Anfang einer Dynastie von vielen Hunden.

Mit jedem Tag wurden mir die Landschaft und die Gerüche vertrauter. Ich konnte die Spuren erkennen, die verschiedene Tiere im Staub und, am Rande der Wildwechsel, an den Zweigen im Busch hinterließen. Ich konnte das Husten des Leoparden vom Brüllen des Löwen, das Bellen des Zebras von der nervösen Stimme der Impala unterscheiden; ich kannte den Ruf des Turakos, den Schrei des Fischadlers und das durchdringende Keuchen des Nashorns, das sich mit der silbrigen Ruhe des Unterholzes zu verschmelzen schien. Im dichten Busch von Laikipia waren Nashörner so schwer erkennbar wie die Erdferkel, die man nie zu Gesicht bekam. Ihre Löcher, die sie mitten auf den befahrenen Pisten gruben, waren für die Autoreifen genauso gefährlich wie die Löcher der Warzenschweine, und sie waren der einzige Beweis für die Existenz dieser Erdferkel und ihrer unerbittlichen Suche nach Termiten. Ich lernte alles über Akazien und Sukkulenten, über eßbare und giftige Beeren, und ich lernte fließend Swahili sprechen. Jeden Tag ging ich spazieren, entweder mit Paolo und Luka oder mit Gordon. Häufig ging ich auch mit Mirimuk.

Mirimuk war ein schmächtiger Turkana unbestimmbaren Alters. In den Augen eines Europäers wirkte er wie ein Mittsechziger mit seiner von der Sonne schwarz gebrannten Haut, den verfärbten Zähnen, eingefallenen Wangen und leicht hervortretenden Augen; doch seine stockähnlichen, unermüdlichen Beine hatten die Elastizität eines Mannes, der wesentlich jünger sein mußte; er war, wie ich Jahre später herausfand, damals Anfang Vierzig.

In Afrika wird Alter mit Weisheit gleichgesetzt, da die erste Form von Kultur die Ansammlung jenes Wissens und jener Kenntnisse darstellte, die allein durch Erfahrung und mit der Zeit erworben werden. Alte Menschen wurden geachtet und geehrt. Junge Menschen hörten ihnen zu und suchten ihren Rat, um Streitigkeiten zu schlichten oder wenn Entscheidungen in allen Bereichen des Dorflebens zu fällen waren. Da sie viele Sommer und Winter gesehen hatten und ihren Vätern und Großvätern gelauscht hatten, konnten sie den Rhythmus des Regens vorhersagen und frühzeitig Dürreperioden erkennen. Sie kannten die Geheimnisse der Tiere und Pflanzen, die traditionellen Kräuterheilmittel sowie die Rituale, mit denen sich die Götter gütig stimmen oder ihr Zorn abwenden ließ. Die Ältesten waren die Bibliothek, in denen das gesamte Wissen bewahrt wurde, das ein Stamm benötigte, um zu überleben und zu gedeihen. Wie in den Elefantenherden, wo die alten Muttertiere die jüngeren Tiere zu den Wasserlöchern und Futterplätzen führen, hielten die Alten das Dorf auf dem richtigen Kurs.

Mirimuk war ein erfahrener Mann, schweigsam wie sein eigener Schatten auf den gelben Felsen und den roten *murram*-Pfaden, über die er mich führte, wenn wir über Berge und durch Felsschluchten unermüdlich Nashornspuren folgten. Er legte seine Hand auf frische Stellen, wo Nashörner sich gekratzt hatten, um zu fühlen, wie warm sie waren. Dadurch und durch die Verdunstung und die verblassende Farbe erkannte er genau, wie frisch die Spur und wie weit das Nashorn noch entfernt war. Wir kletterten und marschierten geräuschlos und in regelmäßigem Tempo weiter, bis die Spuren klarer, die Abdrücke deutlicher wurden. Dann teilte er vorsichtig das Blattwerk eines Salbeistrauches oder Ebenholzbaumes und zeigte mit seiner knochigen Hand, an deren Gelenk er ein Armband aus blauen Perlen trug, auf die gegen den Wind gleichmütig dastehende graue Masse, ein paar Meter von uns entfernt. Meistens schlief das Nashorn gerade, so unbeweglich und massig wie die toten Stämme der gewundenen Olivenbäume und ebenso bleich: eine vollkommene Tarnung. Manchmal war es wachsam, spürte etwas und schnüffelte, die Nase hoch in den Wind gestreckt. Oder aber, wenn der Wind sich einen Augenblick drehte und unser Geruch ein paar unsichtbare Elenantilopen alarmierte, weckte ihr Traben das Nashorn, und sie verschwanden gemeinsam, indem sie laut krachend Steine aufwirbelten und durch die Büsche brachen.

Wir gingen durch ausgedörrte *luggas* und verscheuchten dabei Rudel von Pavianen, die sich widerwillig beim Fressen stören ließen und deren Alarmschreie in der Schlucht widerhallten und Nashornvögel und braune Papageien in den Wipfeln der gelben Fieberakazien und Feigenbäume auffliegen ließen. In der Mittagshitze kamen wir an stehenden Gewässern vorbei, und manchmal trank Mirimuk mit der hohlen Hand aus schaumigen Pfützen, wobei er über mein Entsetzen grinsen mußte. Wir setzten uns kurze Zeit in den Schatten auf einen Felsen und sprachen über das, was wir gesehen oder nicht gesehen hatten, und ich teilte mit ihm das, was ich jeweils mitgenommen hatte: meistens nur eine Zitrone, um meinen Durst zu löschen. Zögernd leckte er dann daran und schüttelte fassungslos den Kopf darüber, wie beißend sauer sie war, und seine Augen lachten in seinem hageren Gesicht. Er sprach wenig und nur, wenn er dazu genötigt wurde. Es ist nicht gut für Fährtensucher, wenn sie sich allzugern unterhalten, denn ihre Ohren müssen auf jedes Geräusch achten, das Gefahr bedeuten könnte; doch er kannte sich wie kein anderer im Busch aus, und wir verstanden uns ausgezeichnet. Nie könnte ich mich für alles, was er mir beigebracht hat, erkenntlich zeigen.

Gemeinsam erlebten wir herrliche Augenblicke. Oft stolperten wir beinahe über schlafende Büffel oder überraschten den ersten Elefanten einer großen Gruppe, die nur ein paar Meter von uns entfernt den Weg überquerte: Im Nu waren wir von den übrigen Tieren umringt, das Rumpeln ihrer Mägen war uns näher, als mir lieb war, weichgepolsterte Füße traten auf Zweige, und ein plötzliches Trompeten ließ mein Herz stokken. Und doch fühlte ich mich bei Mirimuk sicher, ebenso sicher wie bei Luka. Sie kannten den Wind, und sie wußten, wie die Tiere reagierten, die sie jagten. Sie konnten den nächsten Schritt vorhersehen, sie wußten, wann sie ganz dicht herangehen konnten und wann sie sich schnell und leise zurückziehen mußten. Einmal fanden wir einen riesigen, aufgeblähten Python, der an dem Buschbock erstickt war, den er hatte fressen wollen. Die langen spitzen Hörner hatten die gefleckte Haut durchbohrt, und Schmeißfliegen bildeten neue Muster auf dem großen, flachen Kopf.

Ich erinnere mich an eine Nacht, in der ich mit Paolo und Mirimuk am Ngobitu-Damm auf Büffel wartete. Es war eine typische heiße Novembernacht, trocken und windig. Wir hatten unsere Decken auf eine kleine Anhöhe, die das umgebende Gelände am Ostufer überragte, gelegt, geschützt von vereinzelten Carissa-Büschen. Zuerst kam eine kleine Herde Elenantilopen, weißgraue Gestalten, die in der Dämmerung kaum zu erkennen waren. Ihre Kniescheiben klapperten wie Kastagnetten im böigen Wind. Später folgte ein einzelner Elefant. Wir saßen da und betrachteten seinen großen, leisen Schatten; er planschte ein paar Meter entfernt im Schlamm, und sein starker unverkennbarer Geruch umgab uns. Wie ein gigantischer Strohhalm, der in eine Schüssel mit Saft getaucht ist, saugte sein gestreckter Rüssel das Wasser literweise auf.

Dann ging der Mond auf, der Wind legte sich, und wir hörten die Büffel. Vereinzeltes Schnauben und das typische Geräusch rollender Steine, das der schwere, aber behende Trab dieser riesigen Geschöpfe verursacht. Und da waren sie: Drei schwarze ausgewachsene Bullen standen knietief im Wasser und tranken grunzend. Paolo nahm sein Fernglas, stellte es scharf mit der Genauigkeit und Ruhe, die Jäger haben müssen. Einer der Büffel hatte weit auseinanderstehende Hörner und sah sehr alt aus, das ideale Ziel. Das Gewehr war bereit. In der Nacht, die alle Geräusche verstärkt, und unter freiem Himmel im Mondlicht, das die Schatten schwarz hervortreten läßt, fühlte ich mich klein und unzulänglich.

Die Luft war still und spannungsgeladen. Die Frösche verstummten. Paolo hob das Gewehr, zielte. Ich sah, wie sich der Finger am Abzug krümmte . . . und Mirimuks Hand, die so schnell und lautlos wie eine zubeißende Schlange vorschoß und auf seiner Schulter landete, um ihn zu warnen. Ich sah, wie die Anspannung in Paolos Nacken nachließ. Mirimuk bewegte den Kopf nur leicht nach rechts, und auf seinen Lippen lasen wir »*simba*«. Wir erstarrten. Wir ließen nur die Augen schweifen, und schon das kam uns laut vor: Ein paar Meter rechts von uns, auf einem großen, alten Termitenhaufen, etwas gegen die Windrichtung, saßen zwei ausgewachsene Löwen, ein Männchen mit einer gewaltigen Mähne und sein Weibchen. Die Nase im Wind, die gelben Augen starr, wirkten sie vollkommen beherrscht, mächtig und unbekümmert gefährlich, als gehörte ihnen die Nacht. Sie mochten uns gesehen haben, aber sie konnten uns nicht wittern, und sie ließen sich nichts anmerken: Es war klar, daß sie dieselbe Beute belauerten wie wir.

Nachdem sie getrunken hatten, bewegten sich die Büffel am Ufer entlang auf uns zu; in ein paar Sekunden würden sie sich zwischen uns und den Löwen befinden. Paolo und Mirimuk hatten ihre Gewehre angelegt, obwohl ich wußte, daß sie jetzt nicht schießen konnten. Im gleichen Moment drehte sich der männliche Löwe um. Einen Augenblick lang sah er mich direkt an, der Schwanz zuckte, und er sprang. Mir blieb das Herz stehen, doch es war der hinterste Büffel, der mit heftigem, gequältem Schnauben unter dem Gewicht zusammenbrach, dann aber losrannte, in Richtung auf den dichten Busch, während der Löwe sich auf seinem Rücken festkrallte. Die anderen Büffel flohen mit wildem Gebrüll durch die Nacht, überließen ihren Gefährten dem einsamen Tod in einem kleinen Dickicht. Eine Weile lauschten wir den fressenden Löwen, bevor die winselnden Schakale und Hyänen kamen.

In manchen Nächten wartete ich mit Paolo in dem Unterschlupf aus Ästen darauf, daß die umherstehenden Löwen zu dem Bullen zurückkehrten, den sie in der Nacht zuvor gerissen hatten. Stille, der Schrei der Hyäne, der rhythmische Ruf des Uhus, die Geräusche von Ziegenmelkervögeln und Grillen, Baum- und Ochsenfröschen. Dann der Augenblick absoluter Stille, wenn der Löwe kommt: Unser Schweigen mischte sich mit der Stille der Nacht und all ihrer Lebewesen. Manchmal flog ein weit entferntes Flugzeug – zwei kleine rote Lichter über uns – am Himmel, voller fremder Menschen, die nach Europa unterwegs waren, ohne von uns zu wissen. Seit damals denke ich immer, wenn ich fliege, an die unbekannten Dramen, die sich – unsichtbar – auf der Erde abspielen.

Das Knirschen eines Knochens, ein tiefer Atemzug, und Paolo war auf den Beinen, das Gewehr auf den Köder gerichtet. Der Wind wehte einen wilden Geruch zu uns herüber, den Raubtiergestank nach faulem Fleisch und Blut. Eine Sekunde verstrich. Das weiße Licht der Taschenlampe zeichnete die Umrisse einer mächtigen Gestalt, Augen wie reflektierende rotglühende Kohlen blickten von dem Kadaver auf und starrten in die glühende Dunkelheit. Ein einziger Schuß. Der Löwe sprang hoch in die Luft, mit ausgestreckten Vorderpranken, wie ein Wappenlöwe mit goldener Krone ... ein Brüllen zerriß die Nacht.

Die Frösche nahmen ihren Gesang wieder auf.

Es war nicht nur die Schönheit und Wildheit der Landschaft. Es war nicht nur der starke Staub- oder Elefantengeruch, der Duft nach Jasmin und Mondwinden, auch nicht das unglaubliche Konzert der Vögel, die mit klaren Stimmen an den goldenen Nachmittagen sangen. Es waren nicht nur die Umrisse der Hügel und die kurzen purpurnen Sonnenuntergänge, nicht die leuchtenden Farben des Hibiskus und des Himmels und des gelben Grases oder die Gefühle, die mich bei einem plötzlichen

Blätterrascheln oder einem erschreckt aufflatternden Frankolinhuhn befielen, wenn ich allein im Busch spazierenging, und nicht nur der überraschte Leopard, regungslos wie eine Statue im Mondlicht.

Es war auch der ungeheure Unterschied im Tagesablauf und bei der täglichen Hausarbeit. Im Jahre 1975 war das Leben – und ist es noch heute, da ich dies schreibe – im großen und ganzen, bis auf einige Verbesserungen, genauso, wie es zur Zeit der ersten Siedler gewesen sein muß.

Strom wurde von einem Generator erzeugt, der nachts wie ein altes Herz pumpte. Kerzen und Sturmlampen ergänzten das elektrische Licht. Es gab kein Telefon. Die Kommunikation mit der Außenwelt erfolgte per Funk und über eine typische und nützliche Funkverbindung, die unter der Bezeichnung »Laikipia-Sicherheitsnetz« bekannt war. Alle Farmen und Ranches in Laikipia waren an dieses Netz angeschlossen; es war eine Polizeifrequenz, die während des nationalen Notstands in Kenia vor der Unabhängigkeit zur gegenseitigen Hilfe in entlegenen Gegenden eingerichtet worden war. Mehrmals am Tag erfolgten zu bestimmten Zeiten Anrufe, und Rocky hatte in der Regel die Aufsicht. Wir hatten alle eine Codenummer. Unsere lautete Delta 28, und später schaffte ich für Kuti ein Funkgerät mit der Nummer Delta 16 an. Stimmen von Fremden und Freunden drangen pünktlich durch das Knistern atmosphärischer Störungen, Nachrichten wurden ausgetauscht, und oft habe ich gedacht, wie schwierig unser Leben ohne diese wichtige Einrichtung gewesen wäre. Es war beruhigend, zu wissen, daß man im Notfall Hilfe rufen und Neuigkeiten und Nachrichten empfangen konnte. Mehrmals im Jahr waren wir auf das Laikipia-Sicherheitsnetz angewiesen, um einen Arzt oder ein Flugzeug herbeizurufen, Ereignisse zu melden und wichtige Informationen zu erhalten, die uns sonst erst nach Tagen erreicht hätten. Regelmäßig mit Menschen zu sprechen, denen man nie begegnet war, zu wissen, was in ihrem Leben passierte, mit dem Klang ihrer Stimmen vertraut zu sein, ohne daß man wußte, wie sie aussahen, hatte etwas Unwirkliches an sich.

Auf Kuti gab es keinen Kühlschrank und keinen Gasherd, kein elektrisches Bügeleisen und keines der Geräte, die für uns in Europa selbstverständlich sind, keine Waschmaschine, keinen Staubsauger. Alles wurde mit der Hand erledigt. Täglich wurde Brot gebacken, Butter wurde aus Milch hergestellt, Brennholz mußte im Busch gesammelt und mit dem Beil gehackt werden. Um ein Hemd zu bügeln, mußte man vorher ein Feuer machen, damit man das alte Bügeleisen mit der rotglühenden

Kohle füllen konnte. Um ein heißes Bad zu nehmen, mußte man ein Feuer unter dem primitiven trommelförmigen Behälter entzünden, von wo aus das Wasser durch ein Rohr in die Wanne geleitet wurde. Zum Kochen mußte man kleingehacktes Holz in den Herd legen. Mit Besen und Mop reinigte man den Fußboden, und Gemüse putzte man mit dem Messer.

Wie überall in Afrika hatten wir sehr viele Menschen, die uns halfen, aber sie mußten angelernt werden, und mein Swahili war noch recht lükkenhaft. Von Anfang an gefiel mir diese Art zu leben, und ich genoß die Herausforderung, zu dem Rhythmus und den schweren Arbeiten zurückzukehren, die vermutlich niemand mehr in Italien gewohnt war, nicht einmal meine Urgroßmutter. Es machte Spaß und war der Mühe wert, und obwohl wir mit der Zeit viele Verbesserungen vornahmen, hatte unser Leben auch weiterhin diesen Hauch des Altmodischen an sich. Sehr oft sollte ich noch meiner Mutter danken, die es trotz des Luxus, Hausangestellte zu haben, immer für wichtig gehalten hatte, daß ein Mädchen lernt, wie man kocht und den Haushalt führt. Ich wußte instinktiv, wie ich das Personal anlernen mußte, und Menschen, die bereit waren zu helfen, waren nicht schwer zu finden; doch um das Niveau zu erreichen, das ich mir zum Ziel gesetzt hatte, waren Eifer und Intelligenz erforderlich sowie die Fähigkeit, gänzlich fremde Koch- und Haushaltsmethoden zu lernen und anzuwenden. In Nairobi gab es eine große Auswahl an ausgebildetem Personal. Mitten in Laikipia war es nicht so einfach. Ich machte einige nicht besonders befriedigende Erfahrungen, bis mir ein glücklicher Tag Simon bescherte.

Er hatte von den neuen *wasungu* in Ol Ari Nyiro gehört und kam, um sich nach Arbeit zu erkundigen. Er war ein Turkana-Mann mit langen Gliedmaßen, etwa achtzehn Jahre alt, schlank und gutaussehend; er hatte nilotische Gesichtszüge, einen natürlichen Charme, eine elegante Art, sich zu bewegen, und seine schwarzen Augen waren aufmerksam und ernst. Paolo empfahl ihn mir.

»Versuch's mit ihm«, sagte er, »du wirst mit ihm zufrieden sein. Er ist lernbegierig und hat gute Manieren. Sein Vater war ein Häuptling.«

Wie gewöhnlich hatte Paolo recht. Er gefiel mir auf den ersten Blick.

»Wie ich höre, willst du für mich als Koch arbeiten. Kannst du denn kochen?«

»Ich kann Brot backen. Wenn Sie es mir beibringen, lerne ich das zu kochen, was Sie essen.«

»Ich kann es dir beibringen. Wenn du lernen willst, kannst du alles lernen.«

Simon war ein eifriger Schüler.

Die Turkana sind ein Stamm von Hirten, die ihre Rinder und Ziegen hoch oben um den See herum hüten, der nach ihnen benannt ist. Er ist riesengroß und schimmert purpur und golden; in seinen geheimnisvollen, schiefergrauen Tiefen leben riesige Fische, Überbleibsel prähistorischer Zeiten. Plötzliche Stürme, die von ungeheuer heftigen Winden ausgelöst werden, peitschen seine spiegelglatte Oberfläche auf. Die Turkana sind groß und stattlich und können lange Strecken zurücklegen; Simon ging stets mit gemächlichen, langen Schritten, als ob er hoch oben im Norden auf sandigen Wegen barfuß liefe. Sie lieben Milch und Fleisch, und eine ihrer größten Delikatessen ist eine Ziege, die sie ungehäutet in glühendheißer Asche vergraben, bis das Fell weggebrannt und das Fleisch geröstet ist. Für Simon war es völlig neu, soviel Zeit mit der Zubereitung verschiedener und extravaganter Speisen zu verbringen, wie sie unsere komplizierte, anspruchsvolle Küche erforderte. Doch er ging mit seiner ganzen Energie und mit höflicher Neugier an seine neue Aufgabe heran. Es machte mir Spaß zu sehen, wie eifrig er war und wie schnell er lernte, die Gerichte zu kochen und elegant zu servieren, wobei er seiner neuen Tätigkeit das den Afrikanern eigene Talent für Dekoration und Farbe verlieh. »Ihr *wasungu*«, so sagte er einmal zu mir, »seid nie hungrig. Ihr würdet keine Ziege anrühren, die halb gar, halb verbrannt und nicht ausgenommen ist. Euer Essen muß schön aussehen. Ihr wollt erst einmal mit den Augen essen.«

Ich hatte ihm beigebracht, Teller mit Blättern, Zitronenschnitzeln oder Blumen zu garnieren. Schon bald war er ein Experte auf diesem Gebiet, und ihm verdanke ich es, daß meine Küche für ihre Delikatessen und ihre elegante Art, die Menüs zu servieren, recht berühmt wurde.

Simon Itot war stolz, aber willig, höflich, aber nicht unterwürfig. Er war freundlich und nötigte den übrigen Angestellten Respekt ab. Obwohl er der Jüngste war, verlieh ihm seine Position als Koch den Status eines Vorgesetzten. Schon nach einem Tag war klar, daß er das Sagen hatte.

15
Kuti

Über den Himmel Wolken ziehen,
Über die Felder geht der Wind,
... Irgendwo über den Bergen
Muß meine ferne Heimat sein.

Hermann Hesse

Es gibt nur wenig auf der Welt, das mich so befriedigt wie das Gefühl, etwas aus dem Nichts aufzubauen, mit allen möglichen Materialien, die die Natur zur Verfügung stellt, einen Ort zu schaffen, an dem man leben kann, in Einklang mit der unberührten Landschaft Afrikas. Es muß ein Werk der Liebe und des Verständnisses sein, ein Werk der Demut, denn wir dringen mit unserer Gegenwart in die Ruhe und die Würde der Natur ein. Dieser nicht meßbare und schwer definierbare Faktor, nämlich die Schönheit des Landes, der wir Respekt schulden, ist das wichtigste ästhetische und geistige Prinzip, das ich vor Augen habe, wenn ich etwas Neues schaffe.

Als wir nach Laikipia zogen, beschlossen Paolo und ich, in aller Ruhe nach einem außergewöhnlichen Platz auf der Ranch zu suchen, wo wir unser Wohnhaus bauen wollten. Der Blick von oberhalb der Mukutan-Schlucht auf jeden Hügel der Ranch, von Mlima ya Kissu nach Kurmakini, von Nagirir nach Kutua, über Täler und auf die nackten Felsen des Ostafrikanischen Grabens, war so klar und herrlich, daß die Entscheidung schwerfiel. Der Hügel Mugongo ya Ngurue, wo mein geliebter alter Baum über die Schlucht emporragte, war besonders verlockend, da das Gefühl von Freiheit, Weite und Höhe für mich schon immer atemberaubend war. Ich bin froh, daß ich der Versuchung widerstand und mich schließlich entschloß, die ursprünglichen Gebäude in Kuti auszubauen, die bereits von jenen Menschen, die vor uns dort gewohnt hatten, erweitert worden waren. Es gab einen Generator und eine Vorrichtung, mit der man das Wasser aus den Quellen von Ol Ari Nyiro pumpen konnte; ansonsten war in Haus und Einrichtungen nur das Notwendigste vorhanden, und ein riesiger Berg Arbeit wartete auf uns.

Das Haus war auf einer Anhöhe erbaut, von der man einen weiten Ausblick auf die hügelige Landschaft hatte, und ich liebte dieses Gefühl von Weite. Wir zäunten etwa vier Hektar Buschland als Garten ab, und ich ließ alle Akazien und die übrigen einheimischen Bäume stehen.

Beim Bau des Hauses machten wir uns viele Gedanken, und wir diskutierten lange über jede Einzelheit, ganz besonders über die Proportionen, die bei jedem Bau das Wichtigste sind. Die Ausstattung mag wichtig sein, doch zunächst geht es um die richtige, ausgewogene Form. Als Materialien verwandten wir, was wir auf unserem Grund und Boden vorfanden: Steinblöcke, Holz aus unserem Wald und Gras für das Dach. Es war ein einfaches Haus, aber es strahlte Harmonie aus, hatte eine eigene, positive Atmosphäre und vermittelte jedem Besucher das Gefühl, daß es mit Liebe erbaut worden war. Es war ein Ort, an dem sich die Menschen wohl fühlten.

Zur gleichen Zeit lernte ich auch, wie man einen Garten anlegt. In Afrika ist Gartenarbeit eine höchst dankbare Aufgabe, denn mit Wasser und einem Minimum an Sorgfalt wächst alles so schnell, daß man schon nach wenigen Jahren im Schatten der Bäume sitzen kann, die man gepflanzt hat.

Für all die neuen Pflanzen brauchten wir mehr als nur das Rinnsal Wasser, das aus den über zehn Kilometer entfernten Quellen herbeigepumpt wurde, und so beschloß Paolo, in einem Tal oberhalb von Kuti einen Damm bauen zu lassen. Es war ein Gebiet, das Elefanten liebten, denn dort fanden sie Schatten, Nahrung und Feuchtigkeit. *Olea africana, Acacia gerardia* und *Euclea divinorum* waren die markantesten Bäume. Sie waren ein idealer Lebensraum für Grüntauben, Eulen, Ginsterkatzen und natürlich für Leoparden. Der Stausee war vom Haus aus zu Fuß über einen schönen, schattigen Weg, den ich häufig mit Gordon ging, erreichbar.

Als der Damm fertig war, zog er noch mehr Tiere an, und das Tal und seine Umgebung blieben einer der Lieblingsaufenthalte für Elefanten. Schließlich baute ich in einer der höchsten Akazien, die den Wassertank überragte, der das Haus versorgte, einen Ausguck. So konnten wir die Tiere beobachten, ohne selbst entdeckt zu werden – ein wunderbares Gefühl, Teil der Landschaft zu sein. Weniger glücklich machte es mich, wenn die Elefanten bis in den Garten kamen, den ich nach und nach dem Busch abrang.

Ich beschäftigte mich mit den Eigenarten der schönsten einheimischen Bäume und begann begeistert, Unmengen von Blumen und Sträuchern zu pflanzen: Schon bald mußte ich allerdings erkennen, daß Elefanten an einer Vielzahl dieser Pflanzen Geschmack fanden. Oft wachte ich morgens auf und stellte fest, daß ganze Bäume entwurzelt und stachlige Kakteen ausgerissen worden waren, als wären es zarte Artischokkenpflanzen gewesen. Was die Elefanten nicht mochten, mundete den Dik-Dik-Böcken, Hasen oder Impalas. Nach und nach lernte ich, welche Arten für diese Besucher ungenießbar waren, und pflanzte diese dann vorzugsweise an. Bestimmte Bäume, wie Akazien, die von Elefanten bevorzugt wurden, wollte ich jedoch nicht entfernen, und nachdem wir einen Swimmingpool angelegt hatten, wurde es praktisch unmöglich, die Elefanten vom Garten fernzuhalten. Eine Herde von fünfzig Tieren entschloß sich, Nacht für Nacht in den Garten und in die neu angepflanzte Obstplantage einzufallen. Nachdem einer von ihnen auf den Faulbehälter getreten und hineingefallen war, beschlossen wir, das Grundstück mit einem Elektrozaun zu umgeben. Das wirkte zwar bei den Elefanten, nicht jedoch bei vielen anderen Eindringlingen.

Ich begann erneut, Tagebuch auf italienisch zu führen, und seine Seiten erinnern mich an viele Einzelheiten unseres neuen Lebens, die ich sonst vergessen hätte.

30. Juli 1976
Ngobithu berichtet, daß sieben Löwen eine Kongoniantilope und vier andere eine Elenantilope und eine Kuh getötet haben. Carletto kam mit dem Flugzeug, und er, Paolo und Emanuele zogen los, um den Löwen aufzulauern. Starker Regen.

24. August 1976
Neuen Rasen gesät und Küchenbereich fertiggestellt. Letzte Nacht kam ein Elefant in den Garten, und ich verfolgte mit dem Gärtner Seronera seine Spur. Er hat den Zaun auf der Seite des *boma*, wo die Pferde untergebracht sind, durchbrochen, drei junge Pfefferbäume ausgerissen und sie gefressen, den neuen Steingarten verwüstet und die Yuccas gefressen, eine Akazie neben dem Loch für den Swimmingpool zerstört und dann den Garten im Süden wieder verlassen.

28. August 1976
Ein Flußpferd hat an Antoniettas Damm bei Colobus ein Kind getötet. Wildhüter sind gekommen, um das Tier zu töten. Es war wahrscheinlich Rastus, Antoniettas altes Flußpferd, ein Einzelgänger. Es ist so traurig, daß das passieren mußte. Die ganze Nacht trompeten hier in Kuti Elefanten im Garten, und keiner kann ein Auge zutun.

31. August 1976
Wieder Elefanten im Garten. Gordon hat sie verjagt, bevor sie zwei Palmen fraßen. Dik-Diks lieben die neuen Knospen der korallroten Bougainvilleen.

2. September 1976
Dutzende Dik-Dik-Augen im Licht meiner Taschenlampe letzte Nacht, und heute morgen sehe ich, daß meine neuen Hibisken aufgefressen worden sind. Heute haben wir entlang dem Hauptzufahrtsweg eine ganze Allee Euphorbien gesetzt. Eines Tages werden sie bestimmt sehr eindrucksvoll aussehen, obwohl alle Hausangestellten mich davor warnen, daß Elefanten dafür eine Vorliebe haben.

4. September 1976
Unser Lastwagen kommt aus Colcheccio zurück mit Sand für den Swimmingpool und der Nachricht, daß bei Carletto zwei Bullen und vier Kühe vom Blitz erschlagen worden sind!! Paolo geht los, um den Löwen aufzulauern, die sich in letzter Zeit Kälber holen. Ein großes Löwenmännchen hat in der Nähe der *boma* von Kuti einen Bullen getötet. Es ist naßkalt.

5. September 1976
Paolo kam im strömenden Regen zurück; er hat drei der wildernden Löwen getötet. Gelb und muskulös liegen sie auf der Ladefläche des Lieferwagens und sehen aus wie große, schlafende Katzen.

6. September 1976
Vollmond. Paolo und Emanuele hatten gestern eine aufregende Nacht am Großen Damm. Auf der Löwenjagd sehen sie zuerst zwei Schakale, ein Nashorn und eine Büffelherde. Dann tauchen ein Honigdachs und ein Leopard auf. Paolo schießt zwei Löwenmännchen. Bei Son-

nenaufgang läßt er den dritten abziehen. Währenddessen kann ich auf Kuti nicht schlafen, da Gordon ununterbrochen bellt. Überall Elefanten.

16. September 1976
Letzte Nacht schlich ein Rudel von sechs Löwen die ganze Zeit um den Garten herum. Paolo draußen, um einen verwundeten Büffel aufzuspüren.

3. Oktober 1976
Mit Mirimuk und Luka auf der Suche nach zwei großen Felsbrocken für das neue Vogelbad.

7. Oktober 1976
In meinem Garten blicken bei Tagesanbruch drei Giraffen neugierig in das ausgehobene Loch für den Swimmingpool. Habe heute abend allein gewacht, ob sich Leoparden an den Köder machen, den wir oberhalb des Hauses ausgelegt haben. Hunderte von Vögeln kommen zum Vogelbad; sie sind so schön und so exotisch, daß ich nur staunen kann. Mirimuk bringt mir ein Straußenei.

15. November 1976
Letzte Nacht kamen schon wieder Elefanten und zerstörten acht Akazien, tranken aus dem Swimmingpool und rissen zwei Pfefferbäume aus. Alles ist mit Dung übersät. Tubby und Aino sind mit dem Flugzeug aus Nairobi gekommen.

9. Januar 1977
Die Elefanten kamen in der Nacht leise bis an den Durchgang zu den Schlafzimmern heran. Sie haben alle Hibisken und alle Sukkulenten gefressen. Sie machten den Palmen den Garaus und zerstörten die Akazie samt der an ihrem Fuße wachsenden Sanseveria. Ich glaube, sie wollen uns spüren lassen, daß wir in ihr Territorium eingebrochen sind. Am Tage sieht man sie kaum, aber die Nacht gehört ihnen.

Als das Haus schließlich fertig war, das *makuti*-Dach gedeckt, die Balken aus dem im Wald geschlagenen Holz der Roten Zeder glänzend poliert und die Teppiche und Möbel, die wir aus Europa mitgebracht hatten, so verteilt, als seien sie schon immer dort gewesen, beschlossen wir, als Einweihungsfest eine *ngoma* zu veranstalten.

Gruppen aller Stämme, die bei uns auf der Ranch beschäftigt waren, kamen in ihren traditionellen Kleidern, um in unserem Garten zu tanzen und uns Glück zu wünschen. Da waren zum Beispiel die Meru, Garishas Stamm, mit bunten *shukas* und farbenprächtigem Kopfschmuck, und die Tharaka, zu denen Luka gehörte, in Röcken aus getrocknetem Sumpfgras, mit Rasseln an den Knöcheln und bemalten Schilden. Luka zeigte als Vortänzer und Mime wieder einmal unerwartete Fähigkeiten. In Affenfelle gehüllt, tanzte er für uns – und in erster Linie für Paolo – eine akrobatische Pantomime auf die Löwenjagd. Die Turkana gehörten zu Mirimuk. Die Frauen, von denen viele leuchtend blaue und rote Perlenketten um den Hals trugen, hatten lange, stark geraffte Fellröcke an; sie waren vorne kürzer und hatten Schleppen, die im straußenähnlichen Tanzrhythmus fast so graziös wie Schwänze wallten. Ihre Männer, die Köpfe mit langem blauem Federschmuck bedeckt, sangen heisere Lieder und sprangen hoch in die Luft.

Ich war beeindruckt davon, wie sich die Menschen, die bei uns arbeiteten, verändert hatten, denn normalerweise trugen sie europäische Kleidung. Jetzt, da sie gemäß ihrer Tradition gekleidet – oder unbekleidet – waren, waren sie ihrer gewöhnlichen, zerlumpten Arbeitskleidung und ihren ausgetretenen Schuhen entschlüpft wie Schmetterlinge ihrer Verpuppung. Schlank und behende, stolz und schön, farbenfroh und edel, frei und gewandt bewegten sie sich im Rhythmus des Tanzes; sie glichen einem Schwarm Vögel, die in ihrem prächtigen, metallisch schimmerndem Balzgefieder im Gleichklang flogen und sangen.

Plötzlich, um die Mittagszeit, als die Feier in vollem Gange war, meinten wir, ein fernes Donnern zu hören. Es schien, als zitterte die Erde, fast wie vor einem Beben. Ein elektrisierendes Dröhnen stampfender Füße näherte sich, und ein Gesang hallte zu uns wie heranwehende Windböen herüber: der kehlige Safarigesang des Pokot-Stammes.

Ol Ari Nyiro grenzte im Westen an das Reservat der Pokot, die ihre Traditionen stärker als manch anderer Stamm bewahrt haben. Im Gegensatz zu den Kikuyu, den Meru und den Kamba sind die Pokot von ihrer Tradition her kein Ackerbauern-, sondern ein Hirtenvolk, also Jäger und Sammler. Sie lebten in Ol Ari Nyiro seit undenklichen Zeiten. Sie waren vertraut mit den Wasserquellen, den kürzesten Wegen über die Berge und den Wildpfaden.

Die Frauen trugen lange Röcke aus weichen Fellen, die sie wie Gesichter und Haare mit einer Mischung aus Ziegenfett und rotem Ocker eingerieben hatten. Sie sahen aus wie Terrakottafiguren und wirkten mit ihren Messingarmreifen und -fußringen an den dünnen Handgelenken und Knöcheln und den großen Messingringen an ihren langgezogenen Ohrläppchen flink und feminin. Sogar ihre Halsketten hatten die gleiche rostrote Farbe: Sie bestanden aus Leder und Holz- oder Knochenperlen und waren so aufeinandergeschichtet, daß sie ihren stolzen, hoch aufgerichteten Kopf wie ein gestärkter brauner Kragen umgaben. Ihre Brüste waren mit Fett eingerieben und nackt. Ihr Kopf war an den Seiten geschoren; oben sprossen rötliche Löckchen, wie Federbüschel exotischer Vögeln oder Mähnen wilder Tiere, was erstaunlich weiblich wirkte. Die Männer waren dunkel gekleidet: schwarze *shukas*, die bis zu den Knien reichten, und stolz zur Schau getragene lange Straußenfedern auf ihren kleinen vogelähnlichen Köpfen, die mit einer Mischung aus getrocknetem Dung und Erde eingerieben und blau-weiß bemalt waren. Sie trugen stets lange Speere, deren längliche, rasiermesserscharfe Schneiden zum Schutz in einer engen Scheide aus Tierhaut steckten.

In Schlangenlinien zogen sie singend und tanzend durch den Garten. Ihre Schönheit und Wildheit ließen meine europäischen Gäste verstummen, und bis spät in die Nacht hinein verschmolzen ihre gutturalen Rufe harmonisch mit den Schreien der Hyänen, die von den Bergen aus den Mond anheulten.

Das Haus war nun fertig, und wir begannen, unsere Nachbarn einzuladen. Im Jahre 1975 waren nicht mehr viele übriggeblieben. Ol Ari Nyiro war eine der letzten Ranches, die besiedelt worden war: Landbesitz in Gebieten wie diesem galt als nicht geeignet für Viehzucht und erst recht nicht für Landwirtschaft. Eigentlich, so glaubte man, konnten dort nur wilde Tiere leben. Ol Ari Nyiro grenzte im Süden an Colobus, die Farm der Buonajuti, und von Südwesten bis Nordwesten, zur Seite des Grabens hin, an das Reservat der Tugen und Pokot; im Nordosten lag Lwonyek, eine Ranch im Besitz der Regierung, und die östliche Grenze stieß an Ol Morani.

Ol Morani hatte Gilbert Colvile gehört, einem steinreichen, exzentrischen Grundbesitzer aus der Pionierzeit, der auf dem Rücken seines Pferdes lebte, nie ein richtiges Haus hatte, mit den Maasai Freundschaft schloß und von ihnen den Spitznamen *nyasore*, »der Dünne«, bekam.

Colvile heiratete zur allgemeinen Überraschung in den vierziger Jahren die junge und schöne Diana Broughton. Sie war im Zusammenhang mit dem Mord an ihrem Geliebten Lord Erroll in einen Skandal verwickelt gewesen; der Mörder war vermutlich ihr damaliger Ehemann, Sir Jock Delves Broughton, der später Selbstmord beging. Nach ein paar Jahren ließen sich Diana und Colvile in gegenseitigem Einvernehmen scheiden, und sie heiratete Lord Delamere. Als Colvile starb, vermachte er Diana seinen gesamten Besitz, einschließlich Ol Morani, und obgleich sie nie dort lebte – es gab nie ein richtiges Wohnhaus auf der Ranch –, war sie, als wir Ol Ari Nyiro kauften, noch immer unsere Nachbarin.

Ol Morani, was in der Sprache der Maasai »der junge Krieger« bedeutet, das aber von den alten Leuten noch heute Nyasore genannt wird, wurde schließlich an eine örtliche Genossenschaft verkauft, und viele Turkana erwarben dort *shambas*. Ol Morani war flacher, ohne dramatische geographische Besonderheiten, wie sie zum Beispiel Ol Ari Nyiro mit der Mukutan-Schlucht aufwies, doch es war ein schönes Land, mit Akazienhainen und offenen Ebenen, wo zahllose Elenantilopen, Zebras und Giraffen lebten. Die Kinder liebten es, dort zu reiten, und oft kam ich ihnen mittags mit einem Picknickkorb nach.

Weiter landeinwärts lebten die Rumuruti-Siedler. Man konnte sie samstags im Rumuruti-Club treffen. Schon immer hat mich die Tradition der Briten fasziniert, ganz gleich wo sie sind, einen Club zu gründen, häufig an den unglaublichsten Orten. Der Rumuruti-Club bestand aus einzelnen, recht primitiven Holzhütten, die inmitten einer kleinen Gruppe von Gummibäumen lagen. Er verfügte über einen Tennisplatz und eine Bar, und die Lebhaftigkeit und unüberhörbar gute Stimmung der Stammgäste entschädigte für die schäbige Umgebung, die nach ein paar Drinks niemandem mehr auffiel. Alle Mitglieder beteiligten sich auf unterschiedliche Weise an der Unterhaltung des Clubs – ich glaube, wir haben den Barkeeper bezahlt –, und wenn eine Party stattfand, brachte jeder ein besonderes Gericht mit. An Samstagnachmittagen kamen alte Landrover aus allen möglichen Richtungen, staubig oder voller Schlamm, je nach Jahreszeit. Kinder, die bereits ihr Abendessen bekommen hatten und ihren Pyjama anhatten, wurden hinten im Wagen zum Schlafen auf Matratzen gelegt. Nach ein paar Tennismatches und so manchem Drink zogen sich die Siedler, Männer wie Frauen, für die Party am Abend um. Lange Hosen – manchmal sogar mit Smokingjacketts – und lange Abendkleider traten an die Stelle der staubigen Khakikleidung.

Einige Menschen, die wir dort kennenlernten, waren außergewöhnlich und sehr interessant, und mit ihnen konnten wir schnell Freundschaft schließen.

Einer hieß Jasper Evans. Er war der Eigentümer der Ol-Maisor-Ranch, wo er Rinder und Kamele hielt und interessante Versuche, die ihrer Zeit weit voraus waren, durchführte. Mir gefielen sein ruhiges Auftreten, seine gelassene freundliche Art und seine Lebensphilosophie. In seinem Haus befanden sich Sammlungen seltener Bücher und schöne Antiquitäten, obwohl es häufig Schildkröten oder Frösche in der Badewanne gab und die verschiedensten Wildtiere, die er als Haustiere hielt, einem plötzlich mit der Nase in der Handtasche herumschnüffelten. Er gehört zu den Menschen, die man nicht häufig sehen muß, um sich in ihrer Gesellschaft wohl zu fühlen, und es freut mich, daß wir gute Freunde wurden – und noch sind.

Dann waren da noch die Coles. Die Familie war schon sehr lange in Kenia; Lord Delameres erste Frau war Florence Cole gewesen, die Schwester von Berkeley, Karen Blixens bester Freundin. Hugh Cole kam oft mit Tubby Blocks Sohn Jeremy, um mit Paolo auf Büffeljagd zu gehen. Dann blieben sie zum Abendessen, die Nacht über und vielleicht noch für ein paar Tage länger, wie in Kenia üblich. Niemand fragte seine Gäste, wie lange sie bleiben wollten; jeder, der im Hochland zu Besuch war, hatte eine stunden- oder tagelange unbequeme Reise bis zum Haus seiner Gastgeber hinter sich, und er konnte mit ihrer Gastfreundschaft – und sie auf die seine – rechnen, solange er eben bei ihnen war. Eine Nacht oder eine Woche machten da keinen großen Unterschied.

Und natürlich war da Carletto. Zu Hause in Italien hatten wir nur ein paar Meilen voneinander entfernt gewohnt, und hier lag seine Ranch Colcheccio etwa sechzig Kilometer von Ol Ari Nyiro entfernt; nach kenianischen Maßstäben lebten wir nahe beieinander. Er lebte auch in Kenia in jenem Stil, der früher sein Leben in Italien geprägt hatte: seine pantagruelische Leidenschaft für gutes Essen und Trinken sowie seine unvergleichliche Gastfreundschaft. Carletto, das war eine Kindheitserinnerung und eine Verbindung mit der Vergangenheit, und es war fast unheimlich, daß wir, trotz völlig unterschiedlicher Lebenswege, schließlich in Afrika so nahe beieinander lebten.

Schon bald sorgte ein weiteres Ereignis dafür, daß die Verbindung zwischen uns noch stärker wurde. Eines Morgens klingelte in Nairobi sehr früh das Telefon, und man sagte mir, daß Carlettos Frau Chiara bei einem Autounfall in Italien ums Leben gekommen war. Sie war allein im Wagen gewesen, und schwarzer Rauch, der von brennenden Reifen am Straßenrand herübertrieb, hatte ihr plötzlich die Sicht genommen. Ein Lastwagen war von hinten auf ihren Wagen aufgefahren und hatte ihn in ein anderes verdecktes Fahrzeug vor ihr gedrückt. Es war eine dieser tragischen Massenkarambolagen: Sechzehn Menschen waren dabei ums Leben gekommen.

Ihr Tod berührte mich sehr. Nicht nur, weil ich Chiara seit Jahren kannte und sie eine enge Freundin gewesen war, sondern auch, weil es Carlettos Fahrzeug gewesen war, das in jener schicksalhaften Nacht in Italien, als Paolos Frau umkam, direkt hinter uns hergefahren war. Ich werde nie vergessen, wie ihre schlanken nackten Füße auf mich zukamen, während ich im Gras auf dem Feld lag, in das ich aus unserem verunglücktem Auto geschleudert worden war. Sie hatte neben mir gesessen und auf den Krankenwagen gewartet, ruhig und sanft, und in den Monaten danach saß sie oft an meinem Krankenbett und tröstete mich in jener Zeit der Verwirrung und Verzweiflung.

Sie hinterließ drei Töchter, die alle noch klein waren. Die älteste ging damals in Greensteds in Nakuru in dasselbe Internat wie meine Stieftochter Livia. Ich bot mich an, sie abzuholen, damit sie zusammen mit ein paar Freunden, die noch in der Nacht abreisen wollten, zurück nach Italien fliegen konnte. Ich war so mitgenommen, daß ich mir nicht zutraute, selbst zu fahren, und nahm ein Taxi. Kurz vor der Abzweigung zur Schule näherte sich mit voller Geschwindigkeit ein Lastwagen, geriet auf der gegenüberliegenden Straßenseite ins Schleudern und kam direkt auf uns zu. Mein Fahrer riß das Lenkrad nach rechts und entging ihm um Haaresbreite. Die kompakte graue Masse glitt an mir vorbei wie in einem Alptraum, und wir landeten in einem Graben auf der anderen Straßenseite. Ich schaute nach hinten: Der Lastwagen war in Uganda zugelassen, und vermutlich war der Fahrer übermüdet oder betrunken. Der Wagen hielt nicht an und polterte wie verrückt im Zickzack durch die Schlaglöcher wie ein unheimliches Gespenst. Das Hemd meines Fahrers war schweißdurchnäßt. Erschöpft legte er wortlos den Kopf auf das Lenkrad. Wäre ich in meinem aufgewühlten Zustand gefahren, wäre ich heute nicht mehr am Leben.

Mein Herz hämmerte noch wie wild, als ich zu Luisa kam, die im Schlafsaal in ihrer besten Schuluniform auf mich wartete; sie wußte nicht, daß ihre Mutter tot war. Stumm stand Livia neben ihr, und sie reichte mir ein kleines Sträußchen Blumen. Als ich mich hinabbeugte, um ihr einen Kuß zu geben, blickte sie mich mit ihren großen braunen Augen lange an, und ich konnte sehen, daß sie Bescheid wußte. Livia hatte die unheimliche Gabe, Dinge zu sehen, bevor sie passierten. Mit Luisa an der Hand und mit meinen Blumen trat ich fröstelnd hinaus in die Nachmittagssonne und mußte meine ganze Selbstbeherrschung aufbringen, um nicht zusammenzubrechen. Carletto war völlig verzweifelt über Chiaras Tod und hat ihn trotz seines fröhlichen Wesens nie wirklich verwunden.

16

Die Rache des Büffels

... ein verwundeter Büffel ..., so stellte er fest, ... ist bösartig und trachtet stets danach, einen verwundeten Mann zu töten.

Bartle Bull, *Safari*

Die erste Zeit in Laikipia war voller Abenteuer. Am 6. Februar 1977 schrieb ich in mein Tagebuch:

> Heute hat bei Enghelesha ein Büffel einen unserer Leute getötet. Sein Name war Malinge, und er gehörte zum Stamm der Tharaka. Er war ein guter Freund von Emanuele, und am Tag unserer *ngoma* hatte er unser Haus gehütet. Er war ein netter Mann, fast noch ein Junge. Sie waren zu dritt im Busch unterwegs. Er und Cypriano und noch ein Wächter. Der Büffel ging direkt auf sie los. Seine Hörner durchbohrten Malinges Hals und seine Lunge. Er schleifte ihn über fünfzig Meter weit mit, und dann verschwand er im Busch. Luka brachte uns die Nachricht, als wir gerade zum Abendessen ins Haus gehen wollten, und Paolo machte sich sofort mit Colin auf die Suche nach dem Büffel.
>
> Es war ein großer Bulle, und seine Hörner waren noch rot vom Blut; an einem Bein hatte er eine Verletzung von einer der Schlingen, die die neuen Siedler auf Colobus ausgelegt hatten. Sie war der Grund für seine blinde Wut und Aggressivität. Malinge lag in einer riesigen Blutlache, seine Augen bereits ausgetrocknet, so daß Paolo sie nicht schließen konnte. Colin setzte sich neben ihm auf einen Stein und sprach leise auf Swahili mit ihm. Eine Seite an Colin, die ich nicht vergessen werde. Paolo sagte, Malinges Gesicht sei heiter gewesen, als ob er lächelte. Unsere Fundis gingen weg, um einen Sarg für ihn zu zimmern.
>
> Aber heute abend ist Malinge noch da. Er liegt draußen, unter einer Decke, umgeben von Feuerstellen, um die Hyänen abzuhalten, bis

morgen die Polizei kommt, um den Vorfall zu untersuchen, wie es das Gesetz verlangt.

Es läßt nichts Gutes ahnen, wenn das Telefon zu unerwarteten Zeiten klingelt, sehr früh am Morgen oder sehr spät am Abend.

Kurz nachdem wir uns in Ol Ari Nyiro niedergelassen hatten, erhielt ich sehr früh am Morgen einen Funkruf. Die Verbindung war äußerst schlecht. Die einzigen Worte, die ich beim Knistern der atmosphärischen Störungen verstehen konnte, klangen dramatisch genug: »Paolo ... Unfall ... Büffel ... Krankenhaus Nairobi.«

Ich eilte zum Krankenhaus, und mit Hilfe unseres Freundes Renato Ruberti, eines angesehenen Neurochirurgen, an den wir uns im Krankenhaus stets wandten, trafen wir alle Vorkehrungen und warteten. Es ist zermürbend, zu warten, nichts zu wissen und sich das Schlimmste auszumalen, und als Paolo schließlich eintraf, war ich fast überrascht, daß er noch lebte. Unter seiner gewohnten Bräune war er durch den Blutverlust bleich, seine Augen sahen in dem schmutzigen unrasierten Gesicht noch blauer aus, aber er grinste zu mir hoch und zündete sich eine Zigarette an. Colin, der ihn hergefahren hatte, deckte Paolos Oberschenkel auf: eine häßliche Wunde, blutverkrustet, klaffte an seinem dünnen Bein, in das das Büffelhorn tief eingedrungen war. Um ein Haar wäre die lebenswichtige Oberschenkelarterie getroffen worden.

Der verwundete Büffel war auf Paolo losgegangen, bevor er einen Schuß abgeben konnte. Er hatte sein nutzloses Gewehr weggeworfen und sich an die Hörner des Büffels geklammert, um zu verhindern, daß sie ihn durchbohrten. Da er wußte, daß er sich nicht lange würde festhalten können, hatte er losgelassen und war in Deckung gerannt. Doch er war über einen trockenen Ast gestolpert und vornüber in den Staub gefallen. Der Büffel hatte ihm nachgesetzt und ihn in die Luft geschleudert, bevor Mirimuk, der Fährtensucher, schießen konnte.

In den Wochen, die Paolo im Krankenhaus verbringen mußte, wurde sein Krankenzimmer eine Art Treffpunkt. Ein paar Zimmer weiter lag Peter Faull, ein Berufsjäger, der von einem Löwen übel zugerichtet worden war. Sein ganzes Gesicht war bandagiert, doch er konnte gehen und kam oft vorbei, um mit den anderen Besuchern ein Glas zu trinken.

Als einer der ersten kam Philip Leakey, der Paolo einen Stapel seltener Bücher über Afrika, sogar ein paar Erstausgaben, als Bettlektüre mitbrachte. Eine nette Idee, und ich weiß noch, daß ich Meinerzhagens *Ta-*

gebuch mit nach Hause genommen habe, um es zu lesen. Darin wurde ein Kenia beschrieben, das es nicht mehr gab: als Nashörner noch so zahlreich waren, daß sie als Plage galten, und nur wenige Menschen hier lebten. Ganz am Anfang, als Paolo noch auf der Suche nach dem Ort seiner Träume gewesen war, hatte er Phil kennengelernt, und zum Zeitvertreib hatte er mit ihm zusammen ein Viehzuchtunternehmen im Nguruman gegründet. Das Nguruman lag im Territorium der Maasai, nördlich vom Magadisee; es war wundervoll wildromantisch und von großer Schönheit.

Philip, der jüngste der drei Leakey-Brüder, war ein sehr kreativer Mensch mit ungewöhnlichen Ideen. Einmal, während unserer frühen Erkundungsfahrten, fuhren wir mit den Kindern nach Nguruman und wohnten in einem Lager, das Phil nahe am Fluß aufgeschlagen hatte, wo riesige Feigenbäume wuchsen. Er hatte oben in diesen mächtigen Bäumen ein Gästehaus gebaut, das er uns zeigte. Es bestand aus einer beeindruckenden Reihe von Gängen und Zimmern auf verschiedenen Ebenen, von Baum zu Baum, wie in einem Kindertraum vom verzauberten Baumhaus, und es sagte mehr über Phil aus, als Worte vermochten. Er kannte sich mit Pflanzen aus, liebte alles, was wuchs, und hatte eine gute Hand dafür. Er war sehr groß und schlank wie alle jungen Leakeys, und er konnte einem auf eigentümliche, aufmerksame Weise unverwandt in die Augen blicken; er hatte etwas Verwegenes an sich, das ihn recht attraktiv machte. Er zählte zu den wenigen Kenianern europäischer Herkunft, die später im Parlament saßen. Er war der erste Leakey, den ich kennenlernte.

Die Leakeys gehörten zu den Familien, deren Mitglieder alle, auf die eine oder andere Weise, außergewöhnlich waren. Louis und seine Frau Mary, Philips Eltern, waren in der ganzen Welt bekannte Paläontologen. Ihre Forschungen über den Frühmenschen in Tansania und Nordkenia sind von bleibendem Wert. Bedauerlicherweise habe ich Louis, der 1972 gestorben ist, nicht mehr kennengelernt, aber über Philip machten wir Marys und später Richards Bekanntschaft.

Im Jahr 1976 lud Philip uns ein, ihn ins Lager seiner Mutter in der Nähe der Olduvai-Schlucht in Tansania zu begleiten, und ich verbrachte mit Paolo und Emanuele ein paar interessante Tage, in denen wir als Philips Gäste ihre Ausgrabungen besichtigten. Sie hatte gerade, eingedrückt in den Steinen neben einem Bach, die Fußabdrücke eines Frühmenschen aus grauer Vorzeit entdeckt, kleine hin und her führende Spuren, die ich unglaublich ergreifend fand. Mary teilte ihr Zelt mit dreizehn Dalmatinern, ihren Lieblingshunden, weshalb ich sie sofort mochte, denn es erinnerte mich stark an all die Hunde, die in meiner Kindheit immer unser Haus füllten. Sie war eine Persönlichkeit mit starkem Willen und besaß den unwiderstehlichen Charme und die Attraktivität eines intelligenten, geistig beweglichen und humorvollen Menschen. Ich mochte sie augenblicklich und habe unsere erste Begegnung nie vergessen.

Als ich das erstemal in Kenia war und mit Paolo den Baringosee besuchte, hatte ich den ältesten Bruder, Jonathan Leakey, kennengelernt. Wir waren in den Schlangenpark gefahren, der Jonathan gehörte; dort zapfte er den Schlangen Gift ab, das zur Herstellung von Serum verwandt wurde. Am Tor hatte sich eine kleine Menschenansammlung gebildet, und eine Gruppe von Leuten kam auf uns zu. Sie trugen einen großen Sack, in dem sich etwas Schweres bewegte, und Jonathan war dabei. »Möchten Sie mal sehen?« fragte er mich und öffnete die Tasche einen Spalt, weit genug, um die größte Schlange zu enthüllen, die ich – bis dahin – je gesehen hatte: einen Python. Sie war dicker als ein Arm und sah gewaltig aus. Sie war vermutlich eine der ersten Schlangen, die ich je außerhalb eines Käfigs gesehen hatte, und obwohl Schlangen für mich später ein ganz vertrauter Anblick wurden, erinnerte ich mich immer wieder an dieses Ereignis.

Paolo war kein guter Patient. Es machte ihn nervös, daß er ans Bett gefesselt war, und allein die Gesellschaft unserer neuen Freunde und ihre unterhaltsamen Geschichten konnten ihm diese Wochen erträglich machen. Bei dieser Gelegenheit wurde mir zum erstenmal klar, wie stark und wertvoll das Zusammengehörigkeitsgefühl ist, das die Menschen in Afrika, wo immer wieder dramatische Zwischenfälle und ungewöhnliche Unfälle vorkommen, verbindet; es ist einfach selbstverständlich, daß man sich um das Bett eines unglücklichen Freundes schart, Bücher und Blumen mitbringt und guten alten Whisky ins Krankenzimmer schmuggelt.

In Afrika verbringt man die meiste Zeit im Freien, und Laikipia bildete den idealen Hintergrund, um zu wandern, zu laufen und zu reiten. Nach seiner Genesung entdeckte Paolo seine Leidenschaft fürs Bogenschießen. Er betrieb es wie eine philosophische Lehre, denn man mußte dabei den Geist von allen störenden Einflüssen befreien und sich auf das Ziel konzentrieren. Abgehoben und isoliert in einer geräuschlosen Welt – so erzählte Paolo mir oft –, spielte es keine Rolle mehr, daß die Spannung sich mit dem Pfeil löste. Wichtig war für ihn der Moment, wenn er den Bogen spannte und alle Sinne konzentrierte, und Jahre später begriff ich, daß dies damals Paolos Art der Meditation war. Er lief durch den Busch, einen Bogen über die Schulter geworfen wie ein alter Krieger, die Verkörperung der Freiheit, und so lebt er in meiner Erinnerung. Rückblikkend kann ich heute sagen, daß diese erste Zeit in Laikipia wahrscheinlich die glücklichste meines Lebens war. Und doch, hätte ich damals schon die Klarsichtigkeit gehabt, die ich nun im Laufe der Jahre und durch schmerzvolle Erfahrung gewonnen habe, dann hätte ich das Glück, Afrika von einem so herrlichen Ort wie Ol Ari Nyiro aus zu entdecken, noch mehr zu würdigen gewußt.

17

Emanueles zwei Väter

Wer reitet so spät durch Nacht und Wind?
Es ist der Vater mit seinem Kind.

J. W. Goethe, *Erlkönig*

Eines Tages hielt in Nairobi ein staubiger Landrover in meiner Auffahrt. Er war mit Paketen, allerlei Gepäckstücken und einer Campingausrüstung beladen. Aus dem Wagen stieg Mario. Er hatte einen Bart und schulterlanges Haar; von dem schicken Playboy, den ich geheiratet hatte, der einen Ferrari fuhr und sich auf der Via Borgognona einkleidete, war nichts mehr übriggeblieben. Er trug ausgebeulte Jeans und ein T-Shirt und war zusammen mit einer Freundin und ihrem Kind mit dem Wagen quer durch Afrika gefahren. Er redete über Buddhismus und Philosophie und übers Segeln; er machte gerade eine Phase spirituellen Erwachens durch. Er hatte auf eigene Faust den Atlantischen Ozean überquert und lebte jetzt überwiegend auf Antigua und in der Karibik. Mir gefiel seine Veränderung, denn sie war ein inneres Wachstum.

Paolo und Mario kannten sich aus Italien. Obwohl sie gänzlich verschieden waren, hatte jeder Spaß am Witz des anderen. Es hatte zwischen ihnen nie irgendwelche Spannungen gegeben, denn als meine Beziehung zu Paolo begann, lebten Mario und ich bereits seit Jahren getrennt. Nach diesem ersten Mal stand Mario hin und wieder – und immer unerwartet – vor unserer Tür, wenn er von irgendeiner exotischen Reise zurückkam oder sie antrat. Er brachte für alle sehr persönliche und originelle Geschenke mit und hatte viel zu erzählen. Paolos Töchter waren natürlich besonders fasziniert von ihm, vor allem die ältere, Valeria, die zu einer schönen Frau heranwuchs.

Für Emanuele war Mario eher ein Freund, den er zwar mochte, aber nur selten sah. Die Vaterfigur in seinem Leben war eindeutig Paolo, der immer für ihn da war, und dessen Halt und Liebe bildeten den Rahmen, in dem er aufwuchs. Paolo war offen und kreativ, und seine schillernde

Persönlichkeit und vielseitigen Interessen machten ihn zu einem unwiderstehlichen Modell des Abenteurers, das die männlichen Instinkte weckte, die in jedem heranwachsenden Jungen schlummern. Paolo war zweifellos Emanueles bester Freund in seiner Kindheit. Er brachte ihm bei, wie man sich im Busch an Büffel heranpirschte, richtig zielte und schoß. Er brachte ihm bei, wie man die Angel oder das Netz auswarf und fischte, und er erfüllte die unausgesprochene Sehnsucht nach einer Heldenfigur, die jeder Junge in sich hegt. Während der Ferien begleitete Emanuele Paolo oft auf den Löwenansitz, und sie gingen immer zusammen fischen.

Emanuele und Paolo hatten die gleiche Vorliebe für Abenteuerbücher. Einige Zeit zuvor hatten sie einen immer wiederkehrenden Satz aus der Geschichte *Der Sonnenvogel* von Wilbur Smith aufgegriffen, der ihre Phantasie angeregt hatte und den sie schließlich im Scherz und aus Zuneigung zueinander benutzten: »Flieg für mich, Vogel der Sonne.« Ein eigenartiger Satz, der in den Jahren danach immer wieder zitiert werden sollte, eine symbolische Bedeutung bekam und unvergeßlich wurde.

Wie richtige Gefährten profitierten sowohl Paolo als auch Emanuele von der Gesellschaft des anderen. Paolo respektierte Emanuele; er bewunderte seine Ruhe und die Entschlossenheit, mit der er das Leben anging, seine Klugheit und sein Wissen sowie seine besondere Fähigkeit, mit Menschen zurechtzukommen, nicht durch Übertreibung, sondern einfach durch die Kraft seiner Persönlichkeit, die in seinem ruhigen und selbstbewußten Verhalten zum Ausdruck kam.

Paolo beschloß, einen einfachen Ausguck mit einem *makuti*-Dach zu bauen, von dem aus man über die Quellen von Ol Ari Nyiro blicken konnte, um die wilden Tiere zu beobachten, die abends zum Wasser und zur Salzlecke kamen. Er bat Emanuele, die Tiere zu notieren, die er von dort aus sah. Emanuele ging die Aufgabe gewissenhaft und mit großer Freude an, und er bewahrte ein Heft in der Hütte auf, wo er alles aufschrieb. Wenn Vollmond war, verbrachten wir oft die Nacht dort und beobachteten, wie Leoparden sich an den Köder heranmachten, den wir in einer großen gelben Fieberakazie aufgehängt hatten. Es gab ein altes, sehr helles Nashorn, das regelmäßig zu der Salzlecke unterhalb der Hütte kam und das Paolo »Bianco« getauft hatte. Es war faszinierend, schweigend in dem schwächer werdenden Licht zu sitzen, den Geräuschen der anbrechenden Nacht zu lauschen, Frösche und Frankolinhühner, Perlhühner und Paviane zu hören, und zu versuchen, die schemenhaften Gestalten der Tiere, die zum Trinken kamen, zu erkennen. Bianco langsam am Fluß entlanggehen zu sehen, mächtig und alt, war ein erhabener Anblick. Wir hielten den Atem an und richteten unsere Ferngläser auf die dahinziehende geheimnisvolle Gestalt.

Emanuele war der geborene Sammler. Er hatte mit Mineralien und verschiedenen Muschelarten begonnen. Später verbrachte er ganze Tage damit, seine außergewöhnliche Sammlung von Kaurischnecken zu katalogisieren und auf den neuesten Stand zu bringen. Wenn er in exotischen Gewässern, zum Beispiel um die Seychellen, um Britisch-Westindien und Madagaskar, war, suchte er ganz gezielt nach einer besonderen Art von Schnecke. Im Laufe der Jahre besuchten Paolo, Emanuele und ich ein paarmal Mario, der auf Antigua eine wundervolle alte Jacht bewohnte; sie lag im Englischen Hafen, und er hatte viele Male mit ihr ganz allein den Atlantik überquert. Wir segelten hinunter zu den Grenadinen und hinauf zu den Jungferninseln. Ich weiß noch, wie wir bei einer Gelegenheit mit Emanuele im kühlen Wasser des Atlantiks nach der mit der Kaurischnecke verwandten *Ciphoma gibbosa* gesucht haben; ihr natürlicher Lebensraum sind die Fächerkorallen, die in den Untiefen um eine kleine Insel südlich von Virgin Gorda wachsen. Als er schließlich sein erstes Exemplar fand, das so klein wie ein Kieselstein und wie eine Schnekke zur Hälfte mit einem glitschigen orangefarbenen Mantel bedeckt war und an einer filigranen, purpurroten Hornkoralle haftete, setzte er ein triumphierendes Grinsen auf, das ich, trotz seiner Taucherbrille, nicht vergessen werde. Er hatte alle wichtigen Bücher zu diesem Thema gelesen, einschließlich einiger sehr seltener Ausgaben, die er erst nach jahrelanger Suche hatte auftreiben können, und wußte praktisch alles über Kaurischnecken.

Als er zwölf Jahre alt war, reiste ich wegen einer kleinen Nasenoperation mit ihm nach London. Dort wurden ihm Polypen entfernt, und er durfte etwa eine Woche lang nicht fliegen. Um sich die Zeit zu vertreiben, beschloß er, in die Muschel-Abteilung des Londoner Naturkunde-Museums zu gehen, wo er sich stundenlang die ausgestellten Exemplare ansah. Schließlich bat er mich, ihn morgens dort mit etwas Taschengeld für einen Imbiß abzusetzen und ihn nachmittags an einer verabredeten Stelle wieder abzuholen. Eines Tages, als ich dorthin kam, entdeckte ich einen merkwürdigen Glanz in seinen Augen: Er hatte eine Kaurischnekke entdeckt, die falsch beschriftet war – einige Arten waren leicht untereinander zu verwechseln –, und es war ihm gelungen, einen der Kuratoren ausfindig zu machen und ihn darauf hinzuweisen. Er hatte recht! Zur Belohnung hatte man ihm erlaubt, Kisten mit allen möglichen Arten von Kaurischnecken, die noch identifiziert und etikettiert werden mußten, durchzusehen.

Mit dem Geld, das er als Belohnung für seine Operation bekommen hatte, beschloß er, sich Muscheln zu kaufen. Ein Freund empfahl ein Geschäft in der Nähe der Buchhandlung Foyles. Ich war etwas enttäuscht, als wir dorthin kamen, denn es sah aus wie ein heruntergekommener kleiner Laden, vollgestopft mit kleinen Schränkchen und aufgetürmten Kisten. Emanuele sah sich sachkundig um, stellte dem Verkäufer ein paar fachmännische Fragen, wodurch sofort ein gemeinsames Band hergestellt war, und sagte zu mir gewandt, mit der ruhigen, entschlossenen Stimme, die ich zu respektieren gelernt hatte: »Schön, Pep, du kannst mich den Tag über hierlassen. Ich werde ein bißchen mit anpacken. Das ist hier ein wahres Paradies.« Er ging jeden Tag hin, und es gelang ihm, einige phantastische Geschäfte zu machen und einige seltene Muschelexemplare zu kaufen, besonders die berühmte Aurantium, die Goldene Kaurischnecke, die er sich seit Jahren gewünscht hatte.

Emanuele hatte seit seinem neunten Lebensjahr Tagebuch geführt. Nicht ein Tag verging, an dem er nicht alles, was passiert war, aufschrieb. Am 29. September 1978 notierte er, auf seine typische trockene Art, in seinem Tagebuch:

> Ich habe folgendes gekauft: Cypraea Schilderorum, Spurca, Decipiens, Edentula, Acicularis, Pulchra, Eburnea, Humphreysi, Irrorata, Nebrites, Xanthodon, Comptoni, Ursellus, UND eine Aurantium für 300 Dollar. Die Decipiens und Pulchra waren ein Geschenk. Ich habe die ganzen 500 Dollar, die ich von Mario bekommen habe, ausgegeben. Jetzt habe ich über 87 verschiedene Arten in meiner Sammlung. Pep ist zum Abendessen bei Mirella [Ricciardi]. Heute ist der Papst gestorben.

Im selben Jahr, am 10. Dezember, schrieb Emanuele:

> ... Livia, Paolo und ich sind zum Großen Damm gefahren, um Schwarzbarsche zu fischen. Wir haben einen sehr großen und mehrere kleine gefangen, die wir wieder ins Wasser warfen. Später, als wir gerade auf Büffeljagd gehen wollten – Colin wollte auch mit –, kam

Robin Hollister mit seinem Flugzeug, und wir sind hin und haben ihn begrüßt. Beim Start setzte der Motor aus, und das Flugzeug stürzte ab. Robin war unverletzt, aber die Maschine ist Schrott.

Robin war ein attraktiver junger Mann, den wir seit Jahren kannten und mochten, aber nur selten sahen. Daß er einen solchen Absturz ohne einen Kratzer überlebte – das Flugzeug hatte Totalschaden –, war wirklich nahezu unerklärlich. Durch diesen sonderbaren Vorfall fühlten wir uns mit Robin enger verbunden. In jenem Dezember 1978 konnten wir noch nicht wissen, welche seltsamen Wege das Schicksal für uns, und für ihn, vorgesehen hatte.

18

Pembroke

Ich hatte Spielkameraden, ich hatte Freunde
In meiner Kindheit, in meiner glücklichen Schulzeit, –
Nun sind sie alle fort, die alten vertrauten Gesichter.

Charles Lamb, *The Old Familiar Faces*

Um mit Paolo zusammensein zu können und um zu lernen, wie unser Besitz geführt werden mußte, war ich gezwungen, etwas tun, das jeder italienischen Mutter widerstrebt und das sehr schmerzlich für sie ist: Ich mußte Emanuele in ein Internat schicken. Er war erst neun Jahre alt, und es war eine der schwersten Entscheidungen meines Lebens. Emanuele war ein ungewöhnlich zurückgezogener kleiner Junge mit einem wachen Verstand, und er hatte Hobbys, die sehr viel Raum und Zeit in Anspruch nahmen; er legte Sammlungen an, las viel und tippte auf der Schreibmaschine. Sein Zimmer war sein Reich, in dem er sehr viel Zeit damit verbrachte, zu lesen und seine Muschelsammlung neu zu ordnen. Die Vorstellung, daß er in einem Schlafsaal schlafen müßte, keine Privatsphäre und nur einen kleinen Spind für alle seine Sachen hätte, tat mir weh. Zu wissen, daß niemand dasein würde, der seine Fragen beantwortete und die aus seinem kreativen Geist erwachsene natürliche Neugier befriedigte, hielt mich nächtelang wach, doch es gab keine andere Lösung. Meine Stieftöchter waren ein paar Jahre älter; Livia war bereits im Internat in Nakuru, zusammen mit Carlettos Tochter Luisa, und Valeria, die Älteste, wohnte die Woche über bei einer Freundin in Nairobi und kam übers Wochenende zu mir auf die Ranch. Emanuele war zu jung, als daß man ihn zu Hause hätte allein lassen können: Er mußte ins Internat.

Die Schule war in Gilgil, am Fuße des Hanges, der zum Kinangop emporsteigt. Sie bestand aus einer Reihe grauer Steinhäuser und lag an einem Fluß auf einem ausgedehnten Grundstück, das von der Eisenbahnlinie durchschnitten wurde. Seit ihrer Gründung in den frühen zwanziger Jahren hatten Generationen von Siedlern ihre Jungen dorthin geschickt. Ihr Emblem war eine rote Taube auf blauem Feld. Brieftauben waren die Leidenschaft des Schulgründers, eines gewissen Mr. Pembroke, gewesen, und früher wurden sie von der Schulmannschaft benutzt, um die Spielergebnisse zurück nach Gilgil zu schicken. Noch zu Emanueles Zeit galt das ursprüngliche, unerhört arrogante Motto: *Anglus, in Africa sto.*

Emanuele lebte dort über drei Jahre lang; es waren vielleicht die letzten Jahre seiner Kindheit. Vorbei war es mit der Freiheit, allein zu bestimmen, wie er seine Zeit verbrachte, was er anzog und was er aß. Nie werde ich meine Gefühle der Verzweiflung und des Verlustes, des Versagens und der Schuld vergessen, als ich ihn dort zurückließ, um ihn zum erstenmal in die Obhut von Fremden zu geben; in eine langweilige, phantasielose graue Uniform gekleidet, stand er da, das blonde Haar unvorteilhaft kurz geschnitten, ein trauriger kleiner Junge, der sich bemühte, tapfer zu sein, der verloren wirkte inmitten der Menge unglücklicher kleiner Jungen, die alle gleich aussahen, und der mir vom dunklen Eingang der Kapelle aus zuwinkte, in die eine Glocke sie gebieterisch zitiert hatte.

Am selben Abend saß ich zu Hause in seinem Zimmer, das ohne ihn bedrückend leer war, und schrieb auf italienisch in mein Tagebuch:

> Und dann fuhr ich weg. Der Motor roch intensiv nach Benzin. Die Sonne war bereits untergegangen. Ein Glocke läutete herrisch und rief die Kinder. Dann warst du fort, mein Kleiner, verloren, in deinem neuen grauen Blazer, der zu groß war, dein Haar, das zu kurz war, deine zu weit aufgerissenen Augen noch voller Träume, wie kleine Jungen sie träumen ... was gab mir das Recht, dich in diesem anonymen Garten allein zu lassen ... in deinem Bett, in dem ich heute nacht schlafen werde, ist noch dein kindlicher Geruch, und ich liebe dich ...

Und doch hat Pembroke, mit dem Abstand der Jahre betrachtet, Emanuele wahrscheinlich etwas gegeben, was er, als einziger Junge in der Familie, in der schützenden Obhut seiner Eltern und seines Zuhauses möglicherweise nie hätte erwerben können: die Unabhängigkeit, die Fähigkeit, Probleme zu meistern, dazu Führungsqualitäten und Durchsetzungsvermögen in einer fremden, gleichgültigen und vielleicht feindseligen Welt und sicherlich auch das Selbstbewußtsein, das entsteht, wenn man allein zurechtkommen muß und es schafft, Freunde zu gewinnen und sich in einer ganz neuen Umgebung, auf sich allein gestellt, einen Platz zu erobern. Am Ende des ersten Schuljahres fragte ich Emanuele, wie er zu Rande gekommen sei, und versprach ihm, daß ich, falls er wirklich unglücklich dort wäre, nach einer anderen Lösung suchen würde. Emanuele gab zu, daß er nicht glücklich war und oft Heimweh hatte. »Aber«, so fügte er mit der für ihn typischen Fairneß und Großzügigkeit hinzu, »das erste Jahr ist immer am schwierigsten. Ich habe noch keinen richtigen Freund gefunden, und alles war eben ganz anders als zu Hause. Ich möchte es lieber noch ein Jahr probieren, um zu sehen, wie es dann läuft.«

Ich bin immer der Ansicht gewesen, daß man die Qualität eines Menschen an der Qualität seiner Freunde ablesen kann: Emanuele war immer mit den älteren, ruhigeren, netteren Jungen zusammen. Charlie Mason, der später in Pembroke Vertrauensschüler wurde, gehörte zu ihnen. Seine Eltern wohnten in Kilifi, und da es ihnen oft unmöglich war, ihn in den kurzen Ferien zu holen, kam er in der Zeit meistens zu uns. Emanuele und er verstanden sich ausgezeichnet, und sie hatten die gleiche Leidenschaft fürs Reiten, Segeln und Fischen. Charlie war freundlich, höflich, zuverlässig und gutmütig, einfach ein vollkommener Gast, und es war eine Freude, ihn bei uns zu haben. Heute ist er Offizier in der britischen Marine und hält noch immer Kontakt zu uns; von den seltsamsten Orten schickt er uns Postkarten oder Fotografien, auf denen uns unter der Mütze seiner Marineuniform dasselbe junge, fröhliche Gesicht anlächelt; es hat sich mit den Jahren kaum verändert, obwohl der Körper fast zwei Meter lang geworden ist.

Um Emanuele mehr Bewegungsfreiheit zu ermöglichen, schickte ich ihm sein graues Pferd Cinders von der Ranch. Daß andere Kinder darauf ritten, während er Unterricht hatte, störte Emanuele nicht; in seiner Freizeit konnte er auf dem Gelände herumreiten. In Pembroke herrschten damals strenge Regeln. So waren keine Besuche der Eltern gestattet, außer am Elterntag, der ungefähr einmal alle zwei Monate stattfand. Dieser Umstand war für mich besonders quälend, da ich jedesmal, wenn ich nach Laikipia fuhr, an der Schule vorbeikam, und es war besonders samstags oder sonntags nachmittags, wenn ich wußte, daß er keinen Unterricht hatte, eine richtige Folter für mich, an dem Gebäude vorbeizufahren und ihn nicht sehen zu dürfen. Um uns das Leben angenehmer zu machen, dachten wir uns einen harmlosen Trick aus. Eine der Pferdekoppeln lag neben der Eisenbahnbrücke an der Gilgil Road und hatte ein Holztor. Obwohl Emanuele das Gelände nicht verlassen durfte, konnte er bis zum Tor reiten, und wir vereinbarten, daß ich unter einem Stein neben dem linken Pfosten Nachrichten oder kleine Geschenke ablegen würde. Ich stellte jedoch fest, daß es in der Gegend keine Steine gab, die groß genug waren, und brachte schließlich einen grauen Stein aus Nairobi mit, der mir völlig fehl am Platze vorkam und im Vergleich zu dem rötlich-goldenen sandigen Boden von Gilgil schrecklich auffällig wirkte. Manchmal waren andere Leute da, und ich mußte eine Zeitlang warten, bevor ich meine kleinen Päckchen sicher verstecken konnte. Doch insgesamt funktionierte der Plan, und unser kleines Geheimnis verlieh seinem eintönigen Leben ein wenig Abwechslung und linderte ein bißchen meinen Schmerz.

Emanueles Erfolg auf der Schule gewährte ihm einige Privilegien; besonders wichtig war ihm, daß er auf italienisch nach Hause schreiben durfte, um die Sprache nicht zu verlernen, die er ausgezeichnet beherrschte. So konnte er, in unzensierten Briefen, ungehindert schildern, was sich abspielte. Zwar war Emanuele im allgemeinen zu brav, um sich an kleinen Streichen zu beteiligen, doch häufig schrieb er, er hätte »Hiebe« bekommen, eine milde Form körperlicher Bestrafung, die an allen Schulen dieser Art immer noch sehr verbreitet ist. Der Grund dafür war fast immer der gleiche: »Schlangen im Spind aufbewahrt«. Doch als man einmal ein Nest Puffottern unterm Dach entdeckte, verlangten selbst die Lehrer, er solle es entfernen, und bald galt er als anerkannter Fachmann für alles, was mit Reptilien zu tun hatte.

In Erinnerung an die Zeit in Pembroke schrieb Emanuele später unter der Überschrift »Meine ersten Schlangen«:

> Zu der Zeit war ich in Pembroke, einem Internat in Gilgil, einer kleinen Stadt 150 Kilometer nordwestlich von Nairobi. Es gab dort eine Menge Schlangen, doch ich konnte nur ein paar fangen, die ich auf Befehl der Lehrer wieder freilassen mußte. Eine meiner ersten Schlangen war eine gestreifte »Skaapstaker«, eine gewöhnliche Graslandart, die ich mit meinem Hut auf dem Sportplatz gefangen habe. Diese Schlangenart gab es in der Gegend von Pembroke in rauhen Mengen, und ich habe noch viel mehr von ihnen gesehen ... ich habe auch »Slugeater« gefangen, eine kleine harmlose Schlange, die mir leider aus meinem Spind entwischt ist, und noch ein paar unbedeutendere

Schlangen, wie zum Beispiel Kornnattern und junge Grasschlangen ... ich weiß noch, wie einmal an einem sonnigen Morgen der Direktor mit meiner Klasse während des Unterrichts auf den Golfplatz gegangen war. Als wir ein Stück weit durch hohes Gras gingen, sprang er mit einem äußerst bemerkenswerten Satz etwa einen Meter hoch in die Luft, und damit ebenso hoch wie die lange braune Schlange, auf die er getreten war ... In Pembroke wurden sehr viele Puffottern getötet; eine zum Beispiel störte ein Kricketspiel, als sie zwischen die Beine des Schiedsrichters geriet ... es war nicht viel von ihr übrig, als die Kricketschläger mit ihrer Arbeit fertig waren ...

Nach dem dritten Jahr brachte mir Emanuele ein besonderes Geschenk mit: die präparierte, wunderschön gemusterte Haut einer Puffotter, die ich an das Bücherregal in meinem Schlafzimmer in Laikipia nagelte, wo sie noch heute hängt.

Pembroke House war alles in allem ein positive Erfahrung in Emanueles Leben, und als er Jahre später über diese Zeit sprach, bezeichnete er das Internat mit der für ihn typischen Gelassenheit und einem amüsierten Augenzwinkern als »gar nicht so übel für ein Gefängnis«.

19

Die erste Schlange

»Irgendwann, Pep, wirst auch du die verborgene Schönheit von Schlangen erkennen.«

In den Schulferien fuhren wir gewöhnlich an die Küste. Es war eine willkommene Abwechslung zu dem trockenen windigen Klima im Hochland, und Paolo war ein begeisterter Fischer. Mit seinem kleinen Schlauchboot gelang es ihm, ungewöhnliche sportliche Leistungen zu vollbringen. Nachdem er beim Tauchen vor Vuma den Angriff eines Hais überlebt hatte, beschloß er, es mit Hochseefischen zu versuchen. In seiner ersten Saison fing er mehrere Speerfische und gewann den Preis für den größten Knochenhecht, der in den Gewässern des Mnarani-Clubs gefangen wurde. Die Hochseefischerei wurde seine neue Leidenschaft.

Kilifi gefiel uns. Die heiße, wohlriechende Luft, feucht und reif wie Früchte und Jasmin, war ein angenehmer Kontrast zu den kühlen Nächten am Holzfeuer und unter Decken in Laikipia. Ich genoß den Geruch nach Kokosnuß und Seetang, die Meeresbrise, die langen Spaziergänge bei Ebbe, wenn ich in kleinen Tümpeln nach Muscheln und anderen Fundstücken aus dem Meer suchte. Abends saß ich mit dem Rücken gegen den größten Affenbrotbaum im Garten gelehnt, blickte hinaus auf die Abendflut, sah den springenden Fischen zu und hielt Ausschau nach Paolos heimkommendem Boot »Umeme«. Ich versuchte immer, aus der Entfernung an den Farben der Flaggen zu erraten, was für Fische sie gefangen hatten, und ihre Gestalten zu erkennen, die mir vom Deck aus zuwinkten; den Wind in ihren Haaren, kehrten meine Männer vom Meer zurück.

Paolo hatte sich allmählich mit der Anglergemeinde an der kenianischen Küste angefreundet. Es waren in der Hauptsache Farmer, die sich zur Ruhe gesetzt und ihren Besitz im Zuge der fortschreitenden Besiedlung verkauft hatten; sie hatten sich ein Haus und ein Boot gekauft und hingen den ganzen Tag lang dem Traum nach, den größten Fisch im Ozean zum Anbeißen bewegen zu können. Einige von ihnen waren leidenschaftliche Segler, wie zum Beispiel die Masons in Kilifi, die Familie von Emanueles Freund Charlie. Einige hatten ungewöhnliche Hobbys: So hatten die Jessops aus Shimoni eine weltberühmte Muschelsammlung zusammengetragen, von der Emanuele begeistert war. Andere ertränkten ihre nostalgische Sehnsucht nach der »guten alten Zeit« in ungeheuren Mengen rosafarbenen Gins. Und wieder andere, wie Diana Delamere und ihr Gefolge, verbreiteten die vornehmere Aura längst vergangener Zeiten, als sich das Leben der Privilegierten aus dem sogenannten »Happy Valley« auf den großen Besitzungen im Hochland oder an den Ufern des Naivashasees, beim Pferderennen oder auf den Partys im Muthaiga-Club abspielte.

Ich mochte Diana. Mit ihrer Art, der tiefen arroganten Stimme und dem eiskalten Blick, ihrem Haar und ihrer Haut, die selbst dann noch völlig gepflegt und tadellos aussahen, wenn sie einen ganzen Tag lang zum Fischen draußen im Wind auf hohcr See gewesen war, strahlte sie Entschlossenheit und Stärke aus. Wenn ihr Boot »Eisbär«, immer entsprechend geflaggt anlegte, wirkte sie frisch und selbstbewußt, ohne daß man ihr die Jahre ansah und ohne daß sie sich von den neugierigen Blikken, die sie stets auf sich zog, beindrucken ließ. Das Charisma ihres geheimnisvollen Lebens umhüllte sie, und man konnte sich dem Zauber ihres Mythos nicht entziehen. Während der vierzehn Tage, die sie Ende Februar und Anfang März während der Hauptsaison in Shimoni fischte, bewohnte sie im Pemba-Channel-Fishing-Club das Zimmer Nummer 1; jeden Abend hielt sie im wallenden Chiffonkaftan hof, trank Runde um Runde Wodka mit Zitrone, aß Austern mit Tabascosauce und widmete den größten Teil ihrer Aufmerksamkeit den anwesenden Männern, gleich welchen Alters. Man erzählte sich Geschichten von Fischfangabenteuern in früheren Zeiten, von Menschen, die längst gestorben waren, von Lieblingspferden und unvergeßlichen Partys; es war, als ob man in einem alten Fotoalbum blätterte.

Der kleine Club von Shimoni, ein paar Hütten in einem mit Affenbrotbäumen und Bougainvilleen bestandenen Garten, der den Blick auf den Pemba-Kanal gewährte, war ein bei den Sportfischern beliebter Schlupfwinkel. Paolo liebte Shimoni, denn man konnte dort ausgezeichnet fischen. Im Februar und März verbrachte er ein paar Wochen dort, und oft fuhr ich mit. Ich persönlich halte nicht viel vom Hochseefischen, und wenn ich in Shimoni war, las ich und schrieb Gedichte, ging am Strand spazieren, suchte Muscheln und wartete, bis Paolo und Emanuele am Abend zurückkehrten. Maia Hemphill, die Frau des Besitzers, saß Tag für Tag in dem von Jasminbäumen bestandenen Garten am Funkgerät und hörte die Funksprüche der Fischerboote ab, wobei sie unaufhörlich kleine Pullover für ihre Enkelkinder strickte. In Shimoni schien die Zeit stehengeblieben zu sein oder keine Rolle zu spielen. Die Wellen schimmerten auf den Korallenriffs, jeder neue Tag trug die Farben des Meeres und verlief im Rhythmus von Ebbe und Flut. Die Fischer fuhren bei Sonnenaufgang hinaus und kamen vor Sonnenuntergang mit großen Fischen zurück, die gewogen und auf tropfnassen Lieferwagen abtransportiert wurden. Abends ging ich barfuß über das rauhe Gras und blickte hinauf zu den ersten Sternen, die über den geheimnisvollen silbrig schimmernden Affenbrotbäumen glitzerten. Nachts schlief ich unter Moskitonetzen in klammen Betten, deren Laken mit Salzwasser gewaschen worden waren. Aus Tagen wurden Wochen, und das Leben nahm fast unmerklich seinen Lauf und näherte sich dem Augenblick der Wahrheit, dem ich mich würde stellen müssen und der wohl auch das Ende meiner Jugend bedeutete.

Emanuele war schon als kleiner Junge von Reptilien fasziniert gewesen. Er hatte Chamäleons gesammelt und die Schlangen gefangen, die sich ins Haus verirrten. In Pembroke entwickelte sich dies allmählich zur Leidenschaft. Und als er zehn Jahre alt wurde, war ich es, die ihm seine erste eigene Schlange schenkte.

Es war einer jener heißen Januarnachmittage in Kilifi. Der kleine Schlangenpark unten am Pier ist ein Schuppen aus zusammengesuchtem Bambus und morschen Brettern mit einem *makuti*-Dach. In den dunklen Käfigen, die trotz der vielen ausgebesserten Teile erstaunlich dicht sind, dösen seltsame Reptilien vor sich hin; hin und wieder wachen sie auf, um sich, je nach Größe, mit Ratten oder Vögeln, Ziegen oder Kaninchen füttern zu lassen. Es gibt ein paar zahme Pythons, die Besucher gegen Entgelt in die Hand nehmen und sich damit fotografieren lassen können. Es war der Tag vor Emanueles Geburtstag, und wir hatten unsere Rückkehr nach Nairobi um ein paar Tage verschoben. In Kilifi konnten wir nirgendwo ein Geschenk kaufen. Die einzige *duka* war eine finstere Höhle, wo es außer Mehl inklusive Käfer, Zucker, Zwiebeln, Bohnen, Orangensaft und Gewürze kaum etwas gab. Auf dem Markt auf der Nordseite der Bucht bekam man Limonen, Eier und Mango, getrockneten Fisch, Kokosnüsse und Chilis – also nicht gerade das, was sich ein zehnjähriger Junge zum Geburtstag wünschen würde.

»Du mußt noch ein bißchen auf dein Geschenk warten«, sagte ich zu ihm, »es sei denn, du findest hier etwas, das du gerne hättest.«

Wir hatten im Laufe der Jahre häufig den Schlangenpark besucht. Mohammed, der Wärter, begrüßte uns wie alte Freunde, die er ewig nicht gesehen hatte: Die Zeit verrinnt langsamer in Afrika, und die Erinnerungen reichen weiter zurück. Als Emanuele den kleineren der beiden Pythons, Ali genannt, nahm und auf seinen Körper und um seinen Hals kriechen ließ, hatte ich eine erste Vorahnung, die so stark war, daß ich am Abend in mein Tagebuch schrieb: »... mein Magen zog sich zusammen, als hätte ich in eine dunkle und bedrohliche Tiefe hinabgeblickt ...«

Die Schlange hatte sich geschmeidig um Emanueles dünnen Hals geschlungen, glitt dann an der Schulter herab und legte ihren Kopf unbefangen auf seine Hand. Emanuele sah zu mir hoch, ein Augenblick, der in der Zeitlosigkeit der Erinnerung eingefroren ist. In seinen samtigen braunen Augen lag eine Frage und die feste Entschlossenheit, die ich mit der Zeit zu respektieren gelernt hatte.

»Pep. Ich weiß, was ich mir zum Geburtstag wünsche.«

Mein Mund war trocken. »Doch keine Schlange.«

»Warum nicht? Du hast es versprochen.«

Ich suchte nach Ausflüchten. »Er verkauft sie nicht.«

»Fragen kostet nichts.«

Ich versuchte, Zeit zu schinden. »Nein, natürlich nicht.«

Der Besitzer des Schlangenparks war Peter Bromwell, besser bekannt unter dem Namen Bwana Nyoka. Er wohnte in einem seltsamen, einst prächtigen Haus, das inzwischen verfallen war. Es lag an dem Flüßchen bei Taka-Ungu neben dem Haus, das Denys Finch-Hatton und später den Coles gehört hatte. Beide Häuser grenzten an einen alten moslemischen Friedhof an, der an der Mündung des Flüßchens lag. Diese Gegend stand wie viele andere an der Küste in dem Ruf, daß es dort spukte. Angeblich konnte man nachts Gespenster sehen, die heulten und mit Ketten klirrten oder lautlos über dem Boden schwebten und sich in Vollmondnächten unter bestimmten Affenbrotbäumen versammelten, die den Menschen in der Gegend Angst und Schrecken einflößten. Früher kamen die Araber an die Küste, um Sklaven zu fangen, die sie dann an den Golf brachten. Sie versteckten sie in den natürlichen Höhlen an den kleinen Flüssen entlang der Küste, um sie bei Flut, zusammen mit Gewürzen, Elfenbein, Kokosnüssen, Häuten und Rhinozeroshörnern in die Laderäume ihrer Dhaus zu verfrachten, die lautlos durch das in dunkles Mondlicht getauchte Wasser glitten.

Bwana Nyokas Haus war von seinem Schwiegervater gebaut worden, der einen ausgeprägten Geschmack hatte. Es bestand aus Korallenblökken und hatte einen Blumengarten, der terrassenförmig angelegt war und sich bis hinunter zum Fluß erstreckte; dort wuchsen Rote Jasminbäume und purpurne und rosarote Bougainvilleen. Früher servierten Diener in weißen *kanzus*, roten Fes und bestickten Westen auf Silber- und Messingtabletts Getränke auf der Veranda oder in Zimmern, die mit prächtigen Möbeln, kostbaren Schnitzereien und echten chinesischen Vasen ausgestattet waren. In jedem Zimmer waren lange, schmale Spiegel in allen Größen und mit den verschiedensten Blickrichtungen entlang den Wänden angebracht, wie heute in manchen Supermärkten; sie dienten dem gleichen Zweck, nämlich der Überwachung, denn der Mann war taub und wurde von der Angst verfolgt, daß man ihn berauben und ermorden wollte. Dank der Spiegel konnte er jede Ecke seiner Räume im Auge behalten. Das Haus war in Geheimnissse und Spinnweben gehüllt, und zu meiner Zeit kamen nur sehr wenige Menschen zu Besuch. Ich war vorher ein einziges Mal da gewesen, um meine jüngere Stieftochter Livia abzuholen, die dort übernachtet hatte; sie war von der Tochter des Hauses eingeladen worden, einem blonden, mit hellseherischen Kräften begabten Mädchen namens Winkle, das dort allein mit seinen schon älteren Eltern wohnte und nie zur Schule ging, aber alle Geheimnisse der Gezeiten und des Riffs kannte. Das Haus, eine unglaubliche Mischung aus hinreißend schönen Gegenständen und schäbiger Verwahrlosung, übertraf alles, was ich in meiner Neugier erwartet hatte. Auf den Fußböden lag eine dicke Schicht Sand, den unzählige Monsunwinde hereingeweht hatten und in dem Schildkröten und Schlangen nisteten. Fledermäuse und Schwalben schliefen auf dem mit Schnitzereien verzierten Gebälk, und knochige Kätzchen lugten aus den zerbrechlichen Ming-Vasen, deren Muster von Staub und Guano verdeckt waren. Ziegen aus bester Zucht biwakierten auf den abgewetzten arabischen Teppichen. Ein großer verrosteter Kühlschrank stand offen und nutzlos in dem großen Eßzimmer, wo man den Sand lediglich von jener Ecke des langen Tisches gefegt hatte, auf der die aus erlesenem, wenn auch angeschlagenem Porzellan bestehenden Gedecke für drei Personen standen, die mit herrlich duftenden, exquisit zubereiteten Speisen überhäuft waren ... ein unwirklicher Ort, wie eine Filmkulisse, und voll faszinierender Gegensätze.

Bwana Nyoka war schon oft von den Giftschlangen gebissen worden, die er in den Sanddünen entlang der Küste fing, wo es von Reptilien wimmelte, und man sagte, daß er einen weiteren Biß nicht überleben würde. Er war ein schlanker, bärtiger Mann unbestimmbaren Alters mit Brille, der gewöhnlich Shorts und Sandalen und selten ein Hemd über seinem sonnengebräunten Oberkörper trug; er war muskulös und jünger, als sein Gesicht vermuten ließ. Man konnte sicher sein, daß man ihn ab sechs Uhr abends an der Bar im Mnarani-Club traf, wo er mit seiner Frau, einer einstmals wilden Schönheit, immer auf den ersten beiden Hockern rechts am Eingang saß. Um Emanuele gegenüber mein Wort zu halten, suchte ich ihn dort auf. Ich hatte gehofft, er würde ablehnen, doch noch ehe ich ihn fragte, wußte ich, daß es die Vorsehung wollte, daß er zustimmte.

»Natürlich«, sagte er, »Schlangen verkaufen ist mein Job. Ich werde Ihnen aber keine von den zahmen geben. Die sind für die Besucher. Ich hab' eine ganz junge, die ich gerade erst gefangen habe. Die müßte sich mit etwas Geduld leicht zähmen lassen. Etwa drei Fuß lang, fünfzig Shilling pro Fuß. Sie machen ein gutes Geschäft.« Nicht einmal zehn Dollar für einen Python, weniger als für ein Stück Tuch, dachte ich zu meinem Erstaunen.

Die kleine Schlange war hübsch und geschmeidig. Ich zwang mich, sie zu berühren, als sie sich trotzig um Peters Arm wickelte, mißtrauisch und bereit, zuzustoßen. Mir schoß der Gedanke durch den Kopf, daß sie vermutlich mehr Angst als ich hatte: Sie war kalt und trocken, glatt, kraftvoll und tödlich. Sie war nicht giftig. Aber die Kraft, die hervorzukkende schwarze Zunge, die ausdruckslosen glasigen Augen der Riesenschlange waren ein Zeichen von Gefahr, und ich war abgestoßen und ängstlich. Emanuele war glücklich. Als er mich ansah, während seine erste Schlange sich um seinen zerbrechlichen kindlichen Hals schlang, wurde ich einen Augenblick lang von einem unkontrollierbaren Frösteln geschüttelt, und zum zweitenmal an diesem Tag legte sich eine dunkle Vorahnung auf mein Herz.

»Bist du sicher?« flüsterte ich, immer noch hoffend. »Vielleicht solltest du noch mal ...«

14. Ol Ari Nyiro: Paolo und Gordon auf ›Paolos Felsen‹ (Kuki Gallmann)

15. Paolo (Kuki Gallmann)

16 ▲

17 ▼

18 ▶

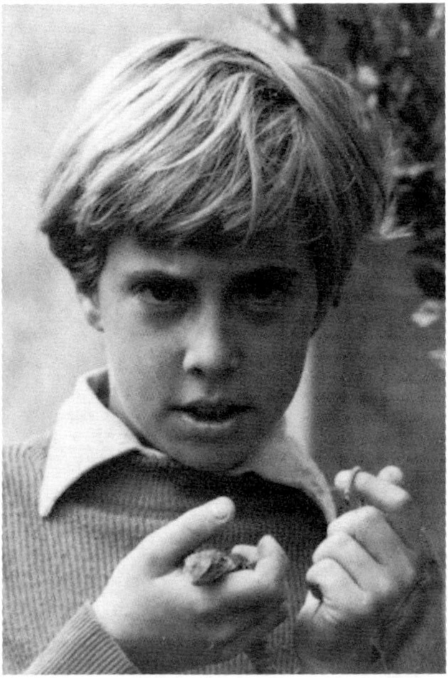

16. Emanuele und Cinders
(Kuki Gallmann)

17. Die Löwenjagd:
Emanuele und
drei erlegte Löwen
(Kuki Gallmann)

18. Emanuele mit einer Dick-
zungeneidechse und einer
winzigen Kornnatter
(Kuki Gallmann)

19. Emanuele und Kike
(Kuki Gallmann)

19 ▼

20 ▲

◀ 21

20. Paolo, Emanuele und Luka nach einem Tharaka-Tanz (Kuki Gallmann)

21. Als das Haus fertig war, feierten wir ein Fest,und die Pokot tanzten (Reute Shroeber-Butler)

22. Die Büffeljagd: Luka und drei Büffelbullen (Kuki Gallmann)

23. Die erste Schlange. Emanuele und Kaa (Kuki Gallmann)

22 ▲

◀ 23

25 ▲

◀ 24

24. Abschiedsgruß: Emanuele, Paolo und Gordon am Großen Damm (Kuki Gallmann)

25. Emanuele und Sveva (Kuki Gallmann)

26.Das letzte Osterfest: Emanuele, Sveva und grüne Nattern (Oria Douglas-Hamilton)

26 ▶

27. Sveva und das Hauspersonal in Kuti /(Kuki Gallmann)

28. Kuki und Simon Itot (Mark Bader)

»Ich werde sie Kaa nennen«, lautete Emanueles Antwort. Er hatte Kipling immer gemocht. »Hilfst du mir, sie zu zähmen, Pep? Wenn ich wieder in der Schule bin? Du mußt dich jeden Tag mit ihr beschäftigen, damit sie sich an uns gewöhnt. Versprichst du mir das? Sieh mal, es ist einfach. Sie ist ganz sanft.«

In jener Nacht konnte ich kaum einschlafen. Ich spürte, daß mit dieser ersten Schlange eine neue Phase begonnen hatte. Ich wußte, es würde nicht die letzte sein, und ich hatte mich bereit erklärt, für das unheimliche, stumme, geschmeidige kleine Scheusal zu sorgen. Man mußte sie füttern. Saubermachen, sich mit ihr beschäftigen, abrichten. Zähmen. Ich hatte versprochen, es für ihn zu tun. Emanueles letzte Worte, als er wieder zur Schule mußte, hatten Kaa gegolten.

»Findest du nicht auch, daß sie schön ist? Nein? Irgendwann, Pep, wirst auch du die verborgene Schönheit von Schlangen erkennen.«

Im Laufe der Jahre sollte er diesen Satz noch häufig wiederholen. Jahrelang versuchte ich immer und immer wieder, meinen instinktiven Ekel zu überwinden. Schließlich gelang es mir, mit harmlosen Schlangen ohne Angst umzugehen, doch erst ganz zum Schluß erkannte ich – ein einziges Mal – ihre Schönheit.

Zu spät.

20

Das Ei

> *Musik voll Sehnsucht, wie ein Gott,*
> *der weint.*
>
> John Keats, *Endymion*

Paolo und ich hatten beschlossen, keine gemeinsamen Kinder zu haben, da seine Töchter und Emanuele sich gut verstanden und wir dieses zerbrechliche Gleichgewicht nicht aufs Spiel setzen wollten. Außerdem war ich von der Vorstellung, all die Strapazen durchzumachen, die mit einem weiteren Baby verbunden gewesen wären, nicht sonderlich begeistert. Es gab so viel zu tun und zu entdecken. Emanuele, Valeria und Livia wuchsen heran, und ich konnte Paolo ungehinderter auf seinen Expeditionen und Reisen begleiten.

Im Frühsommer 1979 wurde Paolo jedoch in ein außergewöhnliches Abenteuer verwickelt, das uns erneut über unseren Entschluß nachdenken ließ. Er war gerade aus Europa zurückgekehrt und hatte, nachdem er einen Tag bei mir in Nairobi gewesen war, beschlossen, zur Ranch zurückzufahren. Er machte sich am Abend nach dem Essen auf den Weg, obwohl man nach Einbruch der Dunkelheit in Kenia nicht unterwegs sein sollte, da der Verkehr auf den Straßen äußerst gefährlich ist. Aber Paolo fuhr gerne nachts, da es erholsamer war, und ab Gilgil wurde die Straße wirklich ziemlich ruhig. Paolo hatte seine venezianische Musik im Auto auf volle Lautstärke gedreht und fuhr mit hoher Geschwindigkeit in Richtung Laikipia. Es gingen ihm viele Gedanken durch den Kopf: die Ranch, Probleme, die es zu regeln galt, die Freude darüber, wieder in Afrika zu sein. Hinter Gilgil, hinter der Abzweigung nach Wanjohi, kurz vor Ol Kalau, überholte ihn ein Wagen mit Vollgas, schleuderte vor ihm herum und blockierte die Straße. Aus dem neuen blauen Volvo stieg lächelnd ein junger Mann aus, schick gekleidet mit Anzug und Krawatte, und kam auf ihn zu. Nicht eine Sekunde – so versicherte Paolo später – sei er mißtrauisch geworden. Er dachte an einen Polizisten in Zivil oder etwas Ähnliches. Der Mann kam an Paolos Wagentür und grüßte höflich. Doch Sekunden später war ein Revolver auf Paolos Kopf gerichtet, und der Mann sagte: »Aussteigen, das ist ein Überfall.«

Aus dem anderen Auto tauchte plötzlich ein ganze Bande auf: Paolo zählte sieben Männer, barfuß und in Lumpen gekleidet, die einen wilden Eindruck machten und Buschmesser trugen. Er hatte keine Wahl. Er kletterte hinaus in die Nachtluft, die angenehm war und duftete. Es war eine kalte, sternenklare Nacht im Juni.

Sie nahmen ihm seine Uhr, seine Schuhe und, bis auf seine Unterhose und einen türkisfarbenen Seidenschal, den ich ihm geschenkt hatte, seine gesamte Kleidung ab. Einer von ihnen setzte sich ans Steuer seines Wagens. In Wahrheit hatten sie es auf den Wagen abgesehen, denn der, den sie fuhren, war schon vor zu langer Zeit gestohlen worden, um mit ihm noch sicher durch Straßensperren zu kommen (er hatte einem Universitätsdozenten gehört, den man am nächsten Tag gefesselt an einem Baum in Langata fand). Sie öffneten den Kofferraum des Volvo und versuchten, ihn hineinzustoßen, wobei sie ihn auf Kikuyu anschrien. Paolo wehrte sich ... bis er bemerkte, daß jemand in dem Kofferraum lag, ein Afrikaner, ganz zusammengerollt und halb mit einer Decke bedeckt. Er war nicht tot, die Finger bewegten sich ein wenig, fast flehend. Ohne zu überlegen, stieg Paolo hinein, man schloß ihn ein, und der Wagen fuhr los.

Musik von Grieg spielte mit voller Lautstärke; sie lief ohne Unterbrechung weiter, da niemand sich die Mühe gemacht hatte, den automatischen Rücklauf auszuschalten, oder wußte, wie das ging; der Kofferraum des fahrenden Autos war erfüllt von nordischer Musik, die von Fjorden und schneebedeckten Tälern erzählte. Dank der Musik verlor Paolo nicht seinen Mut. Er versuchte vergeblich, herauszukommen. Er tastete im Dunkeln herum und fand schließlich – ein Glücksfall – die Werkzeugkiste. Mit einem Schraubenschlüssel versuchte er, das Schloß aufzubrechen. Mittlerweile hatte der Wagen die Asphaltstraße verlassen und raste mit wahnsinnigem Tempo über die holprige Straße, rutschte im Schlamm des letzten Regens einem finstren, ungewissen, schäbigen Tod entgegen. Während dieser Zeit glaubte Paolo, daß er sterben würde, und er bereitete sich darauf vor. Er stieg hinab in die Tiefe seiner Seele und fragte nach dem Sinn des Lebens. Während er noch versuchte, das Schloß zu öffnen, durchgerüttelt und hin und her geworfen in pechschwarzer Finsternis, zusammen mit einem Fremden, der, von Schock und Entsetzen gelähmt, stumm und regungslos dalag, versenkte sich Paolo in die Musik von Grieg und in das Geheimnis des Lebens, das dem Geheimnis des Todes entspricht. In diesem Auto, blind in der Dunkelheit, schärfte sich Paolos Bewußtsein, so, als habe er in ein paar Stunden viele Leben gelebt und sei viele Tode gestorben.

Keine Uhr zu haben, nichts sehen zu können bedeutete, die Zeit allein am Herzschlag seiner Gefühle zu messen. Erinnerungen kamen und gingen, Furcht und Reue ... dann, mit einemmal, blieb das Auto stehen, die Musik hörte auf, und die Zeit kam zum Stillstand. Türen öffneten sich. Schritte näherten sich dem Kofferraum, und er konnte die bedrohliche Nähe der Banditen durch das dünne, harte Metall spüren. Der Schlüssel wurde ins Schloß gesteckt, man würde sie beide herausholen und töten. Wieder und wieder wurde der Schlüssel im Schloß gedreht, aber nichts geschah. Bei seinen verzweifelten Versuchen hinauszukommen, hatte Paolo das Schloß verklemmt.

Stimmen berieten, diskutierten, kamen schließlich überein, sie dort, wo niemand sie in den nächsten Wochen finden würde, da der Wagen auf einem Weg tief im Wald stand, dem sicheren Tod zu überlassen. Schließlich das Geräusch, wie sein eigener Wagen zurückgesetzt wurde, fortfuhr, immer leiser wurde, dann Stille.

Langsam arbeitete er mit Werkzeugen, die er nicht sehen konnte, unsagbar lange, drehte Schrauben los, drückte, preßte, und endlich gelang es ihm, hinauszukommen ... wiedergeboren zu werden, als schlüpfte er aus einem Ei ... Paolo war draußen, *a riveder le stelle.*

Er blickte hinauf zu den kalten, klaren Sternen, atmete tief die duftende Waldluft ein, sah alles mit ganz neuen Augen ... eine wahre Wiedergeburt. Erleichtert erwachte der Mann im Kofferraum plötzlich wieder zum Leben, und Paolo wurde von einer gewaltigen, ungestümen Umarmung aus seiner nachdenklichen Stimmung gerissen, wodurch er das Gleichgewicht verlor; sie rollten beide durch das nasse Gras, der Mann rief: »*Ndugu yangu!*« (»Mein Bruder!«), seine neugefundene Stimme jubelte vor Erleichterung. Dann gingen sie beide Seite an Seite den schlammigen Weg durch den Wald, bis sie bei Sonnenaufgang die Hauptstraße erreichten. Die wenigen Autos, die vorbeikamen, hielten nicht an, als sie das seltsame Paar erblickten: zwei Männer, fast splitternackt, die am Straßenrand standen und mitgenommen werden wollten. Als schließlich ein Auto hielt, konnten sie die Polizeiwache in Ol Kalau alarmieren.

Nach diesem Vorfall stand Paolo oft, wenn ich nach Hause kam, mit dem Rücken gegen die Aussteuertruhe aus Messing gelehnt, die er mir einmal geschenkt hatte. Das Zimmer dröhnte vor Musik, entweder jener Musik von Grieg oder seinem geliebten Adagio von Albinoni, oder Boccherinis Quintettino. In seinem Blick schien ein neuer Glanz zu liegen, jenes hypnotische Licht eines Menschen, der dem Tod ins Auge geblickt hat und der dem Leben eine Zeitlang wiedergeschenkt worden war. Er sprach danach häufig, aber nicht düster, über seinen eigenen Tod. Er gab Anweisungen. Er wählte die Musik für seine Beerdigung aus. Er sagte mir immer wieder, daß er wisse, dies sei das letzte Mal gewesen, daß das Schicksal ihm ein Entkommen gewährt habe. »Ich habe meine neun Leben aufgebraucht«, erzählte er unseren Freunden immer wieder. Und zu mir sagte er: »Ich wünschte, du würdest meine Hand halten, wenn ich sterbe. Aber ich weiß, daß ich allein sterben werde. Denk an die Musik. Versprich mir, daß du dich an die Musik von Venedig erinnerst.« Er wollte auf der Ranch begraben werden, den Kopf auf einem kleinen Kissen, das ich einmal mit dem Datum unserer Hochzeit und seinem Namen bestickt hatte. Den Platz sollte ich aussuchen, »aber man muß von dort die Hügel sehen können«.

Nach dem Vorfall besuchte Paolo immer häufiger die *wazee* der Pokot unten in Churo. Die Männer saßen um eine große knorrige Akazie, ihre runzligen alten Oberkörper ähnelten dem grauen Stamm des Baumes; vielleicht waren sie ebenso alt. Sie rauchten merkwürdiges Kraut, kauten starken Tabak und schnüffelten einen scharfen Schnupftabak, den Paolo mochte und der sie zum Niesen brachte. Sie tranken ein berauschendes Gebräu aus Kräutern und fermentiertem Honig, und es war bei ihnen ein Ritual, seltsame Samenkörner zu essen, die sie im Busch suchen gingen. Diese Körner stammten aus der Schote einer Hülsenfrucht, die nach der Regenzeit wächst. Nur die Alten dürfen sie essen, da sie Halluzinationen auslösen, die einen unerfahrenen jungen Menschen um den Verstand bringen könnten, und sonderbare und prophetische Träume hervorrufen.

Ihre Gesichter glichen Masken aus schimmerndem altem Holz, das der Rauch vieler Feuer geschwärzt hat. Diese alten Männer sahen alle unterschiedlich aus. Nur ihr Kopfschmuck hatte die gleiche Form und das gleiche leuchtende Blau. Das Blau erzielten sie mit dem azurblauen Pulver, das normalerweise, in heißem Wasser aufgelöst, zum Aufhellen von vergilbtem Leinen verwandt wird. Einige von ihnen trugen stolz primitive Ohrringe aus Glasperlen oder Knochen zur Schau. Einer von ihnen war blind, und die weißen Augen in seinem hageren Gesicht starrten mit leerem Blick in die Ferne. Einer hatte sich über die Nase und um die Augen eine leuchtendgelbe Brille gemalt, ein echter alter Zauberer. Paolo setzte sich oft zu diesen alten Pokot. Sie akzeptierten ihn, und er gewann in dieser Zeit, die er mit ihnen verbrachte, eine andere Sichtweise, die in sein neugewonnenes Bewußtsein einfloß.

Einmal boten sie ihm eines ihrer Samenkörner an, und er aß es. Es hatte, so erzählte er mir, einen bitteren und grasartigen Geschmack, und ihm wurde irgendwie übel; doch bald schien sein Verstand klarer zu werden, als hätte plötzlich jemand ein Fenster geöffnet, das auf eine merkwürdige Landschaft hinausging, und er fühlte sich in eine andere Dimension erhoben, wo ein heftiger, starker Wind wehte. Das Gras der Savanne um ihn herum schien zu phosphoreszieren, und zwei sehnige, silbrig glänzende Leoparden gingen nebeneinanderher. Mit einem Mal hatte er das Gefühl, daß er, wie ein Vogel, hoch über seinen Körper hinausgetragen wurde und sich emporschwang wie ein Geier; mit seinen Vogelaugen konnte er genau erkennen, wie mein Wagen die Straße von Nyahururu hinauf in Richtung Ol Ari Nyiro fuhr, winzig klein auf der roten *murram*-Piste. Er hatte an dem Tag eigentlich nicht mit mir gerechnet, und nun fuhr er langsam nach Hause, um auf mich zu warten. Die Wirkung hatte nicht lange angehalten, und er erzählte mir die Geschichte. Er zeigte mir eines der Samenkörner, samtig und erbsengroß, umhüllt von einer weißen und glänzenden Haut. Er gab es mir, warnte mich aber davor, es zu probieren, und obwohl es mich reizte, hörte ich auf ihn. Ich bewahrte es jahrelang auf, bis es trocken und brüchig wurde, und ich habe nie herausgefunden, von welcher Pflanze es stammte. Die Pokot, die ich fragte, taten so, als wüßten sie nichts darüber; dieses Samenkorn war schließlich nichts für Frauen oder Fremde, und ich respektierte ihre Zurückhaltung. Sogar Philip Leakey, dem ich das Samenkorn einmal zeigte, hatte nie davon gehört und konnte es nicht identifizieren. Schließlich pflanzte ich es ein, aber es war bereits ausgetrocknet, und die geheimnisvolle Pflanze hat nie gekeimt.

Aus Paolos Liebe zu mir wurde mit der Zeit fast Anbetung. Er fing an, immer häufiger Briefe und Gedichte für mich zu schreiben, und bat mich, das gleiche für ihn zu tun. Ich hatte schon immer Gedichte geschrieben. Zu unserem Hochzeitstag schenkte er mir eine antike Schreibschatulle aus Sansibar, die innen mit Messing ausgeschlagen war.

Sie enthielt einige antike Schmuckstücke, einen herrlichen alten Silbergürtel und die folgenden Zeilen, die ich aufbewahrt habe:

Diese Schatulle ist für Deine Gedichte, die ich so sehr liebe. Möge das Leben es uns ermöglichen, unser inneres Ohr niemals von der Stimme der Seele abzuwenden. Bitte, hör nicht auf, zu mir zu sprechen.

Ungefähr um diese Zeit kam ich eines Nachmittags in Laikipia an und entdeckte Paolo in unserem Himmelbett liegend; er starrte auf ein großes, schönes Straußenei, das er mit einem durchsichtigen Nylonfaden am mittleren Balken aufgehängt hatte.

»In diesem Ei ist eine Botschaft für dich«, sagte er und sah mir direkt in die Augen. »Aber wenn du sie lesen willst, mußt du das Ei zerbrechen.« Es war, als wollte er meine Neugier prüfen. Ich wollte das Ei nicht zerbrechen. »Du kannst es öffnen, wann immer du möchtest. Aber du mußt es nicht. Du sollst nur wissen, daß darin eine Botschaft für dich ist. Eine sehr wichtige. Irgendwann wirst du sie erfahren müssen.«

In seinen tiefblauen Augen lag kein Lächeln, und mit seinem dunkelblonden Haar sah er aus wie ein heidnischer Gott. In den folgenden Monaten schwebte das Ei weiter über unserem Bett, und ich habe nie daran gedacht, die dicke, glatte Schale zu zerbrechen, um zu erfahren, wie die Botschaft lautete. Irgendwie hatte ich das Gefühl, daß es sich um eine Art Orakel handeln müsse, etwas, das man befragt, wenn man dringend eine klarsichtige Antwort benötigt, und nicht, weil man nur neugierig ist. Paolo beantwortete keine meiner Fragen. Er sah mich nur intensiv an, so wie er es in der letzten Zeit häufig getan hatte, ernst, als ob er bereits mehr wußte, als er mir sagen konnte. In diesen Momenten schien er unerreichbar, distanziert und fast unwirklich schön, seine blauen Augen schienen durchsichtig wie klares Wasser, und ich konnte ihn nur noch mehr lieben. Ich setzte mich neben ihn aufs Bett. Er nahm meine Hand. Der Berührung seiner dunklen, sonnengebräunten Haut mit den feinen, golden schimmernden Haaren hatte ich nie widerstehen können; ich fühlte mich wie elektrisiert und zu ihm hingezogen. Er reichte mir ein kleines Buch. Es war *Illusionen* von Richard Bach. Auf die erste Seite hatte er geschrieben:

An das leuchtende Ei, dem ich es verdanke, daß meine Träume hoch flogen, über den Tod hinaus.

Ich habe das Ei nicht geöffnet.

Es hing da, Jahr für Jahr, bis ich eines Morgens, nach der längsten Nacht meines Lebens, verstand, was es bedeutete. Da war es nicht mehr nötig, daß ich es öffnete.

Es war unmittelbar nach der Entführung, daß Paolo mich bat, mit ihm ein Kind zu haben. Es wurde zu einer fixen Idee, einer absoluten Besessenheit. Er fühlte, daß sein Leben sich dem Ende näherte, und meinte, daß wir als lebenden Beweis für unsere Liebe ein Kind haben sollten. Mehr noch, es war für ihn ein Weg, weiterzuleben und weiter bei mir zu sein. Er interessierte sich plötzlich für Reinkarnation und hatte oft Vorahnungen und Träume. Eines Morgens in Nairobi öffnete ich die Augen und sah, daß er mich mit einem zutiefst nachdenklichen und liebevollen Ausdruck ansah. »Ich habe darauf gewartet, daß du aufwachst, weil ich dir erzählen möchte, was ich geträumt habe.« Er hatte von seinem Vater geträumt, der 1973, also ein paar Jahre zuvor, gestorben war und den er sehr geliebt hatte; von seinem Bruder Franco, der von dem Elefanten in Kenia getötet worden war; von Mariangela, seiner ersten Frau, die bei dem verhängsnisvollen Autounfall ums Leben gekommen war, und von Chiara Ancilotto, die 1975 gestorben war, ebenfalls bei einem Autounfall. Er hatte sie alle auf einer Treppe stehen sehen, vor einer mit Schnitzereien verzierten Tür, die aussah wie die Tür in dem Haus in Kipipiri, wo er über ein Jahr lang mit Mariangela gewohnt hatte, als er zum erstenmal nach Kenia gekommen war. Er hatte mir oft von Kipipiri erzählt, einem prächtigen Haus am Fuße der Aberdares auf dem Kinangop, dem man nachsagte, daß es seinen Besitzern Unglück brachte. Die meisten der früheren Besitzer waren tatsächlich bei Unfällen ums Leben gekommen. Ich hatte das Haus einmal mit ihm zusammen besucht. Die unheimlich düstere Stimmung, die über dem Haus lag, der dunkle, unheilvoll drohende Berg, waren für mich überwältigender als der herrliche Garten mit seinen ordentlich gestutzten Eibenhecken, die einen verschlungenen Irrgarten bildeten, und ich weigerte mich, hineinzugehen. Wie bei den wenigen anderen Gelegenheiten, bei denen mich diese unheimlichen Vorahnungen befielen, zeigte Paolo auch damals Verständnis für mich. Er wußte, daß ich bisweilen starke Vorahnungen hatte, und er respektierte sie, da ihm klar war, daß sie nicht einfach auf eine Laune zurückzuführen waren. In seinem Traum warteten diese Menschen schweigend auf ihn, und sein Vater öffnete die Tür und winkte Paolo hinein.

Schon bald hatte er einen anderen Traum: Wir hatten ein Kind bekommen, und alle waren da, um zu feiern. Seine beiden Töchter waren da, Emanuele und natürlich ich. Und Paolo? »Ich war zwar da, aber gleichzeitig auch wieder nicht. Ich konnte hören und sehen, und ich war ich selbst, aber anders als jetzt. Es war, als wäre ich das Baby.« Ein noch unbestimmter Gedanke schoß mir durch den Kopf: »Wenn wir ein Kind hätten, würdest du mir zutrauen, es allein großzuziehen?«

»Auf jeden Fall. Ich habe mir oft gewünscht, ich hätte eine Mutter wie dich gehabt.«

Paolo träumte und sprach weiter von dem Kind, und es sollte ein Mädchen sein. Ende Juni 1979, bevor er mit seinem neuen Flugzeug, das er nach mir »KUK« nannte, nach Laikipia flog, schrieb er mir die beklemmende Notiz: »Ich werde zusammen mit unserem kleinen Mädchen fliegen. Vergiß nicht, ihr Haar zu flechten.« Zu der Zeit war ich noch nicht einmal schwanger.

Paolos Töchter waren schon lange wieder in Italien und in der Schweiz, um ihre Ausbildung zu beenden. Valeria, die ältere, die damals siebzehn war, war zu einer schönen und fröhlichen jungen Frau gereift; sie hatte ein einnehmendes Wesen, war eine gute Schülerin und bei ihren Freunden und Freundinnen beliebt. Genau zu der Zeit jedoch beschloß sie, zur Überraschung aller und zu Paolos Bestürzung, die Schule zu verlassen, um mit Mario – meinem ersten Ehemann und Emanueles Vater – durchzubrennen. Wie wir erfuhren, war sie vom frühen Teenageralter an schrecklich in ihn verliebt gewesen. Mario machte gerade eine spirituelle und religiöse Phase durch, und sie fuhren nach Indien, um in einem Ashram zu leben. Sie waren zwar nicht blutsverwandt, und Mario schien Valeria aufrichtig gern zu haben, doch Paolo war schockiert und fühlte sich verraten, als er davon erfuhr.

Dieser Vorfall veranlaßte mich zu der Entscheidung, Paolos Wunsch zu entsprechen. Schließlich, wenn ich wirklich noch ein Kind wollte, konnte ich es mir nicht leisten, allzulange zu warten. Ich war sechsunddreißig Jahre alt. Es war eine wichtige Entscheidung, aber ich liebte Paolo. Ich war einverstanden, und ein paar Wochen später war unser Kind unterwegs. Paolo war außer sich vor Freude, und ich freute mich darauf, ein solches »Wunschkind« zu bekommen.

Vorbereitungen wurden getroffen, und Paolo beschloß, ein Kinderbettchen in Form eines Kanus bauen zu lassen, »damit das Baby über das Meer des Lebens fahren kann«. Er liebte das Meer, und er liebte Boote.

Er bestellte es in Shimoni, wo er im März mit seinem Boot »Umeme« während der Hochsaison fischen wollte.

Weil er das Bettchen für das Baby holen wollte, fuhr er im März 1980 mit dem Wagen an die Küste, statt zu fliegen. Das kleine Kanu, aus dem Stamm eines Mangobaumes geschnitzt, war so lang, daß es nicht ins Flugzeug paßte.

21

Die Vorahnung

Es gibt mehr Ding' im Himmel und auf Erden,
als Eure Schulweisheit sich träumt, Horatio.

Shakespeare, *Hamlet*

Es war ein Lastwagen, der plötzlich auf der Straße nach Mombasa aus der Tankstelle vor Hunter's Lodge heraus auf die Straße bog. Es ging so schnell, Bremsen quietschten, Metall knirschte gegeneinander, Stille, Menschen, die zu dem zertrümmerten Wagen liefen: Es geschieht jeden Tag. Zwischen dem Armaturenbrett und dem eingedrückten Sitz eingeklemmt, das Gesicht gegen das Lenkrad geschmettert, hatte er sich das Genick gebrochen.

Paolo war tot.

Das Kinderbettchen war unversehrt. Nur ein winziger, fast unsichtbarer Riß am Bug. In diesem Leben werde ich nie erfahren, was seine letzten Gedanken waren. Hatte er noch gesehen, wer ihm das Geld stahl, die hektischen Hände, die seine Taschen durchwühlten, ihm die Uhr vom Handgelenk rissen und dem wehrlosen Körper wie ein Schwarm hungriger, gedankenloser Wanderameisen alles raubten, was sie konnten, bevor die Polizei eintraf? Nur der Ehering, den ich ihm geschenkt hatte, blieb unter seinem gebrochenen, an einen griechischen Gott erinnernden Kopf verborgen, der auf den schlanken gebräunten Händen mit den feinen blonden Haaren ruhte, die ich so gern berührt hatte und die nun blutbedeckt waren. Spielte es noch eine Rolle? Er war nicht mehr da.

Zu Hause in Nairobi sah ich genau im selben Augenblick mit einem stechenden Schmerz den Unfall vor meinem geistigen Auge, und ich spürte seine überwältigende Gegenwart, so greifbar wie die heiße Märzsonne auf meinen tränennassen Wangen.

Ich hatte gerade darüber nachgedacht, daß die Bougainvillea die einzige Blume zu sein schien, die nicht unter der Dürre litt. Ich saß im Garten und wartete auf Paolo. Er war auf dem Rückweg von Shimoni mit dem Bettchen für das Kind. Wir wollten abends essen gehen. Die Vision überkam mich unvermittelt, und ich konnte sie nicht wieder abschütteln. Vor meinem inneren Auge sah ich mit verblüffender Deutlichkeit Paolos Wagen als ein zertrümmertes Wrack, Menschen, die zusammenliefen und hin und her rannten, und ich wußte, daß er tot war. Die Vision verwandelte sich zu einer sonnigen Szene in glühender Hitze, Gesichter von trauernden Freunden, ein offenes Grab umsäumt von Bananenblättern, ein Sarg. In meiner Erinnerung hörte ich ihn wieder sagen: »Ich würde mir wünschen, daß du meine Hand hältst, wenn ich sterbe. Aber ich weiß, daß ich allein sterben werde. Denk an die Musik. Versprich mir, daß du dich an die Musik von Venedig erinnerst.« Wie hätte ich sie je vergessen können?

Meine Augen waren tränenerfüllt, Trauer schnürte mir schmerzhaft den Hals zu. Wie im Traum ging ich zurück ins Haus. Mit langsamen Bewegungen, als würde ich ein Ritual durchführen, das ich viele Male geprobt hatte, nahm ich die Kassette, legte sie in den Recorder. Bald füllte die Musik den Raum, lauter und lauter, während ich dasaß, benommen, das Herz schwer von unerträglichem Schmerz. Immer wieder spielte ich die Musik, bis sich der Garten mit den Schatten des Abends verdunkelte und der Hausdiener wie jeden Abend das Eis brachte und anfing, die Vorhänge zuzuziehen. Paolos Gegenwart war spürbar, er war mir näher als jemals zuvor, doch ich spürte und wußte, daß er für immer aus meinem Leben gegangen war. Ich handelte so, als würde ich von einer unsichtbaren Kraft gelenkt. Als der Raum dunkel wurde und Bitu hereinkam, um die Kerzen anzuzünden, stand ich langsam auf und ging hinauf in mein Zimmer, um ein dunkles Umstandskleid anzuziehen. Bald, so wußte ich, würden sie kommen und mir sagen, daß Paolo tot war, und ich mußte bereit sein.

Als der erste Wagen eintraf, erwartete ich ihn.

Es war Tubby Block, ein Freund aus glücklicheren Tagen. Sein von Schmerz zerfurchtes Gesicht nahm einen verblüfften Ausdruck an, als ich in einer Stimme, die nicht nach meiner Stimme klang, zu ihm sagte: »Ich weiß. Paolo ist tot. Er hat es mir gesagt.« Ich berührte meinen Bauch. »Aber in Wahrheit ist er noch nicht geboren.«

22

Das erste Begräbnis

Um sich wiederzusehen, muß man erst Lebewohl sagen.

Richard Bach, *Illusionen*

Ich werde nie vergessen, wie die Gardenien dufteten und wie fleischig sich die Blütenblätter anfühlten, die ich umklammert hielt, als wir Paolos Leichnam zurück nach Hause flogen, um ihn zu beerdigen.

Es war an einem heißen, trockenen Spätvormittag. Als ich das Haus verließ, wußte ich, daß ich als anderer Mensch zurückkehren würde. Daß nichts jemals wieder so sein würde, wie ich es bis dahin gekannt hatte. Mir war deutlich bewußt, daß meine Wahrnehmung sich verschärft und mein Empfindungsvermögen sich verstärkt hatten, und daß sich jede Einzelheit dessen, was ich fühlte und sah, mir für immer tief einprägen würde.

Ich trug ein weißes Umstandskleid aus Baumwolle, und eine Weile stand ich allein in der Haustür und blickte von der Tür aus hinauf zu den überquellenden purpurroten Bougainvilleen und auf die – ungewöhnlich – vielen Wagen, die draußen in der Sonne parkten ... Der intensive Duft der Gardenien wehte von dem fast baumhohen Busch, der ganz in der Nähe wuchs, zu mir herüber, und ein Schwindel überkam mich, ausgelöst von Erinnerungen und Kummer, der Hitze und der Schwangerschaft.

Niemals wieder würde Paolo eine Gardenie für mich pflücken und sie mir mit schwungvoller Geste entgegenstrecken. Paolo war so geschmeidig wie ein Flamencotänzer gewesen, auf ungewöhnliche Weise elegant und gutaussehend. Mich hatte er immer an einen der Apostel – nur ohne Bart – erinnert oder an einen römischen Kaiser mit seinem Lockenkopf, oder an einen Fürsten aus der Renaissance. Er hätte ein Krieger in jedem beliebigen Volksstamm auf der Welt sein können, ein Fischer auf jedem beliebigen Meer. Paolo hatte viele Persönlichkeiten. Er gehörte zu jenen seltenen Menschen, die sich – ganz gleich, wo sie gerade sind – wohl fühlen und Eindruck machen. Ihn umgab eine Aura von intensiver Lebhaftigkeit und Wachheit. Eine unvergeßliche Tiefe. Unser Zusammenleben war erfüllt gewesen, und ich wußte, daß mir allein dadurch, daß ich all die Erinnerungen hatte sammeln, an all den Abenteuern hatte teilhaben, mit ihm zusammen bis ans Ende seines Weges hatte gehen können, mehr Glück zuteil geworden war als den meisten Menschen. Trotzdem quälte mich der Gedanke, daß ich nicht bei ihm gewesen war, als er starb, als ob ich ihn, ohne es zu wollen, im Stich gelassen hätte. Ich pflückte eine Gardenie und trat hinaus in die Sonne. Schweigen senkte sich auf all die Leute herab, als sie sich umdrehten und mich ansahen. Sie kamen auf mich zu, und in den ernsten Gesichtern, in den verquollenen Augen, die von schlaflos verbrachten Stunden zeugten, las ich den Widerschein meines eigenen Kummers.

Jemand hielt mich am Ellbogen fest: Eine junge, heiße Hand stützte mich und versuchte gleichzeitig, seinen eigenen Schmerz zu beruhigen. Ich wandte mich um und blickte in die Augen meines Sohnes Emanuele. Sie waren rot, und sie waren trocken, sie waren so tief und so traurig, wie sie es immer gewesen waren, doch nun enthielten sie neue Schatten, eine neue einsame Entschlossenheit, den Schmerz mit Würde zu verbergen. Obwohl er erst vierzehn war, wußte ich, daß Paolos Tod aus ihm einen Mann gemacht hatte.

Ich wußte noch nicht, was sein Tod aus mir machen würde. Zwar quälte mich das Gefühl, ihn verloren zu haben, dieses Gefühl von »nie wieder«, doch gleichzeitig war mir, als sei in der Nacht, als er starb, eine neue Stärke über mich gekommen. Das Wissen, daß ich nicht allein war. Ich war Paolos Freundin, Geliebte, Gefährtin, seine Frau gewesen. Jetzt gab es noch immer das Kind, das ich trug. All das ergab einen Sinn: Ich würde von nun an seine Mutter sein.

»Komm«, sagte ich und drückte mit aller Kraft die braune Hand, die mir Hilfe bot und um Hilfe bat. »*Andiamo a seppellire Paolo.*«

Goldene Staubteilchen schwebten in der reglosen Luft. Es muß heiß gewesen sein, aber meine Hände fühlten sich feuchtkalt und klebrig an.

Paolo lag in seinem Sarg, die langen muskulösen Beine in einer kurzen Khakihose, dazu ein sauberes gestreiftes Hemd, die Ärmel bis zu den Ellbogen aufgerollt, nackte schlanke Füße in Sandalen. Jemand hatte ihm die Hände auf den Bauch gelegt, als ob er schliefe, sein lockiges volles Haar umgab ihn wie ein Heiligenschein, reglos wie bei einer Statue, und ich konnte sein zerstörtes Gesicht nicht sehen, da man einen Schal darüber gelegt hatte. In dem sterilen Raum regte sich nichts. Es war unnatürlich kühl, und der starke Geruch nach Desinfektionsmittel konnte den Geruch des Todes nicht überdecken.

Eine einzige Fliege schwirrte unentschlossen umher, und ich konzentrierte mich auf sie, starrte sie an, folgte ihrem Flug bis an die hohe Dekke. Fast wäre sie auf Paolos Hand gelandet, fast wieder hinaus in die Sonne geflogen. Niemand sagte ein Wort, während ich auf den Sarg zuging. Minutenlang, wie eine Ewigkeit, betrachtete ich zum letztenmal den Körper des Mannes, den ich liebte. Langsam fuhr ich mit der Hand wie ein unsicherer Schmetterling sacht über seine Beine, sein Haar. Ich ergriff den roten Schal, bekämpfte das Verlangen, sein Gesicht aufzudecken, doch irgend jemand – war es unser Freund Amedeo? – schüttelte warnend den Kopf. Bevor sie mich hierher brachten, hatten sie mich alle inständig gebeten, es mir nicht mehr anzusehen, an das Baby zu denken, denn Paolos Gesicht war nicht mehr sein Gesicht. Ich wollte die Erinnerung an das hübsche Gesicht, das ich kannte, bewahren, und doch hatte ich das Gefühl, daß ich damit fertig geworden wäre, daß ich mit allem fertig geworden wäre. Mit aller Kraft schob ich unseren Trauring wieder auf den steifen Finger und legte zärtlich eine der beiden Gardenien darauf. Einen zeitlosen Augenblick lang hielt ich seine Hand, dann beugte ich mich hinab und küßte sie. Die Finger waren eiskalt und trokken wie Schlangenhaut.

Jemand schluchzte, ein anderer verließ den Raum. Noch einmal, ein letztes Mal, erlaubte ich meiner Hand, ihn zu berühren, streichelte seine Arme, seine Beine, drückte kurz seinen Fuß, der so kalt wie Metall war.

Selbst ein letztes Mal muß irgendwann zu Ende gehen.

Ich versuchte, ohne Worte mit ihm zu reden, mit ihm in Verbindung zu treten, jenseits dieses erbärmlichen, nackten Raumes, in den er nicht gehörte. Wo war er jetzt? Sah er mich? Konnte er fühlen, wie sehr ich ihn liebte? Konnte er es? Ich sah ihn an, sah um mich herum, nach oben und überallhin: Die Fliege war verschwunden.

Wo immer Paolo auch war, in diesem Raum, in dieser Leichenhalle war er nicht. Mein stärkeres Ich gewann die Oberhand. Ich ließ es reden. »Er ist nicht mehr hier. Bringen wir ihn nach Hause.«

Die Freunde sahen mich stumm an und folgten mir nach draußen.

Die Sonne traf mich, als wäre ich aus einem alten Grab ans Tageslicht gekommen.

An einem sonnigen Tag nach Laikipia zu fliegen und die Wolkenkratzer von Nairobi hinter sich zu lassen ist immer ein überwältigendes Erlebnis. Die Luft war blau, die Wolken schimmerten golden, und bei Naivasha gesellte sich ein Schwarm Pelikane zu uns und flog mit uns zusammen bis Ol Bolossal. Paolo hätte sich darüber gefreut.

Die Aberdares und die tiefen Bambus- und Zedernwälder wichen gelben Ebenen, die mit Akazien und kleinen *shambas* mit Lehmhütten übersät waren; Blechdächer wichen Strohdächern, kleine Herden magerer Kühe und Ziegen tauchten auf, Wasserfälle, braune Felder, die auf Regen warteten, und der schimmernde Nakurusee mit rosafarbenen Flamingos.

Die silbergraue Teerstraße nach Nyahururu und Kinamba mit ihren Spielzeugautos und -lastwagen, die immer weniger wurden, verschwand ins Nichts. Der Baringosee tauchte wie eine märchenhafte Vision hinter den grünen Hügeln der Mukutan-Schlucht auf.

Das Flugzeug war eine Cherokee 6, und der mit uns befreundete Pilot weinte während des ganzen Fluges. Ich preßte die Gardenien gegen mein Gesicht. Ihr Duft konnte den Todesgeruch nicht verbergen.

Der erstickend süßliche Geruch der Sträuße sterbender Blumen füllte die Luft. Es war heiß im Flugzeug, und mein Bauch fühlte sich aufgebläht, mein Mund sehr trocken an: Wann hatte ich zuletzt etwas getrunken? Alle praktischen Dinge des Lebens wurden von der entrückten Unwirklichkeit eines bösen Traumes beherrscht, der nie zu enden schien. Ich war verwirrt, doch ich wußte sehr wohl, daß nichts je wieder so sein konnte wie früher. Paolo war tot. Paolo war tot, und sein Körper löste sich in diesem Sarg auf, den irgendein unbeteiligter Fremder aus glänzendem Holz gezimmert hatte. Er ruhte auf der Haut einer großen Elenantilope, Erinnerung an ein längst vergangenes Jagdabenteuer.

Fast abrupt wichen die Felder dem dichten *leleshwa*-Bewuchs. Wir setzten zum Landeanflug an. Ich konnte den Großen Damm sehen, wo gerade Elefanten tranken; ich erkannte die roten Wege, die Reihen von Arbeitern, Colin Francombes Garten mit dem großen Gummibaum. Eine Herde Elenantilopen wirbelte wild durcheinanderspringend den Staub auf. Wie ein großer Vogel verscheuchte der Schatten des Flugzeugs Warzenschweinfamilien, und Nilgänse und Reiher erhoben sich am Nyukundu-Damm in die Lüfte.

Wir waren da. Die anderen Flugzeuge waren alle gelandet. Zu zwölft oder mehr standen sie in einer ordentlichen Reihe neben der Landebahn. Die Menschen standen draußen, und sie blickten alle zu uns hoch. Ich war früher oft mit Paolo zusammen geflogen. Nun flog ich ihn nach Hause, ein letztes Mal, um ihn zu beerdigen.

Ich konnte den Gedanken nicht ertragen, daß wir keine gemeinsamen Erlebnisse mehr haben würden.

Vor der Landung beschloß ich, noch einmal, ein letztes Mal, mit ihm über das Land zu fliegen, das er geliebt hatte. Ich sah hinaus auf die geliebten Hügel von Ol Ari Nyiro, die, in das goldene Licht der Mittagssonne getaucht, auf Paolo warteten. Ich griff nach hinten und legte meine Hand auf den Sarg, als wollte ich seine Hand berühren. Ich blickte in das erschütterte Gesicht des Piloten und machte mit dem Finger eine langsame Kreisbewegung. Er verstand sofort, als würde auch er gerade darüber nachdenken, wie er die Landung hinauszögern könnte. Wir waren im Landeanflug gewesen. Jetzt flog er über die nach oben gerichteten, verdutzten Gesichter von der Landebahn weg, und wir waren hoch über den Hügeln.

Wir flogen so niedrig, daß wir fast die Baumspitzen berührten: hinunter zum Mukutanfluß, hinauf nach Mugongo ya Ngurue, Ol Donyo Orio, Nagirir, Kuti, Enghelesha, wo das Grasland mit Bäumen übersät ist, hinunter zu *bomas* und Dämmen. Wir kreisten tief über der ganzen Ranch, immer und immer wieder. Die schmerzhafte Endgültigkeit des letzten Mals. Nach einer Weile nickte ich.

Wir landeten, und noch bevor sich der Staub wieder gelegt hatte, öffnete jemand die Tür der Maschine und umschlang mich mit heftiger Umarmung. Es war Garisha, der Viehknecht, der wie jeden Tag denselben alten, zerrissenen, grünen Pullover trug und wie immer leicht nach Viehweide roch. Die meisten Anwesenden weinten, einige hemmunglos, einige leise, und niemand sprach. Alle waren feierlich gekleidet: Die Männer trugen Anzug und Krawatte, die Frauen dagegen Weiß.

Wortlos wurde der Sarg auf einen kleinen Lastwagen gestellt. Die Stille und die große Menschenmenge waren unwirklich.

Paolos jüngerer und einziger noch lebender Bruder, der einen in der Nachmittagssonne des afrikanischen Busches seltsam unpassend wirkenden dunklen Anzug trug und während des Fluges von Europa nicht geschlafen hatte, setzte sich ans Steuer. Ich ahnte, was er dachte. Paolo war der einzige Bruder, den er noch gehabt hatte, und der zweite, der in Afrika gestorben war. Sie halfen mir hinein; sie behandelten mich alle, als wäre ich plötzlich zerbrechlich und schwach geworden, und doch hatte ich mich eigenartigerweise nie stärker, unantastbarer gefühlt als jetzt, da ich meinen lebenden Paolo in mir trug und meinen toten beerdigen würde.

Der Motor zerriß die Stille, und ich wandte den Kopf: Emanuele war hinten aufgesprungen, wo der Sarg stand, und hielt sich mit einer Hand daran fest, eine Geste der Liebe, der Verzweiflung und der Sehnsucht, seine Augen schmerzverschleiert, aber trocken. Dieser Moment löste den Knoten, der mir den Hals zuschnürte, und zum erstenmal an jenem Tag weinte auch ich.

Die Hunde liefen wie immer dem Wagen zur Begrüßung entgegen, wedelten mit dem Schwanz und sprangen hoch, doch noch ehe das Auto zum Stehen kam, fingen sie an zu winseln, legten die Ohren an, setzten sich niedergeschlagen hin und blickten zitternd zu mir auf. Ich barg mein Gesicht in Gordons Fell, um meine Tränen unbemerkt zu trocknen.

Das Haus war voller Blumen, die Diener trugen Fes und ihre besten weißen Uniformen, der Tisch war für ein großes Essen gedeckt. Alle kamen, um mir und Emanuele die Hand zu schütteln, flüsterten »*Pole*«, und auf ihren Gesichtern lag, wie hölzerne Masken, die uralte Hinnahme des Todes. Simon hielt lange meine Hand.

Der Garten war, wie immer in den trockenen letzten Märzwochen vor der langen Regenzeit, voller leuchtender Bougainvilleen und Hibisken. In der heißen, reglosen Luft sangen tausend Vögel ihr Lied auf das Leben. Angezogen von der kleinen grünen Oase, wo es Wasser und Schatten und Nahrung gab, sammelten sie sich hier aus dem umliegenden Busch oder ruhten sich auf ihren kurzen Wanderflügen aus. Blaue Stare drängten sich, metallisch schimmernd, in den Vogelbädern, Tauben, Webervögel, Papageien mit grünen Federn pickten die Körner auf, die, sogar an diesem Tag, eine gewissenhafte Hand ausgestreut hatte. Seltsam, daß ich trotz meiner Benommenheit sämtliche vertrauten Dinge, sämtliche Details wahrnahm. Hummeln umkreisten die Petreas, und das jammernde Krächzen der Turakos erklang von den Baumwipfeln.

Sie nahmen den Sarg herunter und stellten ihn in den Schatten der *Acocanthera*, und ich setzte mich mit den Hunden dazu und wartete.

Ich weiß nicht, wie lange ich wartete, und ich weiß nicht, warum. Ein letztes Mal saß ich mit Paolo in diesem Garten, den wir in all den langen Jahren aus dem Busch geschlagen hatten, als unser Traum von Afrika Wirklichkeit geworden war und wir jeden Tag mehr über dieses wilde, schöne Land am Rande des Ostafrikanischen Grabens lernten, das unser Zuhause geworden war.

Ich dachte an das Gefühl von Abenteuer, das unser gemeinsames Leben immer begleitet hatte. Das faszinierende an Paolo war seine Lebhaftigkeit, mit der er bei allen um ihn herum Spannung erregen und Interesse erwecken konnte. Nicht einen Moment herrschte Eintönigkeit: Langeweile war für uns ein Fremdwort. Tot war nicht nur der Dichter, der Paolo gewesen war, tot war auch der romantische Kavalier, der heißblütige Liebhaber und Emanueles Held. So absurd es auch schien, unser gemeinsamer Weg war zu Ende. Doch auf unheimliche Weise fühlte ich seine Gegenwart stärker, als wenn er sichtbar gewesen wäre. Er war da und beschützte mich, und seine Liebe umhüllte mich wie ein Licht.

Ich ging ein letztes Mal zusammen mit Paolo, seine Freunde trugen den Sarg, Emanuele in seiner weißen Hose an meiner Seite. Ich blickte ihn an und empfand unerträgliches Mitleid: Sein geliebter väterlicher Freund hatte ihn verlassen, und seine Welt war zerstört. Trotzdem ging er aufrecht, beherrschte seine Gefühle. Seine rotgeränderten Augen umgaben Schatten, die ich nicht deuten konnte, aber der schlanke Arm, den er mir anbot, war nicht mehr der Arm eines Kindes. Wir würden auch seine Träume begraben.

Vor dem Grab hatte eine freundliche Hand für mich ein grünes Zelt als Sonnenschutz aufgebaut. Die ausgehobene Erde lag zu einem Hügel aufgeworfen da, um das Grab damit erneut zu füllen. Sie war mit Blumen bedeckt, und genau wie in meiner Vorahnung hatte man die Grube mit Bananenblättern umlegt.

Im Schatten eines großen Busches saß schweigend eine Gruppe Frauen; sie trugen bunte *shukas* und zahlreiche Perlenketten um den Hals, stillten ihre Babys oder trugen sie auf dem Rücken. Reglos sahen sie mit Tränen in den Augen zu, wie traurige Gazellen. Die Menge kam näher. Ich sah Oria, Carol, Aino, die lange, weiße Röcke trugen, wie schützende Engel.

Zum letztenmal, bevor er beerdigt wurde, sprach ich mit Paolo.

Im Laufe der Jahre hatten wir es uns zur besonderen Gewohnheit gemacht, uns gegenseitig zu schreiben, sogar – und vor allem – als wir im selben Haus wohnten, dasselbe Bett teilten. Wir tauschten Briefe aus, Gedichte oder kleine Notizen, die nur wir verstanden. Paolo kam häufig mit ungewöhnlichen Geschenken, die mich immer wieder erstaunten, weil sie zeigten, wie aufmerksam er war, oder weil er den Zeitpunkt so gut wählte. Einmal schickte er mir am ersten Frühlingstag einen riesigen, blühenden Busch; ein anderes Mal eine Aussteuertruhe aus Messing zu einem Hochzeitstag, eine aus Sansibar stammende Schreibschatulle aus Ebenholz, als er mich bat, ihm zum Geburtstag ein Gedicht zu schreiben, an dem Tag, als ich wieder anfing zu gehen, ein Paar alte Schlittschuhe.

In der Nacht, als er starb, schrieb ich bis in den frühen Morgen an ihn. Jetzt wählte ich die schlichtesten Worte. Meine Stimme war schwach.

I tuoi occhi eran colore d'acqua:
Si, tu sei acqua.

Avevano trasparenze d'aria:
Si, tu sei questo cielo adesso.

La tua pelle era cotta dal sole
come la terra del Kenya:
Si, tu sei questa rossa polvere.

Per sempre
Per sempre
Per sempre, Paolo,
*Sei diventato tutto.**

Diese Worte waren meine Grabrede, und ich zerknüllte das Blatt Papier und warf es in das offene Grab, zusammen mit dem, was von der Gardenie noch übrig war. Sie fiel leicht und geräuschlos wie eine Feder.

Colin reichte mir den Spaten. Ein Gefühl von Unwirklichkeit überwältigte mich, als ich ihn in die rote Erde stieß und den ersten Spaten Erde auf den Sarg warf. Sie schlug dumpf auf, und ich gab den Spaten weiter an meinen Sohn. Er war der Mann, der mir geblieben war.

In letzter Minute kam mir noch ein Gedanke. Ich flüsterte mit Colin, und er nickte: Luka und Mirimuk und alle Wächter in ihren grünen Uni-

* »Deine Augen hatten die Farbe des Wassers: /ja, du bist das Wasser. / Sie waren so klar wie die Luft: / ja, nun bist du der Himmel über uns. / Deine Haut war von der Sonne verbrannt, / hatte die Farbe von Kenias Erde: / ja, du bist dieser rote trockene Staub. / Für immer, für immer, für immer, Paolo, / wirst du alles sein.«

formen stellten sich in einer Reihe auf und feuerten, die Gewehre gen Himmel gerichtet, einen Salut in die Luft. Der letzte Gewehrschuß im Leben des Jägers Paolo hallte auf den Hügeln wider und verdoppelte die Stille.

Boccherinis Quintettino erfüllte die Luft in fließenden Wellen, jene Musik, die in Venedig komponiert worden und von der Paolo besessen war, die er geliebt und die er sich für sein Begräbnis gewünscht hatte. Die Sonne schien auf die Musik. Ich hatte mein Versprechen gehalten.

Auf das Grab pflanzte ich nun eine kleine gelbe Fieberakazie, die eines Tages groß und schlank, wie er es gewesen war, aus seinem Körper wachsen würde, damit wir sie berühren und sehen konnten.

Elefanten brüllten am Wassertank, so nahe, daß alle aufschreckten. Ein weißer Adler flog hoch über dem Grab in weiten gemächlichen Kreisen. Bald waren alle Gesichter nach oben gerichtet, um ihn zu beobachten. Es war ein seltener Anblick, ein Omen. Paolos Worte fielen mir wieder ein, und ich sagte leise:

»Flieg für mich, Vogel der Sonne. Flieg hoch.«

Ich liebte ihn.

Die Nacht war heiß, und über dem Bett hing das Straußenei mit seiner geheimnisvollen Botschaft.

Das Ei hing über meinem Kopf in der Nacht, nachdem ich Paolo beerdigt hatte, barg vielleicht in sich, still und weise, die Antwort auf meinen wirren Schmerz, und doch war ich besonnen genug, dem Verlangen zu widerstehen, Paolos Botschaft zu erfahren. Es war nicht der rechte Zeitpunkt für einen Akt der Gewalt.

Im Bett, dicht neben mir, spürte ich seine Gegenwart, ein vertrautes Atmen; etwas Zärtliches schien mein Gesicht mit unendlicher Liebe zu streicheln. Ein Zittern im Unterleib. Vor Rührung schnürte es mir den Hals zu. Paolo war tot, aber Paolo regte sich nun zum erstenmal in mir. Das Ei konnte warten. Erst mußte das Kind auf die Welt kommen. Dann würde ich vielleicht die Botschaft lesen können.

Ich schloß die Augen und ließ mich von den Erinnerungen und dem Schmerz mitreißen. Allein mit dem ungeborenen Kind, das er sich so sehr gewünscht hatte, umgeben von der Musik, die ich, wie ich versprochen hatte, bei seinem Tode gespielt hatte, ergab ich mich dem Lauf des Schicksals und der Verzweiflung über seinen Verlust. Ich war mir völlig darüber im klaren, daß Afrika erst begonnen hatte, seinen Preis zu fordern, und ich konnte ihn nur akzeptieren, ihn bezahlen und versuchen, daraus zu lernen. Ein Brief, den er mir am 1. Januar dieses Jahres geschrieben hatte, kurz nachdem er erfahren hatte, daß das Kind unterwegs war, lag noch immer in der Schreibschatulle aus Sansibar, die er mir geschenkt hatte. In jener Nacht, nachdem ich stundenlang mit ihm geprochen hatte, als ob er mir noch zuhören könnte, las ich den Brief noch einmal:

> An diesem goldenen Morgen erhebt sich der Blütenstaub der Fülle aus dem Staub der dürren Jahre: Es wird das Jahr unseres Kindes sein. Ich wünsche mir eines nur: Daß Du unserer Tochter eine Seele schenkst, die so schön ist wie Deine. Daß Du sie immer hindurchführst durch alle Wälder, Schätze, Kämpfe und Liebe bis hin zu jenem Horizont, von dem aus man die Welt beherrschen kann. Daß Du sie fliegen läßt, leichtbeschwingt, wenn sie der Spur Deines Schmetterlingsflügels folgt, wie goldenem Staub auf den Blättern, der ihr den Weg durch das Dickicht weist. Ich liebe Euch beide. P.

Teil III

Emanuele

23

Zeit des Wartens

*Je me souviens de jours anciens, et je pleure.**

Charles Baudelaire, *Les Violons de l'automne*

Nach der Beerdigung ritt Emanuele am Nachmittag auf seinem Pferd zu der Hütte auf dem Mukutan. Er kehrte früher zurück, als ich erwartet hatte, und kam direkt in mein Zimmer. Er hatte das Heft bei sich, in dem er, auf Paolos Bitte, die Tiere notiert hatte, die zur Salzlecke kamen.

»Ich habe Bianco da gesehen und eine Herde von zwölf Elenantilopen. Dann kamen zwei Büffelbullen. Und Elefanten haben auf dem Hügel hinter Marati Ine Bäume umgeknickt. Ich habe im Dachstroh eine Weißlippenschlange gefunden. Und das hier. Es lag im Buch.« Er gab mir ein dünnes Blatt Papier, das zweimal gefaltet war.

Ich hatte das Gefühl, als ob der Wind der Erinnerung es aus der Vergangenheit herbeigeweht hätte. Es war in Paolos Handschrift und trug kein Datum.

> Lieber Emanuele,
> ich vermisse Dich. Ohne Dich ist es hier nicht dasselbe. Wenn ich nicht mehr hier bin, paß Du für mich auf alles auf. Denk dran. Flieg für mich, Vogel der Sonne. Flieg hoch. Bis bald, Ema.
>
> Paolo

Wir sahen uns an. Seine traurigen Augen blickten starr, von Trauer umflort. Mit dem Zettel in der Hand umarmte ich ihn. Sein Kopf reichte mir gerade bis zur Schulter. Er war kaum vierzehn. »Ja, Ema. Du wirst auf uns alle aufpassen.«

* Ich erinnere mich der alten Zeiten, und ich weine.

Seine Stimme veränderte sich. »Mein Leben, weißt du, mein Leben hat seinen Sinn verloren.«

Ich war zu erschöpft, um darauf etwas zu antworten. Emanuele sagte nie etwas, das er nicht wirklich meinte.

Von da an schlüpfte er in seine neue Rolle als Mann im Hause. Er setzte sich nun an das Kopfende des Tisches und übernahm die Verantwortung für die täglichen Probleme. Das Personal wandte sich jetzt in Fragen der Haushaltsführung, um die sich Paolo gekümmert hatte, an ihn. Er lernte, wie man Fleisch tranchiert. Er servierte am Abend die Getränke. Er übte mit Arap Rono, Karanja oder Colin fleißig Autofahren. Schon als Kind war er stets zuverlässig gewesen. Nun, als junger Mann, konnte er Verantwortung tragen. Seine Gegenwart und seine Klugheit waren ein großer Trost für mich.

Zwar leisteten Freunde mir abwechselnd Gesellschaft, doch das Haus und der Garten, die Hügel und die Schluchten klangen leer durch Paolos Abwesenheit. »... und Liebe ist unsterblich, und der Tod nur ein Horizont, und ein Horizont ist nur die Grenze unseres Blickes«, hatte Jack Block in seinem Beileidsbrief zitiert. Ich versuchte, mir das vor Augen zu halten.

Paolo hatte soviel Leben versprüht, daß es nun schien, als sei die Welt mit einemmal verstummt. Die Tage verstrichen in einem Schleier aus Einsamkeit und Erwartung. Ich fand Zuflucht in meinen Gedichten und in meinem Tagebuch, in das ich täglich schrieb, als spräche ich noch immer mit ihm. Ich fing wieder an, abends mit den Hunden spazierenzugehen. Die schönste Zeit des Tages in Laikipia ist für mich die Stunde vor Sonnenuntergang, wenn alles mit Goldstaub bedeckt scheint und gelbes Licht die Silhouetten der Hügel betont. Das silberne Grün der *leleshwa* verschmilzt mit der glänzend dunklen Farbe der *Euclea* wie zu einem feinen Gobelin in leuchtendem Salbeigrün. Im Wasser der Stauseen spiegelt sich der Himmel, Familien von Nilgänsen schwimmen ruhig dahin, zeichnen dunklere Schatten auf der spiegelglatten Fläche, und Pelikane jagen in kleinen aufeinander abgestimmten Gruppen wie Balletttänzer nach Fischen. Ich liebte es, mit den Hunden spazierenzugehen. Ich rief sie beim Namen, und sie kamen und stupsten in der Hoffnung auf einen anerkennenden Klaps ihre warme Schnauze gegen meine Beine, und jeden kraulte ich am Kopf oder hinter den Ohren. Manchmal begegneten wir Büffeln und häufig auch Elefanten, die in aller Ruhe von den oberen Ästen einer Akazie fraßen und uns nur dann bemerkten, wenn plötzlich ein Zweig knackend zerbrach. Dann mußte ich mich ruhig verhalten und konnte nur hoffen, daß die Hunde dem Drang widerstanden, zu bellen oder zum Spaß anzugreifen, denn das endete immer damit, daß die Elefanten einen Scheinangriff starteten und daß ich ein paar Sekunden lang erstarrte und mir das Blut in den Adern gefror. Ich kehrte heim, wenn die letzten Schatten vor der Dunkelheit sich im Busch zu neuen Gestalten formten, die alle wie Büffel aussahen.

Emanuele war stiller als gewöhnlich. Er hatte sich mit Schnappschüssen aus glücklicheren Tagen ein großes Poster für sein Zimmer gemacht, und er arbeitete konzentriert an der Fertigstellung einer »Studie über den kenianischen Knochenhecht« mit Zeichnungen, Texten und Fotos, an der er schon vor Paolos Tod heimlich gearbeitet hatte. Sein Plan war es gewesen, sie Paolo zum Geschenk zu machen. Als er damit fertig war, schrieb er auf die erste Seite:

> Für meinen Vater Paolo, der mich gelehrt hat, die Kunst und das Handwerk des Hochseefischens zu lieben, sowie die Herausforderung, die dieser herrliche, aber unberechenbare Sport darstellt.
>
> Emanuele
> 28. 3. 1980

In der Zwischenzeit wurde mein Bauch immer dicker, und die Geburt stand unmittelbar bevor. Jeden Tag ging ich zu Paolos Grab am Rande meines Gartens. Man hatte von einem Platz unter einer riesigen Euphorbia, den Paolo besonders gemocht hatte und den er gern als Treffpunkt benutzte, einen großen länglichen Felsen herbeigeschafft. Dem Ort hatte man den Namen »Bobonghi ya Paolo« gegeben. Der Felsen, der über zwei Tonnen wog, war nun sein Grabstein. Mit Emanueles Hilfe hatte Colin ganz schlicht PAOLO eingemeißelt und darunter das Todesdatum: 19. 3. 1980.

Eines Tages saß ich im Schneidersitz mit dem Rücken gegen den Stein auf Paolos Grab gelehnt und zupfte Unkraut aus, das zwischen den kleinen Portulaks wuchs, die ich gepflanzt hatte. Ich hing meinen Gedanken nach und hielt einen Monolog mit ihm, der keiner Worte bedurfte. Ich versuchte, mit Paolo in Verbindung zu treten, und ich dachte daran, daß es Dinge gibt, wie zum Beispiel Musik, Düfte oder Licht, die die Erinnerung an Stimmungen oder Plätze oder Menschen heraufbeschwören und die, weil sie körperlos sind, auch zeitlos sind. Ich erinnerte mich an einen

Ausdruck, den Katholiken auf Heilige anwenden: »Er starb im Geruch der Heiligkeit«, und mir fielen zahlreiche Geschichten ein, die ich über Menschen gehört hatte, die im Sterben lagen, und über Düfte, die auf sonderbare Weise den Raum erfüllten. Vom Tod meiner Großmutter hatte man ähnliches berichtet; sie war eine ausgesprochen fromme Frau, und sie hatte auch mediale Fähigkeiten. Als meine Mutter das Schlafzimmer betrat, wo sie bis zur Beerdigung aufgebahrt worden war, roch es unglaublich stark nach Gardenien – ihren Lieblingsblumen. Doch es waren keinerlei Blumen im Raum.

Ich konzentrierte mich auf diesen Gedanken und hoffte auf ein Zeichen, irgendein Zeichen. Es gab keinen besonderen Geruch, den ich mit Paolo verknüpfen konnte; er hatte kein Gesichts- oder Rasierwasser benutzt. Doch mit einemmal war die Luft erfüllt von einem sehr starken Geruch. Es war kein Parfüm, sondern ein Desinfektionsgeruch oder ein Deodorant, süßlich und irgendwie medizinisch, nicht sonderlich angenehm und absolut künstlich, und er kam von meinen Fingern, mit denen ich das Unkraut auf dem Grab jätete. Er war so stark und überraschend, und so deutlich, daß mein Mund vor Erregung ganz trocken wurde.

Denn es war der Geruch, der in der Leichenhalle gehangen hatte, an dem Tag, als ich dorthin gegangen war, um Paolo ein letztes Mal zu sehen, bevor wir ihn zur Beerdigung nach Laikipia flogen. Wie ein zartes Nestvögelchen wiegte ich meine Hand vorsichtig in der anderen und ging zu meiner Mutter, die zur Geburt des Kindes aus Italien gekommen war. Ich wollte, daß jemand dieses merkwürdige Ereignis bezeugte.

»Riechst du was?« fragte ich gespannt, als hätte ich mir das alles nur eingebildet. Sie rümpfte die Nase. »Ja, sehr stark ... ein Desinfektionsmittel oder so was ... was ist das?«

Als ich ihr erzählte, was geschehen war, und die einzige Assoziation nannte, die ich mit dem Geruch in Verbindung bringen konnte, wirkte sie nicht überrascht. »Ich habe immer gewußt, daß du hellseherische Kräfte hast, Kuki«, sagte sie ruhig, »wie deine Großmutter. Bei dir wundert mich gar nichts mehr.«

Mehr geschah nicht. Der seltsame Geruch hielt noch lange an, bevor er verflog. Nur noch ein einziges Mal, drei Jahre später, roch ich ihn wieder und zwar so intensiv, daß ich begriff, daß dieses erste Mal unmöglich ein Zufall gewesen sein konnte.

24

Sveva

> *... nur ein Augenblick, eine kurze Rast auf dem Wind,*
> *und wieder wird mich eine Frau zur Welt bringen ...*
>
> Kahlil Gibran, *Der Prophet*

»Haben Sie schon mal so blaue Augen gesehen?« Der Arzt hielt mir das Baby hin, um es mir zu zeigen. »Ein schönes kleines Mädchen. Gut gemacht.«

Auf diesen Moment hatte ich endlos lange Monate gewartet, Monate, in denen ich in mich hineinhorchte, wenn das Baby in meinem Leib strampelte, mich nachmittags ausruhte und ein Kissen mit den Worten FÜR PAOLOS BABY bestickte. Ich ernährte mich gesund, machte Gymnastik, ließ mich untersuchen, ließ Ultraschallaufnahmen machen. Bei der Geburt von Paolos Kind sollte nichts schiefgehen. Ständig hörte ich die Musik von Boccherini, die eine wohltuende Wirkung auf mich hatte.

In Anbetracht der schweren Zeit, die ich durchgemacht hatte, und auch meines Alters hatten die Ärzte vorgeschlagen, daß sie, falls das Baby nicht zum vorausberechneten Zeitpunkt käme, die Geburt einleiten würden. Ich hatte ein Datum bestimmt, das wie ein gutes Omen klang: 18. 8. 1980.

An diesem Tag kam das Baby um 4.35 Uhr auf natürlichem Wege zur Welt. Es wog acht Pfund und war einundfünfzig Zentimeter groß.

Als ich im Krankenhaus von Nairobi angekommen war, hatte ich mich ausgezeichnet gefühlt. Ich war unglaublich gespannt gewesen und konnte es kaum noch erwarten. Immer wieder kam die Schwester, um nachzusehen. Sie hatte einen verwirrten Ausdruck im Gesicht. Ich lag in den Wehen. Aus dem Kopfhörer auf meinem Kopf und aus dem um meinen Bauch strömte Musik und nahm mir die Schmerzen, umflutete uns beide mit Wellen reiner Harmonie. Die Musik, die Paolo geliebt und die er sich für seine Beerdigung gewünscht hatte, würde die Musik dieser Wiedergeburt sein. Das Baby wurde geboren, und das einzige Hilfsmittel war die Musik. Und es hat nicht geschrien.

Es ist ein unbeschreiblicher Moment, wenn sich eine Mutter und ihr neugeborenes Kind zum erstenmal ansehen, wenn sie den ersten Blick auf das geheimnisvolle Wesen wirft, das sie monatelang verborgen in ihrem Schoß getragen und genährt hat und das nun zu einem anderen, für alle Zeiten unabhängigen menschlichen Wesen geworden ist, mit Charaktermerkmalen, die über Generationen von Vorfahren weitervererbt worden sind.

Ich streckte die Hände aus. Ein vollkommener Kopf, braune Haut, dunkelblondes flaumiges Haar und, was für ein Neugeborenes außergewöhnlich ist, offene, direkte, konzentrierte und wissende blaue Augen.

»Ein Zeichen, gib mir doch ein Zeichen.«

Langsam, fast bedachtsam, und ohne daß die tiefblauen Augen meinem Blick auswichen, krümmte sich der Zeigefinger ihrer linken Hand zusammen, und mit den anderen Fingern ergriff sie meine Hand. Ich spürte ein flaues Gefühl, Erleichterung, Freude in der Magengrube.

»Schön, daß du wieder da bist«, flüsterte ich, bevor ich schließlich einschlief.

Ich war mir ganz sicher gewesen, daß das Kind Paolos Ebenbild und deshalb ein Junge sein würde. Paolo hatte es besser gewußt. Ich gab ihr den Namen Sveva, den Paolo ausgesucht hatte, und mit zweitem Namen hieß sie Paolo. Die Sweben (italienisch »svevi«) waren ein edler Volksstamm, der Anfang des zehnten Jahrhunderts vom Norden her nach Italien eingefallen war und sich in Sizilien niedergelassen hatte. Ihr blondes Haar und ihre blauen Augen kann man noch heute bei einigen Sizilianern sehen, die normalerweise sehr dunkel sind. Es war ein seltener, schöner Name, der ausgezeichnet zu ihrem Äußeren paßte.

Innerhalb eines Tages wurde aus meinem Zimmer im Krankenhaus ein Gewächshaus, das von allen möglichen Blumen und Pflanzen überquoll; sie füllten jede Vase und jedes Regal und breiteten sich bis auf den Korridor aus. Ganze Menschenströme kamen zu Besuch. Freunde brachten Champagner, und unablässig trafen Briefe und Telegramme aus aller Welt ein. Ich hatte für das Baby ein Kindermädchen eingestellt. Sie war eine Kikuyu-Frau namens Wanjiru, intelligent, freundlich und höflich, zuverlässig und humorvoll; sie hatte bereits sechs eigene Kinder. Sie kam mit Emanuele ins Krankenhaus, betrat mein Zimmer und ging geradewegs auf das Kinderbettchen zu. Sie nahm das Baby auf den Arm und hob es hoch, wobei sie entzückt ausrief: *»A musijana!«* (»Ein kleines Mädchen!«). *»Mutoto yangu!«* (»Mein eigenes Kind!«). Sveva lächelte strahlend mit ihrem zahnlosen Mund. *»Makena!"* (»Die Glückliche!«) rief Wanjiru auf Kikuyu. Im ersten Augenblick erkannte ich, daß die Beziehung zwischen den beiden von großer Zuneigung geprägt sein würde. Tatsächlich wurde daraus eine tiefe gegenseitige Liebe, und Wanjiru wird für Sveva immer wie eine zweite Mutter sein.

Als ich nach ein paar Tagen zum Haus in Gigiri zurückkehrte, war es voller Blumen. Oria hatte einen Korb mit besonderen herzförmigen Keksen mitgebracht, die ihr alter Koch Kimuyu gebacken hatte. In einem eleganten Topf stand eine junge gelbe Fieberakazie mit einer Karte, die an Miß Sveva Gallmann adressiert war und die folgenden Wortlaut trug: »Willkommen zu Hause, Sveva. Dieser Baum, den Dein Vater so sehr geliebt hat, wird Dir Glück und Segen bringen.«

Paolos Lieblingsvogel war die Seemöwe gewesen, denn sie erinnerte ihn an das Meer. Als ich Svevas Kinderzimmer betrat, sah ich, daß jemand, während ich im Krankenhaus war, eine der blaßblauen Wände mit wunderschönen fliegenden Seemöwen und ziehenden Wolken bemalt hatte. Es war das Geschenk von Davina Dobie, einer Künstlerin und engen Freundin von uns. Sie hatte eine Nachricht hinterlassen: »... ich liebe Dich und Baby Paolo, immer, sogar aus weiter Ferne.«

Ein paar Tage nach Svevas Geburt flogen wir nach Ol Ari Nyiro. Es war ein seltsames Gefühl, mit Paolos Kind im Arm nach Laikipia zurückzukehren. Die Hunde kamen wie üblich dem Wagen entgegengelaufen. Sie schnüffelten scheu an Svevas winzigen Füßen und stupsten sie zaghaft an.

Mein Zimmer wartete, und darin das Ei. Ich kletterte auf das Bett und berührte es. Ich hielt es in der Hand und schüttelte es sacht, damit die Botschaft in seinem Inneren wußte, daß ich da war. Ich führte Svevas Hand, deren Finger bereits schlanker wurden, an die Schale mit ihrer cremig-glatten Oberfläche. In der Nacht, beim Licht meiner Kerze, betrachtete ich das Ei erneut, als wäre es ein geheimnisvolles Gesicht, das ein verborgenes Geheimnis zu erzählen hätte, und das Ei hing dort wie ein stummes Rätsel. Der Sinn des Ganzen lag vielleicht darin, daß man sich ständig fragte und zu erkennen versuchte, welche Bedeutung und Symbolkraft darin lag. Ich war noch nicht soweit. Ich konnte das Ei noch nicht zerbrechen.

Zur Feier des Tages wurden Schafe geschlachtet und gebraten, und ich bezahlte alle ausstehenden Schulden meiner Angestellten. Unsere Leute kamen, um Sveva zu begrüßen und ihr Glück zu wünschen, wie es Brauch ist. Sie sahen sie an, berührten ihre rosafarbenen Finger, lachten über die Farbe ihrer Augen und ihrer Haare, die ganz der Vater waren, und brachten ihr als Geschenke Eier, einen jungen Hahn, ein Perlenamulett und anderes mit.

Mit der Zeit gaben sie ihr Namen. In der Sprache der Tharaka hieß sie Kainda, ein Name, den Luka ihr gab und der »die Tochter des Jägers« bedeutet. Von Garisha bekam sie den Namen Kaweria, der in der Sprache der Meru »die Liebevolle« bedeutet. Der Name, der haftenblieb, war Makena, der auf Kikuyu »die Glückliche« bedeutet und den Wanjiru ihr wegen ihres heiteren Wesens gegeben hatte. Mirimuk kam und betrachtete sie mit ernstem Gesicht lange und eingehend. »Paolo ist zurückgekommen. Sein Same ist nicht verdorrt. Er ist jetzt in diesem Mädchen, und wir sind glücklich, denn er wird sich wieder um diese *shamba* kümmern.« Er legte seine Hand auf ihren Kopf, und er bespuckte sie mit Speichel, dem traditionellen Segen der Turkana. »*Jambo Paulo*«, sagte er mit seiner heiseren Stimme. »*Asante wa kurudi*« (»Danke, daß du zurückgekommen bist«).

Ich hatte eine tiefe Zuneigung zu Mirimuk entwickelt; ich mochte seine scharfen Augen, seine freundliche reservierte Art, die Konsequenz, mit der er sich ausschließlich von *posho* und Milch ernährte, sein selbstbewußter, mit Respekt und Eifer gepaarter Stolz. Er hatte Sveva, Emanuele und mich gern, das war offensichtlich. Wir erwiderten seine Gefühle. Der Name, den er für Sveva ausgesucht hatte, rührte mich sehr.

25

Die Dürre

Im Hochland wachte man morgens auf und dachte: Jetzt bin ich da, wo ich sein möchte, denn hier gehöre ich hin ...

Karen Blixen, *Jenseits von Afrika*

Am 22. März hatten wir Paolo beerdigt.

Der März war mit stürmischem Wind zu Ende gegangen, und die unglaublich schnell dahinziehenden Wolken Afrikas, die ständig in Bewegung sind und ihre phantastischen Formen verändern, waren noch nicht am klaren blauen Himmel zu sehen. Wir fingen an, in Erwartung der ersten Anzeichen für Regen nach oben zu blicken. Doch die Nächte brachten nur unablässigen Wind, der die neuen, noch zarten Pfefferbäume umbog, die ich gepflanzt hatte, und die junge gelbe Fieberakazie auf Paolos Grab mußte mit einem Bambusstab abgestützt werden, damit sie nicht umknickte. Windhosen stiegen von den heißen Ebenen auf und wirbelten Zweige und Dornensträucher hoch, und eine dünne Staubschicht ließ die Crotonen und den Immergrün glanzlos werden.

Die Pokot brannten ihre Weideflächen ab, und in der Nacht lagen Feuerbänder auf den Hügeln wie feierliche Lichter. Doch der Regen schien verlorengegangen zu sein. Einige Male wurde der Himmel grau und schwer, und hoffnungsvoll blickten wir nach Osten, von wo der Regen normalerweise nach Laikipia kam; doch nur das Heulen des Windes war zu hören, der durch die Äste der höchsten Bäume pfiff und neue Melodien spielte. Die Weiden wurden mit jedem Tag trockener und kümmerlicher; der Zustand der Rinder verschlechterte sich. Schon zeichneten sich die Rippen deutlich unter der scheckigen Haut ab. Die Höcker hingen schlaff herab. Die Wasserlöcher trockneten aus, und der Wasserstand der Stauseen sank so tief wie nie zuvor.

Eines Nachts wurde ich durch ein wütendes, fauchendes Geräusch geweckt. Hunde bellten und knurrten. Dazu klopfte jemand wie verrückt an meine Tür. »*Chui!*« rief der Askari aufgeregt, »*chui nakula mbwa!*«

(»Der Leopard frißt die Hunde!«) Der Lärm war ohrenbetäubend und schien von der Rasenfläche vor dem Wohnzimmer zu kommen.

Der Generator wird nachts abgestellt, und dann ist es, wenn man so kurzsichtig ist wie ich, nicht gerade leicht, im Dunkeln die Paraffinlampe anzuzünden, das Gewehr zu finden und zu laden, eine Taschenlampe zu suchen und sich barfuß über das taufrische, kalte Gras an eine unsichtbare, räubernde wilde Bestie heranzuschleichen. Nichts, was ich in Italien gelernt hatte, hatte mich darauf vorbereitet.

Der Leopard, zweifellos von der Witterung der Hunde angelockt, hatte gemerkt, daß er es mit sieben von ihnen aufnehmen mußte. Er hatte auf einer der jungen gelben Fieberakazien Zuflucht gesucht, wo er hartnäckig hockenblieb und nach Katzenart fauchend mit seinen Pranken schlug. Im Schein meiner Taschenlampe wirkten seine gelben Augen und blanken Fänge wild und bedrohlich. Sobald die Hunde mich witterten, verdoppelten sie ihre tapferen Bemühungen. Das Bellen wurde lauter, und einer von ihnen versuchte, auf den Baum zu springen. Der Leopard erwischte ihn mit einem schnellen Prankenschlag, der Hund jaulte auf, ich feuerte in die Luft, und meine Taschenlampe fiel zu Boden. Der Leopard sprang im Schutz der Dunkelheit davon – es war genau das, was ich beabsichtigt hatte –, und meine Hunde machten sich auf eine wütende Verfolgungsjagd. Ihr wildes Bellen, in das sich klagendes Heulen mischte, brachte die scheuen Tiere der Nacht zum Schweigen. Dieses Mal ging es noch mit Verletzungen ab, die sich mit Jod oder antiseptischem Puder behandeln ließen, doch zahlreiche weitere Leopardenangriffe auf den einen oder anderen Hund wurden bald zu einem relativ alltäglichen Ereignis. Colin Francombe mußte oft mit seiner Arzttasche hinauf nach Kuti kommen, um ernsthafte Wunden zu behandeln.

Mitte Juni flog Colin mit seiner Familie nach England, um dort zwei Monate Urlaub zu machen, was er alle zwei Jahre tat. Zum erstenmal, seit wir nach Afrika gekommen waren, war ich allein.

Bald starben die ersten Rinder. Zunächst waren es ein oder zwei am Tag, womit John Mangicho, der Stellvertreter des Verwalters, mit Hilfe der Vorarbeiter Ngobitu und Tunkuri noch fertig werden konnte. Doch als andere Symptome auftraten, mit denen sie nicht vertraut waren, und sich die Zahl der toten Tiere auf zehn und mehr erhöhte, schickte ich jemanden zu Jasper Evans. Er war der Nachbar, an den ich mich, wie Colin empfohlen hatte, im Notfall wenden konnte, und er kam sofort. Jasper gehörte zu den Menschen, bei denen man sich nicht vorstellen kann, daß sie jemals die Geduld verlieren. Er war phlegmatisch und ausgeglichen, und allein sein Anblick, als er so auf meiner Veranda stand, einen angewärmten Wodka in der einen Hand und seinen Khakihut in der anderen, und völlig ruhig über das Problem sprach, beruhigte mich. Seine Anweisungen waren vernünftig und hatten Hand und Fuß, und er empfahl einige Gegenmaßnahmen. Als er ging, war seine letzte Bemerkung bezeichnend für seine fatalistische Haltung: »Sie haben sechstausend Stück Vieh. Machen Sie sich keine Sorgen, wenn Sie hundert verlieren.«

Ich machte mir dennoch Sorgen. Ich wußte noch immer so gut wie nichts über Rinder, aber ich konnte sehen, daß sie in ihrem entkräfteten Zustand für jede Krankheit anfällig waren, gegen die sie sonst resistent gewesen wären. In diesem Fall handelte es sich um eine besondere Art von Rinderfieber, eine von Zecken verursachte Infektion, die von den Büffeln übertragen wurde und für die es noch kein Heilmittel gab. Bis Colin zurückkam, waren über vierhundert eingegangen; es war eine Lektion, die ich nie vergessen werde. Ich beschloß, wieder Felder anzupflanzen, und zwar mit Futterpflanzen, die man in Silos lagern konnte, um für derartige Notfälle vorbereitet zu sein. Die Graswiesen bei Enghelesha mußten wieder bestellt werden, und ich war der Ansicht, daß wir dort jenen Mais anbauen sollten, den wir bisher zur Verpflegung unserer Arbeitskräfte kaufen mußten. Einen Teil des Mais sowie die grünen Stiele konnten wir als Silofutter einlagern. Nie wieder sollte uns eine Dürre unvorbereitet treffen.

In der Zwischenzeit häuften sich die beunruhigenden Berichte über Wilderer. Ein gewisses Maß an »gesundem« Wildern ist wohl unvermeidlich, wenn es auf einem Landbesitz von wildlebenden Tieren wimmelt und dieser gleichzeitig rundherum von Ansiedlungen umgeben ist, wo kein einziges Wild mehr lebt. Die Pokot an unserer nordöstlichen Grenze waren äußerst arm. Sie kannten Ol Ari Nyiro seit undenklichen Zeiten, da es einst das Gebiet gewesen war, wo sie ihre Rinder und Ziegen hatten weiden lassen. Ab und zu jagten sie mit Speeren eine Elenantilope, um das Fleisch zu essen, und ich brachte es nicht übers Herz, das zu verbieten. Wildern in geringem Umfang war nie ein Problem gewesen, bis in den späten siebziger Jahren ein neuer Umstand eintrat, der die gesamte Lage veränderte. Somali-Banden, die an Elfenbein und Rhinozeroshörnern interessiert waren, unterwanderten die Pokot. Der Preis, den sie für ein Horn zahlten, entsprach mehr als einem Jahreseinkommen – eine Versuchung, der die Pokot nicht widerstehen konnten.

Damals arbeiteten sechzehn Leute bei unserem privaten Wachdienst auf der Ranch. Ihre Aufgabe war es, zu Fuß auf dem Gelände zu patrouillieren und dafür zu sorgen, daß kein Unbefugter die Ranch unbemerkt betrat. Sie waren für die Sicherheit des Viehs und der wildlebenden Tiere verantwortlich. Ihnen ist es zu verdanken, daß wir keinerlei Viehdiebstähle zu verzeichnen hatten, was eine ordentliche Leistung ist für ein Gebiet, das unmittelbar an das Land der Samburu grenzt, deren junge Krieger nach allgemein anerkannter Tradition in Vollmondnächten Vieh stahlen. Unsere Wächter waren hauptsächlich mit Pfeil und Bogen bewaffnet. Die meisten von ihnen gehörten den Tharaka an, einem Stamm von Jägern, die am Rande des Meru-Nationalparks lebten und alle Geheimnisse des Wilderns und Jagens kannten, da sie selbst einmal Wilderer gewesen waren. Sie waren klein und muskulös, so daß sie stundenlang Spuren verfolgen und sich blitzschnell verstecken konnten. Sie waren gewandt und mutig, und Luka war ihr Anführer. Es gab auch Turkana unter den Wächtern, die größer und wilder waren, lange Gliedmaßen hatten und weite Märsche unternehmen konnten, ohne zu ermüden. Ihr Anführer war Mirimuk. Außerdem gab es ein paar Somali, die schlauer, kultivierter und ungeheuer mutig sind, und an deren Spitze Hussein Omar stand. Nur diese drei Männer hatten Gewehre. Bald war es offensichtlich, daß sechzehn mit Pfeil und Bogen bewaffnete Leute nicht ausreichten, um die gesamte Ranch wirksam zu überwachen und gleichzeitig eine organisierte und gutbewaffnete Truppe von Wilderern zu bekämpfen.

Ich mußte lernen, nicht nur mit meiner eigenen Einsamkeit, sondern auch mit vielen neuen Dingen fertig zu werden. Dazu gehörte zunächst einmal, die richtige Einstellung zu dem Landbesitz zu finden, für den ich plötzlich verantwortlich war, denn davon würde dessen Zukunft abhängen.

Viele meiner alten Freunde in Italien entsetzte die Vorstellung, daß ich allein mitten in Afrika lebte, gemeinsam mit einem noch sehr jungen Sohn und einem Baby, ohne Telefon, ohne richtige Straßen, umgeben von Tausenden Hektar Buschland, wo nicht nur die wilden Tiere gefährlich waren, sondern auch Menschen, die entschlossen waren, jeden zu töten, der ihnen ihre Jagdbeute abspenstig machen wollte. Viele kamen zu Besuch oder schrieben mir und flehten mich an, meine Entscheidung zu überdenken, die Ranch mit Gewinn zu verkaufen und »nach Hause« zurückzukommen. Doch der Gedanke, Afrika zu verlassen, ist mir nicht ein einziges Mal in den Sinn gekommen, auch nicht in den trostlosesten Augenblicken, wenn ich mich einsam fühlte, das Gefühl hatte, die bevorstehenden Aufgaben nicht bewältigen zu können, und mir die Dinge, denen ich mich allein stellen mußte, zu schwierig und zu fremd erschienen. Auch wenn Paolo nicht mehr da war – die Gründe für unsere Entscheidung waren noch immer dieselben.

Meine erste symbolische Entscheidung war es gewesen, Paolo in Laikipia zu beerdigen, statt ihn nach Italien überführen zu lassen, wie man es erwartet hatte. Dadurch, daß ich ihn auf dem Land hatte beerdigen lassen, das er geliebt und ausgewählt hatte, entsprach ich, wie ich wußte, nicht nur seinem eigenen Wunsch, was an sich schon Grund genug gewesen wäre. Es war auch ein wichtiges Signal gewesen, mit dem ich meine Position und meine Wahl unterstrich: Laikipia, Ol Ari Nyiro waren »mein Zuhause«.

In Afrika legt man großen Wert darauf, die Toten auf ihrem eigenen Land zur Ruhe zu betten. Als Heimstätte gilt, wo die eigenen Vorfahren bestattet sind und wo man selbst eines Tages liegen wird. Ich war der Ansicht, daß man, wenn man sich schon seinen Geburtsort nicht aussuchen kann, zumindest den Ort auswählen sollte, wo der Körper nach dem Tode ruhen wird. Genau aus diesem Grund hatte ich die Akazie gepflanzt, den afrikanischsten aller Bäume, und den, den Paolo am meisten geliebt hatte. Eines Tages würden die Wurzeln bis zu seinem Körper reichen und sich von ihm nähren, und er würde wieder aus dem Grab herauswachsen und Teil der Landschaft werden, die er so sehr geliebt hatte. Daher hatte ich beschlossen, dem Druck zu widerstehen, doch nach Europa zu gehen, um dort Paolos Kind zur Welt zu bringen. Innerhalb weniger Monate sollte Paolo in Afrika gestorben, begraben und wiedergeboren sein.

Ich hatte mich entschieden, in diesem Land zu bleiben. Emanuele zeigte bereits alle Anzeichen dafür, daß er eines Tages durchaus in der Lage sein würde, die Ranch so fortschrittlich zu leiten, wie Paolo es sich gewünscht hätte. Seine Begeisterung für Naturwissenschaften war offensichtlich keine vorübergehende Marotte. Nach seinem Universitätsstudium sollte er zurückkommen, mit neuen Ideen und neuen Maschinen, um die Ranch nach den Grundsätzen weiterzuführen, an die Paolo und ich geglaubt hatten: der Bewahrung eines sorgsamen Gleichgewichts zwischen der Nutzung der natürlichen Rohstoffe und dem Schutz der Umwelt. Das Land zu schützen war mir ein wichtiges Anliegen. Es zu verlassen hätte bedeutet, diese Verantwortung abzulehnen und mich geschlagen zu geben. Ich konnte Paolo nicht enttäuschen. Ich mußte wegen Emanuele ein paar Jahre durchhalten, und ich konnte mich glücklich schätzen, daß ich in Colin einen sachkundigen und zuverlässigen Helfer hatte, den ich achtete und dem ich vertraute. Zuallererst jedoch galt es, eine Strategie zu entwickeln, und mir war klar, daß dies letzten Endes meine Aufgabe war. Auf den umliegenden Ranches in Laikipia machten Wilderer in zunehmenden Maße Jagd auf Nashörner, und sehr bald würde, abgesehen von denen, die in den wenigen eingezäunten und geschützten Reservaten lebten, die einer Handvoll engagierter Menschen gehörten, kein einziges mehr übrig sein. Die meisten Landbesitzer fühlten sich für den Schutz des Wildes nicht mehr verantwortlich. Seit dem Jagdverbot im Jahre 1977 waren die wildlebenden Tiere der Regierung unterstellt. Rancher durften zwar alles bekämpfen, was sie als gefährlich für sich selbst oder ihren Besitz erachteten, aber der Schutz wildlebender Tiere auf ihrem Privatbesitz fiel nicht mehr unbedingt in ihren Zuständigkeitsbereich. Darüber hinaus war es eine sehr teure Angelegenheit, die keinen Gewinn garantierte.

Als ich nach Ol Ari Nyiro kam, gab es dort Wild in Hülle und Fülle. Ich wollte es schützen, auch wenn das theoretisch nicht meine Aufgabe war und niemand es von mir erwartete. Ich wollte es schützen für Paolo, für Emanuele und aus Selbstachtung; und auch, weil ich überall um uns herum sehen konnte, was geschehen würde, wenn ich es nicht tat. Jenseits des Enghelesha-Berges war man gerade dabei, die Colobus-Farm in kleine *shambas* aufzuteilen, wo für wilde Tiere kein Platz mehr war. Der Wald aus Zedern und Steineiben, die alten Schwarzholzakazien waren gefällt und als Brennholz benutzt worden. Für die Stummelaffen und die seltenen Vogelarten waren die kahlen Hänge der Hügel, wo einst Wildblumen und Lianen wucherten, keine Zufluchtsstätten mehr. Überall wurde Mais angebaut. Blechdächer überragten die bestellten Felder, wo es Büffel und Antilopen im Überfluß gegeben hatte.

Wenn ich ging, würde hier dasselbe passieren: denn wohin konnten die Tiere gehen? Der Wald von Enghelesha war das einzige, große ursprüngliche Waldgebiet, das in diesem Teil von Laikipia übriggeblieben war. Die Vielfalt der Pflanzenwelt war außergewöhnlich, weil die Ranch auf einem abwechslungsreichen Gelände lag. Ich konnte den Gedanken nicht ertragen, daß dies alles durch Besiedelung zwangsläufig und unwiederbringlich zerstört werden würde. Der Gedanke, diese Schönheit für Geld zu verkaufen, erschien mir nicht nur schändlich und unsinnig gierig. Es wäre darüber hinaus ein Akt der Feigheit, der zeigen würde, daß ich das Privileg, hier leben zu dürfen, nicht verdient hatte. Vor allen Dingen wollte ich beweisen, daß ich der Aufgabe, diese mir anvertraute Natur zu schützen, würdig war.

Ich saß auf dem Gipfel des Berges bei Mugongo ya Ngurue und blickte zwischen den unberührten Felsen der Mukutan-Schlucht hindurch auf Baringo hinab. Ich berührte den rauhen Stamm der alten verkrümmten Akazie, die dort am Rande der Welt wuchs, als würde sie das stille, gewaltige, majestätische Szenario bewachen. Diese Landschaft hatte es schon lange vor unserer Ankunft gegeben. Es würde sie noch geben, wenn ich längst fort sein würde. Ich hatte nicht nur kein Recht, sie zu zerstören, sondern ich mußte mich aktiv für ihren Schutz engagieren. Besondere Privilegien haben ihren Preis; und dies war mein Erbe.

Mit der Geburt meiner Tochter hatte sich mein Leben erneut völlig verändert. Der Altersunterschied von über vierzehn Jahren zwischen ihr und Emanuele war nicht leicht zu überbrücken, und all das geschah zu einem Zeitpunkt, da durch Paolos Tod viele neue Anforderungen an meine Zeit und Energie gestellt wurden, die ich weder umgehen noch hinausschieben konnte. Die zahlreichen Aufgaben einer Hausfrau und Mutter warteten weiter auf mich, und zusätzlich mußte ich mich um das Baby kümmern. Natürlich nahm Sveva bei mir die erste Stelle ein, und da ich sie nicht allein lassen wollte, besorgte ich mir ein Tragetuch und nahm sie, wie ein Känguruh sein Junges, überall mit hin, wie die afrikanischen Mütter es tun. Ich beschloß außerdem, sie so lange zu stillen, wie der Kinderarzt es empfahl. Er riet mir zu zwei Jahren, und nachdem ich den ersten Schock überwunden hatte, hielt ich mich daran, ohne einen weiteren Gedanken daran zu verschwenden. Aus heutiger Sicht war es eine der vernünftigsten Entscheidungen, die ich je getroffen habe. Außerdem hatte ich Wanjiru eingestellt, damit sie sich um alle praktischen Dinge der Babypflege kümmerte. Sie wurde von Anfang an und für immer zu einem Mitglied unserer Familie. Sie lernte schließlich Italienisch und ging mit uns auf Reisen. Sveva liebte sie wie eine zweite Mutter.

Als Colin aus dem Urlaub zurückkam, nahm ich sogleich die Punkte in Angriff, die nicht mehr aufgeschoben werden konnten. Mit seiner Unterstützung begriff ich allmählich, worauf es bei der Viehzucht und der Führung einer Farm ankommt. Ich lernte, Verhandlungen zu führen und mit so exotischen Dingen wie Bilanzen und der Ausdrucksweise in Verträgen und geschäftlichen Papieren umzugehen. Vor allem lernte ich, Entscheidungen zu treffen, die sich auf viele Menschen auswirken und weitreichende Konsequenzen haben konnten, ohne mich auf Paolos Urteil und seine sachkundige Hilfe stützen zu können. Doch zum Schutz der wildlebenden Tiere war ein Plan über die notwendigen Schritte erforderlich. Gleichgültig, wieviel es mich kosten würde – ich war entschlossen, mein Ziel zu erreichen.

26
Der Tod eines Nashorns

Die ungeheure Sehnsucht, die Erde nicht nur zu schützen, sondern ihr wieder zu ihrem Recht zu verhelfen.

Laurens van der Post, *A Walk with a White Bushman*

Eines Tages fand Luka wieder ein totes Nashorn am unteren Lauf des Mukutan. Es war Bianco, der riesige Bulle, der früher regelmäßig zum Trinken zu den Quellen unterhalb der Hütte auf dem Mukutan gekommen war, und Paolo hatte ihm wegen seiner sehr blassen Haut diesen Namen gegeben. Sein Tod erschütterte mich mehr als der der anderen Nashörner, denn dieses Nashorn kannte ich. Es war höchste Zeit, konsequent und wirksam einzuschreiten, und ich beriet mich mit Colin.

Zusammen mit Bianco wurden zwischen Ende 1979 und 1980 auf der Ranch neun Nashörner getötet. Falls nicht sofort etwas unternommen wurde, würde es bald keine mehr geben. Um die Wächter wirkungsvoll gegen Wilderer einsetzen zu können, mußten wir ihre Zahl verdoppeln und sie anständig ausrüsten. Wir brauchten Gewehre, Funkgeräte, Uniformen und genügend Transportmittel. Colin konnte sie ausbilden und die Leitung übernehmen. Ich konnte auf meine Erträge verzichten und damit alle zusätzlichen Leute unterhalten und bezahlen. Aufgrund der Dürreperiode und ihrer Folgen für die Viehzucht, die unseren Verkauf beeinträchtigt hatten, war es eine enorme Belastung. Aber ich war der Ansicht, daß mir dieses Land treuhänderisch anvertraut war. Als Paolo und ich hier anfingen, waren in diesem Gebiet zahllose wilde Tiere zu Hause. Ich konnte nicht aufgeben. Meine Aufgabe war es, sie zu schützen, und dazu mußte ich zunächst die Bewachung verbessern. Ich ließ Colin völlig freie Hand; er sollte so viele Leute einstellen, wie seiner Meinung nach nötig waren. Die Zahl der Wächter wurde auf zweiunddreißig Mann verdoppelt. Allerdings konnte ich es mir nicht auch noch leisten, sie auszurüsten.

Richard Leakey kam mir zu Hilfe. Ich war ihm noch nicht begegnet, aber ich kannte seinen Bruder Philip aus unserer ersten Zeit in Afrika. Richard war damals stellvertretender Leiter der »East African Wildlife Society« und Museumsdirektor. Er war noch recht jung für eine solche Position, und er stand in dem Ruf, energisch und ehrgeizig zu sein und Dummköpfe nicht ausstehen zu können. Philip, der Colin gut kannte und von unseren Problemen wußte, meinte, daß Richard uns vielleicht helfen könnte. Er arrangierte ein Treffen, und ich fuhr zu Richards Büro im Museum.

Das erste, worauf ich bei einem Menschen achte, sind immer die Augen. Richards braune Augen strahlten Intelligenz, Geist und Neugier aus. Er wirkte ruhelos, ganz so, als ob er es nicht ertrage, Zeit zu verschwenden; doch er konnte sich voll und ganz auf ein Problem konzentrieren und es resolut in Angriff nehmen. Wenn er will, kann er auch charmant sein. Er begrüßte mich mit den Worten: »Ich habe schon viel von Ihnen gehört.« Er lächelte. »Nur Gutes.«

»Ich von Ihnen auch. Nicht nur Gutes. Aber ich bilde mir gern mein eigenes Urteil über Menschen«, lächelte ich zurück.

Wir sprachen über die Ranch, die dort wildlebenden Tiere, die Wächter und mein Engagement für die Eindämmung der Wilderei und den Schutz der Tiere, die auf meinem Land lebten. Er verstand das Problem sofort, zeigte Verständnis und versprach zu helfen. Mir war klar, daß er mich nie unterstützen würde, wenn er nicht selbst davon überzeugt wäre, daß das, was ich zu erreichen versuchte, der Mühe wert war.

Ol Ari Nyiro war die Heimat des größten Bestandes an einheimischen Schwarzen Nashörnern, den es noch auf privatem Besitz in Kenia gab: Dies war eine Tatsache. Für den Naturschutz und die Forschung waren diese Tiere von unschätzbarem Wert. Sie mußten geschützt werden, denn sonst wären sie unwiederbringlich verloren.

Bevor ich ging, sagte Richard: »Ich interessiere mich sehr für Ihre Kreise. Vielleicht erlauben Sie mir einmal, sie zu untersuchen.«

Ich hatte nicht die leiseste Ahnung, wovon er sprach. Ich blickte ihn verwirrt an, sah dann an mir selbst hinunter, als ob ich fürchtete, seltsame Flecken bekommen zu haben. Richard erklärte mir, daß ihm, als er die Ranch auf dem Weg nach Koobi-Fora überflogen hatte, ungewöhnliche kreisförmige Formationen aufgefallen waren, eine dunklere und dichtere Vegetation, die sehr große Flächen auf der Ranch umgrenzte. Er wollte gern herausfinden, worum es sich dabei handelte. Die Idee begeisterte mich, denn als kleines Mädchen hatte ich meinen Vater auf seinen archäologischen Expeditionen in Venezien begleitet, bei denen er nach Fossilien und prähistorischen Überresten suchte.

Innerhalb weniger Wochen konnte Richard Funkgeräte und alte Großkalibergewehre für die Wächter besorgen. Damit konnte unsere Kampagne zur Bekämpfung der Wilderei beginnen. Von dieser ersten Begegnung an war zwischen uns eine Beziehung entstanden, die auf gegenseitiger Achtung und Vertrauen beruhte, und im Laufe der Jahre wurden wir gute Freunde.

Richard verfolgte seine Ziele mit großer Entschlossenheit und Intelligenz. Er war ein Arbeitstier. Er arbeitete wie jemand, der es nicht ertragen konnte, kostbare Zeit zu verlieren. Da er lange vor Tagesanbruch aufstand, früh zu Bett ging und gesellschaftliche Verpflichtungen am Abend ablehnte, war er ungeheuer produktiv. Er hatte nichts übrig für Menschen, die langsam oder inkonsequent oder dumm waren, aber er war sehr fair, und seine Mitarbeiter bewunderten ihn. Seine Leistungen waren überwältigend, und wenn er einen seiner Vorträge über Anthropologie oder irgendein anderes Thema hielt, war es schwierig, nicht von ihm fasziniert zu sein. Ich könnte mir vorstellen, daß Richard erfahren hat, wie wertvoll Zeit ist, als er glaubte, daß ihm keine Zeit mehr bliebe, das heißt, als er nierenkrank wurde und sich einer Nierentransplantation unterziehen mußte. Sein Bruder Philip hatte ihm damals eine seiner Nieren gespendet und ihm damit eine neue Lebenschance gegeben. Richard war ein Gourmet; er liebte gutes Essen und guten Wein, und er segelte leidenschaftlich gern nördlich von Lamu, wo er ein Haus hatte. Er war ein ausgezeichneter und sicherer Pilot, doch Fliegen war für ihn nicht ein Vergnügen an sich, sondern nur eine Möglichkeit, schnell irgendwohin zu kommen. Er hing zu sehr am Leben, als daß er Risiken einging, und während der Regenzeit flog er gar nicht. Wie alle Leakeys liebte er Hunde, und einige von Gordons Nachkommen fanden bei ihm ein glückliches Zuhause. Richard hatte eine außergewöhnliche Familie, und mit der Zeit lernte ich seine Frau Meave kennen und schätzen sowie ihre Töchter Samira und Louise, intelligente, lebhafte Mädchen, die häufig nach Laikipia kamen und ein paar Tage bei uns verbrachten. Sie ritten mit Begeisterung auf den Kamelen und jagten mit ihnen unter ausgelassenem Gekreische meine kleine Landebahn entlang.

Die Arbeitslast und die Probleme waren gewaltig und schwieriger, als ich es mir je vorgestellt hatte. Meine Einsamkeit wurde allmählich immer belastender für mich, und meine Freunde und meine kleine Tochter konnte das nicht gänzlich aufwiegen. Es waren die schwersten Jahre meines Lebens, doch ich hatte beschlossen, zu bleiben und meine Ziele zu erreichen. So weinte ich nachts, wenn es keiner sah, und machte am Tage mit meiner Arbeit weiter.

Paolos Töchter waren nicht da. Valeria, die älteste, die mit Mario zur Zeit des Unfalls in Indien war, erfuhr erst Monate später, was geschehen war, als sie zufällig ihre Großmutter in Italien anrief. Als ich davon hörte, war ich froh, daß Mario bei ihr war und sich um sie kümmern konnte, was er auch tat und noch immer tut, denn sie sind nach wie vor ein glückliches Paar. Die jüngere, Livia, war sechzehn, und Paolos Tod hatte sie tief getroffen. Die künstlerisch begabte und intelligente, originelle, unberechenbare und reizbare Livia war nie ein einfaches Kind gewesen. Der Tod ihrer Mutter, als sie gerade fünf Jahre alt war, hatte ein emotionales Loch gerissen, das keine noch so große Liebe und Fürsorge jemals wieder hatte füllen können. Sie war Paolos Lieblingstochter gewesen, und sein Tod machte ihr alles noch schwerer.

Ich hatte Emanuele bei mir. Er war vierzehn, und er verhielt sich so, wie ich es erwartete: Er lernte wie besessen für die Schule und betäubte seinen Schmerz darüber, daß Paolo nicht mehr da war, mit Hilfe seiner Bücher und mit Hilfe einer Leidenschaft, die in gewisser Weise die Erregung ersetzte, die ihm die für immer verlorenen Abenteuer auf der Büffel- oder Löwenjagd verschafft hatten. Schon als Kind hatte er diese eigenartige und ungewöhnliche Leidenschaft, die ich ihm, wie ich meinte, nicht ausreden sollte.

Schlangen.

27

Eine gefährliche Leidenschaft

Die Schlange, das tückischste Tier aller Gefilde.

John Milton, *Das verlorene Paradies*

Auf Ol Ari Nyiro lebte ein alter Turkana-Hirte mit einem für Turkana sehr ungewöhnlichen langen, lockigen Bart, der ihn aussehen ließ wie den heiligen Joseph im Stall von Bethlehem. Und so wurde er von Paolo und mir auch genannt. Er hatte eine edle Haltung und ein stolzes, schönes Profil, wie die Heiligen, die an Kirchendecken abgebildet sind. Eines Tages brachte man ihn zu mir nach Kuti. Sein Bein war bösartig angeschwollen: Er war von einer Schlange gebissen worden, die entwischt war und bei der es sich entweder um eine Erdotter oder um eine kleine Puffotter gehandelt hatte. Es war meine erste Erfahrung mit Schlangen in Laikipia.

Simon, der sich alles, was die Turkana betraf, sehr zu Herzen nahm, teilte mir mit, was vorgefallen war, und brachte mich mit ernster Miene zu dem Mann, damit ich ihn mir ansah. Er lag auf dem Rasen hinter dem Haus, stumm, mit geschlossenen Augen, eingewickelt in eine schäbige Decke, und sah mehr denn je aus wie ein sterbender Heiliger auf einem Fresko. Neben ihm stand Ngobitu und wartete gespannt darauf, was ich unternehmen würde.

Ich war es gewohnt, alle möglichen Krankheiten auf der Ranch zu behandeln, vom Kinderhusten bis zu infizierten Wunden und Frauenleiden. Ich hatte sogar ein paar Brüche gerichtet und Bänderzerrungen behandelt und die Erfahrung gemacht, daß unsere Leute ein rührendes, unbegrenztes Vertrauen in meine Fähigkeit setzten, bei ihren leichteren Krankheiten Wunder zu vollbringen. Noch nie hatte ich jedoch einen Schlangenbiß behandelt, und obwohl ich ein paar theoretische Kenntnisse besaß, war ich mir nicht sicher, welche praktischen Ergebnisse ich erzielen würde. Doch diesmal hielt der Gott der Turkana glücklicherweise seine Hand über seinen Sohn, und über mich.

Ich injizierte das Serum, verabreichte Kortison sowie Schmerz- und Beruhigungsmittel und gab ihm ein wenig dünnen, gesüßten Tee zu trinken. Der Mann lag den ganzen Tag, von einer alten Frau umsorgt, auf meinem Rasen, und ich kam in regelmäßigen Abständen, um nach ihm zu sehen. Sein Herzschlag war regelmäßig, und er schlief fast die ganze Zeit. Gegen Abend war die Schwellung schon weit zurückgegangen, und er sah besser aus. Mit der Zeit erholte er sich vollständig, war aber der Meinung – was einer gewissen Logik nicht entbehrte –, daß ich nun, da ich ihm das Leben neu geschenkt hatte, auch für ihn verantwortlich sei, und weigerte sich zu arbeiten. Eingehüllt in seine Decke, lungerte er bei den Hauptgebäuden herum, und die Straußenfeder an seinem Käppchen nickte im Wind. Dann war er eines Tages verschwunden, wie man es bei Turkana oft erlebt, und ich habe ihn nie wiedergesehen.

Paolo konnte Schlangen nicht leiden und fand sie abstoßend. Einmal, während der ersten Zeit in Laikipia, wurde er von Arap Rhono nach Hause gefahren, und als er aus dem Wagen stieg, sah ich zu meiner Verblüffung, daß er mit beiden Händen seinen Kopf hielt. Sein linkes Auge war fast auf die doppelte Größe angeschwollen, blutunterlaufen und voller häßlicher gelber Tränen. Er war am Enghelesha-Damm gewesen, um Schwarzbarsche zu fangen, und hatte plötzlich ganz in seiner Nähe im hohen Ufergras den gequälten Schrei eines Gelbkehlhuhnes gehört. Neugierig hatte er sich vorgebeugt, um nachzusehen. Da schnellte etwas durch die Papyrushalme, ein silbriger Strahl traf sein ungeschütztes Auge, und ein brennender Schmerz blendete ihn. Er hatte die Kobra überhaupt nicht gesehen. Das Huhn hinkte zerzaust und vor Empörung gakkernd von dannen. Ich wusch das Auge mit kalter, abgekochter Milch, um das widerliche Gift auszuspülen, wobei ich das Ekelgefühl, das ich empfand, überwinden mußte. Nach ein paar Tagen ging es Paolo wieder gut, obwohl er klagte, daß er mit dem Auge nicht mehr ganz so scharf sehen konnte. Nach diesem Zwischenfall hatte er eine noch größere Abneigung gegen Schlangen, und so stieß Emanueles Interesse bei ihm nie auf großes Verständnis oder Unterstützung.

Emanuele und Paolo hatten einander sehr gemocht. Ihre Freundschaft war sehr tief gewesen. Sie hatten beide die gleiche Leidenschaft für das Leben im Freien, für die Jagd, das Fischen, die Natur und für Safaris gehabt. Ihre vielen gemeinsamen Abenteuer hatten sie einander sehr nahegebracht. Ich weiß noch, wie sie kurz vor Paolos tödlichem Unfall zusammen mit Luka die Spur eines alten verwundeten Büffelbullen verfolgt hatten. Paolo kam humpelnd zurück, auf Emas Schultern gestützt. Sie waren beide schmutzig und blutbespritzt und hatten das gleiche Lausbubengrinsen im Gesicht. »Emanuele hat mir heute das Leben gerettet«, hatte Paolo gesagt und Emanuele dabei liebevoll angeschaut. Sie hatten den Büffel nach einer stundenlangen Suche im sehr dichten Busch aufgespürt, und er hatte angegriffen. Paolo hatte bis zum allerletzten Moment gewartet, bevor er abdrückte, und mußte feststellen, daß er gar keine Patronen mehr im Gewehr hatte. Er konnte nichts mehr tun, da der Büffel bereits über ihm war. Er fiel nach hinten, und das schnaufende Tier trampelte mit seinen schweren Hufen über ihn hinweg, den Kopf gesenkt, um ihn mit seinen riesigen Hörnern aufzuspießen. Emanuele stand wie gelähmt direkt hinter Paolo und hielt sein eigenes Gewehr im Anschlag. »Ich war sicher, daß Paolo das nicht überleben würde«, sagte er mit seiner Jungenstimme ruhig zu mir, »und ich beschloß, meine letzte Kugel abzufeuern und wegzurennen. Ich hatte Angst, aus Versehen Paolo zu treffen. Der Büffel war so nahe, daß ich ihn hätte berühren können. Er war so groß. Ich habe geschossen und bin weggerannt. Dann habe ich mich umgedreht und geguckt: Ich hatte ihn getötet ... Paolo war gerade noch rechtzeitig zur Seite gesprungen, bevor er unter ihm zerdrückt worden wäre. Es war ... richtig aufregend.«

Zwangsläufig blühte Emanueles Leidenschaft nach Paolos Tod auf. In den vielen Stunden, die er nun ohne Paolo und ohne die Spannung, für die Paolo gesorgt hatte, verbringen mußte, betäubte er den Schmerz über diesen unwiederbringlichen Verlust mit Hilfe seines gefährlichen und ungewöhnlichen Interesses, ein Interesse, dem er ganz allein und in Laikipia nachgehen konnte und das seiner natürlichen Veranlagung zu analytischer und wissenschaftlicher Arbeit entgegenkam.

Für die Schlangen brachte Emanuele nun die gleiche akribische Sorgfalt und Präzision, die gleiche Ernsthaftigkeit und Entschlossenheit wie zuvor für die Muscheln auf. Während der Zeit in Pembroke war sein Interesse so bekannt, daß er für seine vorzüglichen Leistungen in den Prüfungen in Englisch, Latein, Biologie und Französisch mit einem Buch über Schlangen ausgezeichnet wurde. Nun begann er, sich gründlich und methodisch mit Schlangen zu beschäftigen, und kaufte und bestellte alle Bücher über afrikanische Reptilien, die er bekommen konnte.

Wie ich erwartet hatte, folgten auf Kaa viele andere Schlangen. Emanuele entwickelte einen sechsten Sinn, mit dem er Schlangen ausfindig machen konnte wie andere Pilze oder Edelweiß oder Fossilien. Er wußte, wonach er suchte und wo er suchen mußte. In der Regel ritt er frühmorgens im goldenen Licht der aufgehenden Sonne auf seinem grauen Pferd Cinders hinaus, die ganze Welt lag vor ihm, und sie war voller Schlangen. Wenn er zurückkam, waren die Beutel, die er am Sattel hängen hatte, mit seinem bedrohlichen Fang gefüllt, und in seinen Augen lag ein Ausdruck tiefster Befriedigung.

Er nahm einen der Ställe in Beschlag und füllte ihn mit verschiedenartigen Käfigen in allen Größen. Die Schlangen wurden gemessen, gewogen und fotografiert. Tage- oder wochenlang wurden sie beobachtet, gefüttert und gesäubert. Er trug gewissenhaft alle wichtigen Beobachtungen in seine neuen »Schlangen-Tagebücher« ein, die er jeden Tag auf den neuesten Stand brachte. Merkwürdig war, daß er für die »Schlangen-Tagebücher« Englisch verwendete, während er sein normales Tagebuch auf italienisch führte. Nachdem er alle Informationen gesammelt hatte, auf die es seiner Meinung nach bei jeder einzelnen Schlange ankam, ließ er sie meistens wieder frei, oft aber erst nach Monaten oder, in einigen Fällen, nach Jahren. Später erinnerte er sich an diese Zeit:

> Ich habe nach dem Tod meines Vaters im März 1980 angefangen, systematisch Schlangen zu sammeln. Das waren meine Lehrjahre, und ich begann mit harmlosen Schlangen und einigen, die nicht ganz so harmlos waren, doch zwangsläufig ging ich bald zu giftigeren Arten über.

Als der Stall für die vielen Schlangen, die sich angesammelt hatten, nicht mehr ausreichte, ließ ich Arap Langat, unseren *fundi*, kommen, und er baute am Ende des Gartens eine richtige Schlangengrube. Sie war rund, etwa wie ein Wassertank, mit Steinen umrandet, und ausgestattet mit einem Teich voller Wasser, kleinen und größeren Felsbrocken, Sand und Kies. Emanuele pflanzte Gras, Sukkulenten, Sträucher und Papyrus. Dieser kleine Biotop wurde von Fröschen, Eidechsen, Dickzungeneidechsen, allerlei Insekten, zwei Schildkröten und Schlangen bewohnt.

Einige Schlangen ernähren sich von Mäusen, und so fing er an, Mäuse zu züchten. Wenn eine Schlange starb, führte er eine Obduktion durch und trug jedes einzelne Detail in sein Tagebuch ein; dann häutete er die Schlange, präparierte die Haut und trocknete sie. Einige seltene Arten konservierte er mit Formalin in großen Gefäßen, und er durchstöberte ständig die Küche auf der Suche nach Marmeladengläsern. Wenn er in

Nairobi war, besuchte er den Schlangenpark und die herpetologische Abteilung des Museums, wo ihn bald jeder kannte. Er stiftete viele Exemplare, die sich noch heute im Museum befinden und weiße und blaue Etiketten tragen, auf denen er, in seiner kindlich-sorgfältigen Handschrift, Angaben notiert hat wie:

WEISSLIPPENSCHLANGE
(Crotaphopeltis Mutamboeia)
25.4. 80–4.6. 80
Länge: 22 cm 5 mm–30 cm
Laikipia
E.P.-G.

Emanuele begann, mit Herpetologen in verschiedenen Teilen Afrikas zu korrespondieren, und widmete fast seine ganze Freizeit seiner Leidenschaft. Nicht nur in unserem Freundeskreis, sondern im ganzen Land wußten viele Menschen von seinem Interesse. Bei Außenstehenden war er bald als Kijana wa Nyoka (»der junge Mann mit den Schlangen«) bekannt. Unsere Leute jedoch nannten ihn weiter liebevoll Muenda, was in der Sprache der Meru so viel heißt wie »der sich um andere sorgt«.

Als Teenager wich seine Liebe zum Reiten beinahe unvermeidlich der Leidenschaft für Motorräder. In Laikipia fuhr er jeden Morgen auf der glänzenden neuen Maschine, die er zu seinem letzten Geburtstag geschenkt bekommen hatte, und kam mit lauter Beuteln zurück, die mit den verschiedenartigsten Schlangen gefüllt waren. Er richtete eine Art Schlangenzentrale ein und belohnte jeden, der ihm Schlangen brachte. Über das interne Funknetz kamen Funkmeldungen aus allen Teilen der Ranch und berichteten von Schlangenfunden an den unwahrscheinlichsten Plätzen, wie dem Wildgraben zwischen uns und Ol Morani, in Termitenhügeln, Warzenschweinhöhlen, hohlen Bäumen, Felsspalten und Rinder-*bomas*.

Irgendwann fing er dann auch einige Giftschlangen, was ich immer befürchtet und anfangs verboten hatte. In dieser Phase beschloß ich, Mario um Rat zu fragen, weil er – da Paolo nicht mehr da war – mit mir entscheiden sollte, ob Emanuele seinem ungewöhnlichen Hobby weiter nachgehen durfte, nachdem es diese gefährliche Entwicklung genommen hatte.

Eines Tages im Oktober 1980, als Sveva etwa zwei Monate alt war, klingelte in Nairobi das Telefon, und eine vertraute Stimme sagte: »Ich bin's, Valeria. Ich bin in Nairobi, um meine Schwester zu besuchen. Mario ist auch hier, und er möchte Ema sehen.« So also trat Mario wieder in unser Leben. Unter seinem langen Bart war er so jung und attraktiv wie eh und je. Valeria sah älter und glücklich aus. Beide waren sie in Kastanienbraun und Rot, den Farben ihres Gurus, gekleidet und trugen sein Foto an einer Holzperlenkette. Sie weinten mit uns, und sie brachten Geschenke mit. Da er sich Paolo verpflichtet fühlte, der diese Verbindung nicht gutgeheißen hatte, gab Emanuele erst nach einigem Widerstand der Freude nach, den alten Freund wiederzusehen, der immerhin sein Vater war. Sie spielten Schach, tauschten Bücher aus, ließen Drachen steigen, machten Ausritte und nahmen an kurzen Safaris teil; schließlich unternahm er regelmäßig mit Mario und Valeria Segeltouren bei den griechischen Inseln. Ihr Verhältnis hatte sich ganz allmählich verändert, da Emanuele nun herangewachsen war, und ich konnte sehen, wie sehr Mario sich freute, daß sie wieder zusammen waren.

Als ich ihn wegen der Reptilien um Rat fragte, stimmten Mario und ich darin überein, daß Emanuele genügend Reife und Sachverstand besaß und daß wir ihm daher vertrauen sollten. Er wußte, was er wollte und was er tat, und sein ernsthaftes Interesse an Reptilien war zweifellos nicht bloß eine vorübergehende Laune.

Ich bin der Ansicht, daß man ein Kind, das sich für eine Sache wirklich dauerhaft interessiert, nicht entmutigen sollte. Es geschieht sehr selten, daß Kinder Interessen entwickeln, denen sie mit so großer Hingabe nachgehen, daß daraus eine Leidenschaft wird, und daher sollten wir Eltern dankbar sein und eine solche Leidenschaft gedeihen lassen und sie unterstützen, wo wir können. Schließlich gab es für einen halbwüchsigen Jungen noch viele andere schleichende Gefahren. Wir waren in Afrika, und daß sich Kinder, die hier aufgewachsen waren, wie zum Beispiel Jonathan Leakey oder Ionides, für Schlangen interessierten, war ganz und gar nicht ungewöhnlich. Emanuele hatte seine Wahl getroffen, und wir waren beide der Meinung, er sei verantwortungsbewußt genug, um ihm zu erlauben, weiter seinem Hobby nachzugehen.

Etwa zu der Zeit geschah der erste Unfall.

Es war ein Tag wie viele andere in Laikipia. Es war September, die Vögel sangen in den Baumwipfeln, das Licht der Morgensonne warf schräge Schatten auf den Rasen, die Rosa- und Rottöne der Bougainvilleen leuchteten, die Kandelaber-Euphorbien streckten ihre Äste gen Himmel. Sveva, die erst ein paar Monate alt war, wurde noch gestillt, wie es noch zwei weitere Jahre der Fall sein würde ... und Emanuele kam auf mich zu, hielt eine Hand in der anderen, und seine Selbstbeherrschung konnte kaum verbergen, daß er unerträgliche Schmerzen hatte.

»Pep«, sagte er nur, »eine Erdotter hat mich gebissen. Ich glaube, ich muß zum Arzt.« Seine Hand war fürchterlich geschwollen, die Haut war gespannt und purpurrot.

Auf seine Anweisung hin gab ich ihm sofort ein Antihistamin und Schmerzmittel, doch er war gegen so vieles allergisch, daß ich aus Angst vor einer negativen Reaktion nicht wagte, ihm ein Schlangenserum zu spritzen. Wir gaben sofort einen Funkruf durch und schickten ihn zu Dr. Lowi in Nyahururu, dem nächsten Dorf, das damals noch Thompson's Falls hieß. Dr. Lowi war ein Mann, wie man ihn sonst nur aus Romanen kennt. Er war ein alter Jude tschechischer Abstammung und wie viele andere Juden nach dem Zweiten Weltkrieg nach Kenia gekommen. Alt und gebeugt, doch mit einer direkten, unbeugsamen Art, hatte er in Thompson's Falls eine Praxis eröffnet, wo er zwar keinen großen Wert auf Hygiene oder moderne medizinische Methoden legte, aber unzähligen Menschen helfen und viele Leben retten konnte. Meine Mutter, die immer noch bei uns war, und ein Fahrer fuhren mit Emanuele hin. Der Schock und das Entsetzen müssen sich auf meine Milch ausgewirkt haben, denn an dem Tag weigerte Sveva sich beim Stillen, sie zu trinken.

Als sie in Thompson's Falls ankamen, war seine Hand auf das Doppelte angeschwollen, und ein unerträglicher Schmerz zog durch seinen Arm. Dr. Lowi spritzte ihm Cortison und ein Serum, und er hielt ihn eine Stunde unter Beobachtung für den Fall, daß irgendeine Abwehrreaktion eintrat. Diesmal gab es keine.

Ich wartete allein zu Hause mit dem Baby und machte Höllenqualen durch. Meine einzige Hoffnung war, daß diese Panik ihn zumindest für immer von seinen Schlangen heilen würde. Ich wartete, bis die Schatten lang wurden und die Hunde sich um mich drängten, weil sie auf ihren Abendspaziergang warteten. Als der Wagen endlich wieder vorfuhr, kam mir der Emanuele, der ausstieg, blasser und größer als vorher vor, und die untergehende Sonne ließ seinen bandagierten Arm rot aufleuchten. In seiner freien Hand hielt er – einen Schlangenbeutel. Voll.

»Eine Zischotter, Pep. Ich hab sie am Tor gefunden. Sie ist riesengroß und auf einem Auge blind.« Er grinste. »Ich nenne sie Loyamuk.« Loyamuk war ein älterer Turkana-Hirte, der für ein *boma* verantwortlich war. Er war auf einem Auge an grünem Star erblindet.

Meine besorgten Fragen nach seiner Behandlung und seinem Zustand beantwortete er beiläufig. »Ja, tat verdammt weh ... jetzt immer noch ... das wird schon wieder. Mach dir keine Sorgen. Ich muß Loyamuk in die Grube setzen.«

Er ging auf die Schlangengrube im dunkler werdenden Garten zu. Es schien, als habe er einen ganz anderen Gang, er bewegte seine braunen schlanken Beine gleichmäßig, machte lange mühelose Schritte. Die kurze Hose, das Khakihemd mit den aufgerollten Ärmeln, die geraden Schultern ... ich wußte, daß er, ganz gleich was passierte, Schlangen immer mögen würde. Er war kein Junge mehr. Er sah aus wie Paolo.

Dieser Unfall wie auch die Zahl der Schlangen, die er inzwischen gesammelt hatte, machten mir klar, daß Emanuele jemanden brauchte, der ihm half. Diese Person suchte Emanuele sich selbst aus der Handvoll Rancharbeiter aus, die Schlangen mochten und keine Angst vor ihnen hatten. Eine bei Afrikanern verbreitete Regel lautet: »Die beste Schlange ist eine tote Schlange.« Schlangen zu mögen ist eine Ausnahme. Emanueles Wahl fiel auf einen jungen Turkana mit Namen Joseph Ekai. Er war als Gelegenheitsarbeiter eingestellt worden, doch in seiner Freizeit zog er freiwillig mit Emanuele los und half ihm, Schlangen zu fangen. Emanuele war von ihm beeindruckt, und sie kamen sehr gut miteinander aus. Nun wurde er fest angestellt, um ausschließlich als Emanueles »Schlangenmann« zu arbeiten, eine Tätigkeit, die ihm Spaß machte und die er infolgedessen ausgezeichnet ausführte. Er half ihm nicht nur, die Schlangen zu fangen, sondern auch, die Käfige und die Schlangengrube zu reinigen, und bei allen anderen Arbeiten in diesem stetig wachsenden Schlangenreich. Die Schlangengrube faszinierte mittlerweile alle unsere Gäste; sie saßen oft lange um die Grube herum und betrachteten all die Reptilien, die dort unten durcheinanderkrochen. In dem Teich, der von Papyrusstauden und Aronstabgewächsen umstanden war, lebten Frösche, und alle möglichen Schlangen schwammen darin und glitten über Sandböschungen. Sommernattern, Eierschlangen, Sandschlangen, Weißlippenschlangen und blaue und orangefarbene Dickzungeneidechsen sonnten sich auf Felsen oder auf dem kleinen Carissabusch und den Euphorbien, die Emanuele in der Mitte gepflanzt hatte. Insekten wurden von den kleinen Sukkulenten angelockt, deren braune fleischige Blüten erblüht waren und die nach faulendem Fleisch rochen. Vögel jagten die Insekten, und Schlangen lösten sich aus ihrer Apathie, um nach ihnen zu schnappen. In der Grube herrschte reges Treiben.

Schließlich beschloß Emanuele, die Puffottern dort hineinzusetzen, und in der Grube wurde es merkwürdig still. Von allen Schlangen mochte ich Puffottern am allerwenigsten. Sie sind träge und dick und besitzen nicht die geschmeidige Eleganz der Grünen Natter oder die unheimliche, mystische Aura der Kobra. Diese Vipern haben etwas Bedrohliches, etwas bösartig Vulgäres an sich, und ich fand sie abstoßend. In seinem »Handbuch einiger in Ostafrika verbreiteten Schlangen«, an dem er damals arbeitete und das er nie ganz fertigstellte, beschreibt Emanuele sie so:

GEMEINE PUFFOTTER
(Bitis Arietans Arietans)
Klassifizierung:
Familie: Viperidae
Gattung: Bitis
Spezies: *Bitis Arietans Arietans (Merrem)*

Beschreibung:
Farbe: Gelb, bräunlich oder grau.
Zeichnung: Blasse Streifen auf dem Kopf zwischen den Augen, und über den Rücken eine Reihe von schwarzen Winkeln mit blassem Rand. Der Schwanz ist quer gestreift, der Unterbauch weiß und regelmäßig gefleckt.

Die Beschreibung geht detailliert über zwei Seiten, und dann heißt es weiter:

Gewohnheiten:
Nimmt am Tag hin und wieder ein Sonnenbad und wird häufig beim Überqueren von Straßen beobachtet. Da sie nicht gleich flüchtet, wenn man sich ihr nähert, und aufgrund ihrer ausgezeichneten Tarnung im Gras ist die Häufigkeit von Puffotternbissen bei Menschen und Vieh recht hoch. Puffottern haben den Tod von mehr Menschen verursacht als jede andere afrikanische Schlange, 75% der gefährlichen Schlangenbisse stammen von Puffottern. Zischt normalerweise zur Warnung unmittelbar bevor sie zubeißt, und ist äußerst schnell. Die durchschnittliche Angriffsgeschwindigkeit liegt bei 2,36 m/sec. Puffottern liegen häufig vor Rattenlöchern auf der Lauer. Die Schlan-

ge beißt ihre Beute, läßt sie dann laufen und verfolgt deren Spur; wenn sie die tote Ratte findet, verschlingt sie sie mit dem Kopf zuerst.

Behandlung von Bißwunden:
Gift = Hämatoxin oder Zytolysin – zerstört Blutzellen im Körper und greift das Zellgewebe an. Bei einer tödlichen Dosis und bei erfolgloser Behandlung tritt der Tod innerhalb weniger Tage ein. Bei Puffotterbissen ist absolute Ruhigstellung wichtig, und Schocksymptome können mit Aspirin und Kodein-Schmerzmitteln behandelt werden. Bei Otterbissen NIEMALS Aderpressen anwenden. Bei Auftreten von Vergiftungssymptomen Serum entsprechend den Anweisungen verabreichen, möglichst von jemandem mit medizinischen Kenntnissen.
E. P.-G. gebissen + 3, keine Symptome.

Erst als ich dies las, erfuhr ich, daß Emanuele schon vorher von Puffottern gebissen worden war.

Ekai hatte keine Angst, in die Grube hinabzusteigen, um das Gras zu schneiden oder die Büsche zu stutzen. Er war groß und muskulös, kräftig gebaut, nicht so schlaksig und hager wie die meisten Turkana, die zudem schmale Gesichter und dünne Nasen haben. Joseph Ekai dagegen hatte weit auseinanderstehende Wangenknochen, wodurch sein Gesicht rundlich wirkte. In seinem Blick und in seiner Haltung lag etwas Durchtriebenes, was ich jedoch nicht als unangenehm empfand, denn er besaß zum Ausgleich eine sehr natürliche Freundlichkeit. Wenn er lächelte, was er oft tat, stellte man verblüfft fest, daß ihm alle oberen Vorderzähne fehlten; sie waren ihm bei einem Kampf oder Sturz – genau habe ich das nie erfahren – ausgeschlagen worden, und es waren ihm nur die beiden spitzen und sehr weißen Eckzähne geblieben. Es war ein ziemlich schokkierender Anblick, wenn man es zum erstenmal sah, denn mit dem großen zahnlosen Gaumen und den spitzen Reißzähnen sah er aus wie eine Kobra.

Es ist in Afrika üblich, den Menschen Spitznamen zu geben. Meistens gehen sie auf ihre äußere Erscheinung oder auf typische Angewohnheiten zurück. Manchmal sind sie liebevoll, hin und wieder auch ironisch oder verächtlich gemeint. Doch immer sind sie passend und zeugen von einem unfehlbaren Sinn für Humor. Wie zu erwarten, war Joseph Ekai als Mapengo bekannt, was auf Swahili »gähnende Leere« bedeutet. Er war tapfer und sehr zuverlässig und ein richtiger Abenteurer. Er zog mit

Ema los, saß hinten auf dessen Motorrad ähnlich wie Luka früher bei Paolo, und wandte die Fertigkeiten an, die er sich in seiner ungebundenen Kindheit angeeignet hatte.

Afrikanische Kinder, die noch in wilder Natur aufwachsen, wo es keine Schulen oder Missionsstationen gibt, haben ausreichend Zeit, um all das direkt aus dem Buch der Natur zu lernen, was Stadtkinder mühselig aus Büchern lernen müssen, die nur ein unzulänglicher Ersatz sind. Den ganzen Tag lang, von Sonnenaufgang bis Sonnenuntergang, streifen sie durch den Wald und die Savanne, und häufig hüten sie kleine Ziegen- oder Kamelherden. In den heißen, trägen Stunden des Tages, in denen sie vor der unbarmherzigen Sonne im Schatten der Dornenbäume Zuflucht suchen müssen, verfolgen sie natürlich mit der Neugier und der Aufnahmefähigkeit, die allen Kindern der Welt eigen sind, den unablässigen Unterricht der wundervollen Welt um sie herum und nehmen alles in sich auf. Sie sehen, wie die Webervögel an den sicheren Ästen auf der dem Wind abgekehrten Seite, wo Schlangen und Raubtiere nicht hingelangen können, ihre komplizierten Nester bauen. Sie beobachten das winzige, emsige Insektenleben, das überall um sie herum im Gange ist, die fleißigen Mistkäfer und die geschäftigen Ernteameisen, die Termiten und die gefürchteten *siafu*, eine Art der Wanderameisen, die Tod und abgenagte Skelette hinter sich zurücklassen, die Gespenstheuschrecken oder Wandelnden Blätter, die sich perfekt zwischen trockenen Zweigen tarnen können. Sie folgen den Rufen der Honiganzeiger zu den Bienenstöcken und lernen, wie man ihnen den kostbaren Honig stiehlt, indem man sie mit Rauch verjagt und sie so am Leben läßt. Ihre Augen achten mit der Zeit auf jede Bewegung des Grases oder der Blätter, ihre Ohren auf jedes Geräusch. Das Lied der Vögel und des Windes, das Kreischen und Rascheln, das Brüllen und Trompeten, das Grunzen und Schnauben und Pfeifen, das Bellen und Schreien: All die Klänge im Orchester und Chor der Natur enthalten für sie kein Geheimnis mehr. Sie erleben, wie Tiere sich paaren und ihre Beute töten, und erfahren so frühzeitig alle Geheimnisse des Lebens und lernen, den Tod als unvermeidlichen Bestandteil allen Seins gelassen hinzunehmen. Sie lernen von den Gewohnheiten der wildlebenden Tiere, wie man überlebt, und sie wissen, welche Teile von Pflanzen eßbar sind und welche sich für Heilmittel verwenden lassen. In dieser Umgebung wachsen sie auf, harmonisch im Einklang mit den Gesetzen der Natur.

Das sind die Menschen, die ihre einzigartigen, instinktiven Fähigkeiten einsetzen können, um die Tiere, die ihnen so vertraut sind, zu schützen – oder zu töten.

Doch in der heutigen Zeit, die wir modern nennen, sind diese Menschen ebenso gefährdet wie die riesigen Tierherden, die einst das Hochland durchstreiften, wie die Wälder und die einheimischen Pflanzen Afrikas, denn ihr Lebensraum und ihre Lebensart verschwinden schnell und für immer. Seit die Missionare mit Schule und Kirche kamen, und mit den Läden, in denen es all die fremdartigen Dinge gab, die man nur für Geld kaufen konnte, hat sich das Leben der freien afrikanischen Hirtenvölker zum Schlechteren verändert. Man hat ihnen das Saatgut fremder Pflanzen gegeben, das sie in den unberührten Wäldern aussäen sollten, und das Saatgut eines fremden Glaubens, die ihnen ihre unschuldige Vorstellungswelt nahm. Sie tragen die abgelegte, grellfarbene, zerrissene Nylonkleidung des weißen Mannes, die mehr Geld kostet, als sie haben, statt der traditionellen *shukas*, hergestellt aus Tierhäuten, die eine gute Tarnung abgeben und sich nicht so schnell bei dem Leben im Busch abnutzen, und die auch nicht mit der chemischen Seife gewaschen werden müssen, die sie sich nicht leisten können und die das klare Wasser ihrer reinen Flüsse verunreinigt.

Heute, da ihre Kultur gefährdet ist und sie den Kopf voller Ideen und Regeln haben, die sie gar nicht brauchen, ist keine Zeit mehr, um unter dem Dornenbaum zu sitzen, und die junge Generation vergißt bereits, was ihren unmittelbaren Vorfahren in ihrer unverdorbenen Umgebung Leben und Überleben sicherte. Bis in die jüngste Vergangenheit hinein, als das Leben noch so war wie schon zur Zeit ihrer Ahnen, wuchsen afrikanische Kinder mit dem außerordentlichen Vorzug auf, instinktiv durch Erfahrung und Erforschung der Geheimnisse ihres Landes lernen zu können; und das Land wiederum blieb erhalten, weil sie da waren und sich darum kümmerten.

Luka, Mirimuk, Hussein, Silas, Ekiru, Lother, Cypriano, Sabino und auch Emanueles Schlangenmann Mapengo waren noch so aufgewachsen.

Einer von Emanueles – und Mapengos – Lieblingsplätzen waren die steilen Felsklippen der Mukutan-Schlucht. Sie ist das imposanteste Merkmal von Ol Ari Nyiro, direkt am Rande des Ostafrikanischen Grabens, und besteht aus einer Reihe von zusammenlaufenden Canyons mit reicher Vegetation und steil abfallenden Felswänden, die von Adlern und bestimmten Geierarten bevorzugt werden; die Canyons vereinigen sich und bilden zusammen eine größere und tiefere Schlucht, die im Zickzack bis zum Baringosee verläuft. Mukutan bedeutet tatsächlich »das Zusammentreffen«. Auf dem Grund der Schlucht fließt der Fluß Mukutan, der von den Ol-Ari-Nyiro-Quellen gespeist wird. Das reichlich vorhandene Wasser, der Schutz vor dem Wind und die Höhen- und Klimaunterschiede haben die Ansiedlung einer ungeheuer vielfältigen Pflanzen- und Vogelwelt ermöglicht, und auch Schlangen gibt es dort im Überfluß.

Emanuele ging für sein Leben gern zu den Wasserfällen, die etwa hundert Meter tief von den Granitfelsen hinabstürzen und ein dramatisches Schauspiel bieten: An den Felsen hängen Lianen und wilde Aloen, zwischen denen er Unmengen von grünen Nattern finden konnte. Mapengo war besonders gut darin, sie zu fangen. Man mußte schnell sein und jederzeit bereit, ins Wasser und ins hohe Gestrüpp zu tauchen, wohin diese hübschen, harmlosen, juwelenartigen Wesen mit ihren wachen schwarzen Knopfaugen wie grüne, sich schlängelnde Pfeile meist verschwanden.

Ein weiterer Lieblingsplatz war Maji ya Nyoka (das Gewässer der Schlangen), auch bekannt als Pythontümpel. Es war ein idyllischer großer Teich, der von Dattelpalmen und Papyrusstauden umstanden war, mit einem kleineren Wasserfall, der sich von gewaltigen grauen Steinen ergoß, an die sich hartnäckig Feigenbäume festklammerten, die aus jeder Felsspalte wuchsen. Vereinzelte Aloen, deren orangefarbene Blütenbüschel leuchteten, und spinnwebzarte Orchideen, die von den höchsten Bäumen herabhingen, machten Maji ya Nyoka zu einem zauberhaften Ort. Aus dem Wasser ragten ein paar Felsblöcke, und wenn man sich ganz leise näherte, konnte man dort häufig einen Python beim Sonnenbad überraschen. Wenn sie nicht gerade schwer und träge von der letzten Mahlzeit waren, glitten sie meistens ins Wasser und verschwanden, fast ohne Wellen zu schlagen. Emanuele und Mapengo fingen viele, die dicker als das Bein eines Mannes waren, und obwohl sie fast alle über zwölf Fuß lang und ungeheuer stark waren, schafften sie es, sie nach Hause zu tragen und zu messen. Zu diesem Zweck hatten sie immer Beutel in allen möglichen Größen bei sich, denn sobald ihr Kopf bedeckt ist und sie nichts mehr sehen können, schlüpfen Schlangen seltsamerweise aus eigenem Antrieb friedlich in einen Beutel und fallen in eine Erstarrung, aus der sie erst bei Licht wieder erwachen. Will man kleinere Schlangen fangen, steckt man den rechten Unterarm in den Beutel, wie in einen umgestülpten Handschuh, und stülpt, sobald man den Kopf der Schlange mit der Hand gepackt hat, den Beutel vorsichtig wieder um und läßt die Schlange hineingleiten. Als wir Kaa hatten, beherrschte selbst ich diesen Trick recht gut.

Im Jahre 1981 wurde uns eines Tages von einer ungewöhnlich großen Schlange im *lugga* zwischen dem Nyukundu-Damm und Lwogwagipi berichtet. Emanuele beschreibt die Episode in seinem Tagebuch:

> *31. Januar*
> Ndegwa hat mir erzählt, er habe einen riesigen Python in der Nähe des Nyukundu-Damms gesehen. Als er sich ihm näherte, rührte er sich nicht, da er wohl gerade eine Gazelle oder ein Schaf gefressen hatte. Morgen gehen wir nachsehen, da es heute schon zu spät ist ...
>
> *1. Februar*
> Wir sind um fünf Uhr aufgestanden und haben uns, zusammen mit Ndegwa und noch vier Leuten, auf die Suche nach dem Python gemacht. Colin ist auch mitgekommen. Nach zehn Minuten Fußmarsch fanden wir ihn; er schlief, aufgebläht und zusammengerollt, hinter dem Damm unter dem *leleshwa* ... Wir haben eine Menge Fotos gemacht, wobei er versuchte, uns zu beißen ... wir brauchten eine halbe Stunde, bis wir ihn gefangen hatten, und sechs Leute, um ihn zum Wagen zu tragen. Ich sah, daß ein langer Stachel aus der Haut ragte; er hat also wohl ein Stachelschwein im Magen ... Ich hielt seinen Kopf, aber als wir am Wagen waren, schnellte er vor und grub seine Zähne in Mapengos Jacke, zum Glück nicht bis ins Fleisch ... wir haben ihn am Hauptgebäude gemessen (4,30 m) und gewogen (50 kg) und ließen ihn dann an derselben Stelle wieder frei ...

Wenn er in Laikipia war, kam Emanuele inzwischen jeden Abend, nachdem er geduscht und sich modische Jeans und ein Hemd angezogen hatte, ins Wohnzimmer, groß und ernst, mit einer natürlichen Eleganz, sich zu bewegen. Er übernahm ungezwungen seine Gastgeberrolle, servierte allen Getränke, wechselte mit jedem ein paar Worte und setzte sich immer auf denselben Platz, um seine Tagebücher zu schreiben. Mapengo kümmerte sich um seine Reptilien in Laikipia, wenn er nicht da war, aber sogar in Nairobi ging er seinem Hobby nach. In der Schule gründete er einen Schlangenclub, der auf viel Interesse stieß.

Nach Paolos Tod hatten Emanuele und ich vereinbart, daß er die letzten beiden Schuljahre nicht, wie wir geplant hatten, eine Schule in England besuchen, sondern weiter in Nairobi zur Schule gehen sollte, damit die Familie nicht noch mehr auseinandergerissen würde. Er hatte seine Aufnahmeprüfung glänzend bestanden und war von Pembroke direkt nach Hillcrest übergewechselt, zu der Schule, die auch seine Stiefschwester Valeria besucht hatte, bevor sie ihr Studium in der Schweiz fortsetzte.

> Sehr geehrte Mrs. Gallmann, [schrieb der Direktor von Hillcrest]
> ich wäre Ihnen sehr verbunden, wenn Sie Ihren Sohn dazu bewegen könnten, keine Beutel mit gefährlichen Reptilien in den Klassenräumen liegenzulassen.

Ein gutes Beispiel, das seine Leidenschaft illustriert, ist eine Episode, die sich an einem Sonntag ereignete, als wir in Nairobi waren und Carol Byrne in ihrem Haus in Kitengela besuchten. Während ich mich mit Carol vor dem Mittagessen unterhielt, kletterten Emanuele und Carols Sohn Sam die Uferböschungen des Mbagathi hinab, um das felsige Flußufer zu erkunden; offenbar wollten sie Schlangen suchen. Unser Gespräch wurde unterbrochen, als wir Emanuele unten vom Fluß her laut schreien hörten: »Kommt her! Kommt schnell her!« Die Eindringlichkeit in seiner Stimme sowie die Tatsache, daß Emanuele sonst niemals schrie, machten deutlich, daß keine Zeit zu verlieren war.

Carol und ich jagten die Böschung hinab, lose Steine rollten unter unseren hastenden Füßen. Emanuele stand bis zur Hüfte im Wasser und kämpfte mit einem riesigen, sich windenden Etwas. Wasser spritzte in alle Richtungen. Ein gesprenkelter Schwanz, dicker als ein Arm, peitschte durch die Luft und spritzte uns naß. Auf einem Stein hockend, beobachtete Sam das Schauspiel mit einer Mischung aus Bewunderung und Besorgnis. Es war ein Python von mehr als beachtlicher Größe, und es war klar, daß er sich nicht so leicht geschlagen geben würde. Emanuele verschwand bis zur Hälfte unter Wasser. Ich erinnerte mich an eine Geschichte, die Philip Leakey, dessen Haus etwas weiter flußabwärts lag, erlebt hatte. Ein paar Jahre zuvor war er beim Schwimmen von einem großen Python gepackt worden und wäre fast ertrunken. Schon die Kraft eines kleinen Exemplars ist im Verhältnis zu seiner Größe gewaltig: Das hier mußte gut über zehn Fuß lang sein.

»Schnell!« Emanuele tauchte prustend wieder auf. »Carol, nimm du die Mitte. Pep, du nimmst den Schwanz. Ich hab den Kopf. Ich muß wissen, wie lang sie ist. Habt ihr ein Maßband?«

Weder Carol noch ich zögerten auch nur eine Sekunde, ihm zu gehorchen. Emanuele hatte eine besondere Art, die unwahrscheinlichsten Dinge ganz normal klingen zu lassen. Wir sprangen ins Wasser und packten die Schlange wie befohlen. Sie war schwer, naß, schlüpfrig und ungeheuer stark. Verständlicherweise hatte sie nicht vor, sich fangen zu lassen.

»Zu unseren Nachbarn ist es näher als bis zu uns nach Hause«, sagte Sam aufgeregt. »Sie haben bestimmt ein Maßband.«

Er ging vor uns den gewundenen Weg hinauf, und wir folgten, die verkrümmte Schlange haltend – eine merkwürdige Prozession nasser und aufgelöster Gestalten, die den steilen Abhang hinaufkeuchten. Es war eine ziemliche Tortur. Dieser Python gab nicht auf, und wir hatten nichts, womit wir ihm den Kopf hätten bedecken und ihn beruhigen können. Auf halbem Wege zog sich seine Kloake zusammen und öffnete sich, und ein stinkender Strahl verfehlte uns um Haaresbreite.

»Niemals«, keuchte Carol verwirrt, »hätte ich mir träumen lassen, daß ich so etwas tun würde, nicht mal für meine eigenen Kinder …«

Wir waren oben. Der Pfad war zu Ende, und wir erreichten ein flaches, mit Rasen bepflanztes Plateau, auf dem sich eine Gruppe von Leuten zu einem späten Sonntagsbrunch versammelt hatte. Ich werde nie den Ausdruck auf ihren Gesichtern vergessen, als sie uns sahen. Augen starrten uns über den Rand der Kaffeetassen an. Münder standen vor Sprachlosigkeit offen. Sie werden das Schauspiel wohl auch nie vergessen: Von einem Kind angeführt, trugen ein unbekannter junger Mann, der bis auf die Haut naß war, und zwei tropfnasse Frauen, die sich vor Kichern kaum halten konnten, eine mehr als mannsgroße zappelnde Schlange.

»Guten Morgen«, sagte Emanuele mit unbewegter Miene und normaler Stimme, wobei er sich weiterhin bemühte, die Schlange unter Kontrolle zu halten. »Könnten wir bitte etwas haben, womit wir diese Schlange messen können? Schnell?«

Das Ganze war so unwiderstehlich absurd, daß niemand widersprach, und mit erstaunlicher Geschwindigkeit brach eine allgemeine Betriebsamkeit aus. Ein Mädchen rannte los und holte ein Maßband, das sie Emanuele reichte, wobei sie so weit wie möglich auf Abstand blieb. Jemand holte eine Kamera. Wir hielten die Schlange. Dreizehneinhalb Fuß.

Ein Weibchen. Emanuele ließ sie frei, und wir alle brachten uns in Sicherheit. Er machte sich ein paar Notizen.

»Ich werde sie Carol nennen.« Er machte eine leichte Verbeugung und lächelte so charmant wie selten. »Danke für eure Hilfe.«

Carol, die Schlange, rollte sich zusammen, zischte herausfordernd, schnellte dann nach vorne und versuchte mehrmals zuzubeißen, was man verstehen kann. Sie wich nicht zurück, und Emanuele, der sich mit ausgebreiteten Armen leichtfüßig vor ihr bewegte, sah aus wie ein Torero in einer seltsamen Corrida. Schließlich glitt Carol die Böschung hinunter zu ihrem Fluß, und in ihrem Reptilienhirn verblaßte bereits die flüchtige Erinnerung an dieses kurze Abenteuer. Carol, meine Freundin, sah mich und Emanuele an, schüttelte den Kopf, und alle lachten.

1981 wurde zu einem besonderen Jahr in Emanueles Leben und Entwicklung. Obwohl der Schmerz über Paolos Verlust bei ihm eine tiefe Wunde hinterlassen hatte, die niemals heilen würde, begann er, mehr Zeit mit Freunden und auf Partys zu verbringen, und er entdeckte das andere Geschlecht.

28

Ein junger Mann

... Wenn die Liebenden fallen – die Liebe fällt nicht ...

Dylan Thomas, *Und dem Tod soll kein Reich mehr bleiben*

Emanueles Tagebücher aus den Jahren 1981 und 1982 sind voller Notizen über Schlangen, Stücke abgestoßener Schlangenhaut und Zeichnungen und Fotografien von Schlangen. Seine täglichen Aktivitäten sind detailliert beschrieben, und seine Freunde und Freundinnen kommen immer häufiger vor. Er war sehr beliebt. Das ungewöhnlich große Wissen, das er angesammelt hatte, sein interessantes und abwechslungsreiches Leben, seine Sprachbegabung, seine Art, Geschichten zu erzählen, und nicht zuletzt sein unaufdringlicher Charme und feiner Humor wirkten auf andere sehr anziehend. Darüber hinaus entwickelte er sich mehr und mehr zu einem sehr gut aussehenden jungen Mann. Von Mario hatte er seine Unbefangenheit im Umgang mit Mädchen geerbt. Immer häufiger fanden sich Namen und Fotografien in seinem Tagebuch, und ständig ging für ihn das Telefon. Am 4. November 1981 notierte er nüchtern: »War mit Ricky in der Disko. Mit Juliette geschlafen.«

Juliette habe ich nie kennengelernt, doch Ricky Mathews kannte ich gut. Er war ein paar Jahre älter als Emanuele und der Sohn von Terry, einem bekannten und verwegenen Berufsjäger alten Stils, der, nachdem ihn ein Jagdgast an einem Auge verletzt hatte, so daß es erblindete, Skulpturen von wilden Tieren schuf und damit sehr viel Erfolg hatte. Er hatte vier Söhne, und ich kann verstehen, warum Emanuele, der die männliche Kameradschaft mit Paolo vermißte, sich von der aufregenden Männerwelt der Mathews' angezogen fühlte. Ricky war einer der wenigen Freunde, die Emanueles Interesse an Schlangen teilten, und er hatte bereits Erfahrungen mit Teenagerpartys, Autos und einer größeren Freiheit gemacht. Sie waren in derselben Klasse, und sie wurden enge und dauerhafte Freunde.

Kinder in Kenia aufzuziehen hat einen ungeheuren Vorteil. Es liegt nicht nur am Klima, an der Freiheit der grenzenlosen Weiten, an der Möglichkeit, das ganze Jahr über jede Sportart betreiben zu können, an der gesunden Ernährung und der noch überwiegend sauberen Umwelt. Kenia ist ein wahrhaft kosmopolitisches Land. Abgesehen von der einheimischen afrikanischen Bevölkerung, gibt es eine große asiatische und arabische Gemeinde, und in Nairobi, der Hauptstadt und dem Sitz aller ausländischen Botschaften und vieler internationaler Organisationen, gibt es Menschen aller Nationalitäten, Rassen und Hautfarben. Kinder aufgeschlossener Eltern lernen schon von einem sehr frühen Alter an, daß es normal ist, anders auszusehen, sich anders zu kleiden, sich anders zu ernähren und andere Götter anzubeten, und daß dies nicht nur zu tolerieren ist, sondern auch interessant, bereichernd, lehrreich und nützlich sein kann.

In unserem Haus in Nairobi gingen damals junge Leute ein und aus. Zum Beispiel Toon Hanegraff, ein Junge aus Holland, der – wie Charlie Mason – von Anfang an mit Emanuele zur Schule gegangen war. Die Familien der beiden hatten Häuser in Kilifi, und die Jungen waren all die Jahre gute Freunde geblieben und bildeten zusammen mit Ema ein unzertrennliches Trio. Toon war rothaarig, hatte eine seltsam gebogene Nase voller Sommersprossen, und jedesmal, wenn ich ihn sah, schien er – wie Charlie – wieder ein gutes Stück gewachsen zu sein. Sie waren in den kurzen Ferien nach Laikipia gekommen und machten den ganzen Tag über Ausritte, ein Sport, für den sowohl Charlie als auch Emanuele eine ganz natürliche Begabung hatten; sie schossen Kaninchen, machten Erkundungen, gingen Schwimmen, fischten Schwarzbarsche in den Stauseen und verbrachten einfach ein herrliche Zeit. Emanuele ritt besonders gern ohne Sattel, und häufig sattelten sie ihre Pferde ab und ritten durch das Wasser der Stauseen, sprangen und planschten im Wasser herum – der Inbegriff von Jugend, Freiheit und glücklichen Tagen.

Da gab es Mukesh Pandit, ein dünner, ruhiger, einfühlsamer Junge mit schwarzem Haar und Brille, der aus einer wohlhabenden indischen Familie stammte und nicht weit von uns wohnte. Emanuele mochte ihn ganz besonders, zumal ihn die Philosophie und die Sitten und Gebräuche des Fernen Ostens faszinierten; wenn Emanuele und Mukesh zusammen waren, fiel mir stets auf, daß beide einen ähnlichen Ausdruck in den Augen hatten – eine traurige, tiefe Weisheit, die für ihr Alter ungewöhnlich war. Da war Ray Matiba, dessen Vater Minister in der kenianischen Regierung war. Und Felipe Garçia-Banon, mit dessen Eltern – der Vater war spanischer Botschafter – ich eng befreundet war.

Und dann gab es da noch einen jungen Mann, den weder Emanuele noch ich damals schon persönlich getroffen hatten, mit dem Emanuele aber in Briefwechsel stand und gelegentlich telefonierte, und der einen großen Eindruck auf ihn machte. Er hieß Michael Werikhe und wohnte in Mombasa, wo er Wachhunde für eine Firma ausbildete, die Fahrzeugteile montierte. Seine Leidenschaft waren jedoch wilde Tiere, vor allem Nashörner und – was ungewöhnlich war – Schlangen. Ende 1982 hatte er seinen Jahresurlaub dazu genutzt, die 500 Kilometer von Mombasa nach Nairobi zu Fuß zu gehen; Zweck seines Marsches war es, auf das Schicksal der Schwarzen Nashörner hinzuweisen, auf die damals von Wilderern intensiv Jagd gemacht wurde, und Geld für Schutzmaßnahmen zu sammeln. Gesellschaft leistete ihm ein kleiner Python, den er um den Hals trug. Ein gemeinsamer Freund hatte ihn mit Emanuele in Verbindung gebracht, und ich erinnere mich noch heute, wie Emanuele sich nach ihrem ersten Telefonat geäußert hatte.

»Weißt du, Pep«, hatte er gesagt, »Michael ist schon außergewöhnlich. Er kennt sich wirklich mit Schlangen aus und interessiert sich sehr für sie. Aber er hat auch diesen langen Marsch für die Nashörner unternommen, und dabei hat er in seinem ganzen Leben noch nie eins gesehen! Natürlich habe ich ihn nach Laikipia eingeladen, damit er sie sich ansehen kann. In seinem nächsten Urlaub, Ende des Jahres, wird er kommen können.«

Dann gab es die Mädchen, doch da sie meistens jünger waren und keinen Führerschein hatten, sah ich sie selten, obwohl ständig das Telefon ging und immer wieder eine andere Mädchenstimme nach Emanuele fragte. Eine von ihnen war Ferina. Sie war halb britischer, halb indischer Abstammung, hatte rotgoldenes Haar, war sehr weiblich und hatte eine fröhliche Art. Bei den Jungen war sie sehr beliebt, und als ich sie schließlich kennenlernte, sah ich auch, warum.

Obwohl Emanuele ein ruhiger und selbständiger Junge war, der sehr gern allein war, genoß er doch auch das für ihn neue gesellschaftliche Leben, und selbstverständlich liebte er Parties.

Anfang 1983 hatten wir die Idee, in Laikipia mal ein »ganz anderes« Fest zu feiern. Emanuele hatte bis dahin noch keine richtige Party gegeben. Er würde seinen achtzehnten Geburtstag auf ganz besondere Weise feiern. Wir stellten uns ein Fest vor, an dem jeder auf der Ranch auf die eine oder andere Weise teilnehmen konnte. Er würde seine Freunde und ich meine Freunde einladen, die anderen Rancher aus der Nachbarschaft, die alle von ihrer Ranch eine Mannschaft mitbringen sollten, um mit unserer Mannschaft verschiedene Spiele auszutragen. Es sollte Wettkämpfe mit Rindern, Pferden, Eseln und Kamelen geben, und Geschicklichkeitsspiele wie Speerwerfen, Bogenschießen und Pfostenklettern. Wir dachten an einen Jahrmarkt, der den ganzen Tag dauern sollte, mit Essen, Getränken und traditionellen Tänzen, mit Preisen für die Gewinner und einer Disko, die abends den Abschluß bilden sollte. Wir wollten es ein »Rodeo« nennen. Wir setzten als Datum einen Tag kurz vor seinem Geburtstag fest und machten täglich Pläne, überlegten uns zusätzliche Kleinigkeiten für die Veranstaltungen und freuten uns darauf, das Fest zu organisieren und mit allen zusammen zu feiern.

Die Beziehung zwischen Emanuele und mir war stets von Liebe, gegenseitigem Vertrauen und Freundschaft geprägt. Ich hatte keine Geheimnisse vor ihm und zog ihn oft ins Vertrauen, weil ich wußte, daß ich mich auf seinen wohlüberlegten Rat verlassen konnte. Er war kein emotionaler Mensch und offenbarte selten seine Gefühle, doch er war niemals kühl. Auch war er zu unerwarteten, äußerst charmanten Gesten fähig. An meinem Geburtstag, dem 1. Juni, der in Kenia ein Feiertag ist und der in eine Zeit fällt, da in Laikipia die Natur grünt und die Blumen prachtvoll blühen, machte er sich mit Pferd oder Motorrad auf und brachte mir ein ganzes Meer von *Gloriosa superba* mit, jene prächtigen, wilden roten Lilien, die ich, wie er wußte, so gerne mochte.

Einmal spätabends an einem Wochenende in Nairobi, als ich mit Grippe im Bett lag, hörte ich ihn, zwei Stufen auf einmal nehmend, die Treppe hochkommen und an meine Tür klopfen. Er trat ein mit einem großen, knorrigen, aus gebogenen Bananenblättern geflochtenen Elefanten im Arm, den er mit rosa Bougainvilleen geschmückt hatte. »Als ich heute morgen losging«, sagte er grinsend, »hab ich einen alten verkrüppelten Mann an der Ecke der Kitisuru Road gesehen, der versuchte, diesen Elefanten zu verkaufen. Niemand ist stehengeblieben. Als ich heute abend zurückkam, war er immer noch da mit seinem Elefanten, und es hat geregnet. Da hab ich ihn gekauft.« Er betrachtete den Elefanten mit prüfendem Blick. »Er ist ziemlich häßlich. Den hätte doch keiner genommen. Der Mann hat mir einfach leid getan.« Er überreichte ihn mir mit schwungvoller Verbeugung: »Für dich, Pep.« Er stellte ihn in eine Ecke meines Zimmer, und dort steht er heute noch.

Emanuele war für sein Alter ungewöhnlich einfühlsam und liebevoll, und er kümmerte sich sehr um andere. Wie alle Babys wachte Sveva häufig in der Nacht auf, wenn sie Alpträume oder Bauchweh hatte, oder weil sie ein wenig erkältet war. Ich habe einen sehr leichten Schlaf, so daß mich schon das kleinste Geräusch aus meinen Träumen reißt, und ich kann Svevas Zimmer am Ende des Flurs innerhalb von Sekunden erreichen. Doch meistens war Emanuele schon vor mir da und saß an ihrem Bett, hielt ihre kleine Hand und tröstete sie, bis sie wieder einschlief. »Ihr geht's gut, Pep«, flüsterte er mir dann beruhigend zu. »Geh ruhig wieder ins Bett! Ich kümmere mich schon um sie.«

Emanuele war vierzehn Jahre älter als Sveva, und sie betete ihn an. Er trug sie auf seinen Schultern, zog ihr manchmal zum Spaß seine großen Hemden und Pullover an. Er brachte ihr neue Wörter bei und erzählte ihr Geschichten, wie Paolo es, als er klein war, bei ihm getan hatte. Sie saß stundenlang still neben ihm und sah ihm zu, wenn er eine Schlange abhäutete, oder sie fuhr vorn auf seinem Motorrad mit. Wenn ich Emanuele betrachtete, während er sie auf dem Sattel seines Pferdes in den Armen hielt, kraftvoll und gesund, und mit ihr im sonnigen Garten umhertrabte, wobei sie vor Freude gluckste und quietschte, spürte ich oft, daß wir noch immer eine sehr glückliche Familie waren und wie gut es meine Kinder hatten, daß sie in der Freiheit und Schönheit von Ol Ari Nyiro aufwachsen konnten. Ich bin sicher, Sveva hat es Emanuele zu verdanken, daß sie im Umgang mit jungen Menschen natürlich und ungezwungen ist, was sie so reizend und charmant macht.

Von Paolo hatte Emanuele die Leidenschaft fürs Fischen übernommen, und wie Mario und Paolo liebte er das Meer. An Paolos Seite war Emanuele ein guter Fischer geworden, und sie waren oft und mit großem Erfolg zum Fischen hinausgefahren. Er hatte schon zahlreiche Seglerfische gefangen und – mit elf – vor der Küste zwischen Shimoni und Pemba seinen ersten Speerfisch gefangen. Nach Paolos Tod und Svevas Geburt fuhr ich ab und zu, zusammen mit meinen Kindern und Svevas Kikuyu-ayah, der geliebten Wanjiru, wieder an die Küste, meistens nach Kilifi. Manuele fuhr mit unserem Boot »Umeme« hinaus und brachte mir Fische mit, die ich zubereitete: Bonitos, Thunfische oder *Cole-Cole*, Barrakudas oder Königsmakrelen, einmal sogar einen kleinen Hai.

Ich saß wieder mit dem Rücken gegen den größten Affenbrotbaum in Kilifi gelehnt und wartete darauf, daß mir diese eine einsame Gestalt an Deck zuwinkte; dann machte ich Sveva auf ihren großen Bruder auf dem

Boot aufmerksam. Die »Umeme« ließ dreimal ihr Horn ertönen ... und war hinter den Palmen in der Bucht verschwunden. Einmal überraschte Emanuele uns alle, als er, obwohl noch nicht erwachsen, einen gewaltigen Gelbflossenthunfisch an Bord zog, der ein wilder Kämpfer ist. Es war der schwerste, der jemals beim Tia-Maria-Wettkampf für Sportfischer in Shimoni gefangen worden war, und er gewann den Pokal. Wie früher Paolo, nahm auch er regelmäßig am Lady-Delamere-Cup teil, dem renommierten Wettkampf für Sportfischer, der jedes Jahr im Februar von Diana im Mnarani-Club veranstaltet wurde. Es war ein sportliches und gesellschaftliches Ereignis, zu dem sich alle Sportfischer einfanden und das Emanuele sehr großen Spaß machte.

Zum Andenken an Paolo stiftete ich eine Trophäe für den größten blauen Speerfisch, der im Laufe des Jahres vor der Küste Kenias gefangen wurde. Es war eine Bronzeskulptur, die den springenden Fisch darstellte, von dem Paolo besessen gewesen war und der ihm so oft entwischt war. Zu diesem Anlaß begleitete mich Emanuele nach Mombasa und überreichte die Trophäe bei einem festlichen Diner im alten Mombasa-Club.

Als ich 1982 durch Kilifi kam, um den Preis wieder zu überreichen, erfuhr ich, daß Diana krank war, und ich besuchte sie mit Emanuele und Sveva in ihrem eleganten Sommerhaus auf der nördlichen Seite der Bucht. Das Haus stand auf einem großen Grundstück inmitten gepflegter Rasenflächen, die sich wie eine wunderschöne Landschaft hinunter zum Meer erstreckten. Exotische Sträucher wuchsen im Schatten hoher, flüsternder Palmen; es war ein friedlicher und aristokratischer Ort. Diana saß, mit Seiden- und Spitzenkissen im Rücken, halb aufgerichtet in ihrem großen Himmelbett in einem Zimmer, das sich zur Veranda öffnete und das voller Blumen und Topfpflanzen stand. Sie trug ein mit Stickereien verziertes und mit Seide eingefaßtes Negligé; sie war perfekt geschminkt und manikürt, ihr silberblondes Haar tadellos frisiert, so, als würde sie Besuch erwarten. In ihrer ganz eigenen, alterslosen, kühlen, reservierten Art sah sie wunderschön aus, spielte meisterlich die Rolle eines lebenden Mythos und nahm unsere Huldigung wie eine Königin entgegen. Sveva war fast noch ein Baby und begann gerade erst zu laufen. Mit ihren blonden Locken, die sie wie ein Heiligenschein umgaben, ihren leuchtendblauen Augen und ihrer golden schimmernden Haut sah sie aus wie ein Engel, und auf Wanjirus Arm bildete sie in ihrem weißen Spitzenkleid einen hinreißenden Kontrast. Da Diana, auch wenn sie Kinder nicht besonders mochte, stets für Schönheit empfänglich war, sagte sie: »Du darfst dir gern einen Bären aussuchen, Schätzchen.«

In der Zimmerecke und fast auf jeder Couch und in jedem Sessel lagen Teddybären aller Art und aller Größen. Einige sahen aus, als wären sie die Lieblingsstofftiere längst verstorbener Kinder aus der Viktorianischen Zeit gewesen, mit abgenutztem, glänzendem Fell und fehlendem Glasauge. Andere waren riesige, seidenweiche Tiere, größer als ein Kind. Sveva zeigte auf eines der kleineren Tiere, einen braunen schmuddeligen Teddybären, der von Motten angefressen war und ein baumelndes Ohr hatte.

»Wie eigenartig, daß du dir ausgerechnet den ausgesucht hast«, sagte Diana verblüfft. »Das war Toms Lieblingsbär, als er ein Kind war.« Ich wollte das Geschenk ablehnen. »Nein, selbstverständlich kann sie ihn behalten. Tom würde sich darüber freuen. Teddybären sind nun mal für Kinder da.« Lord Delamere war zu der Zeit schon sehr krank und zeigte sich nur selten mit Diana in der Öffentlichkeit, da er sich lieber in seinem kühlen Haus in Soysambu als in der feuchten Hitze an der Küste aufhielt. Ein paar Monate später starb er. Neben ihren Puppen und Marionetten hat Sveva noch heute den lustigen Teddybären, der einem einsamen kleinen Lord des Nachts in seinem Kinderzimmer in Elmentaita, in den Anfängen der Kolonialzeit in Kenia Gesellschaft leistete.

Einige Freunde kümmerten sich nach Paolos Tod besonders um uns, wodurch wir uns näher kamen als zuvor; zu ihnen gehörten Oria und Iain Douglas-Hamilton, die ich zusammen mit Paolo im Haus der Roccos in Naivasha kennengelernt hatte, als wir gerade nach Kenia gekommen waren. Oria war warmherzig, künstlerisch begabt und erfinderisch; sie strahlte eine positive, mütterliche Energie aus und hatte, wie alle in der Familie Rocco, stets außergewöhnliche Pläne. Sie war eine ausgezeichnete Fotografin, und ihre schelmischen, rastlosen Augen waren stets auf der Suche nach etwas Ungewöhnlichem. Sie liebte Afrika und seine Tiere leidenschaftlich. Mit den Jahren war sie für mich wie eine Schwester geworden. Iain trug damals blondes, schulterlanges Haar und hatte ein abwesendes Lächeln, das sich plötzlich ausbreiten und sein Gesicht verändern konnte. Sein geistesabwesender Ausdruck täuschte, denn er wurde von einer unerschütterlichen Entschlossenheit getrieben, seine Kampagne zur Rettung der Elefanten, über die er mehr wußte als vermutlich irgendein anderer in Afrika, zum Erfolg zu führen. Von Beruf war Iain Zoologe und Naturwissenschaftler, und er verfügte über enorme Sachkenntnis und gute Intuition; er war idealistisch und ritterlich und besaß die Ausstrahlungskraft der Gentleman-Abenteurer vergangener Tage. Obwohl er mittlerweile durch seinen Beruf gezwungen war, überwiegend im Büro und am Computer zu sitzen, lebte er nur in der freien Natur richtig auf, und ich ging gern mit ihm zu den Elefantenplätzen in Laikipia oder saß in seinem Flugzeug, um Elefanten ausfindig zu machen. Als Buschpilot stand er in dem Ruf, risikofreudig zu sein, doch ich genoß es, mit ihm zu fliegen. Iain flog elegant, so wie die ersten Flieger in ihren robusten kleinen Doppeldeckern geflogen sein müssen. Wie sie konnte er praktisch überall starten und landen, auf einem Strand oder einer Straße oder einer Lichtung im Busch, was er auch häufig, manchmal zum Spaß und manchmal aus Notwendigkeit, tat. Er war der geborene Pilot, bei dem ich mich immer sicher fühlte, denn ich wußte instinktiv, daß er jede kritische Lage in der Luft mit klarem Kopf und Sachverstand meistern würde.

Obwohl sie viel jünger waren – und in diesem Alter machen ein paar Jahre Unterschied viel aus –, gehörten Saba und Dudu Douglas-Hamilton zu Emanueles engerem Freundeskreis; es waren reizende, gutaussehende, lebenssprühende Mädchen, die ich sehr mochte und die häufig mit ihren Eltern in Laikipia zu Besuch waren. An einem Tag des Jahres kamen sie immer: an Paolos Todestag.

Dieser Tag war für eine kleine Gruppe guter Freunde zu einem besonderen Tag geworden, den man gemeinsam im Gedenken an Paolo »weit weg von der tobenden Menge« verbrachte. Es war eine ganz andere Form des Festes, eines, das nicht aus gesellschaftlichen Gründen stattfand, sondern von Anteilnahme und Liebe geprägt war und das auf alle beruhigend und heilsam wirkte.

Paolo hatte oft gesagt, daß er sich wünschte, seine engsten Freunde würden zu seinem Gedenken ein Fest veranstalten. Also gab ich jedes Jahr für ihn ein Fest. Etwa ein Dutzend Menschen kamen mit dem Wagen oder mit dem Flugzeug: Tubby und Aino, Carol und Sam, die Dobies, die Douglas-Hamiltons, ein paar Freunde von Ema. Colin und Rokky kamen mit ihren Kindern vom Hauptgebäude herüber, und am Abend gingen wir zum Grab am Rande des Gartens. Es war mit Blumen bedeckt, und außen herum lagen Teppiche und farbige *kangas*, auf die wir uns setzten. Kerzen brannten, und Weihrauchgefäße waren aufgestellt, und Freudenfeuer, die mit *mutamayo*, der wilden Olive, die in Laikipia im Überfluß wächst, abgebrannt wurden, erhellten die Nacht. Die

Hunde saßen bei uns, Emanuele war neben mir, und ich hatte die kleine Sveva auf dem Arm. Meine Familie, meine Freunde, meine Erinnerungen – was konnte ich mir mehr wünschen?

Ich sprach ein paar Worte, ein kleines Gedicht, das ich zum Gedenken an Paolo geschrieben hatte, und dann erfüllte »seine« Musik, das Quintettino von Boccherini, die Nacht und stieg zu den stillen Sternen empor. Elefanten trompeteten beim Wassertank. Champagnerkorken knallten, Gläser wurden gefüllt. Emanuele stand auf, mit einem Glas in der Hand, das besonders voll war. Jetzt kam seine Aufgabe. Wir tranken auf Paolo.

Das Glas zerplatzte am Grabstein in winzige Kristallstückchen. Noch mehr Korken schossen in die Luft, und Sektkelche wurden erneut gefüllt. Emanuele hatte einen unergründlichen Blick, als er sich wieder hinsetzte, und plötzlich küßte er mich auf die Wange, mit trockenen warmen Lippen.

Ein Jahr zuvor, also 1982, hatte ich ein paar Tage vor Paolos Todestag eines Abends einen Brief auf meinem Kopfkissen gefunden. Er war von Emanuele, und er war durchzogen von unterschwelligem Schmerz und wehmütiger Erinnerung. In seiner ordentlichen Handschrift hatte er von seiner Hoffnung erzählt, seiner Anhänglichkeit, seiner Liebe zu Paolo, den er »meinen Vater« nannte. In gewisser Weise wirkte der Brief auf mich ungeheuer traurig, denn der Anstoß dazu waren ein Schmerz und eine verzweifelte Sehnsucht gewesen, die ich nicht heilen konnte. Auf meinem Bett sitzend, versunken in all meine Erinnerungen, hatte ich den Brief mit Beklommenheit gelesen:

Zur Erinnerung an Paolo

Es ist der dürrste Monat des Jahres in Laikipia, und der heiße Wind, der von Osten herüberweht, läßt alles ausgetrocknet zurück und verwandelt das grüne Weideland in eine heiße, dürre und staubige Landschaft. In diesem Monat brennen wir das Weidegras ab. Ich mag das Abbrennen nicht, denn es sterben so viele Tiere dabei, die in dem hohen goldgelben Gras Zuflucht finden, doch es ist notwendig, denn wenn der Regen kommt, wird er dieses schwarze Ödland in ein grünes lebendiges Meer verwandeln.

Falls der Regen kommt.

Hier im Norden hängt das Leben von dem Wasser ab, das vom Himmel fällt, und wenn der Regen nicht kommt, versiegen die Flüsse, und die Stauseen trocknen aus, und die Tiere sterben.

Ich sitze oben auf einem Berg und sehe zu, wie die Windhosen einander über eine weite, wasserlose Ebene nachjagen, und ich staune bei dem Gedanken an die Herden von Elefanten, Büffeln und Antilopen, die gemächlich durch den Morgennebel schreiten, beim Gedanken an den Regenvogel, der sein Lied über einen Regen singt, der vielleicht niemals kommt, beim Gedanken an die goldene, majestätische Schönheit der untergehenden Sonne hinter den Bergen von Mukatan und an die noch größere Schönheit dieses Landes, das uns gehört.

Ich frage mich, ob unsere Kinder dieses Land wohl so sehen werden, wie es heute ist, ob eine solche Schönheit noch lange unbeschadet bleiben kann?

Ich hoffe, daß ihnen die Freude zuteil wird, es zu sehen, daß sie ihrerseits ihren Kindern die Geschichten über Laikipia und über einen schönen Blumengarten erzählen werden, der auf einer kleinen Anhöhe inmitten der Leere liegt. Ein Garten, der von einem einsamen Dornenbaum überragt wird, dessen Wurzeln sich tief in die Erde graben, in dieselbe Erde, in die wir meinen Vater bei seiner letzten Safari hinabgelassen haben, gebettet zur ewigen Ruhe in dem Land, zu dem er gehörte.

Und mit den sprießenden Knospen des Dornenbaumes, die seine Augen sind, und mit dem Flüstern des Windes in den Ästen, das seine Stimme ist, wacht Paolo über sein Land, ein Land, über das er für immer herrschen und von dem nichts ihn je trennen soll.

Sein Land – seine Heimat – LAIKIPIA . . .

FLIEG FÜR MICH, VOGEL DER SONNE. FLIEG HOCH.

Emanuele

29

Aidan

Um uns war eine Stille, in der nur der Wind spielte, und eine Reinheit, die sich nur entrückt von der Welt der Menschen finden läßt.

Wilfred Thesiger,
Desert, Marsh and Mountain. The World of a Nomad

Ein Leben besteht wie ein Konzert aus hohen und tiefen Tönen, aus gedämpften Augenblicken und aus Höhepunkten, in denen das Klopfen des Herzens ohrenbetäubend widerhallt.

Wie im Leben der meisten Menschen, hat es auch in meinem Leben Gefühle gegeben, die meine Einsamkeit unterbrachen, Stimmen, die die Stille wieder vertrieben, und einmal flackerte die Flamme der Verliebtheit auf; sie verwandelte sich in eine Versuchung, der ich erst gar nicht zu widerstehen versuchte. Es war eine Begegnung, die mich eine Zeitlang wieder in die Zeit meiner frühen Jugend versetzte, in die Zeit von Beziehungen, die so atemberaubend und gleichzeitig so zerbrechlich waren, daß sie keinerlei Zukunft haben konnten.

Ich denke an den Spaziergang am Strand bei Sonnenuntergang, an die rosa Krabben, die vor den Wellen auf zarten langen Beinen wie geisterhafte Spinnen tanzten; an die Windböen und die Farben der Dämmerung, an das Flüstern der Palmen, das Salz auf den Lippen und in den Augen; ans Wasserskilaufen im silbrigen Kielwasser eines Schnellboots in einer Bucht an der Küste; an das nächtliche Schreien unruhiger Flußpferde und die Strahlen der Morgensonne, die durch die Leinwand eines Zeltes in der Mara sickerten; an Nächte voller Musik, an das Spiel goldglänzender Lichter auf blondem Haar und das aufregende Gefühl, jeden einzelnen Augenblick in dem Bewußtsein auszukosten, daß es kein Morgen geben wird. Und ich denke an einen anderen Sonnenuntergang, strahlendrot und leuchtend wie geschmolzenes Gold. Die Erinnerungen waren geblieben, und das Wissen, daß der Fluß des Lebens weiterfließt und auf ewig alles mit sich fortträgt, was wir erträumten und was wir bereuten.

In den Teppich meines Lebens sind viele Muster gewebt, doch ein Faden darin – meine Beziehung zu Paolo – ist niemals abgerissen – nicht einmal durch seinen Tod –, denn unsere Liebe war so tief wie die Flüsse, die von unbekannten Quellen gespeist werden, die zutage treten und wieder im tiefen Erdboden verschwinden und im verborgenen weiterfließen, aber nie versiegen.

Die Geschichte meines Lebens in Afrika wäre nicht vollständig und nicht aufrichtig, wenn ich nicht von dem ersten Mann erzählte, den ich nach Paolos Tod geliebt habe, denn er hat in meinem Leben eine Spur hinterlassen, die bis zu meinem Tod nicht verblassen wird.

Als eine von Jaspers Töchtern heiratete, bekam ich eine Einladung zur Hochzeit. Bis zum letzten Augenblick wußte ich nicht, ob ich sie annehmen sollte, denn das bedeutete, daß ich ganz allein mit Wanjiru und der kleinen Sveva nach Nairobi zurückfahren und mit Hilfe der unzulänglichen Karte den Ort, der irgendwo in der Nähe von Gilgil lag, ausfindig machen mußte.

Seit Paolos Tod vor rund zwei Jahren war ich nicht mehr mit dem Wagen von der Ranch hinunter nach Nairobi gefahren. Wie früher mit Paolo war ich stets lieber geflogen, zunächst, weil ich schwanger war, und nach Svevas Geburt, weil es bequemer war. Jeden Freitag holte ich Emanuele von der Schule ab, fuhr zum Wilson-Flughafen, und mit einigen meiner Pilotenfreunde und Paolos Flugzeug, das ich behalten hatte, flog ich nach Ol Ari Nyiro. Manchmal blieb Emanuele übers Wochenende bei einem Freund in Nairobi.

Die sehr holprige Straße nach Laikipia war vor kurzem repariert und erneuert worden. Früher oder später würde ich wieder mit dem Wagen fahren müssen, und an jenem Morgen beschloß ich plötzlich, daß das Fest dazu eine gute Gelegenheit war. Ich fühlte mich wohl, und es war an der Zeit, daß ich mein selbstauferlegtes Exil aufgab und wieder unter Menschen kam. Außerdem mochte ich Hochzeiten auf dem Lande, und ich hatte Jasper sehr gern. Ich konnte nicht ahnen, daß sich diese Entscheidung als schicksalhaft erweisen und einen unerwarteten Einfluß auf mein Leben haben sollte ... Denn auf dieser Hochzeit lernte ich Aidan kennen.

Sein Name wurde oft erwähnt, aber man sah ihn nur selten. Obwohl sich Paolo und er nie begegnet waren, hatte Paolo ihn mit großem Respekt als vorbildlichen Rancher beschrieben, für den das Leben ein

Abenteuer war, ein Mann, dessen Ländereien so groß und weit verstreut waren, daß er überwiegend mit seinem Flugzeug unterwegs war und sehr wenige gesellschaftliche Kontakte pflegte. Es hieß, daß er, wann immer er konnte, gen Norden in die Wüste nahe der äthiopischen Grenze verschwand, wo er wochenlang mit seinen Kamelen umherzog, neues Land erkundete, seltene Pflanzen sammelte und den schweifenden, einsamen Träumen aller Nomaden nachhing. Man munkelte, daß er seinen Namen einem Onkel verdankte, der im Iran von einem Löwen gefressen worden war, und daß er eine Zeitlang als Söldner für den Sultan von Oman diente. Eine magnetische Aura umgab ihn, die noch dadurch verstärkt wurde, daß er so selten persönlich in Erscheinung trat.

Er stammte aus einer ungewöhnlichen Familie von Gelehrten und Farmern, deren Mitglieder zum Teil schon in der Pionierzeit nach Kenia gekommen waren, und er hatte erfolgreich einen großen Farm- und Ranchbetrieb aufgebaut und es gleichzeitig geschafft, kaum in der Öffentlichkeit aufzutreten. Nach der Freiheit einer in Afrika verbrachten Jugend und seinem Studium in Europa hatte er angefangen, auf dem Familienbesitz zu arbeiten, und zwar so erfolgreich, daß er zu einer Art lebenden Legende wurde. Nach all dem, was ich im Laufe der Jahre über ihn gehört hatte, war in mir ein ungefähres Bild davon entstanden, wie er aussehen mußte, und natürlich war ich darauf gespannt, ihn eines Tages kennenzulernen. Ich schätzte, daß er mittlerweile Anfang Sechzig sein mußte, und stellte ihn mir als einen wettergegerbten kenianischen Farmer vor, groß und schlank, mit einem Kranz weißer Haare, mit Augen, die es gewohnt waren, in die grenzenlosen Weiten der Wildnis zu blicken, und mit der reservierten Ausstrahlung eines Einzelgängers.

Als ich zu der Farm kam, wo die Hochzeit stattfinden sollte, hatten sich bereits viele Leute eingefunden, überwiegend festlich gekleidete Grundbesitzer aus dem Landesinnern. Wie auf allen Hochzeiten in Kenia war jedes Alter vertreten: Kinder mit blonden Haaren und Sommersprossen und ihren *ayahs*, Frauen in geblümten Kleidern, Männer, die ihre geliebten Khakishorts mit dunklen Anzügen und Krawatten vertauscht hatten, verstreute Grüppchen auf dem Rasen, die etwas tranken, sich laut unterhielten und lachten.

Ich grüßte hier und da Freunde und blieb stehen, um mit verschiedenen Leuten zu plaudern. Dann sagte jemand: »Hast du Aidan schon kennengelernt?« Vier oder fünf Männer standen zusammen, mit Bierkrügen in den Händen. Sie drehten sich um und sahen mich an, und ich konnte mir nicht denken, wer von ihnen Aidan sein sollte: Zwei von ihnen kannte ich, und die anderen schienen mir zu jung.

»Ich bin Aidan«, sagte der Größte, wobei er sich leicht verbeugte und an seinen breitkrempigen Hut tippte.

Die Sonne ließ seine Augen in dunklem Kornblumenblau aufleuchten, und ich war völlig überrascht. Er wirkte sehr viel jünger, als ich ihn mir vorgestellt hatte. So naiv es klang, konnte ich mich doch nicht beherrschen, auszurufen: »Ich habe so viel von Ihnen gehört, ich dachte, Sie wären viel älter!«

Er konnte kaum älter als vierzig sein. Er sah mich einen Augenblick lang an, als spielten die vielen Leute oder der Ort keine Rolle. »Ich habe so viel von Ihnen gehört«, erwiderte er galant, »und ich habe gedacht, Sie wären viel älter!« Er lachte. Ich konnte sehen, daß er nicht sehr oft lachte. Ein ernster Unterton, der ihm ganz vertraut zu sein schien, schwang in seiner tiefen Stimme mit: »Ich bewundere Sie«, sagte er, ohne zu lächeln, »dafür, daß Sie Ihr Land nach dem Tod Ihres Mannes behalten haben. Sie sind eine tapfere Frau.« Ich spürte, daß er meinte, was er sagte. Sein Gesicht war ruhig und nachdenklich. »Wir Landbesitzer sollten zusammenhalten.«

»Landbesitzer?« Die Frage kam mir aus tiefstem Herzen. Ich hatte so oft darüber nachgedacht. »Ich fühle mich nicht als Landbesitzerin. Ich glaube eigentlich nicht, daß wir dieses Land wirklich *besitzen.* Es war schon vor uns da, und es wird auch noch nach uns da sein. Ich glaube, wir können uns nur, so gut es eben geht, um dieses Land kümmern, wie Verwalter, für die Dauer unseres Lebens. Ich bin nicht einmal hier geboren. Für mich ist es eine große Ehre, für ein Stückchen Afrika verantwortlich zu sein.«

Es trat eine Stille ein, und in diesem Moment wußte ich, daß etwas geschehen war. Es war vermutlich dieser Satz, der ihn dort und in diesem Augenblick etwas Besonderes in mir sehen ließ. Sein Blick nahm einen intensiven, konzentrierten Ausdruck an, und in seinen Augenwinkeln und auf seiner Stirn tauchten viele Fältchen auf. »Ja. Sie haben recht«, sagte er langsam und sah mich unverwandt forschend an. »So habe ich es bislang nie gesehen. Ihre Philosophie gefällt mir. Man kann viel von Ihnen lernen.« Er zog mich nicht auf. In seinem sonnengebräunten Gesicht leuchteten seine ernsten Augen in eindringlichem Licht, was mich, fast schmerzlich, an andere tiefblaue Augen erinnerte, die ich geliebt und verloren hatte.

Ich sah ihn an und versuchte, meinen plötzlich schneller werdenden Herzschlag unter Kontrolle zu bekommen. Sein Haar war stark gelockt, fast wie bei einem Afrikaner, aber goldbraun. Damit, und mit seiner schönen etruskischen Nase und seinem wohlgeformten Mund über dem scharfgeschnittenen Kinn, und dem geraden Hals und dem stolzen Kopf sah er aus wie das klassische Abbild einer sonnengebräunten lebendigen Statue. Er war ein Mann von Gegensätzen. Er war größer als alle Umstehenden, und doch umgab ihn ein Hauch von natürlicher aristokratischer Eleganz, seine maskuline Art war durch Sanftheit gemildert. Seine schlanke Figur, seine breiten Schultern, seine langen Beine, seine dünnen Handgelenke und seine starken Hände mit schlanken, aber schwieligen Fingern, die an harte Arbeit gewöhnt waren, ließen eine Vornehmheit spüren, die mich faszinierte. Er sah mir unverwandt in die Augen, und ich spürte, wie meine Beine schwach wurden; mir war, als hätte ich einen flatternden Schmetterling im Bauch. Nur ein einziger Gedanke ging mir durch den Kopf, der alles übrige verdrängte: »Er sieht aus wie Paolo.« Ich hatte Feuer gefangen. Nichts hatte sich verändert, die vielen Menschen waren noch immer da, doch er hatte nur Augen für mich und ich nur für ihn. Die übrigen Leute waren nicht mehr wichtig.

Zum erstenmal in mehr als zwei Jahren, seit Paolos Tod, fühlte ich mich von einem anderen Mann angezogen. Auf diese Gefühle war ich nicht vorbereitet gewesen, und instinktiv wußte ich, daß ich mich ernsthaft verlieben würde.

Er schien all das zu haben, was mich an einem Mann besonders fasziniert: eine Präsenz, eine Aura von Abenteuer und längst vergangenen Zeiten, von wilden entlegenen Orten, wo die Zeit sich noch nach der Sonne und den Jahreszeiten mißt. Ich sah in ihm einen Menschen, der mit unerwarteten Situationen fertig werden, der furchtlos sein und die Führung übernehmen konnte, der weit weg von der Stadt oder Menschen zufrieden und glücklich war, unter dem unermeßlichen, gewölbten Himmel der afrikanischen Nacht. Er war ein Mann, der es gewohnt war, Verantwortung zu tragen und Menschen zu leiten. Er hatte eine merkwürdige Art, in abgehackten Sätzen zu reden, wie jemand, der wenig spricht und es nicht gewohnt ist, sich bei gesellschaftlichen Anlässen zu unterhalten. Ich fand seine leise, dunkle Stimme erregend, seine altmodische Ausdrucksweise betörend, und ich fühlte, daß jedes Wort, das er sagte, aufrichtig war. Er war galant, aufmerksam, und doch umgab ihn etwas Undefinierbares, eine geheimnisvolle Aura ... eine Stärke ... eine

Schwäche? Und plötzlich wollte ich mehr wissen, wollte diesen anderen Menschen bis in die Tiefen seiner Seele erforschen, während seine unheimliche physische Ähnlichkeit mit Paolo ihn völlig unwiderstehlich machte. Ich widerstand nicht.

Als ich mich nach der Party von ihm verabschiedete, hörte ich mich, wie ich ihn einlud, auf einen Drink vorbeizukommen, wenn er das nächstemal in Nairobi sei. Es hätte durchaus sein können, daß er nie gekommen wäre. Ein Woche später kam er.

Danach kam er häufig, immer unerwartet, über Monate hinweg. Ich liebte ihn als die Verkörperung des Mannes, nach dem ich immer gesucht hatte. Er liebte mich, wie er seine Wüste liebte: Bei mir konnte er sich ganz unbefangen fühlen, ganz er selbst sein und genauso entspannt sein, als ob er allein hoch im Norden bei seinen geliebten Kamelen war.

Es war ein heimliches Verhältnis, denn er war nicht frei, und die Situation war schwierig. Er liebte seine Familie, und ich verstand gut, daß er hin- und hergerissen war zwischen seiner Aufrichtigkeit und seinem Pflichtgefühl; es war der einzige Konflikt, der die Harmonie unserer gemeinsamen Stunden überschattete.

Er kam nachts und brachte das Gefühl der Weite mit. Ich war fasziniert von dieser attraktiven Mischung aus Wildheit und Kultiviertheit. Oft hatte er ein kleines, abgenutztes Gedichtbändchen bei sich, aus dem er mir bis in die frühen Morgenstunden mit seiner tiefen männlichen Stimme Verse von Tennyson, Kipling oder Wordsworth vorlas, die der romantischen Seite seines abenteuerlichen Wesens entprachen und die mich in die Zeit meiner Jugend zurückversetzten, als ich dieselben Gedichte mit meinem Vater gelesen hatte. Oft las ich ihm meine eigenen Geschichten vor, und er hörte ihnen gern zu. Diese Stunden liebte ich über alles. Die Kerze brannte, und leise Musik spielte im Hintergrund. Das Feuer im Kamin zeichnete neue Linien in dieses Gesicht, das ich inzwischen so gut kannte, und die Zeit stand still. Wenn er leise, sobald der Morgen dämmerte, ging, war es, als wäre er erneut Teil eines Traumes gewesen, und wenn ich wieder zu Bett ging, fragte ich mich oft, wie lange diese ungewöhnliche Situation dauern könnte und wie sehr ich wieder leiden würde, sobald ich zurück in die Realität gerufen würde.

Ich vermißte ihn, wenn er weg war. Ich wußte nie und fragte nie, wann – und ob – ich ihn wiedersehen würde. Tage vergingen, und ein Buch kam mit der Post für mich an, oft ein seltenes, lange vergriffenes Buch, oder eins mit einer besonderen Bedeutung. Wochen vergingen, und dann stand er plötzlich wieder vor meiner Tür und brachte den Zauber mit, der ihn umgab, einen Somali-Schal, der nach Gewürzen roch, und die Wärme des Wüstenwindes. Ich hatte gelernt, nichts von ihm zu erwarten, da ich wußte, daß er mir gab, was er konnte. Ich nahm seine Gegenwart wie ein Geschenk an, was für mein stolzes und unabhängiges Wesen völlig neu war. Aber er hatte in mir eine tiefe Saite angeschlagen, eine Art Wiedererkennen, das länger anhielt, als unsere Begegnungen dauerten, und das so intensiv war, daß es mich für die Seltenheit unserer Begegnungen entschädigte.

Der einzige Mensch, der von Aidans Bedeutung in meinem Leben wußte, war Emanuele. Ich hatte mich ihm anvertraut, und ich konnte mich auf seine Verschwiegenheit und heimliche Unterstützung verlassen. Beide waren sich in gewisser Weise ähnlich. Ihr Verhältnis beruhte auf gegenseitigem Respekt und instinktiver Sympathie, wie von Mann zu Mann. Ich konnte mir gut vorstellen, wie sie schweigend nebeneinander über irgendeine verlassene Straße oben im Norden gehen.

Eines Tages, so träumte ich gerne, eines Tages könnte das durchaus geschehen.

30

Die Glücksschlange

Erwog all das, bedacht die Zeit,
die Zukunft barg nur noch Verderben
so wie auch die Vergangenheit.
Und wie dies Leben nur ein Sterben.

W. B. Yeats, *Ein irischer Flieger sieht seinen Tod voraus*
zitiert in Emanueles Tagebuch

Wir verbrachten ein wunderschönes Osterfest mit den Douglas-Hamiltons. Frühmorgens gingen wir mit Oria und Iain und Luka los, um Nashörner aufzuspüren, und vom Baumhaus aus beobachteten wir Elefanten, wie sie am Wassertank und an Paolos Damm in Kuti tranken.

Das Baumhaus war ein einfacher Ausguck, den ich an einem Lieblingsplatz der Elefanten oben in einer großen Gerardia hatte bauen lassen. Man konnte auf den Baum klettern und sich wie ein Vogel hoch oben in einem Nest zwischen den Zweigen verstecken; von dort konnte man im Schutz der Blätter unbemerkt den Tieren zusehen, die zum Trinken an den Wassertank direkt darunter kamen. Die Elefanten waren so nahe, daß man sie riechen konnte, und das einzige Geräusch in der tiefen Mittagsstille war das Schlürfen ihrer Rüssel im schlammigen Wasser und das leise Rumpeln ihrer Mägen.

Emanuele fuhr eines Morgens mit seinem Motorrad los, um Ferina zu besuchen, die mit ihren Eltern ein paar Tage in Baringo verbrachte. Am Abend auf dem Rückweg ging ihm, als er gerade wieder auf dem Gebiet der Ranch war, das Benzin aus. Er benachrichtigte uns über das tragbare Funkgerät, und ich machte mich zusammen mit Saba auf die Suche nach ihm, um ihm einen vollen Kanister Benzin zu bringen. Wir fanden das Motorrad mitten auf einem Weg, aber von Ema keine Spur. Ich konnte im staubigen Sand noch nicht einmal Fußabdrücke von ihm ausmachen, als hätte er sich in Luft aufgelöst. Es war inzwischen Abend geworden, und überall waren Spuren von Elefanten und Leoparden. Wir suchten und riefen nach ihm, und gerade als ich anfing, mir Sorgen zu machen, wurden wir auf ein unterdrücktes Kichern aufmerksam. Emanuele hockte ganz oben auf einer großen Gerardia, trank Bier und lachte zu uns herunter. Saba sprang hinten aufs Motorrad, und ich fuhr hinter ihnen her.

Im Licht der Autoscheinwerfer funkelten die phosphoreszierenden Augen von verborgenen Tieren. Emanuele und Saba, die mit windzerzausten Haaren miteinander sprachen und lachten, während sie durch die herrliche afrikanische Nacht mit ihren Formen und Schatten fuhren, boten ein Bild der Jugend, voller Privilegien und Freiheit, das ich nie vergessen werde.

Zum Mittagessen am nächsten Tag bekam Sveva von mir ein riesiges Osterei, und für alle gab es Schokoladenhäschen. Oria machte Fotos von Emanuele, der am Kopfende des Tisches auf Paolos altem Platz saß, mit Sveva auf dem Schoß. Neben ihm waren Saba und Dudu. Alle hielten verschiedene Arten grüner Nattern und Sandschlangen in den Händen, und die beiden Mädchen hatten ein oder zwei Schlangen um den Hals geschlungen.

Wir fuhren nach Mukutan Spring unten am Fluß, um ein Barbecue zu veranstalten. Auf dem Weg dorthin sahen wir, das sich in unmittelbarer Nähe der Straße an einer Stelle viele Geier versammelten, und wir fanden eine junge Elenantilope, die kurz zuvor von einem Löwen gerissen worden war. Emanuele und Luka schnitten das Filetfleisch für uns heraus und überließen den Rest den Löwen. Emanuele war mit seinem blaugelben Motorrad unterwegs, und Oria fotografierte ihn, als er unseren Wagen überholte. Am Abend bemerkte ich, daß die Kinder etwas ausheckten: Kipiego und Rachel servierten mir grinsend auf einem Silberteller einen Schokoladenkuchen, der sich als ein großer Haufen Elefantendung entpuppte, den sie mit Kakao und gefärbtem Zucker überzogen und mit Blumen geschmückt hatten.

Zum Abschluß des Abends führten Emanuele und die Mädchen, die in ihren enganliegenden Gymnastikanzügen mit Leoparden- und Tigermustern wunderschön aussahen, auf den Zedernbalken der Wohnzimmerdecke zu der Musik von »Cat's People« und zu Emas damaligem Lieblingsstück »Heat of the Moment« einen Tanz auf. Iain, Oria und ich, also die ältere Generation, saßen unten, in weite Kaftane gekleidet, lachten und machten Fotos von den geschmeidigen jungen Leuten, die über uns tanzten. Momente des Glücks, die für immer in meiner Erinnerung eingefroren sind.

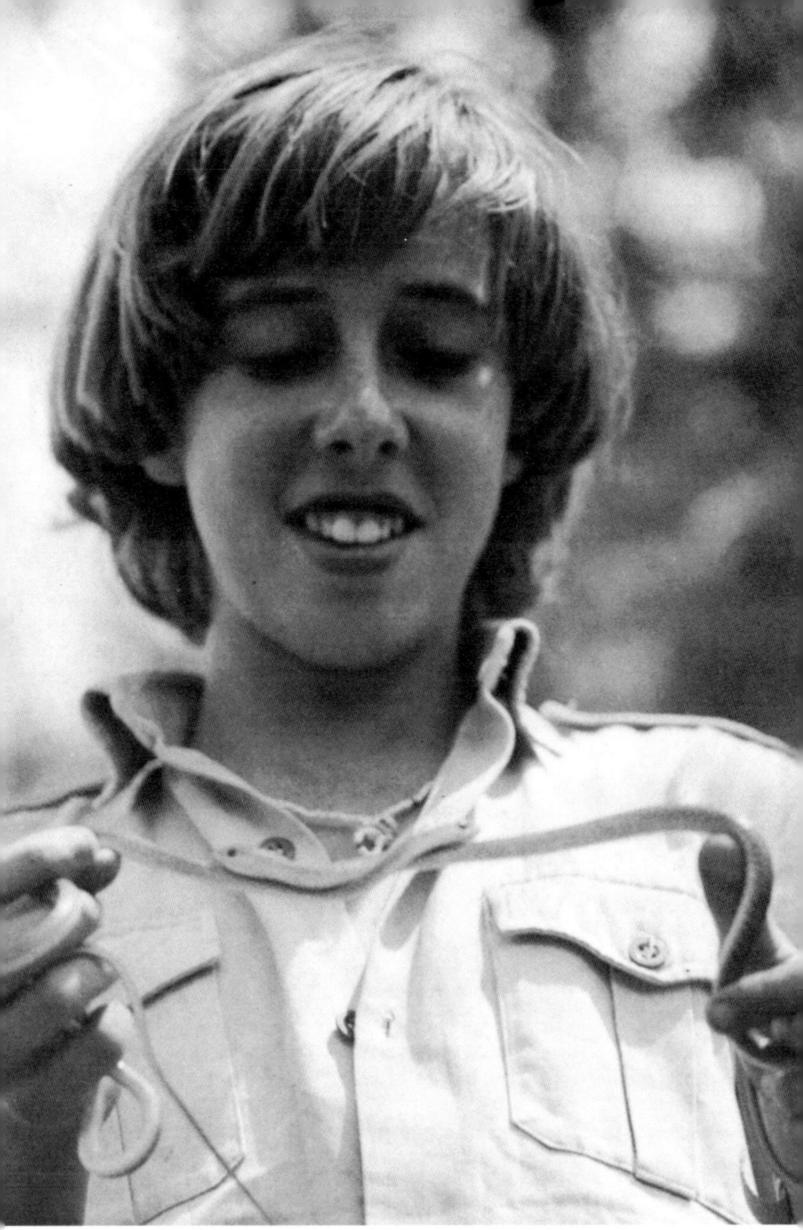

29. Emanuele mit grünen Nattern (Kuki Gallmann)

◀30

30. Emanuele mit einer Puffotter in der Schlangengrube in Kuti (Giorgio Mazza)

31. Mapengo, Emanuele und eine Kobra (Giorgio Mazza)

32. Emanuele, Mapengo und ein Riesenpython (Kuki Gallmann)

33. Emanuele, Mirimuk und die Wachpatrouille in Maji ya Nyoka (Giorgio Mazza)

31 ▼

32 ▲

33 ▼

34. Dudu, Emanuele und Saba tanzen auf dem Dachbalken (Oria Douglas-Hamilton) 34 ▲

35. ›Die längste Nacht‹ (Oria Douglas-Hamilton)

36. Luka auf Emanueles Beerdigung (Oria Douglas-Hamilton)

35 ▲

36 ▶

37 ▲

38 ▼

37. Die Freunde auf Emanueles Beerdigung: Simon Evans und Saba (Oria Douglas-Hamilton)

38. Mapengo auf Emanueles Beerdigung (Oria Douglas-Hamilton)

39. Die Schlangen werden freigelassen (Oria Douglas-Hamilton)

40. Die letzte Schlange (Oria Douglas-Hamilton)

39 ▲

40 ▼

41. Sveva und Mirimuk (Kuki Gallmann)

42. Sveva am Mugongo ya Ngurue (Ruggero Borletti)

Die schockierende Nachricht erreichte uns beim Frühstück am Ostermontag durch einen Funkruf. Jack Block war beim Forellenfischen in einem Fluß in Chile, wo Jeremy inzwischen lebte, ums Leben gekommen. Der Leichnam war nicht gefunden worden, und es war nicht klar, ob er ertrunken war oder einen Schlaganfall gehabt hatte. Jacks Bruder Tubby und dessen Frau Aino waren noch ein paar Tage zuvor in Laikipia gewesen, um Paolos Todestag zu begehen. Jack war wegen seines Engagements für den Schutz der wildlebenden Tiere und seine Arbeit für den Fremdenverkehr im ganzen Land bekannt und wurde von Afrikanern und Europäern gleichermaßen respektiert und bewundert. Es war unfaßbar für uns, daß dieser lebenslustige und interessante, mitfühlende und zuverlässige Mann einen so seltsamen, tragischen Tod in einem fernen Land gefunden hatte.

Die Nachricht bestürzte uns alle und überschattete unseren Tag. Ich mußte wieder daran denken, an was für einem dünnen Faden unser Leben doch hängt und wie schnell wir ins Nichts verschwinden können. Ich wurde nachdenklich, und den Rest des Tages waren wir alle recht still. Ich beschloß, am nächsten Tag nach Nairobi zu fahren, um Tubby mein Beileid auszusprechen.

Am Nachmittag fragte Emanuele mich, ob ich mit ihm fischen gehen wollte, und wir fuhren zum Großen Damm. Ich war noch immer niedergeschlagen, und schließlich saß ich nur am Ufer und sah zu, wie er die Angel auswarf und in kurzer Zeit einen Schwarzbarsch nach dem anderen aus dem Wasser zog.

Während ich auf dem steinigen roten Boden saß, sprach ich mit ihm über die Vergänglichkeit unseres Lebens auf dieser Erde und über die Wichtigkeit, im Hier und Jetzt zu leben. Ich sprach von Paolo und von seiner Liebe zu diesem Land, über unseren Wunsch, ein ausgewogenes Nebeneinander zwischen wildlebenden und zahmen Tieren aufrechtzuerhalten. Erneut erzählte ich ihm von meinem Testament, für den Fall, daß mir irgend etwas zustieße. Er hörte schweigend zu, offenbar ganz vom Fischen in Anspruch genommen, und er war so still, daß ich fast dachte, er hätte nicht zugehört. Als er fertig war, nahm er die Angel auseinander, legte sie sorgfältig beiseite und kam zu mir. Er hockte sich vor mich auf den Boden, sah mir in die Augen und sagte mit ernster Stimme: »Okay, Pep. Ich habe alles verstanden. Nun möchte ich dir sagen, was du tun sollst, wenn ich zuerst sterbe.«

Die Sonne ging hinter dem Damm unter, und in der Abenddämmerung konnte ich seine Augen nicht erkennen. Ein Schwarm Pelikane landete mit den Füßen voran im Wasser, wobei sie mit ihren breiten weißen Flügeln das Gleichgewicht hielten und kaum Wellen machten.

»Du kannst nicht sterben. Du bist siebzehn.« Selbst für mich klang diese dürftige Abwehr nicht sehr überzeugend.

Er ging nicht auf meinen Einwand ein. »Ich möchte neben Paolo beerdigt werden. Ich möchte auch eine gelbe Fieberakazie auf meinem Grab. Und als Musik ›Bolero‹ von Ravel. Das Kissen, das du für mich gemacht hast, auf das ›No, Pep‹ gestickt ist, möchte ich unter meinem Kopf haben. Champagner zum Todestag. Und, wie du gerade zu mir gesagt hast, ich möchte auch, daß du dein Leben weiterlebst und dich um Sveva kümmerst.«

Trotz der Angst, die mich überkam, wurde mir klar, daß er schon früher darüber nachgedacht hatte. Auf der spiegelglatten Wasseroberfläche des Sees sprang ein Fisch. Lautes Vogelgezwitscher kündigte die heranrükkende Stille der Nacht an. Meine Stimme klang dumpf, als ich mit Mühe flüsterte: »Woran könntest du denn wohl sterben, in deinem Alter?«

Ein plötzliches Lächeln verwandelte für eine Sekunde sein Gesicht, und in diesem Moment wußte ich, was er sagen würde. Er drückte fest meine Hand, als wollte er mich beruhigen. Seine Stimme war ruhig, geduldig, leicht ironisch, als ob er einem Kind das Selbstverständlichste von der Welt erklären müßte. Er sprach auf Swahili, als ob die exotische Sprache einem exotischen Tod angemessener wäre: »*Nyoka tu*« (»Nur an einer Schlange«).

Er stand auf. Ich starrte auf seine langen, nackten Beine, die fast bis zu den Knien in Motorradstiefeln steckten. Mir war bis dahin nicht aufgefallen, wie groß er in den letzten Monaten geworden war. In der Ruhe vor Einbruch der Nacht zog die Dunkelheit schnell herauf und malte alles, was noch Sekunden zuvor in Gold und intensive Wärme getaucht war, grau und schwarz. Es war, als ob nur er und ich auf der Welt zurückgeblieben wären. Ich schauderte. »Bitte nicht. Stirbst du, wäre das auch mein Ende.«

Er hob seine Angel und die Fische auf und wollte schon zum Wagen gehen. Ich konnte spüren, daß er lächelte: »Nein, Pep. Du läßt dich nicht unterkriegen. Du wirst es schaffen. Komm, gehen wir und nehmen die Fische aus.«

Eine Erwiderung erstarb auf meinen Lippen. Wir fuhren schweigend nach Hause.

Das erlebnisreiche Wochenende schien alle ermüdet zu haben. Emanuele schrieb wie gewöhnlich sein Tagebuch, die schlanken muskulösen Beine in engen Jeans lang ausgestreckt. Das weiße Hemd mit rundem offenem Kragen und eine blaue Weste betonten seinen jungen, kräftigen Hals. Oria machte noch ein paar Aufnahmen am Tisch und fing seinen ernsten Blick und den dunklen Kranz seiner Haare im flackernden Kerzenlicht ein.

Die Douglas-Hamiltons brachen früh am nächsten Morgen in Richtung Küste auf. Emanuele brachte sie mit dem Wagen zum Flugplatz, und sie überflogen Kuti noch einmal, um sich auf die gewohnte Art zu verabschieden: Sie flogen tief über Paolos Grab und dann direkt auf mich zu. Da ich Iains Trick vorausgeahnt hatte, bei dem ich mich schon mal flach auf den Bauch geworfen hatte, preßte ich meinen Rücken zum Schutz gegen den höchsten Baum, winkte und warf den vier lächelnden Gesichtern Küßchen zu.

Ich fuhr direkt nach Nairobi, um Tubby zu besuchen. Jacks Leichnam war gefunden worden, und man stellte fest, daß er doch an einem Herzanfall gestorben war. Vielleicht war die Freude darüber, daß er die größte Forelle seines Lebens gefangen hatte, für sein Anglerherz zuviel gewesen. Gegen Ende des Monats sollte auf der Longonot-Farm in Naivasha ein Gedenkgottesdienst stattfinden. Ich versprach zu kommen und fuhr noch am selben Tag nach Laikipia zurück. Ich hatte ein unbehagliches Gefühl, eine Vorahnung, und ich wollte bei meinen Kindern sein.

Dort schien alles in bester Ordnung, aber Emanuele erzählte mir am nächsten Morgen, daß sein Kobraweibchen entwischt sei. Da sie an einer Art Mundfäule erkrankt war, war er besorgt und entschlossen, sie zu finden. Ich spielte gerade mit Sveva, die wie ein rundlicher, blonder kleiner Engel aussah, als er über den Rasen auf uns zukam, und ich konnte an seinem Blick erkennen, daß etwas passiert war, das ihn bekümmerte. Eine Schlange hing über seine Schulter, die schlaff und wie tot aussah. Sie war größer und dicker, als ich sie mir vorgestellt hatte. Es war die Kobra.

»Ich habe sie getötet«, sagte er mit seiner nüchternen Stimme, aber mit einem Anflug von Bedauern. »Mapengo und ich wollten sie aus dem Loch, in dem sie sich versteckt hatte, ausräuchern. Wir haben uns mit dem Rauch verschätzt, und sie ist erstickt. Ihr Herz schlägt nicht mehr. Sie ist so gut wie tot. Es ist meine Schuld.«

Es kam häufig vor, daß ich im voraus ahnte, was Emanuele sagen wollte. Jetzt sah ich, daß ihm ein Einfall durch den Kopf schoß, und ich wußte, daß er an einen Vorfall dachte, der sich ein paar Tage zuvor ereignet hatte. Colin hatte ein kleines Kalb wiederbelebt, indem er ihm mit einem Schlauch Luft in die Lunge blies. Es hatte uns sehr beeindruckt, und Emanuele hatte viele Fragen gestellt. Nun stand er plötzlich auf, mit entschlossenem Blick, und ging auf das Haus zu; die Schlange baumelte um seinen Hals wie ein dickes, nasses Handtuch, und er sagte über die Schulter: »Ich hol mir einen von den silbernen Stohhhalmen aus der Hausbar. Die du immer für Gin benutzt. Ich versuche, sie wiederzubeleben.«

Ich schloß erschöpft die Augen. Es schien kein Ende zu nehmen. Doch selbst so etwas Absurdes wie der Versuch, eine Kobra durch Mund-zu-Mund-Beatmung wiederzubeleben, schien bei Emanuele ein völlig normaler Vorgang zu sein. Als er mein Entsetzen spürte, blieb er kurz stehen und kam ein paar Schritte zurück, um mich zu beruhigen. »Sie hat sowieso kein Gift mehr. Sie hat mich gerade aus dem Loch angespuckt, auf meine Brille.« Er zeigte auf die Schutzbrille, die um seinen Hals hing und die mit grauem, klebrigem Speichel verschmiert war. Ich fröstelte.

Als er wenig später zurückkehrte, sah ich, daß er Erfolg gehabt hatte. Sein Gesicht leuchtete und hatte sich in einer Weise verändert, wie ich es nur bei Emanuele erlebt habe. Er erzählte mir, wie das Herz anfing, wieder zu schlagen, und wie stolz er gewesen sei, als es ihm gelungen war, sie wiederzubeleben. An jenem Abend beschrieb er die Geschichte ausführlich in seinem Tagebuch und schloß mit dem Satz: ». . . und wenn sie überlebt, werde ich sie Bahati nennen, die ›Glücksschlange‹, denn sie ist von den Toten auferstanden.«

Bei der Schlange hatte es funktioniert.

31

Das Ende der Welt

»... Wer ist Mungu?« fragte ich.
»Mungu lebt dort oben,« antworteten sie, »und wenn er will, daß du lebst, dann lebst du, und wenn er will, daß du stirbst, dann stirbst du.«

Llewelyn Powys, *Confessions of Two Brothers*

Der Tag begann wie immer in Laikipia. Nach einem Klopfen an der Tür meines Schlafzimmers brachte mir Simon den Tee, sagte lächelnd: »*Jambo, Memsaab*«, und alle Hunde kamen herein, um mich zu begrüßen, wobei sie schwanzwedelnd ihre kalte Nasen an meine Wange drückten. Simons großgewachsene Gestalt hob sich gegen die Fenster ab, als er die Vorhänge aufzog, um das grelle Sonnenlicht hereinzulassen. Es war bereits heiß. Der Regen ließ auf sich warten. Es war der 12. April 1983, und es waren Osterferien. Kurz darauf kam Sveva mit ihrer afrikanischen Lieblingspuppe im Arm herein. Sie war zweieinhalb Jahre alt, ein blonder Engel, und wie Paolo hatte sie tiefblaue Augen und eine schöne, leicht gebräunte pfirsichfarbene Haut.

Ich trank gerade meinen Tee, als Emanuele klopfte, hereinkam und – gefolgt von seinem Hund Angus, einem großen gelben Schäferhund, dem schönsten von Gordons Jungen – am Fußende meines Bettes stehenblieb. Mir fiel auf, wie groß er geworden war, wie breit seine Schultern waren und daß seine rasierten Wangen nichts Kindliches mehr hatten. Er trug Khakishorts und ein Khakihemd mit bis zu den Ellbogen aufgerollten Ärmeln. Am Gürtel hingen ein Messer und die obligatorischen Schlangenzangen. Er war siebzehn, ein gutaussehender junger Mann mit einem ruhigen Wesen, einem glänzenden Verstand und einer faszinierenden Persönlichkeit, die auf Mädchen äußerst anziehend wirkte.

»*Buongiorno*, Pep«, sagte er mit seiner neuen, rauhen Männerstimme, »hast du vielleicht ein Gummiband für mich?«

Ich wußte, wofür er das Gummiband brauchte. Er benutzte immer Gummibänder, um ein Stück Plastik um den Hals eines sterilisierten Glasgefäßes zu binden. Er preßte das Glas gegen die Fänge einer giftigen Puffotter. Die Drüsen wurde gegen den Rand des Glases gedrückt, und das Gift spritzte heraus. Anschließend kristallisierte Emanuele es mittels eines chemischen Verfahrens. Wir fanden ein Band.

»Ich geh die Schlangen melken.«

»Ich hasse es, wenn du das tust«, entfuhr es mir.

Er blickte mich auf seine ganz besondere Weise an, sah mir direkt in die Augen, mit einem leicht amüsierten Ausdruck. »Du machst dir immer Sorgen. Ich hab das schon dutzendmal gemacht.« Ich wußte, daß er recht hatte.

Wie so oft erhellte ein unerwartetes Lächeln sein Gesicht. Er berührte liebevoll Svevas Wange und war dann mit seinem Hund verschwunden.

Ich sah ihm von der Tür aus nach.

Er verschwand im Licht der frühen Morgensonne, die hinter dem Haus aufging und dessen Schatten auf den Rasen warf. Emanueles Schatten auf dem Gras war lang, und die Sonne auf seinem Rücken umhüllte sein Haar mit einem goldenen Schein. Er war jung und stark und schön ... und nicht mehr mein kleiner Junge. Er ging mit langen, leichten Schritten an den prachtvoll blühenden Sträuchern und der schattigen gelben Fieberakazie vorbei; die Schlangenzangen baumelten von seiner Taille, als er hinter dem Swimmingpool zur Schlangengrube ging.

Er ging fort, und kehrte niemals wieder.

Ich sah ihm nach, und ein seltsames Gefühl beschlich mich wie eine dunkle Vorahnung und legte sich mit schmerzhaftem Druck auf meinen Magen. Als ich ihn nicht mehr sehen konnte, sah der Rasen plötzlich verlassen aus. Ich seufzte und ging unter die Dusche. Sveva folgte mir mit ihrer Puppe. Ich trocknete mir gerade die Haare mit einem Handtuch, als ich hörte, wie jemand klopfte.

Das Klopfen war so eindringlich, daß das Glas in der Tür klirrte und mir der Mund austrocknete. Ich hörte auf, mir die Haare zu trocknen, und rief: *»Kitu gani?«* (»Was ist los?«)

»Mama.« Nur Mapengo, Emanueles Schlangenmann, nannte mich damals »Mama«; es ist die vertraute, doch respektvolle afrikanische Anrede für eine verheiratete Frau.

Beim Klang seiner Stimme lief es mir eiskalt den Rücken hinunter. Sie war leise und verändert, unnatürlich stockend und nicht wiederzuerkennen. In der verhängnisvollen Stille hallte nur das Echo meines Entsetzens wieder.

»Mama, *iko taabu kidogo* ...« (»Es gibt da ein kleines Problem ...«)

»Emanuele? *Nyoka?*« (»Eine Schlange?«)

»*Ndiyo.*« (»Ja.«)

»*Terepupa?*« (»Eine Puffotter?«)

»*Ndiyo.*«

»*Wapi?*« (»Wo?«)

»*Gikoni.*« (»In der Küche.«)

Ich verschwendete keine Sekunde mit Nachdenken. Mit einer bewußten Anstrengung, die meine ganze Kraft erforderte, weigerte ich mich, einer sinnlosen Verzweiflung zu verfallen. Jetzt noch nicht. Ich wußte, ich konnte mir keine Hysterie erlauben, und ich durfte keine Zeit verlieren. Ich war allein, von jeder Hilfe weit entfernt. Zwanzig Minuten waren es mit dem Wagen zu unserem Flugplatz und acht Kilometer bis zu Colins Haus. Ich war die einzige, die fahren konnte, und die einzige, die helfen konnte. Ich wußte auch, daß ihn nichts mehr würde retten können, wenn ich den Kopf verlor ... Ihn retten? Ich wußte instinktiv, daß es bereits zu spät war, aber daß ich es mit allen mir zur Verfügung stehenden Mitteln versuchen mußte.

An jenem Tag, in der folgenden Nacht und am Tag danach streifte ich Schichten meines Selbst ab, wie eine Schlange ihre Haut abstreift. Unaufhörlich trat ich aus mir selbst heraus und kehrte wieder in mich selbst zurück, beobachtete mein Tun wie von weiter Ferne und tauchte erneut in meinen Körper und in meine qualvolle Angst ein.

Nun erlebte ich, wie sich ein Teil von mir abspaltete und die Initiative ergriff.

Die neue Kuki riß die Kleidung vom Vortag aus dem Wäschekorb. Wie ein effizienter, gefühlloser Roboter nahm sie ihre Brille und ergriff das tragbare Funkgerät. Bevor sie mit zwei Schritten an der Tür war, schrie sie bereits ins Mikrofon, wobei sie versuchte, fest und deutlich zu sprechen: »Emanuele ist von einer Puffotter gebissen worden. Eine Puffotter. Es ist sehr ernst. Benachrichtigt die fliegenden Ärzte. Sofort. Auf der Stelle. Ich bringe ihn mit dem Wagen.« Sie wiederholte die Nachricht zweimal, auf englisch und Swahili, während sie zur Küche rannte, ohne auf Svevas verwirrtes Schreien zu achten, und sobald sie sicher war, daß man ihre Nachricht empfangen hatte, warf sie das Funkgerät beiseite.

Die Steine im Durchgang fühlten sich unter ihren nackten Füßen kalt an. Sie war da.

Die Küchenwände waren grün, und die Stille hing im Raum wie eine Wolke. Sie standen da, still, wie nur Afrikaner es vermögen, alle Augen blickten sie ausdruckslos an und kehrten dann zu der Gestalt auf dem Fußboden zurück.

Emanuele saß steif da, die Beine auf dem grünen Zement ausgestreckt, mit dem Gesicht zum Fenster. Ein unwirkliches Gefühl bemächtigte sich ihrer, als sie sich vor ihm auf den Boden hockte. Aus seinem offenen Mund tröpfelte grüner Speichel in häßlichen Blasen. Die Haut war grau, die Augen starr und glasig. Sie bewegte die Hand vor seinen Augen, ohne daß er eine Reaktion zeigte. Wilder Schmerz durchzuckte sie, als sie erkannte, daß er blind war.

In diesem Augenblick wurde ich wieder seine Mutter.

Seine linke Hand lag auf der rechten: Am ersten Glied des Zeigefingers war ein winziger schwarzer Fleck, der nicht geschwollen war und den er bereits mit dem Messer aufgeschnitten hatte. Kein Blut: der Schlangenbiß.

Ich betrachtete die Finger mit den sehr kurzen Nägeln und das Messingarmband um sein Handgelenk, das Geschenk eines Mädchens, das er nie mehr küssen würde. Ich nahm zärtlich seine Hand und saugte die kleine Wunde aus, aus der langsam das Leben entwich, das ich ihm geschenkt hatte. Ich saugte und spuckte, doch nichts kam heraus.

Wo war das Adrenalin? Wo hatte er gesagt, daß er es aufbewahrte? War noch Zeit, es zu suchen? Das Serum. Im Kühlschrank. Sofort. In meiner Hast riß ich die Kühlschranktür aus den Angeln – die unheimliche Kraft der Verzweiflung und der Ohnmacht.

»Emanuele. Emanuele *ascoltami. Ti taglio la mano?* Soll ich deine Hand aufschneiden? Soll ich deinen Arm aufschneiden?«

Sinnlose Fragen, von Hoffnungslosigkeit und Verzweiflung diktiert. Emanuele lag im Sterben, und ich wußte, daß ich nichts mehr tun konnte. Er war in der Schlangengrube gebissen worden und hatte eine tödliche Dosis abbekommen, er war herausgeklettert, war den ganzen Weg bis in die Küche gegangen und dort zusammengebrochen. Durch die Anstrengung hatte das Gift sein Herz erreicht. Sein Blut fing an zu gerinnen.

»Emanuele.« Mein verzweifeltes Bemühen, ein letztes Mal mit ihm Verbindung aufzunehmen, noch einmal seine Stimme zu hören, zu erreichen, daß er noch einmal zu Bewußtsein kam. War er auch taub? Es war wie ein böser Traum.

Die Augen zuckten schwach, konzentrierten sich einen Augenblick lang mit äußerster Anstrengung auf meine Augen, und dann ein schwacher Schimmer des Erkennens. Die erstickte Stimme war nicht mehr seine Stimme. Es lag keine Furcht und kein Ausdruck darin.

Der Schmerz in meiner Brust kam seinem Schmerz gleich. Einen Augenblick lang wurde mir schwarz vor Augen und ich vergaß zu atmen.

»*Mamma*«, flüsterte er heiser, langsam auf italienisch. »*Muoio, mamma.*« Ich sterbe, Mama.

Mit unendlichem Schmerz wurde mir bewußt, daß er mich zum erstenmal in seinem Leben »Mutter« genannt hatte.

Es waren seine letzten Worte.

Später versuchte ich, mich daran zu erinnern, ob in seiner Stimme Furcht, Bedauern, Schmerz oder Schrecken gelegen hatten. Aber es klang nur die ausdruckslose Gewißheit heraus, daß sein Tod unvermeidlich war. Er wußte genau, was passierte, und nahm es hin. Denn er wußte – was ich nicht wußte –, daß er schon zu oft von Giftschlangen gebissen worden war und daß jeder weitere Biß tödlich sein würde.

Seine Augen verschwammen erneut, und der Körper wurde steif. Ich hielt weiter seine Hand, blickte zu Simon hoch. Ich las das in seinen Augen, was ich noch nicht hinnehmen konnte. Wie alle anderen wartete er auf ein Zeichen, einen Befehl, was als nächstes zu tun sei. Meine Stimme klang unnatürlich ruhig und weit entfernt. Die andere Kuki. »Simon, Mapengo. *Weka yeye kwa gari maramoja. Beba yeye pole pole. Sisi nakwenda saa hi.*« (»Tragt ihn vorsichtig ins Auto, sofort. Er darf sich nicht bewegen. Wir fahren los.«)

Von allen Dingen, die ich bislang in meinem Leben getan habe und noch tun werde, war es am allerschlimmsten, daß ich meinen sterbenden Sohn im Wagen irgendwohin bringen mußte, wo man ihm doch nicht würde helfen können. Wir trugen ihn wie ein steifes Stück Holz und legten ihn auf den Rücksitz. Simon saß hinten, mit Emas Kopf auf dem Schoß, und Mapengo sprang hinten auf. Das Geräusch des Motors übertönte Svevas Schreien. Ich würde mich später um sie kümmern müssen. Die Gärtner und Hausangestellten standen in einer Reihe da und sahen stumm zu; sie rührten sich nicht.

Ich trat das Gaspedal durch und hupte. Wir fuhren schleudernd los, eine Staubwolke wirbelte auf, und ohrenbetäubender Lärm ertönte, den ich nicht hörte, die Räder krallten sich gnadenlos in die Straße, ohne sich um Schlaglöcher und Steine zu kümmern ... Immer wieder wanderten meine Augen von der Straße zum Rückspiegel, in dem Emanueles graues Gesicht mit den starren Augen zu sehen war. Nichts in der Welt hätte ich lieber getan, als ihn zu halten und zu küssen und zu streicheln, aber ich mußte fahren und mich auf die Straße konzentrieren.

Am *Kati-Kati-boma* überquerten zwei Giraffen direkt vor uns die Straße, und rasend schnell verklang hinter uns das wütende Trompeten einer kleinen Elefantenherde, die ich aufschreckte. Kurz bevor wir die Hauptgebäude erreichten, stieß ich fast mit einem Eselkarren zusammen. In diesem Moment spürte ich eine Woge von Schmerz in meinen Gliedern, der schubweise einsetzte, und mein Unterleib zog sich zusammen, als hätte ich Wehen. Eine Stimme, die ich nicht kannte, schrie laut. Wessen Stimme war das? Ich bewegte den Kopf, um Emanuele im Spiegel anzusehen, und starrte in mein eigenes Gesicht mit dem weit geöffneten Mund: Ich war es, die schrie. Simon hatte seine Hand ausgestreckt und den Spiegel in meine Richtung gedreht, damit ich nicht nach hinten sehen konnte.

Ich hielt auf dem Rasen hinter Colins Haus. Ein Geruch nach verbrannten Reifen, das Geräusch der Bremsen lag in der Luft, als ich aus dem Wagen sprang. Es war wie in einem Zeitlupenfilm. Colin, Rocky, die Kinder, die Hunde, sie kamen auf uns zu, mit fragendem Blick.

Das alles kümmerte mich nicht mehr. Ich war durch die Hölle gegangen und war mit ihm gestorben, und nun konnte die Welt meinetwegen zusammenbrechen und mich verschlucken.

Doch so einfach ist es nie.

»Er ist tot«, sagte ich nur. Die Stimme gehörte mir nicht mehr, wie mein Körper. Es gab nur diese schwebende Gefühllosigkeit.

Colin öffnete bereits die Tür, zog ihn heraus, fühlte seinen Puls und horchte seine Brust ab. »Nein. Er lebt noch. Gerade noch. Komm schon, Ema! Schnell, Kuki! Mach Mund-zu-Mund-Beatmung. Sofort. Ich mache Herzmassage.«

Die andere Kuki kniete sich mit versteinertem Gesicht ins Gras, über das Gesicht des jungen Mannes gebeugt. Unzählige Male blies sie in seinen Mund, während Simon seinen Kopf hielt. Er fühlte sich schwer an auf ihren bloßen Beinen. Die Lippen waren kalt, wie Gummi. Die Luft trat als schleimiger Schaum wieder aus. Colin bearbeitete in regelmäßigem Rhythmus seine Brust. Wie lange es dauerte, weiß ich nicht, denn

Zeit spielte keine Rolle mehr. Nichts existierte mehr außer dem Gesicht meines Jungen und seinem Mund und meinem Mund, und meiner wilden Hoffnung und meiner Verzweiflung. Ich betete zu dem unbekannten Gott, der uns das Leben gewährt. Ich versprach ihm alles, was ich hatte, alles, was ich war, für dieses eine Leben.

Aber Gott hörte mich nicht.

Ich konzentrierte mich darauf, Emanuele mein Leben einzuatmen, das ich mit meiner ganzen Liebe aus mir ausströmen ließ. Ich machte weiter und weiter und immer weiter, bis ich merkte, daß eine Hand schwer auf meiner Schulter lag und eine Stimme – Colins Stimme – sagte: »Hör auf. Er ist tot, Kuki. O verdammt. O verdammt, Ema. Er ist tot, wir können nichts mehr tun.«

Langsam hob ich den Kopf und blickte hinauf zum Himmel über Afrika. Die ersten, die das Schweigen brachen – so schien es mir –, waren die Zikaden. Dann die Tausende von versteckten Vögeln. Durch das Blätterdach über mir konnte ich weiße Wolken sehen, die sich geräuschlos bewegten. Ich wartete ruhig darauf, daß die Erde aufbrach und uns alle verschluckte. Die Welt drehte sich weiter wie eh und je. Die Berge waren so blau, der Wind so sanft wie immer.

Von sehr weit her sagte meine Stimme: »Er war mein Sohn.«

Colins Finger gruben sich tiefer in meine Schulter.

Ich blickte hoch und suchte nach dem lächelnden Gesicht meines Jungen, das sich, wie ein freigelassener Vogel, hoch über die Baumwipfel emporhob.

»Wohin ist er gegangen?«

Colins Stimme klang tonlos und stumpf, als er ruhig antwortete: »Er beobachtet dich, Kuki. Er ist da oben mit Paolo. Und die beiden amüsieren sich gemeinsam.«

Der gute, gescheite, verläßliche Colin. Er wußte, es waren nur Worte, und sie konnten mir keinen Trost geben. Ich blickte in Simons uralte Augen, und in ihrer lautlosen Tiefe erkannte ich meinen Schmerz. Ich sah Mapengo an. Er weinte unhörbar. *»Wapi yeye?«* (»Wohin ist er gegangen?«) wiederholte ich und verlangte keine Antwort. Die Zeit stand still.

Eine schweigende Gruppe von Afrikanern hatte sich um uns im Kreis versammelt. Ich hatte sie nicht kommen sehen. Jetzt bemerkte ich ihre nackten Beine, wie ein *boma* aus Holzstöcken, die geflickten Hosen, alten *shukas*, nackten Füße, Gummisandalen, abgelaufenen Safaristiefel. Ich sah in ihre ausdruckslosen Gesichter, in jedes einzelne.

Emanueles Kopf lag schwerer auf meinem Schoß.

Ich saß da, betrachtete sein junges totes Gesicht, wiegte es vorsichtig, um ihm nicht noch mehr weh zu tun. Die Andeutung eines Schnurrbarts auf seiner Oberlippe. Ein winziges Muttermal auf dem Wangenknochen, das mir noch nie aufgefallen war. Ein Lederband um seinen kräftigen Hals mit einem Turkana-Talisman, der nicht geholfen hatte. Die braunen Augen waren glasig und offen, starrten nach oben und spiegelten einen Himmel, den er nicht mehr sehen konnte. Wenn ich weiterleben mußte, so war dies der Wendepunkt, der Angelpunkt, um den sich alles, was mir danach passierte, für immer drehen würde.

Ich wischte ihm mit Simons Schürze den Mund, die Nase ab. Ich streichelte ihm über die Stirn, um sein Haar in Ordnung zu bringen. Ein Kuß, zwei Küsse, um ihm für immer die Augen zu schließen.

Die Augenlider fühlten sich zart an, wie Blütenblätter von Gardenien.

Es war wieder geschehen. Auch ich war gestorben. Wieder war eine Phase meines Lebens zu Ende gegangen. Auch ich wurde nun neu geboren.

Die andere Kuki stand auf, und ich hörte sie sagen: »Bringen wir ihn nach Hause, um ihn zu begraben.«

Ein Sonnenstrahl berührte meine Wangen, und es war eine kühle, leblose Sonne, die nicht brannte.

32

Der längste Tag – die längste Nacht

Meglio morire colla testa bionda
che poi che fredda giacque sul guanciale
ti pettinò, coi bei capelli a onda
*tua madre, adagio, per non farti male.**

Giovanni Pascoli, *L'Aquilone*

Schweigend, wie in einem Traum, haben wir die Hülle, die Emanuele gewesen war, wieder ins Auto gelegt. Ich glitt auf den Rücksitz und bettete seinen Kopf auf meinen Schoß, küßte zärtlich sein Haar, sein Gesicht, wie ich es nicht mehr getan hatte, seit er ein kleiner Junge gewesen war. Sanft, als wollte ich mein schlafendes Kind nicht wecken. Colin saß am Steuer. Der Wagen fuhr langsam. Die Nachricht hatte sich herumgesprochen, und alle waren draußen. Männer, Frauen, Kinder säumten ausdruckslos die Straße, so reglos wie Menschen auf einem Gemälde. Das Auto fuhr langsam durch die schweigende Menge.

Wie durch einen Schleier sah ich wieder den Eselkarren, die Elefanten beim Fressen. Die Giraffen waren verschwunden. Die Welt wirkte, als sei nichts geschehen. Warzenschweine liefen mit gestreckten Schwänzen davon. Vor dem Tor blieben wir stehen und schickten Mapengo los, um alle zu alarmieren und um dafür zu sorgen, daß Wanjiru Sveva wegbrachte, denn sie war noch zu jung für diese Art von Tod.

Der Garten war unverändert, eine grüne Oase mit Blumen, Büschen, Bäumen und unzähligen Singvögeln, die ich nicht hörte. Vor der Garage stand einsam und nun nutzlos sein geliebtes gelb-blaues Motorrad, das

* Besser du stirbst, solange dein Haar noch blond ist, / und als du erkaltest warst, hat man es auf das Kissen gelegt, / deine Mutter hat die goldenen Locken zu Wellen gekämmt, / sanft, ja, ganz sanft, um dir nicht noch mehr weh zu tun.

er erst vor kurzem dort abgestellt hatte. Am Sattel hingen ein paar leere Schlangenbeutel.

Wir fuhren mit unserer traurigen Fracht über den Rasen, bis vor den Flügel mit den Schlafzimmern.

»Wohin?« fragte Colin.

Ohne zu zögern, als ob ich mir immer darüber im klaren gewesen wäre, sagte ich: »Auf mein Bett, Paolos Seite.« Wohin sonst?

Ich wartete im Auto, unter demselben Baum, unter dem Paolos Sarg drei Jahre zuvor gestanden hatte, während das Bett vorbereitet wurde. Ein Brett, ein sauberes grünes Laken, auf das wir ihn behutsam legten. Ich erinnerte mich, wie ich ihn zum allererstenmal in meinen Armen gehalten hatte: in Venedig. Eine andere Welt, ein anderes Leben, ein anderes Ich. In der Nacht war Schnee gefallen, und eine graue Stille, unterbrochen von den gedämpften Schreien unsichtbarer Seemöwen, lag draußen über dem Kanal. Sein Bettchen war weiß, mit Spitzen verziert. Vorsichtig, langsam, um meinem Baby nicht weh zu tun, hatte ich ihm ein weißes, mit Bändern verziertes Kleidchen angezogen. Jetzt zog ich ihm die zerknitterten und verschmutzten Khakisachen aus und zog ihm feierlich frische Kleidung an. Shorts, ein Hemd in Tarnfarben, das Paolo gehört hatte und das er, wie ich wußte, immer hatte haben wollen, als ob ich es nur für diesen Augenblick aufbewahrt hätte. Knopf für Knopf schloß ich es mit meinen ungeschickten Fingern. Vorsichtig, langsam, um meinem Baby nicht weh zu tun.

Nur vage war mir bewußt, daß Colin im Zimmer war und mir half. Wir sprachen nicht. Er hielt einfach eine Schüssel und reichte mir nacheinander einen Schwamm, ein Handtuch, einen Kamm. Vorsichtig, mit dem dumpfen Gefühl des »Nie wieder«, tat ich, was ich tun mußte. Als Colin die Vorhänge aufzog, wandte ich den Kopf, und unsere Blicke fielen gleichzeitig auf das Straußenei. Es hing noch immer da, wo Paolo es hingehängt hatte, am mittleren Balken des Himmelbettes. Es hing da, weiß, unheimlich, mit seiner geheimen Botschaft ... von Liebe ... von Tod ... von Hoffnung ... vielleicht von Weisheit.

»Kuki«, sagte Colin, »du mußt es jetzt aufbrechen. Jetzt oder nie.«

Er hatte recht. Was konnte denn noch passieren?

Dunkelheit zog mich in einen schwindelerregenden Strudel, und einen barmherzigen Augenblick lang wußte ich von nichts mehr. Es dauerte ein paar Minuten, bis Colins Gesicht wieder deutlicher wurde, aus den Schatten auftauchte. Er beobachtete mich besorgt. Seine angestrengt forschenden und ängstlichen Augen bedeuteten mir wortlos, daß dies kein Traum war. Das Aufwachen brachte mich in den Alptraum zurück.

Erschöpft kämmte ich Emanueles Haar. Schwarze, unnatürliche Schatten breiteten sich in seinem Gesicht aus. Die häßliche Flut des Todes und des Giftes forderte ihren Tribut.

Colin respektierte mein Bedürfnis, allein zu sein, zu weinen, ohne Zeugen zusammenbrechen zu dürfen, und ging hinaus. Doch vorher sagte er noch: »Wir werden deine Freunde über Funk benachrichtigen. Jemand muß bei dir sein.« Ich wollte nur in Ruhe gelassen werden. Wollte nachdenken. Mich der Tatsache stellen, der ich mich stellen mußte. Allein. Doch ich wußte, daß viele Menschen zur Beerdigung kommen würden. Emanueles Beerdigung – wie absurd. Noch vor wenigen Augenblicken – wenigen Stunden, wenigen Leben, wenigen Jahrtausenden – gab es eine Zukunft. Jetzt nichts mehr. Ich erzählte Colin, was Emanuele zu mir gesagt hatte ... vor ein paar Tagen? War es erst ein paar Tage her? Der Ort, die Musik, und so viele von seinen Freunden wie möglich. Schließlich würde dies seine letzte Party sein. Ich bat ihn auch, das Offizielle zu erledigen: dafür zu sorgen, daß niemand ihn holen und aufschneiden würde. Er sollte nicht noch gequält werden. Wir wußten, wie er gestorben war. Colin nickte. Wie immer konnte ich mich auf ihn verlassen.

Die Freundinnen, die ich zu mir bat, standen mir besonders nahe, und beide hatten selbst in ihrem Leben einen großen Verlust erlitten. Carol hatte ihren Mann bei einem Flugzeugunglück verloren; Ainos Sohn war als Baby an Leukämie gestorben. Ich wußte, sie würden behutsam mit mir umgehen. Colin ergriff meine Hände und sah mir in die Augen. Ich erwiderte seinen Blick, stumm und ohne Tränen. Er lächelte nur. Solange wir leben, wird keiner von uns vergessen, was wir gemeinsam erlebt haben. Die Tür schloß sich hinter ihm und sperrte die Sonne aus.

Ich blieb den Rest des Tages bei Ema sitzen.

Nur einmal verließ ich das Zimmer und ging in die Küche. Sie schienen sich nicht bewegt zu haben. Sie standen einfach da, der Schmerz umhüllte ihre Gesichter wie eine *shuka*, und sie warteten auf weitere Instruktionen von mir.

Mit ruhiger Stimme dankte ich ihnen für ihre Anteilnahme. Ich sagte ihnen, daß Gott genommen habe, was er gegeben habe, und daß wir uns nur in das Unabänderliche fügen könnten. Ich bat sie, wieder an ihre Arbeit zu gehen und Vorbereitungen für die vielen Menschen zu treffen, die zu erwarten waren. Essen, Getränke, das Silber putzen, Blumen in jedes Zimmer, in jede Vase. »*Endelea na kazi. Funga chungu kwa roho, na angalia mbele. Kaza roho, na apana sahau yeye. Akuna inja ingine kusaidia mimi sasa.*« (»Arbeitet weiter. Verschließt den Schmerz in eurem Herzen und blickt nach vorn. Seid stark und vergeßt ihn nicht. Mehr könnt ihr jetzt nicht für mich tun.«)

Ich sah Mapengo an. Nie hatte ich ein niedergeschlageneres Gesicht gesehen. Ich fragte ihn, ob er wisse, welche Schlange es gewesen sei. Er wußte es. Ein junges Weibchen, das ein paar Monate zuvor im Wildgraben gefangen worden war. Ja, er würde sie wiedererkennen. Ich bat ihn dann, sie zu holen. Sie kam mir vor wie jede andere Puffotter: fett, schwerfällig, scheußlich, täuschend träge. Wenn sie meinem Sohn das Leben genommen hatte, so wußte sie es nicht. Mapengo hielt sie in der Hand und flehte mich an, sie töten zu dürfen. Ich schüttelte den Kopf. Es war nicht die Schuld der Schlange. Trotzdem war sie nicht wie jede andere Schlange. Ein wilder, archaischer Gedanke nahm in meinem Kopf Gestalt an. Ich sagte ihm, er solle sie in einen Schlangenbeutel stecken, und den Beutel in einen kleinen Korb. Morgen – morgen würde ich ihm sagen, was er damit tun solle.

Ich schaute nach Sveva. Sie spielte ruhig vor sich hin, während Wanjiru weinte. Ich nahm sie auf den Schoß und sagte ihr leise, was sie wissen sollte, auf eine Art, die sie, so hoffte ich, verstehen konnte. Wenn ich zu lange mit Erklärungen wartete, wäre ich vielleicht später nicht in der Lage, das Ganze noch einmal durchzustehen. Ich sagte ihr, daß sie am nächsten Tag, vielleicht schon heute abend, viele Leute im Haus sehen würde. Sie fragte mich, warum. Ich sagte, es würde ein Fest geben. Sie fragte, für wen. Sie hätte doch noch nicht Geburtstag. »Für Emanuele«, antwortete ich, »weil er fortgegangen ist.«

»Wo ist er hingegangen?«

»Er ist zu Papa Paolo gegangen.«

»Warum?« Ihre blauen Augen verdunkelten sich vor Überraschung.

»Weil er ihn geliebt hat. Er hat ihn geliebt, und er hat ihn gerufen.«

»Ich habe ihn auch geliebt. Warum mußte er denn gehen?« Ihre helle Stimme zitterte. »Wenn er bei Papa Paolo ist, werde ich ihn nie wiedersehen.« Sie wußte, daß sie ihren Vater nie gesehen hatte.

»Nein. Jetzt nicht.« Mir wurde schmerzhaft klar, daß ich auch zu mir sprach. »Aber eines Tages, wenn sie dich rufen, wirst du sie wiedersehen. Wir gehen alle dorthin, wo sie sind. Er ist vorausgegangen. Du weißt doch, daß er immer schneller gegangen ist als wir.« Ich küßte sie auf das warme Haar, das nach Seife roch, und ging zurück in das Zimmer, das nach Verwesung roch. Die Welt der lebendigen Dinge war ausgesperrt.

Ich zündete eine Kerze und ein paar Räucherstäbchen an. Ich saß neben ihm und betrachtete ihn unentwegt, jede Einzelheit seines jungen toten Körpers. Ich sprach mit ihm, und sein ganzes Leben lief noch einmal vor mir ab und grub tiefe Furchen in meine Seele. Bilder aus seiner Kindheit, der Spaß, den wir zusammen gehabt hatten, Dinge, die er mir erzählt hatte, sein Gang, seine Bewegungen, wie er mir einmal stolz eine Schlangenhaut geschenkt hatte.

Auf dem Nachttischchen stand ein Foto, das ich vor langer Zeit gemacht hatte. Er blickte mich offen mit traurigen, wissenden Augen an, einen kleinen Python um den Hals geschlungen: Kaa, seine erste Schlange, ein Geschenk von seiner Mutter. Ich erinnerte mich, daß ich, als ich den Abzug hatte machen lassen, eine meiner unheimlichen Vorahnungen gehabt hatte: Ich sah, daß er sein Schicksal um den Hals trug und daß er das sehr wohl wußte.

Das brummende Geräusch eines Flugzeugs: Meine Freunde kamen. Verhaltene Stimmen, nahende Schritte. Jemand trat leise ein und umarmte mich. In Carols Augen lag eine zeitlose Weisheit. Ich wußte, daß sie alle mit mir fühlten, es waren nicht viele Worte nötig.

Es war mittlerweile Nachmittag. Ein neues, fremdes Geräusch, das ich nicht einordnen konnte, drang allmählich über die Stimmen der Vögel hinweg durch die geschlossene Tür. Ein dumpfes Geräusch. Ein rhythmisches Graben.

Das dunkler werdende Licht draußen ließ die Kerzen heller scheinen. Der längste Tag ging schnell zu Ende, wie tags zuvor. Ein weiteres Flugzeug näherte sich in fast vollständiger Dunkelheit. Ein flüchtiger Gedanke schoß mir kurz durch den Kopf: Aidan? Hatte er es vielleicht schon erfahren? Er und Emanuele hatten einander gemocht. Er wäre erschüttert. Er würde mit dem Flugzeug zur Beerdigung seines jungen Freundes kommen. Er würde mich trösten. Das Brummen war jetzt näher, tiefer, viel tiefer, streifte fast das Dach. Die Fenster klirrten. Nur Iain flog so. Die Douglas-Hamiltons waren gekommen.

Die Nachricht hatte sich wie ein Lauffeuer in ganz Kenia verbreitet. Bei Einbruch der Nacht war das Haus bereits voller Freunde, Freunde von mir und ihm. Zelte schossen auf dem Rasen unter den Pfefferbäumen wie Pilze aus dem Boden. Immer mehr Autos. Immer mehr Schritte. Flüstern vor den Türen. Und sie kamen nacheinander herein, wie in einem Schattenspiel. Junge Leute, einige, die ich gar nicht kannte. Sie waren mit dem Auto gekommen, mit dem Flugzeug, auf der Ladefläche von *matutas*, kleinen Lastwagen, die als Taxis eingesetzt wurden. Saba und Dudu hielten sich an der Hand und betrachteten ihren Freund. Mein Gesicht war naß von den Tränen anderer Menschen.

Die Nacht brach herein, und in der Stille schien das rhythmische Geräusch lauter zu werden. Ich schloß die Tür hinter mir und ging nachsehen. Vor der Haustür hielt Emanueles Hund Angus Wache, die Ohren vor Kummer angelegt, mit herabhängendem Schwanz, den Kopf niedergeschlagen auf die Vorderpfoten gelegt. Als würde er respektieren, daß die Trauer seines Sohnes Vorrang hatte, wartete Gordon, mein Hund, auf dem Rasen. Ein Feuer brannte an Paolos Grab, und wir gingen auf den Lichtschein zu. Gedämpfte Stimmen verstummten, als ich näher kam. Das dumpfe Geräusch setzte für einen Augenblick aus. Gesichter erhoben sich und blickten aus einem immer größer werdenden rechteckigen Loch tief im harten Erdboden zu mir hinauf. Die Erde roch nach Pilzen. Jemand murmelte: »*Pole.*« Schwarze Gesichter, weiße Gesichter, junge und alte: Sie wechselten sich ab, um das Grab meines Sohnes zu schaufeln.

Ich berührte die gelbe, weiche Rinde des jungen, aber starken Baumes, der Paolo gewesen war. Ich dankte allen, stand eine Zeitlang schweigend da und ging mit Gordon langsam zurück zu dem geschlossenen Raum, der zu einem Schrein geworden war. Das harte Aprilgras stach meine nackten Füße.

Irgendwann in der Nacht kam Colin herein und reichte mir einige Papiere. Ich konnte seinem müden Gesicht entnehmen, daß er ständig unterwegs gewesen war, seit er weggegangen war. Es war der Totenschein, den ich unterzeichnen sollte. Ich fragte nicht, wie, aber er hatte ihn bekommen. Ich bemühte mich, die Hand ruhig zu halten, als ich in der Rubrik »Getötet von einem Tier oder einer Schlange« sorgfältig ein großes Kreuz machte. Ist eine Schlange kein Tier? Und ich unterschrieb. Ich erinnerte mich, daß ich irgendwann in Venedig seine Geburtsurkunde vor Tausenden von Jahren unterschrieben hatte.

Ich nahm eine Decke, einen Stift, einen Stoß Papier. Die längste Nacht hatte erst begonnen, und ich würde im Bett neben Emanuele Totenwache halten und ihm ein letztes Mal schreiben, ein letztes Mal mit ihm reden. Ich schrieb die ganze Nacht. Immer wieder ging ich hinaus zu dem Feuer und sah zu, wie das Loch größer wurde. In der kühlen Osterbrise flatterte mein Kaftan um meine Knöchel.

Colin hatte mich gewarnt, daß es starke Blutungen geben würde. Ich hatte einen Stapel von Svevas alten Frotteelätzchen auf meiner Seite des Bettes bereitgelegt. Als das erste Blut aus Emas Nase sickerte, wischte ich es sanft ab und verbrannte das Lätzchen im Feuer des Heißwasserbereiters. Ich bemerkte, daß Angus, sein Hund, nicht mehr draußen war.

Ein- oder zweimal meinte ich, Emanuele atmen zu sehen; die Brust hob sich ein wenig, und ich sprang vom Bett, legte unsinnigerweise mein Ohr an sein Herz, doch es war eine Täuschung gewesen, hervorgerufen durch das Kerzenlicht: Sein armes junges Herz war still und kalt wie Stein.

Während ich zum endgültig letztemnal mit ihm allein war, beobachtete ich ihn; ich redete, flehte, erinnerte mich, versuchte, die Geheimnisse des Schicksals zu ergründen und zu verstehen, warum. Es war zu früh.

Das Ei hing einsam da, wirkte transparent im Kerzenlicht. Es sah aus wie ein ganz normales Ei, in dem Leben entsteht. Doch ihm war das Leben schon vor langer Zeit genommen worden, wie Emas Leben. Das Ei war, wie der Leichnam, eine leere Hülle. War das die Botschaft? Mit bleiernen Fingern schrieb ich die letzten Worte, versuchte tapfer zu sein und ihn nicht zu enttäuschen.

Gegen Morgen hörten die Blutungen auf. Ich hatte alle Lätzchen aufgebraucht. Erneut wusch ich ihm das Gesicht. Es hatte sich nicht sehr verändert, doch es war nun so schwarz wie das Gesicht eines Afrikaners.

Ich durchsuchte meinen Schrank nach irgend etwas, womit ich die allgegenwärtigen Fliegen fernhalten konnte. Ich fand eine noch verschlossene Flasche Insektenschutzmittel, die Freunde aus Europa zurückgelassen haben mußten. Ich öffnete den Verschluß und schüttelte die Flasche. Dann sprühte ich etwas davon auf einen Wattebausch, um seinen Körper damit zu betupfen, und erneut stieg mir der unverkennbare Geruch in die Nase, der am Tag von Paolos Beerdigung in der Leichenhalle gehangen hatte – süßlich und leicht klinisch. Es war genau der gleiche Geruch, der die Luft erfüllt hatte, als ich einmal Paolos Grab gepflegt hatte. Noch eine kaum zu erklärende Verbindung. Ein Zeichen. Später bestätigte Amedeo, verwirrt über meine plötzliche Frage, daß er bei Paolo dieselbe Marke benutzt hatte.

Alles war möglich, wirklich alles, wenn mein eigener Sohn an einem Schlangenbiß in Afrika sterben konnte. Etwas benommen bedeckte ich sein Gesicht mit einem sauberen Taschentuch. Der rote Hibiskus auf seiner Brust verwelkte bereits.

Als die Sterne am perlenfarbigen Morgenhimmel verblaßten, war das Grab fertig. Auch mein Epitaph war fertig. Die längste Nacht war zu Ende. Ich ging hinaus und traf Iain im Durchgang. Seine leuchtenden braunen Augen hinter der Brille sahen überanstrengt aus, und ich konnte sehen, daß auch er nicht geschlafen hatte. Ich legte erschöpft meinen Kopf an seine Schulter. Er nahm meine Hand, und wir gingen ein letztes Mal zum Grab. Die Steine und die Erde, die ausgehoben worden war, bildeten einen trockenen Hügel. Das Feuer brannte noch. Auf der einen Seite kauerte Mapengo mit blutunterlaufenen Augen. Zu seinen Füßen saß Angus, sein Hundegesicht von Kummer überzogen. Er sollte Mapengo noch Monate später wie ein Schatten folgen.

Ich erzählte Iain, was ich bei der Beerdigung sagen wollte, und bat ihn, noch einmal für Ema das Gedicht von Dylan Thomas aufzusagen, das er einmal für mich rezitiert hatte.

»Ich weiß nicht, ob ich das schaffe«, gestand er mir offen. Er hatte sehr an Ema gehangen.

»Ach Iain, wenn ich sprechen kann, wirst du es bestimmt auch können.«

Ein stillschweigender Pakt war geschlossen. Frische Hibisken blühten im Morgentau. Ich pflückte ein paar und brachte sie zu Emanuele.

Auf der Veranda, im Wohnzimmer, überall waren verschlafene Gesichter mit verquollenen, traurigen jungen Augen. Meine Leute hatten treu meine Bitte erfüllt und wie gewohnt ihre Arbeit getan. Wie an jedem anderen Tag deckten sie den Frühstückstisch. An Emas Platz am Kopfende des Tisches war wie gewohnt gedeckt worden: Noch gestern hatte er dort gesessen und Eier mit Speck gegessen. Ich konnte den Gedanken nicht ertragen, daß sich jemand dort hinsetzen würde, wo früher Paolo gesessen hatte. Einer plötzlichen Eingebung folgend, nahm ich eine Blume aus dem Strauß und legte sie auf den Tisch, wo sein Platz gewesen war. Mit ihrem unergründlichen dunklen Gesicht faltete Rachel eine Serviette nach der anderen.

»Hier wird sich niemand hinsetzen, Rachel, auf den Stuhl unseres *kijana.*« Sie sah auf. »Nicht heute, überhaupt nicht mehr. Du pflückst für jede Mahlzeit eine dieser roten Blüten, die er so geliebt hat, und legst sie auf den Tisch, hier hin. Von heute an ist das unser neuer *desturi* (Brauch).«

Sie nickte ernst. Sie war jung und hübsch und konnte weder lesen noch schreiben, aber dies verstand sie augenblicklich: In Afrika war ein *desturi* heilig und wurde nicht in Frage gestellt. Noch heute führt sie diese Aufgabe aus.

Immer mehr Menschen trafen ein, Autos kamen, Flugzeuge. Wie ein Bienenstock summte das Haus von gedämpften Geräuschen, Flüstern und Stimmen. Einmal hörte ich heftiges verzweifeltes Schluchzen und unterdrücktes Gemurmel, das immer näher kam und schließlich vor der Haustür so laut war, daß es alle anderen Geräusche übertönte. Es klang so herzzerreißend und verzweifelt, daß ich tief durchatmete, die Tür öffnete und hinaussah. Umgeben von einer Gruppe junger Leute mit traurigen Gesichtern, die sich um sie scharten, als wollten sie sich gegenseitig trösten, stand da ein Mädchen. Die Jungen trugen alle Jackett und Krawatte, die Mädchen hübsche Abendkleider, als wären sie zu einer Party gekommen. Sie trug ein blaues Seidenkleid, das ihr rötlichblondes Haar betonte; es war zerzaust, als hätte sie am Morgen vergessen, sich zu kämmen. Sie hatte honigfarbene Haut, volle Lippen, und sie war schön. Die haselnußbraunen Augen mit goldenen Punkten darin waren verweint, und Tränen liefen ihre Wangen hinab. Sie preßte einen Strauß Blumen gegen ihre Brust, als wollte sie aus ihnen Kraft und Trost ziehen. Ein jüngeres Abbild von ihr – ihre Schwester? – stand stumm neben ihr, als würde sie sie stützen. Ich hatte sie nie kennengelernt, doch noch ehe sie etwas sagte, wußte ich, daß sie Ferina war. Auch sie hatte ihn geliebt. Sie war vielleicht fünfzehn. Ich öffnete wortlos meine Arme, sagte leise ihren Namen, und ich nahm sie auf, als wäre sie meine Tochter.

In der Nacht hatte ich beschlossen, was ich mit dem Straußenei machen würde. Es hatte keinen Sinn, es weiter da oben hängen zu lassen. Ich mußte seine Botschaft jetzt lesen, oder ich würde es nie tun.

Als man den Sarg brachte und der Leichnam hineingelegt wurde, ließ ich mir eine Schere bringen. Vorsichtig stieg ich hoch, um an den Balken zu gelangen, wie Paolo es getan haben mußte, als er es dort aufhängte. Ich durchschnitt den Nylonfaden unmittelbar unter dem Knoten, den er einmal mit seinen schlanken Fingern gebunden hatte. Ich würde nie erfahren, was ihm dabei durch den Kopf gegangen war oder was er geschrieben hatte. Er hatte mir die Entscheidung überlassen, was ich damit anfing. Seine türkisfarbenen Augen waren unergründlich gewesen. Nun trug ich das Ei vorsichtig in meinen Händen, als würde ich ein feierliches Opfer darbringen, und legte es behutsam in den Sarg. Ich brauchte es nicht zu öffnen. Das Geheimnis, das sich in dem Ei verbarg, würde mit dem Geheimnis des Todes begraben werden. Es waren beides leere Hüllen.

Emanueles Seele war ausgeschlüpft.

Wieder einmal trugen die Freunde den Sarg hinaus an den Platz, an dem Paolos Sarg gestanden hatte. Wieder einmal saß ich da, meine Hand auf Emas Hand. Er hielt seine Schlangenzange, unsere Fotos, unsere Briefe. Jemand hatte Gardenien geschickt. Ich betrachtete ihn.

Ein letztes Mal   ein letztes Mal   ein letztes Mal.

Ich nickte. Der Deckel senkte sich. Seine jungen Freunde trugen den Sarg, und ich folgte allein.

Schweigend gingen wir über den Rasen, zu den Gräbern hinüber.

33

Das zweite Begräbnis

»Wohin ist all die Liebe gegangen?«

In der Stille des Nachmittags bewegte kein Lüftchen meinen langen weißen Rock. Er war ein Geschenk von Paolo, und ich hatte ihn bereits beim Abschied von ihm getragen. Neben mir standen Oria und eine fassungslose Livia. Die arme, verzweifelte Livia. Sie war mit Emanuele aufgewachsen und hatte ihn wie einen Bruder geliebt. Geliebt und verehrt. Sie war aus Italien gekommen, um ein paar Ferienmonate hier zu verbringen. Als sie von der Küste herauf nach Nairobi gekommen war und zu Hause angerufen hatte, erfuhr sie, daß Ema gestorben war. Nun auch ihr geliebter Ema, nachdem schon ihre Mutter und ihr Vater gestorben waren. Sie würde diesen Schlag nie verwinden. Iain bat die Anwesenden, näher heranzukommen. Der von Sisalseilen gehaltene Sarg, so glänzend und neu, wie nur Särge es sind, ruhte auf einem Geflecht aus Bananenblättern. Um ihn herum waren Blumenkränze aufgehäuft. Obenauf hatte man ein Herz aus roten Nelken gelegt, das aussah wie eine große umgekehrte Träne, und auf dem schwarzen Band mit silbernem Rand stand: »Ferina«.

Ich stand in dem spärlichen Schatten, den Paolos drei Jahre alte Akazie spendete. Mapengo, der seine beste lange Hose trug, stand mit gesenktem Kopf da, hinter ihm Angus und zu seinen Füßen ein kleiner runder Korb: Er war bereit.

Alle Leute von der Ranch waren da. Frauen in bunten *shukas* mit Messing- und Perlenhalsketten, Männer in ihrer Festtagskleidung, ihre Gesichter von Trauer und Schmerz gezeichnet. Die Menge stand im Halbkreis. Alle sahen mich an. Ich sah sie an, und mir war, als ob auch ich eine Zuschauerin wäre. Ich glaube, es gibt eine Schmerzschwelle, eine Grenze, hinter der sich eine barmherzige Gefühllosigkeit einstellt. Benommen, aber jede kleinste Einzelheit wahrnehmend, erlebte ich diese Augenblicke und bewahrte die Fassung. Ema hätte es so gewollt. Ich konnte mich nicht gehenlassen. Noch nicht.

Ein Turako krächzte oben in den Baumkronen. Die Hitze ließ flimmernde Wellen aufsteigen, die wie Wasser im Himmel verschwanden. Ich sah mir nacheinander all die jungen entsetzten Gesichter an. Sie hatten erlebt, daß der Tod in ihre Mitte einbrechen konnte, daß ihre Jugend sie nicht schützte, und sie waren verwirrt. Sie hatten ihn geliebt, mit ihm Freude und Unglück geteilt und Abenteuer erlebt. Nun teilten sie denselben Kummer, und sie standen zusammen wie ein Schwarm verängstigter Vögel und sannen über ihre Erinnerungen und ihren Verlust nach. Diese Erfahrung würde sie ihr Leben lang begleiten und sie reifen lassen und besser, klüger machen. Emanueles letztes Geschenk war sein Tod gewesen.

Ich hatte über diesen Augenblick nachgedacht. Ich mußte eine feste Stimme bewahren und die Feier leiten, ohne innezuhalten und mir Zeit zum Nachdenken zu nehmen. Ein Wort, noch ein Wort, wie ein Schritt nach dem anderen. Ich konnte, ich mußte immer nur mit einem Wort auf einmal fertig werden. Ich dachte an meinen Vater und daran, was er mir beigebracht hatte, dachte an längst vergangene Abende in Italien, an herumtollende Hunde, an ein kleines neugieriges Mädchen, das von Afrika träumte. Niemand hatte gewußt, was einmal auf sie zukommen sollte.

Orias Hand berührte mit heißen Fingern meinen Ellbogen. Ich sah ihr in die Augen: Sie schwammen in Tränen, und in ihrem Blick lagen so viel Anteilnahme, so viel Mitgefühl, so viel warme Weisheit und eine Verständnisinnigkeit, die nur zwischen Müttern erwachsen kann. Ihr weißes Spitzenkleid paßte zu meinem Kleid. Viele trugen Weiß. Es sah aus, als sei ein Trauerzug auf einem griechischen Fries zum Leben erweckt worden. Der Ort, der Anlaß, der gleiche Ausdruck auf den Gesichtern, das erstickte Schluchzen, die Vögel, der leichte Wind, die Sonne – die Szenerie hatte etwas Traumhaftes. Vielleicht war es ein Traum, es war nicht wirklich geschehen ... Ema würde gleich zu mir gelaufen kommen, jetzt, jeden Moment, er wird mich umarmen, die Hunde werden vor Freude bellen, alle werden lachen, der makabre Scherz wäre vorbei, vergessen . . .

Der Sarg stand vor mir, schwebte über dem Grab, und darin lag Ema. Sie warteten darauf, daß ich etwas sagte. Ich konnte nicht aus. Wieder spaltete ich mich in zwei Hälften.

Mein anderes Ich sprach langsam, mit müder Stimme. Wenn die Stimme zitterte, würde niemand darauf achten und niemand würde Anstoß nehmen. Ich räusperte mich, schluckte mein Leid hinunter und sprach zu Emanuele meine letzten Worte der Liebe.

»Erst gestern morgen
haben wir zusammen gelacht;
heute bin ich hier mit deinen Freunden,
um dich zu begraben, Emanuele.

Einen Ehemann zu begraben war schwer,
meinen einzigen Sohn zu begraben ist wider die Natur
und ein Schmerz, der sich mit Worten nicht ausdrücken läßt.

Du warst erst siebzehn,
doch du warst bereits ein Mann,
und du konntest mit dem Leben spielen,
mit der Zuversicht eines erwachsenen Mannes.

Du bist gestorben in dem Wissen, daß du stirbst,
aber du hattest keine Angst.

Du warst tapfer, und du warst schön,
du warst intelligent, und du warst großherzig,
du hast Liebe geschenkt, und du hast Freundschaft geschenkt,
und du bist geliebt worden und hattest Freunde.

Du hast allen dein Lächeln geschenkt,

deinen Zauber, deine Hilfe, deine Begeisterung.

Deine Zukunft versprach
Herausforderungen und Abenteuer.

Du warst erst siebzehn,
doch für dein Alter schon klug,
und nun weißt du bereits
die Antwort auf alle Fragen.

Ich frage: Wo bist du jetzt wirklich,
denn dies ist doch nur dein Körper?
bist du jetzt die heiße Sonne Afrikas?
bist du die Wolken und der Regen?
bist du dieser Wind, Emanuele,
oder bist du der Himmel über uns?

Ich werde dich immer suchen,
und ich werde dich in jeder Blume sehen,
in jedem Vogel, in jedem roten Sonnenuntergang,
in jeder kriechenden Schlange:
Denn alles Schöne
wirst für immer du sein.

Alles Junge und Stolze,
alles Gute und Starke.

Du warst ein außergewöhnlicher Mensch,
dein kurzes Leben war außergewöhnlich,
und außergewöhnlich war
dein grausamer, plötzlicher Tod.

Für uns, die wir zurückbleiben,
bleibt nur die Frage
nach dem Sinn eines so großen Verlustes:

Wohin ist all die Liebe gegangen?

Ich hoffe, deine Reise war schön,
denn du bist schon angekommen.

Nun nur noch das, was Paolo für dich
vor langer Zeit geschrieben hat:

Flieg für mich, Vogel der Sonne.
Flieg hoch:

Ich liebe dich.«

Eine sanfte Brise kam auf. Einige weinten. Ein paarmal hätte meine Stimme fast versagt, aber ich hatte zu Ende gesprochen. Ich schloß die Augen, wünschte mich woanders hin. Livias Gesicht ruhte, naß von heißen Tränen, an meiner Schulter. Jemand drückte fest meine Hand. Iain hielt Wort, trat vor und sprach, bewahrte eine feste Stimme, wenn auch mit Mühe. Die Verse des walisischen Dichters vermischten sich mit dem Schluchzen der Anwesenden und dem Gesang der afrikanischen Vögel.

»... *Und dem Tod soll kein Reich mehr bleiben.*

Die nackten Toten die sollen eins
Mit dem Mann im Wind und im Westmond sein;
Blankbeinig und bar des blanken Gebeins
Ruht ihr Arm und ihr Fuß auf Sternenlicht.

Wenn sie irr werden solln sie die Wahrheit sehn,
Wenn sie sinken ins Meer solln sie auferstehn.
Wenn die Liebenden fallen – die Liebe fällt nicht;
Und dem Tod soll kein Reich mehr bleiben.«*

Danach, zunächst heiser flüsternd, und dann mit jedem Wort kräftiger werdend, mit ihrer von Trauer verschleierten tiefen schönen Stimme, trat Oria vor, nahm meine Hand und sagte:

»*Kuki, du hast mich einmal gefragt, was wir beide*
hier zu suchen hätten:
wir stammen von wilden Männern ab
wir haben wilde Männer geheiratet
wilde Kinder haben wir geboren

›*Wilde Männer, die die Sonne*
auf ihrem Flug gefangen und besungen,
verstehen zu spät, welch' Kummer sie bereitet,
sie gehn nicht sanft in diese gute Nacht.‹

* Übersetzung von Erich Fried, abgedruckt mit freundlicher Genehmigung des Carl Hanser Verlages, München.

Und die Mutter steht ganz still,
ihre Kleidung scheint zu Stein geworden.
In Erinnerung an den Sohn steht sie da,
Und nichts kann nun ihr Gesicht beleben:
Nur die Formen der Wolken, die über den braunen
roten Busch treiben.

So steht sie da, eine lange, lange Zeit,
und der Himmel betrachtet sie mit seinem großen
afrikanischen Auge.

Zwei Augen, wie blaue Seen, im Gesicht eines Kindes
werden dich anblicken, Kuki.
In Erinnerung an den Jungen wird sie leben und wachsen.
Die Schlange gleitet hinab von ihrem Stein,
die Adler schwingen sich empor,
die Sonne wird für immer aufgehen.«

Aus der Ecke des Grabes, wo Ferina, das Gesicht in den Händen vergraben, kauerte, kam gebrochenes, verzweifeltes Schluchzen. Ricky versuchte, sie zu beruhigen, und ihr Weinen ging in leises Stöhnen über.

Nun war Colin an der Reihe. Ich hatte ihn gebeten, seine Rede auf Swahili zu halten, damit alle sie verstehen und an dieser letzten Zeremonie teilhaben konnten. Seine Worte waren schlicht und gingen mir sehr nahe.

»Wir haben uns heute hier versammelt, an dem Ort, den wir alle kennen – Paolos Grab, das gleich hier in unsere Nähe ist –, um Emanuele zu begraben, unseren *kijana*.«

Seine Stimme versagte einen Moment, und er fuhr fort:
». . . unseren *kijana*. Dieser junge Mann hat die Welt verlassen.

Von den Enghelesha-Hügeln bis zu den Quellen von Ol Ari Nyiro und bis hin zum Berg Ol Donyo Orio – all das gehörte ihm. Er war es, der uns auf unserer *shamba* leitete, auch wenn er noch sehr jung war, und niemand konnte ihm böse sein, denn er war ein Mensch mit einem guten Herzen.

Wir kannten ihn alle, und ich sage, daß es auf dieser *shamba* niemanden gab, der ihn nicht gemocht hat, denn sein Herz war rein, und er folgte seinem Herzen.

Ein junger Mensch ist ein junger Mensch, und Glück ist Glück. Heute ist ein Unglückstag: Unser *kijana* ist gefallen.

Alle jungen Menschen gehen ihren eigenen Weg. Der eine zieht fort und wird weise. Ein anderer fällt, und wir trauern um ihn. Aber, ihr Menschen auf dieser Farm, Ema hat mit uns hier gelebt.

Seit er ein kleiner Junge war, hat er mit uns zusammengelebt, und wir alle kannten ihn, und wir alle liebten ihn, weil er, wie ich schon gesagt habe, ein gutes Herz hatte, und darüber sind wir uns alle einig.

Danken wir also unserem Gott, daß er ihn hier bei uns fallen ließ, nicht in weiter Ferne, nicht jenseits des Meeres. Er ist hier bei uns gefallen, und wir werden ihn hier bei uns behalten, in unserer Nähe auf dem Land, das er geliebt hat, denn dies war sein Wunsch, und es ist unser Wunsch, und wir werden ihn nicht vergessen.«

Ravels »Bolero« begann zögernd und steigerte sich allmählich zu seinem überwältigenden Crescendo. Die Freunde ergriffen die Seile, und langsam, Zentimeter um Zentimeter, ließen sie den Sarg mit meinem Kind in die tiefe, braune Erde hinab, wo er mit einem weichen, dumpfen Geräusch aufsetzte. Ein Raunen ging durch die Menge, ein Baby weinte. Die Musik wurde nun prächtig und erhebend, überdeckte Weinen und Vogelgeräusche und ließ nur den Schmerz zurück, der lautlos wie die Flut anstieg.

Mapengo sah mich an, und ich nickte kurz. Der Korb wurde in das Grab hinabgelassen und neben den Sarg gestellt. Seine letzte Schlange.

Colin gab mir den Spaten. Er war neu, das glänzende Metall war noch nicht mit Erde in Berührung gekommen. An derselben Stelle hatte ich bei Paolos Beerdigung gestanden. Genau dieselbe Geste. Ich stieß den Spaten in die rote Erde zu meinen Füßen. Sie fiel auf das Holz in der Tiefe. Ich reichte Livia den Spaten. Der Spaten ging reihum, bis das Grab gefüllt war.

Mapengo brachte mir eine gelbe Fieberakazie, einen jungen Baum, den Rocky am Fluß ausgegraben hatte. Wie damals für Paolo pflanzte ich nun einen für Ema. Eines Tages würden ihre Wurzeln seinen Körper erreichen, der den Baum nähren und Teil der Landschaft werden würde.

Mirimuk, Luka und fünf weitere Männer, die ich ausgewählt hatte, stellten sich in einer Reihe auf. Sie richteten die Gewehre zum Himmel und feuerten den Salut für Emanuele ab. Es hallte von den Hügeln wider. Ein Starenschwarm flog aus den Dornenbäumen auf und kreiste hoch über uns. Gesichter wandten sich hinauf, als ob alle erwarteten, ihn dort oben zu sehen, wie er zu uns herabschaute. Ich hatte nur die Hülle begraben. Seine Seele schwang sich gerade hoch in die Luft. Ich legte meine Blume behutsam auf das Grab. Ich würde jetzt gehen. Ich konnte später wiederkommen, heute, morgen, mein ganzes Leben lang.

Einige blieben, einige folgten mir. Die Musik war verklungen.

Der zweite Tag wollte kein Ende nehmen. Ich muß gestehen, daß ich mich an fast nichts erinnere. Ich hatte mich mit aller Anstrengung darauf konzentriert, einen klaren Kopf zu behalten, die Zeremonie mit Würde durchzustehen, ohne zusammenzubrechen. Nun kauerte ich mich in einer Ecke des Wohnzimmers zusammen, meine Freunde saßen um mich herum, und ich redete ohne Unterbrechung. Carol sagte später, sie wünschte, sie hätte meine Worte aufgezeichnet. Ich weiß nicht. Ich saß einfach da, mit all meiner Liebe, und fühlte mich nutzlos, verloren, leer. Ich sprach über vergangene Zeiten, die für immer verloren waren. Ein orangefarbenes Feuer brannte an den Gräbern. Irgendwann stand ich auf, verließ den Raum und ging auf den Schein des Feuers zu.

Ich fiel geräuschlos in ein Nichts, und ich habe nie erfahren, wer mich ins Bett trug.

34

Die letzte Schlange

... y hablaran otras cosas con tu voz:
*los caballos perdidos del Otono.**

Pablo Neruda,
Cien Sonetos de Amor, XCIX, »Noche«

Aus der glimmenden Asche des Feuers der vergangenen Nacht stieg ein feiner und dünner Rauch in die kalte Morgenluft auf.

Die Blumen auf Emanueles frischem Grab begannen zu welken. Die Feder-Blätter seiner zarten jungen Akazie öffneten sich zaghaft dem Licht und der Sonne, bewegten sich, als ob sie lebendig wären. Eingehüllt in Schlafsäcke und Decken, einige aneinandergeschmiegt, um sich Wärme und Trost zu spenden, schliefen seine Freunde auf der klammen Erde und im feuchten Gras um das Grab herum. Ich näherte mich auf leisen Sohlen, um sie nicht zu wecken.

Ich war in meinem Bett vollständig angezogen aufgewacht, ohne daß ich mich erinnern konnte, wer mich dorthin gebracht hatte. In den vorausgegangenen zwei Tagen hatte ich weder gegessen noch geschlafen. Jetzt wachte ich ausgeruht auf, und einen Augenblick lang war ich ganz benommen. Dann sah ich, daß das Ei nicht mehr über mir schwebte. Der dünne Nylonfaden war abgeschnitten worden. Es war wirklich passiert. Ich blieb im Bett und fragte mich, wozu ich je wieder aufstehen und wozu ich mich umziehen sollte. Ich dachte über die vor mir liegenden endlosen Tage nach und empfand kein Verlangen, zu erleben, was die Zukunft noch für mich bereithielt. Ich spürte keine Neugier. Nur Apathie.

Auf dem Teppich neben dem Bett bewegte sich etwas. Ich dachte erst, es sei Gordon, doch es war Livia. Ihr langes braunes Haar bedeckte zur Hälfte ihr Gesicht, das auf einem Kopfkissen auf dem Boden lag. Sie hatte

* »... und andere Dinge werden mit deiner Stimme sprechen: / die verirrten Pferde des Herbstes.«

sich eine Felldecke übergeworfen und bei mir geschlafen, um mir Gesellschaft zu leisten und um mit ihrem Schmerz nicht allein zu sein. Arme Livia. Das fahle rosa Licht, das durch die Vorhänge drang, ließ einen weiteren sonnigen Tag erwarten, aber es war noch sehr früh, kurz nach Sonnenaufgang. Die Vögel wachten auf und zwitscherten aufgeregt wie jeden Morgen. Ich faltete meine Sachen ordentlich zusammen und wusch mir das Gesicht. Ich zog Khakishorts an, die Emanuele gehört hatten, dazu eins von Paolos Khakihemden, und verließ leise das Zimmer. Gordon und Nditu begrüßten mich, schnüffelten mit ihren kalten Nasen an meinen nackten Füßen und wedelten unsicher mit dem Schwanz.

Emanueles Zimmer war genauso, wie er es verlassen hatte. Seine grüne Windjacke hing über der Rückenlehne seines Stuhls. Sein Tagebuch lag auf dem Schreibtisch, das Lesezeichen markierte den 11. April, den letzten Tag seines Lebens. Ich setzte mich auf seinen Stuhl und sah mich um. Sein Zimmer war immer aufgeräumt. Bücher standen in den Regalen, Schlangeninstrumente hingen glänzend in einer Reihe, die Schlangenhäute waren an den Wänden ausgespannt – auch die riesige, sieben Fuß große Puffotter. Der süßliche Schlangengeruch hing noch im Raum. Die Seite für den 12. April war leer. Er schrieb immer erst abends. Ich nahm seinen Stift und schrieb sorgfältig hinein: »Heute ist Emanuele an dem Biß einer seiner Puffottern gestorben. Er war siebzehn.« Am 13. April fügte ich hinzu: »Emanueles Beerdigung«. Ich legte den Stift hin und betrachtete das Lesezeichen. Etwas überrascht stellte ich fest, daß es ein Brief war, den ich ihm im Januar, zu seinem letzten Geburtstag, geschrieben hatte. Ich las ihn zum erstenmal wieder, seit ich ihn geschrieben hatte. Er war auf italienisch:

»... ich wünsche Dir ein glückliches Leben voller Abenteuer ... vor allem wünsche ich Dir, daß Du lernst, all das zu akzeptieren, was zum Leben dazugehört ... denn nur so wirst Du das Geheimnis des Daseins erkennen ... und Du wirst glücklich sein, egal, ob Du von Menschen umgeben oder allein bist ... und Du wirst alle Erfahrungen, die Du in Deinem Leben machst, Deine Freuden und Deinen Schmerz, dazu nutzen können, ein besserer Mensch zu werden; dann wird selbst der Tod am Ende gut sein, denn er ist Teil des Spiels.«

Ich starrte lange auf meine Worte. Ich hatte sie vergessen. Aber ich hatte recht gehabt. Das Spiel von Leben und Tod. Ich blätterte die unbeschriebenen Seiten durch. Ein Zettel fiel heraus, adressiert an Michael Werikhe, den Mann, der Schlangen liebte und für Nashörner, die er nie gesehen hatte, einen Marsch unternahm. Es war eine Einladung, für einige Zeit nach Laikipia zu kommen. Ich prägte es mir ein. Es war vermutlich das letzte, was Emanuele geschrieben hatte.

Eine leere Seite nach der anderen öffnete sich mir, wie die Tage meines Lebens, die ich noch vor mir hatte. Womit sollten diese leeren Seiten gefüllt werden? Mit wem? Alle meine Männer waren gegangen ... und Aidan? Was war los mit ihm? Gestern war er nicht zur Beerdigung seines jungen Freundes gekommen. Es gab sicherlich einen Grund. Vielleicht war er gerade irgendwo hoch im Norden unterwegs, wo ihn keine Nachricht erreichen konnte? Ich sehnte mich nach seiner Gegenwart, nach seiner Schulter, um meinen Kopf daran zu lehnen.

Allein ... mit Paolos Kind.

Emanuele war nicht mehr da, aber ich war noch da. Wenn auch die Seiten leer waren, so sollten sie es doch nicht bleiben und verschwendet sein. Ich wußte, daß es an mir war, sie zu füllen, und daß es – wie immer – an mir lag, ob sie mit Sinn und Wert gefüllt wurden. Ein weiteres Kapitel meines Lebens war abgeschlossen, aber da ich noch lebte, mußte ich weitermachen und die mir noch verbliebene Zeit nach besten Kräften nutzen. Für Sveva. Für Paolo. Für Ema, und für mich. Ich mußte mit etwas Neuem und Positivem beginnen.

Ich nahm den Stift wieder in die Hand, und unter das Datum des Tages, den 14. April, schrieb ich säuberlich: »Heute haben wir Emanueles Schlangen alle freigelassen.« Ich schloß das Buch. Ich atmete tief ein und ging erneut hinaus ins Tageslicht.

Was konnte ich sonst mit all den Schlangen machen? Was würde Emanuele wollen? Wir würden sie alle freilassen. Heute. Mit allen Freunden von Emanuele, die noch da waren.

Ich ging zum Grab, wo sie alle noch schliefen. Jemand rührte sich. Verquollene Augen. Blasse, abgespannte Gesichter, vom Kummer zerfurcht. Ich betrachtete sie mitfühlend und liebevoll. Gestern hatte ich ihnen gesagt, daß sie alle meine Kinder seien. Ihre Anzüge und weißen Hemden, ihre schicken Kleider waren zerknittert. Sie waren wie für eine Party gekleidet gekommen, und ich erfuhr später, daß Emanuele ein paar Wochen zuvor Ferina gebeten hatte, die Ferien über auf die Ranch zu kommen. Sie sagte, daß ihre Eltern es ihr wahrscheinlich nicht erlauben würden. »Du wirst trotzdem kommen«, hatte er zu ihr gesagt. »Du kommst im April.« – »Woher willst du das wissen?« hatte sie ihn verblüfft gefragt. »Du wirst zu meiner Beerdigung kommen.« Sie hatte ihm nicht geglaubt. Warum sollte sie auch? Sie waren jung und voller Leben, und der Tod war eine weit entfernte, verschwommene Sache, die den Alten und Kranken vorbehalten war. Sie lachte und fragte zum Spaß: »Und was soll ich zu deiner Beerdigung anziehen?« Sein Blick war ernst und unergründlich, und einen Moment lang bekam sie Angst. »Ein Partykleid. Das, was du gerade anhast. Blau steht dir. Ihr sollt euch alle wie zu einer Party anziehen.« Und alle taten es. Ferina konnte es sich nicht verzeihen, daß sie ihm damals nicht geglaubt hatte. Es brach ihr das Herz, wie sie mir Wochen später erzählte.

Die Kinder rieben sich die Augen, standen nacheinander auf, reckten sich und kamen, um mich zu umarmen. »Geht frühstücken. Eßt etwas. Dann lassen wir die Schlangen frei.« Ich ging durch den morgendlichen Garten. An Emas Platz auf dem Frühstückstisch lag ein frischer roter Hibiskus. Rachel hatte daran gedacht.

Ricky Mathews und Mapengo leerten die Käfige und die Schlangengrube und füllten alle Schlangenbeutel. Hunderte von harmlosen oder giftigen Schlangen wurden in Beutel und Kissenbezüge gesteckt. Die Kinder sprangen hinten auf die Ladefläche des Wagens ... Vor der Abfahrt hatte ich, einer plötzlichen Eingebung folgend, einen Strauß roten Hibiskus gepflückt. Mit Iain, Oria, Carol, Aino, Sveva auf Livias Arm und allen Kindern fuhr ich hinunter zu den Quellen von Ol Ari Nyiro.

Wir stellten die Autos bei Marati Ine ab. Zwei Wasserbockweibchen sahen mit feuchten Augen zu und schnüffelten ohne Angst mit ihren weichen Schnauzen. Es war eine seltsame Prozession. Ich ging mit Iain zu den Quellen voran. Die Kinder folgten in zerknitterter Seide und offenen weißen Hemden und trugen Beutel voller Schlangen. Sveva saß auf Livias Rücken und lachte vor Freude über das Abenteuer.

Im Schlamm und Staub am Ufer waren Büffelspuren der vergangenen Nacht zu sehen. Libellen flitzten über dem Teich hin und her, verfolgten ihre Artgenossen und schreckten Mückenschwärme auf. Weiße Schmetterlinge sammelten sich auf frischem Elefantendung, ihre Flügel zitterten wie abgefallene Blütenblätter.

Zuerst mußte Bahati gehen, das Kobraweibchen, das Emanuele ein paar Tage zuvor wiederbelebt hatte. Sie lebte, und er nicht. Ricky öffnete den Beutel, und sie schlüpfte heraus. Ihr gelber Bauch hatte die Farbe der von trockenem Schlamm bedeckten Steine. Zunächst bewegte sie sich langsam, aber schon bald löste sie sich aus ihrer Apathie und huschte, immer schneller werdend, schlängelnd davon. Ich sah ihr nach, bis sie im niedrigen Buschwerk verschwand, zurück ins Leben und in die Freiheit. Ich mußte immer wieder an Ema denken, der auch seine Freiheit gefunden hatte, indem er in die Ewigkeit des Todes versunken war. Nacheinander krochen die Schlangen davon, einige gemächlich, andere ruckartig; einige glitten in den Fluß. Auf einem Felsen kauernd, half ich, sie freizulassen, und schenkte ihr Leben im stillen Emanuele. Geschmeidig tauchten die grünen Nattern, die Zischottern, die Weißlippenschlangen, die Pythons, die Eierschlangen, die Kornnattern blitzschnell in den rastlos dahinfließenden Mukutan. Zuletzt kamen die Giftschlangen. Vorsichtig und gekonnt ließ Ricky sie, eine nach der anderen, ins Wasser.

Als die letzte Schlange an diesem heißen Apriltag mit der Strömung des Mukutan fortschwamm, warf ich spontan den roten Hibiskus ins Wasser, den ich die ganze Zeit in der Hand gehalten hatte. Leicht wie eine Feder drehten sich die Blüten auf den Wellen und berührten die glänzende, gemusterte Haut des dreieckigen Kopfes, der schnell in die Freiheit verschwand. Der Kopf war plötzlich herzförmig, die Blütenblätter sahen aus wie Blut. Das Sonnenlicht fiel auf sie und brach sich in einem Wassertropfen zu einem Regenbogen.

Aus der Tiefe der Zeit sagte die helle Stimme eines kleinen Jungen wieder zu mir: »Irgendwann, Pep, wirst auch du die verborgene Schönheit von Schlangen erkennen.«

»Du hast recht. Du hast recht. Jetzt kann ich sehen, wie schön sie sind«, sagte ich leise zu ihm.

Die letzte Puffotter verschwand.

In der heißen Mittagsstille näherte sich ein Geräusch. Durch den Schatten der Fieberakazien hindurch war ein kleines weißes Flugzeug zu sehen, das am Himmel schwebte. Es hätte irgend jemand sein können. Es hätte Aidan sein können. Aber ich wußte sofort, daß es Mario war, und mein Vater, und meine Mutter. Das Flugzeug, das sie bestiegen hatten, um zur Beerdigung zu kommen, hatte eine Stunde nach dem Abflug wegen eines Motorschadens wieder umkehren müssen. Ich wußte, daß sie heute kommen würden. Mit Sveva auf dem Arm lief ich zu meinem Wagen.

Als ich in Kuti ankam, waren sie bereits da. Sie hatten sich alle seit Jahren nicht gesehen. Ich konnte mir denken, wie ihre Reise nach Afrika aus diesem traurigen Anlaß verlaufen sein mußte. Meine Mutter hatte Emanuele mehr als irgend jemand anderen auf der Welt geliebt. Sie sah verloren aus, hatte aber wie immer ihre Gefühle unter Kontrolle. Sie umarmte Sveva und sprach sanft zu ihr. Ich wußte, wie schwer ihr das jetzt fallen mußte. Mein Vater sah mich mit seinen grünen Augen, die das Alter nicht getrübt hatte, mitfühlend an. Unsere stumme Umarmung drückte mehr aus, als wir mit Worten hätten sagen können.

Ich lief zum Grab, doch ein paar Schritte davor blieb ich stehen. Mario lag darauf. Arme und Beine weit von sich gestreckt, die Hände in die Erde und in die verwelkten Blumen gegraben, wurde sein Körper von herzzerreißendem Schluchzen geschüttelt. Ich zog mich leise zurück. Er war sein Vater.

Bald darauf erschütterte ein wilder Galopp die Erde, rasende Hufe schlugen in den Staub, und Mario ritt auf Emanueles Pferd davon wie ein Apokalyptischer Reiter. Er kam am Abend zurück. Am nächsten Tag reiste er ab, und ich habe ihn seitdem nie wieder gesehen.

Teil IV

Die Zeit danach

35

Der Weg allein

... die Stille sank wie Musik auf mein Herz

Samuel Taylor Coleridge, *Der alte Seemann*

Das schlimmste war die Stille, wo einmal Klang gewesen war, die Erinnerung an eine immer schwächer werdende junge Stimme, an federnde junge Schritte auf dem Gang. Das schlimmste war sein nutzloses Motorrad, das täglich geputzt worden war, der leere Platz am Tisch, an dem bei jeder Mahlzeit ein roter Hibiskus lag, der leere Sessel im Wohnzimmer, wo er immer saß, wenn er Tagebuch schrieb, die verdunkelten Fenster seines verschlossenen Zimmers, wo alles so geblieben war, wie er es zurückgelassen hatte. Das schlimmste waren die Briefe, die noch immer für ihn von der Universität in den Vereinigten Staaten kamen, die er nicht mehr besuchen würde, war die stumme Trauer in Mapengos Gesicht, waren die frisch abgezogenen Fotos von Ostern, die Oria mir eines Tages brachte, damit ich sie mir ansah. Ernste Augen betrachteten mich über flackernde Kerzen hinweg; unerreichbare Augen, die ich für immer geschlossen hatte, beobachteten mich über ein Knäuel grüner Nattern und ein Schokoladenei auf einem festlich gedeckten Tisch hinweg. Lange Beine, die ich im Sarg zurechtgelegt hatte, tanzten mit Saba und Dudu auf den Zedernbalken der Veranda zu einer lautlosen Musik.

Das schlimmste war, ihn wegfahren zu sehen, auf einem nur leicht unscharfen Bild, das nach dem letzten Picknick bei den Quellen von meinem Auto aus aufgenommen worden war. Er überholte mich ein letztes Mal mit seinem Motorrad: in eine Staubwolke gehüllt, halb stehend nach vorn gebeugt, in kurzen Hosen und mit nacktem Oberkörper fuhr er auf eine dunkle Bergkette zu, ohne sich umzusehen.

Das allerschlimmste aber war die Gewißheit, daß er für immer tot war.

Was blieb, war der unwandelbare Zauber der afrikanischen Landschaft. Jeder Morgen begann mit den Vögeln und mit einem Himmel in Rosa, Purpur und Grau, wie dem Inneren einer Auster. Wenn das Silber zu Gold verschmolz und der Tau in der Wärme eines neues Tages verdunstete, war ich im klaren, blauen Dämmerlicht bereits wach und für den Tag bereit. So tief meine Trauer auch war, war ich doch vernünftig genug zu erkennen, daß die unberührte Natur, die mich umgab, eine heilende Kraft besaß. Ich beschloß zu wandern. Vor dem Unglück mit der Schlange war ich bereits gern durch den Busch gegangen, hatte mich wie ein Teil von ihm gefühlt und allmählich seine geheime Sprache gelernt, die so alt ist wie die Erde selbst; nach dem Unglück mit der Schlange beschloß ich, Laikipia Tag für Tag zu durchwandern, und ich schlug, wie in einer Art Therapie, jeden Pfad ein, den ich finden konnte, als ob ich durch die Ermüdung meines Körpers meine Seele heilen könnte. Mein Vater blieb noch ein paar Tage bei uns, und in der Zeit wanderten wir gemeinsam, so, wie wir vor einem ganzen Menschenalter über die Hügel in Venezien gewandert waren. Mit dem Rhythmus und dem Klang unserer Schritte erneuerten wir stumm das alte Band meiner Kindheit, doch mir war klar, daß der Verlust meines Sohnes eine Erfahrung darstellte, die ich in Wahrheit mit niemandem teilen konnte.

Nachdem mein Vater abgereist war, wanderte ich allein.

Zu Anfang, als meine Sinne durch den Schmerz betäubt waren, ging ich wie in einem Vakuum. Ich redete nie; mein Geist war voller Gedanken und Erinnerungen, Stimmen und Schreie, und suchte sich tastend einen Weg durch das quälende Labyrinth der ungelösten Fragen in meinem Innern. Dann senkte sich allmählich eine Stille auf mich herab, und mein Geist wurde ruhig und entspannt. Die Klänge der Außenwelt und das Wesen der Natur drangen wieder in mich ein, und ich wurde wacher und wahrnehmungsfähiger, als ich je zuvor gewesen war.

Vor Sonnenaufgang fuhr ich mit dem Wagen hinaus in die Frische eines verheißungsvollen neuen Morgens und stieg dann einfach irgendwo aus. Ich bat Karanja, den Fahrer, mich um eine bestimmte Zeit an einer bestimmten Stelle abzuholen, und mit Luka oder Mirimuk wanderte ich Dutzende von Kilometern, bis wir dort waren. Häufig stießen wir auf schlafende Nashörner oder Büffel, auf äsende Elefanten oder scheue Buschböcke. Wir pirschten uns an Antilopen heran, bis sie uns witterten und mit hohen Sprüngen durch das trockene Buschwerk flohen. Am Morgen verströmte der Busch kühle und frische Düfte, doch bald trocknete die warme Sonne den Tau, und es duftete berauschend nach Salbei und exotischen Früchten. Der Geruch von Staub, Tierkot und verlorenen Federn wurde durch die Hitze zum Brandgeruch.

Von Sonnenaufgang bis Sonnenuntergang wanderte ich die majestätischen Berge hinauf und in die steilen Täler hinab. Unberührte Landschaften sind anspruchslos, und wenn man sich in ihnen bewegt, hört jede Form von Verstellung und gekünsteltem Verhalten auf. Das uralte Schweigen der Berge und geheimnisvollen Schluchten stellte keine Erwartungen an mich. In dieser urteilsfreien harmonischen Umgebung fand ich meine eigene Identität wieder, und meinen Platz.

Ich begriff, daß ich in Emanueles Tod den Schlüssel zum Sinn des Lebens finden konnte. Immer und immer wieder erinnerte ich mich dieser Augenblicke, durchlebte und durchlitt sie erneut, in dem instinktiven, lebensrettenden Bewußtsein, daß der einzige Weg, der aus meinem Leiden herausführte, durch sie hindurchführte. Ich hätte mich mit der ständigen Unruhe und dem Unbehagen über die ungelösten Probleme in meinem Innern abfinden können, aber es hätte mich gelähmt. Statt dessen beschloß ich, mich dem Schmerz über meinen unersetzbaren Verlust rückhaltlos zu stellen. Ich dachte darüber nach, sprach darüber, und vor allem schrieb ich darüber. Ich durchlebte noch einmal diese Stunden der Todesangst, so, als ob sie erneut geschähen. Ich rief Emanueles Namen in den langen einsamen Nächten, wenn nur er es hören konnte. Ich sann über die kommenden Jahre nach, im Schweigen und in der Stille seiner ewigen Abwesenheit, die meine Hoffnungen und Träume zunichte machten von einer Zukunft, die nie sein würde.

Tragödien solchen Ausmaßes haben einen Vorteil: Man erkennt, daß man nicht noch tiefer fallen kann und daß man zwei Möglichkeiten hat. Man kann ganz unten bleiben, sich an die Qual dieser lähmenden Tiefe gewöhnen und jedes Mittel – Drogen, Alkohol – anwenden, um den stechenden Schmerz zu betäuben, für den man in seinem eigenen Innern kein Gegenmittel findet. Oder man kann beschließen, wieder an die Oberfläche zu steigen und das Leben erneut zu beginnen. Die zweite Entscheidung verlangt eine bewußte Anstrengung, denn es ist eine aktive Entscheidung und kann nur gelingen, wenn man sich seinen Problemen wirklich stellt. Es braucht Ausdauer und Tatkraft, sie durchzusetzen, und sie bedeutet Veränderung. Sobald man an die Oberfläche zurückkehrt, ist man ein neuer Mensch, man ist gereift und hat dort unten sein altes Ich zurückgelassen wie einen abgelegten und überflüssig gewordenen Kokon. Und man hat erfahren, daß man fliegen kann. In

Emas Tod fand ich den Schlüssel, um das Rätsel zu lösen. Ich konnte den Verlust nur dadurch ausgleichen und ihm einen Sinn geben, daß ich meine Haltung dazu änderte und meinem Leben ein neues Ziel gab.

Ungefähr eine Woche nach Emanueles Tod erfuhr ich von Tubby, daß der Gedenkgottesdienst für Jack Block auf seiner Farm am Naivashasee stattfinden sollte. Er übermittelte mir auch, daß unter den gegebenen Umständen jeder in der Familie dafür Verständnis hätte, wenn ich mich entscheiden würde, nicht daran teilzunehmen.

Meine Freundschaft mit den Blocks bestand schon so lange und Tubby und Aino waren bei meinen beiden großen Verlusten so wichtig für mich gewesen, daß ich keine Sekunde zögerte. Außerdem hatte ich die Erfahrung gemacht, daß es guttut, im Augenblick der tiefsten Trauer die Menschen zu sehen, die man am wenigsten erwartet, und es hatte mich sehr gerührt, daß manche den weiten Weg nach Laikipia auf sich genommen hatten, um bei mir zu sein, als ich das Gefühl brauchte, nicht völlig allein zu stehen. Und seit dem Tod meiner Lieben entdeckte ich allmählich, daß der Schmerz anderer mich auf eine seltsame Weise stärker denn je berührte und daß ein wohltuendes Band menschlicher Solidarität entsteht, wenn man im Angesicht des Todes still neben seinen Freunden steht.

Ich nahm Saba Douglas-Hamilton mit, die vorübergehend bei mir wohnte, und ließ Sveva in der Obhut von Wanjiru und meiner Mutter. Vorsichtshalber nahm ich auch Karanja, meinen Fahrer, mit, denn es war das erstemal, daß ich die Ranch mit dem Wagen verließ, seit ich ein paar Wochen zuvor nach Nairobi gefahren war, um Tubby mein Beileid auszusprechen.

Die Straße um den Naivashasee war seit Jahren in einem verwahrlosten Zustand, und es wurde immer schlimmer. Tiefe mit feinem weißem Staub gefüllte Furchen schienen den Wagen zu verschlucken wie Wasser, und der Staub drang – ebenso wie Wasser – auch überall ein. Der dünne Teerstreifen in der Mitte der Piste war an den Rändern ausgefranst und mit Hunderten von Schlaglöchern übersät, wie verschlissene Spitze auf einer Schicht Gesichtspuder. Das Gras und die Dornensträucher am Straßenrand waren ganz weiß davon.

Der grüne Rasen um das Haus der Blocks, der mit leuchtenden Blumen übersät und von Berieselungsanlagen getränkt wurde, war nach dem vielen Grau in Grau stets eine unerwartete Oase. Ich parkte meinen Wagen im Schatten der Akazie, wie ich es schon viele Male zuvor getan hatte. Es war eine ganz normale, vertraute Tätigkeit. Doch nichts war mehr normal. Die Blocks, bedrückt und in ihrem Schmerz vereint, waren auf der Veranda, die auf den See hinausgeht, versammelt. Wie immer hockten Fischadler und Pelikane auf den Baumstümpfen am Ufer des blau schimmernden Sees. Zwischen den Dornenbäumen, unterhalb von Jacks hübscher Holzhütte, hatte man Stuhlreihen für viele Menschen aufgestellt. Die Glastür klapperte, als ich sie öffnete, und alle Köpfe wandten sich mir zu. In Schwarz gekleidet, staubbedeckt und deutlich gezeichnet von meinem jüngsten Schmerz, muß ich wie ein unheimliches Schreckgespenst ausgesehen haben.

Ich traf als erste aus dem Freundeskreis ein, und mein unerwartetes Erscheinen löste Überraschung und Besorgnis aus. Ich war kurz entschlossen losgefahren, und ich war ganz einfach davon ausgegangen, daß ich es durchstehen würde. Jetzt fühlte ich mich unsicher, benommen und verwirrt. War es zu früh, mich der Welt zu stellen? Vielleicht war es ein Fehler gewesen. Jacks Persönlichkeit, seine Wärme und sein Mitgefühl waren weithin bekannt gewesen, und viele Menschen hatten ihn gemocht. Viele von ihnen waren auch auf Emanueles Beerdigung gewesen. Einige waren jedoch nicht gekommen, und als sie sahen, daß ich da war, kamen sie herüber zu dem Baum, unter den ich mich mit Saba zurückgezogen hatte, und sprachen mir ihr Beileid aus. Für mich waren die vergangenen zehn Tage wie tausend Jahre gewesen. Für die übrigen Anwesenden waren es bloß zehn Tage. Ich hatte vergessen, daß die Wahrnehmung der Zeit von Mensch zu Mensch unterschiedlich ist. Es stellte sich heraus, daß ich mir zuviel zugemutet hatte. Es war, als durchlebte ich noch einmal die bei Emanueles Beerdigung erlittenen Qualen.

Irgendwie fanden die Ansprachen und die Feierlichkeiten ein Ende, und nachdem ich mich hastig von Tubby verabschiedet hatte, schlich ich mich unbemerkt, wie in einem Nebel davon. Ich fühlte mich ausgelaugt und unsagbar erschöpft und ließ mich von Karanja zurück nach Laikipia fahren.

Als ich wenige Tage nach Jacks Gedenkgottesdienst die Post aus Nairobi durchsah, fand ich zwei Briefe.

Der erste war in einer Handschrift, die ich sofort erkannte. Es war Aidans Schrift. Ich hatte zuletzt vor Emas Beerdigung von ihm gehört. Ein Tag nach dem anderen war vergangen, ohne daß sein Flugzeug am Himmel aufgetaucht war. Sein Schweigen war mir unerklärlich.

Ich nahm den kleinen weißen Umschlag mit zu Emas Grab und hielt ihn lange in den Händen, bevor ich ihn öffnete. Einige Augenblicke befühlte ich ihn mit geschlossenen Augen, als ob ich seinen Inhalt erahnen wollte, so wie man eine Baumsorte an der Struktur und der Maserung der Blätter erkennen kann.

Vorsichtig öffnete ich ihn. Die Handschrift war unregelmäßig und verändert, sein Kummer tief. Emanuele hatte ihm nahegestanden. Der Grund für sein Schweigen war eine ernste persönliche Krise gewesen, was ich verstand und respektierte. Obgleich es kein Abschiedsbrief war, spürte ich, daß Emanueles Tod einen Loyalitätskonflikt ausgelöst hatte und daß unsere Beziehung nie mehr so wie vorher sein konnte. Ich hatte sie jedoch immer als etwas betrachtet, was nicht zur realen Welt gehörte. Unsere Begegnungen hatten eine unwirkliche, magische Qualität gehabt, eine Unvorhersehbarkeit, die sie außergewöhnlich machte, und ich hatte nun auch diese außergewöhnliche Reaktion als Teil des Ganzen zu akzeptieren.

Der andere Brief wurde zum Keim einer Freundschaft, die sich außerordentlich positiv und heilsam auf mein Leben auswirken sollte. Er kam von einer Frau, die ich kaum kannte, der ich aber von Tubby auf Jacks Gedenkfeier vorgestellt worden war. Es war ein Beileidsbrief, in dem ihr tiefes Mitgefühl zum Ausdruck kam: »... Seit dem Tod Ihres Sohnes sind Sie beständig in meinen Gedanken ... und mein Sohn Robin war tief erschüttert, als er die traurige Nachricht erfuhr, denn ich weiß, daß er Sie sehr gern hat.« Der Brief war unterschrieben mit Berit Hollister. Spontan antwortete ich ihr sofort. Wie allen meinen Antworten legte ich dem Brief eine Kopie meiner letzten Worte an Emanuele bei, mit der Bitte, sie an Robin weiterzuleiten, dessen Adresse in Malindi ich nicht kannte, obwohl er geschrieben hatte. Ich kannte Robin gut. Ich hatte ihn auf einer Hochzeit vor mehr als zehn Jahren kennengelernt, kurz nachdem wir in Kenia angekommen waren.

Im Dezember 1978 war er nach Laikipia geflogen, nur um uns auf seinem Weg von Nanyuki nach Baringo, wo er damals arbeitete, guten Tag zu sagen. Beim Start hatte die Maschine versagt, und das Flugzeug war wie eine reife Mango herabgefallen. Paolo und Emanuele hatten es entsetzt mit angesehen, doch als sie die Stelle erreichten, war Robin wohlauf. Er trug eine Aktentasche in der Hand und suchte in aller Ruhe und wie immer lächelnd im Busch in der Nähe des Wracks nach seiner Sonnenbrille. Das Wrack liegt heute noch dort, oder besser gesagt das, was davon übriggeblieben ist, nachdem Elefanten und Hyänen sich damit beschäftigt haben; seine Einzelteile sind vom Regen und Wind vieler Jahre gerostet und wie zerbrochene Eierschalen in alle Richtungen verstreut worden. Durch diesen Unfall war Robin für uns, obwohl wir ihn nicht oft sahen, etwas ganz Besonderes.

Viele Wochen lang brachte die Post Beileidsbriefe aus aller Welt, manche von ihnen ergreifend schön und von Menschen, die ich kaum kannte. Alle brachten zum Ausdruck, daß Emanuele etwas Außergewöhnliches und Unvergeßliches an sich gehabt hatte, und alle rührten mein Herz. Ich bewahrte sie in einer großen Schachtel auf, die von Tag zu Tag voller wurde.

Eines Tages bat ich Colin, nach Kuti zu kommen, und wir fuhren gemeinsam hinaus, um nach einem passenden Stein für Emanueles Grab zu suchen. Er mußte groß sein und eine bestimmte Form haben, aber darüber hinaus sollte er auch, wie Paolos Grabstein, irgendeine Verbindung zu einem Ort haben, den er ganz besonders gemocht hatte. Ich hatte ein eigenartiges, unwirkliches Gefühl bei dieser Suche nach einem Grabstein für meinen Sohn, die wie ein uraltes Ritual war. Von Zeit zu Zeit sahen Colin und ich einander an und schüttelten den Kopf. Trotzdem mußte ich unwillkürlich denken, was für ein Unterschied es doch ist, in Afrika zu sterben und das Vorrecht zu haben, auf eigenem Grund und Boden beerdigt zu werden, wo Freunde das Grab schaufeln und den Gottesdienst abhalten können; wo keine bezahlte, unbeteiligte Person engagiert wird, um einen Teil der Feier und der notwendigen Vorbereitungen zu übernehmen; und wo die Mutter, die Frau während deiner letzten Nacht auf Erden, neben dir sitzt, um ein letztes Mal über deinen Körper zu wachen.

So war es in alter Zeit, und so ist es auch jetzt noch bei den primitiven Völkern, die eng mit dem Land verbunden sind und die noch nicht vergessen haben, wie man mit Würde sein Leben lebt und seinen Tod stirbt.

Schließlich entschied ich mich für einen Stein aus der Gegend um den Ngobitu-Damm, wo Emanuele oft seine »Geschicklichkeitsübungen« mit dem Motorrad gemacht hatte. Es war ein massiger Stein in Gelborange, und er hatte die Form eines großen Kissens. Er schien passend für sein letztes Bett. Am Nachmittag wurde ein Traktor mit etwa zwanzig Leuten dorthin geschickt, um ihn zu heben und in den Garten zu bringen. Ich saß auf Paolos Stein und betrachtete den Vorgang mit einem Gefühl von Unwirklichkeit. Ein paar Tage danach kam Colin mit einem Meißel und gravierte, wie er es für Paolo getan hatte, einfach nur EMANUELE ein und darunter das Datum, den 12. 4. 83. Es war ein sehr heißer Tag. Als er mit der Gravur halb fertig war, brachte ich ihm ein Bier, und er trank es dort, während er sich einen Moment ausruhte.

Am nächsten Morgen nahm ich Sveva an die Hand und brachte sie zum erstenmal an das Grab ihres Bruders. Ich hatte ihr erzählt, daß er nun bei Paolo sei, und es war ganz natürlich für sie, daß ihre Gräber nebeneinander lagen und daß eine kleine Ausgabe von Paolos Baum auf Emanueles Grab gepflanzt worden war. Sie brachte eine Handvoll roten Hibiskus mit und ihr Lieblingsstofftier, eine rosa Maus namens Morby. Die ganze Zeit über sprach ich mit ihr und beantwortete ihre Fragen. Hand in Hand übergaben wir die roten Blüten unseren beiden Männern, und es gelang mir, meinen Kummer für mich zu behalten.

36

Das Geschenk der Freundschaft

Doch nichts von allem gibt uns das zurück,
die Pracht des Grases und der Blumen Glück …

William Wordsworth,
Ode. Anflüge von Unsterblichkeit

Obgleich man nur in der Stille und Einsamkeit des eigenen Selbst aus dem Leiden herausfinden kann, sorgten meine Freunde dafür, daß ich stets die Wärme und den Trost ihrer Hilfe und Liebe spürte. Sie nahmen ebenso teil an meiner allmählichen Wiedergeburt, wie sie an meinem Schmerz teilgenommen hatten. Starke Bindungen vertieften sich. Hier, wo man noch immer das Leben mit den uralten Rhythmen der Natur in Einklang bringen konnte, nährten sich Freundschaft und Zusammenhalt von dem Band unserer gemeinsamen Entscheidung für Afrika.

Einer dieser Freunde war natürlich Carletto. Er war in Europa gewesen, als Emanuele starb, doch eines Nachmittags tauchte sein staubiger Landrover aus dem Busch auf, und er war da. Er kam auf mich zu. Ein finsterer, besorgter Blick lag auf seinem sonst so fröhlichen, rundlichen Walroßgesicht. Sein Mund unter dem buschigen Schnurrbart lächelte nicht, und seine gütigen Augen funkelten ungewöhnlich hinter der dikken Brille. Er öffnete schweigend seine mächtigen Arme, und ich fand darin Zuflucht.

Wir mußten nicht erst all die Erinnerungen und all das gemeinsam Erlittene wieder wachrufen, die aus unserer Freundschaft ein so starkes und ungewöhnliches Band gemacht hatten. Mariangela, Paolo, Chiara und jetzt auch Emanuele waren von uns gegangen. Wir waren zusammengewesen, als sich in einer Sommernacht in Italien, vor vielen Jahren, die erste Tragödie ereignet hatte. Wir waren hier in Afrika und erlebten die jüngste Tragödie, und der Umstand, daß wir überlebt hatten und daß wir, ohne jede sonstige Verbindung, hier ebenso Nachbarn waren wie früher auf einem anderen Kontinent, war so seltsam, daß wir es nur akzeptieren konnten wie die Sonne und den Regen.

Wie früher kam er jetzt wieder oft zu Besuch, vielleicht noch häufiger, da nun so wenige Menschen um uns herum übriggeblieben waren. Immer brachte er irgend etwas zum Essen als Geschenk mit, sei es Schinken oder einen erlesenen Wein, Spargel aus seinem Garten oder eine Flasche meines bevorzugten griechischen Ouzo, und immer seine Angelrute. Er angelte an den Dämmen nach Schwarzbarschen und füllte meinen Kühlschrank mit Fischen. Wie schon in Italien wies ich ihm einen besonders stabilen Sessel auf meiner Veranda zu, denn mit seinem Gewicht walzte er die leichten Korbsessel platt wie ein Elefant ein Brotkörbchen. Trotz seines Umfangs hatte Carletto Haltung und Taktgefühl eines richtigen Gentleman. Ich mochte ihn sehr gern, und in seiner herzlichen und etwas tolpatschigen Umarmung – bei der gelegentlich die Sonnenbrille, die ich um den Hals hängen hatte, zu Bruch ging – sowie in seiner verläßlichen, treuen Gegenwart fand ich Trost und Frieden. In gewisser Weise half auch ich ihm mit meiner Gesellschaft über seine Einsamkeit hinweg.

Die Douglas-Hamiltons, Carol Byrne und Sam kamen unerwartet zu meinem Geburtstag am 1. Juni. Ich hatte ihn völlig vergessen; ohnehin hatte ich um diesen Tag nie viel Aufhebens gemacht. Gewöhnlich machte sich Emanuele am Morgen mit seinem Pferd oder mit dem Motorrad auf und brachte mir einen riesigen Strauß leuchtendroter wilder Lilien ins Zimmer. Colin und Rocky kamen vom Hauptgebäude herübergefahren und brachten ein paar Freunde mit, die bei ihnen zu Besuch waren. Nach dem Essen, als ich gerade am Kamin saß, wo ich an meinem Zitronentee nippte, wurde der Rhythmus des Generators langsamer, und der Raum versank allmählich, bis auf die Kerzen und das Feuer, in völliger Dunkelheit. Ich sah von den Flammen auf, die ich eine Zeitlang gedankenverloren betrachtet hatte, und bemerkte, daß alle anderen den Raum verlassen hatten. Ich war allein. In diesem Augenblick öffnete sich die Tür, und eine Prozession marschierte herein. Jeder hielt ein oder zwei Kerzen, insgesamt waren es vierzig, und alle sangen: »Happy Birthday«.

War ich vierzig?

Man sagt, der vierzigste Geburtstag sei ein Schlüsselerlebnis im Leben einer Frau. Ich fühlte mich alles andere als alt. Im Gegenteil, es schien, als hätte ich eine Energie und eine Dynamik entwickelt, die mir in jüngeren Jahren nahezu unbekannt gewesen waren. Durch meine langen

Wanderungen ging es mir körperlich besser als je zuvor. Ich fühlte mich geistig und körperlich beweglich, und nachdem ich mich mit meinem Schicksal abgefunden hatte, akzeptierte ich die neuen Herausforderungen meines Lebens. Zusammen mit den anderen sangen Simon, der Koch, und Wanjiru, Kipiego und Rachel, die Gärtner, im flackernden Kerzenlicht. Simon trug einen Kuchen in Herzform, der mit rotem Hibiskus bedeckt war. Emanueles Lieblings-Popmusik schallte laut bis zum Dach hinauf, und ich konnte ihn noch immer auf den Zedernbalken tanzen sehen, wo nun Saba allein stand und mit einem kleinen, traurigen Lächeln zu mir herabblickte. Mir fiel auf, daß sie inzwischen mit ihrem langen blonden Haar, den schrägstehenden, lebhaften schwarzen Augen, die ungewöhnlich tief und schön waren, wesentlich älter aussah als zwölf. Ich wußte, daß ihre Kindheit in dem Moment zu Ende gegangen war, als sie den leblosen Körper des jungen Mannes sah, den sie angebetet hatte. Ich erinnerte mich an meine erste Erfahrung mit dem Tod als Teenager in Italien, die mich tief berührt hatte und durch die ich erwachsen geworden war.

Nach dem Frühstück am nächsten Morgen fuhr ich sie alle zum alten Flugplatz und machte Fotos von ihnen und Saba – Dudu war in England –, als sie ihr Gepäck, nämlich ein Schaf, das ich ihnen geschenkt hatte, und eine Kiste Avocados, einluden. Iains kleines Flugzeug hob ab und brummte wie gewöhnlich über mich hinweg, wobei er die Tragflächen zu einem Abschiedsgruß auf- und niederbewegte. Ich beobachtete mit Sveva, wie das Flugzeug davonflog wie ein verletzlicher Vogel, der meine Freunde über die dunklen Schluchten trug, kleiner und kleiner wurde, bis er über dem Abhang verschwand und sich in den Wolken verlor.

Es war an der Zeit, daß ich nach Nairobi fuhr und mich wieder in mein Haus traute. Seit Emas Tod war ich nicht wieder dort gewesen.

Die Zufahrt meines Hauses in Gigiri sah leer aus. Die Hunde Dada und Duncan, die außer sich vor Freude waren, eskortierten den Wagen und jaulten vor Glück darüber, mich nach so langer Abwesenheit wiederzusehen. Mein alter Kikuyu-Hausdiener Bitu, den ich seit Emanueles Tod noch nicht wiedergesehen hatte, schüttelte mir mit ernstem Gesicht die Hand und sagte leise: »*Pole*«, wobei er mich mit weisen, undurchdringlichen Augen ansah. Viele seiner Kinder waren gestorben, aber viele waren ihm geblieben. Ich hatte nur einen Sohn gehabt. In Afrika war das die größte Tragödie.

Das Haus begrüßte mich still, wartend, wie eine Kirche. Frische Blumen standen in den Vasen, ein Geruch nach Terpentin und Wachs hing in der Luft. Alte Tageszeitungen hatten sich angesammelt und viele Briefe, die persönlich abgegeben worden waren, die ich aber nicht sofort öffnete. Ich ging direkt hinauf in Emanueles Zimmer und schloß die Tür hinter mir.

Dort stand ich mit dem Rücken zur Tür und blickte mich um. Das Zimmer eines jungen Mannes. Nichts hatte sich verändert. Regale voller ordentlich aufgereihter Bücher, auf dem Schreibtisch Papier und Stifte, ein kleines Foto mit einem lachenden Mädchen – Ferina? –, die Schreibmaschine, die Stereoanlage, die Mineraliensammlung, seine Muschelschränkchen. Die Schlangenhäute.

Ich öffnete den Schrank: All die neuen Anzüge, die wir mit so viel Spaß eingekauft hatten, als wir in unserem letzten Urlaub in Italien waren, hingen da, nutzlos. Ich streichelte eine Sportjacke, versuchte, mich an das letzte Mal zu erinnern, als er sie getragen hatte. Nacheinander öffnete ich alle Schubladen. Seine Socken, seine Hemden, seine Schuhe. Auf dem Nachttisch waren Fotos aufgestellt, die er geliebt und ausgesucht hatte: Paolo mit einem großen schwarzen Speerfisch; Paolo mit dem Hai, dessen Angriff er in Vuma überlebt hatte; Sveva mit einem Teddybären, der doppelt so groß war wie sie selbst; eine Gruppe von Freunden in der Schule; eine Jacht in der Karibik und ein gutes Bild von Mario; ich in jüngeren Jahren, in einem weißen Kaftan, wie ich den Jungen umarmte, der er gewesen war; er selbst in Khakishorts, umgeben vom gesamten Wachpersonal unten an den Wasserfällen von Maji ya Nyoka. Ein riesiger Python, der gerade zuschnappte, sein Leib geschwollen von einem unverdauten Stachelschwein ...

Ich setzte mich aufs Bett. Der Bezug war nicht gewechselt worden. Ich glaubte, noch immer den Abdruck seines Kopfes ausmachen zu können, den Duft seines Rasierwassers zu riechen. Ich vergrub mein Gesicht im Kissen.

Durch die geschlossene Tür hörte ich schwach das Geräusch eines Wagens, der in meiner Zufahrt anhielt. Flüsternde Stimmen, dann Schritte, die die Treppe hinaufkamen, zwei Stufen auf einmal nehmend, wie Ema es immer getan hatte. Jemand blieb direkt vor der Tür stehen. Es klopfte. Mir stockte das Herz. Der Türknopf wurde gedreht, und die Tür öffnete sich. Ich schloß die Augen. Eine sehr große Gestalt stand im Türrahmen.

Es war Aidan. Ich betrachtete ihn aus der Ferne meines Kummers. Er trug eine lange Hose und ein Tweedjackett. Sein sonnengebräuntes Gesicht war von Blässe überzogen. Ein gequälter Blick versenkte sich tief in meinen Augen.

»Kuki«, sagte er heiser flüsternd.

Ich stand unsicher auf, das Kissen noch immer an mich gepreßt wie einen Schild. Mit seinen großen rauhen Händen nahm er meine beiden Hände und küßte sie. Er zog mich leicht an sich, und ich spürte den Wollstoff seines Revers rauh an meiner tränennassen Wange.

Ich sagte nichts. Es gab nichts zu sagen.

Es war ein Sturm von Gefühlen, von widersprüchlichen Empfindungen. Der Schmerz darüber, wieder im Haus zu sein. Emanueles Gegenwart, leise, intensiv und doch schwächer werdend. Dann, unerwartet, Aidan. Ich fühlte mich verwirrt und schwindlig. Die Freude darüber, daß er da war, und die Tatsache, daß er sich Sorgen gemacht hatte, überraschten mich. Ich hatte nicht die Zeit und den Mut gehabt, mir klarzumachen, wie einsam ich in Wahrheit gewesen war. Es war eine überwältigende Versuchung: wieder einen Mann zu haben, mich wieder geliebt, unterstützt, beschützt und behütet zu fühlen. Die Sorgen und Probleme zu teilen ... doch nicht um den Preis, daß jemand anders litt, seinen inneren Frieden verlor ... es wäre zu viel, zu schwierig, und nichts mehr für mich. Emanueles Tod war der Zeitpunkt gewesen, mich allen Wahrheiten zu stellen. Wir konnten uns nichts mehr vormachen. Ich war frei und ich war allein, und er war keins von beidem. Falls eine Entscheidung zu treffen war, konnte es nicht meine sein. Meine Gefühle für Aidan hatten sich nicht verändert. Unsere Beziehung war vor allem die Begegnung zweier Seelen gewesen, ohne irgendwelche Hintergedanken. Diese Reinheit hatte ihre Stärke ausgemacht. Nie hatte das Bedürfnis oder die Absicht bestanden, ihr Gleichgewicht zu verändern, und jetzt war nicht der Augenblick zum Handeln. Man mußte abwarten.

Aidan ging, und von Emanueles Fenster aus sah ich seinem Wagen nach, der die Zufahrt hinunter und durch das Tor auf die Straße hinausfuhr, zum erstenmal seit Beginn unserer Beziehung bei Tageslicht.

Die ganze Nacht über blieb ich in Emanueles Zimmer. Ich schlief in seinem Bett, umgeben von den Erinnerungen an seine Kindheit und die abgebrochene Jugend und von seinem liebevollen Wesen. Ich schlief auf seinem Kissen, das naß war von meinen Tränen, was den Duft seines Rasierwassers verstärkte. Und wieder träumte ich den gleichen Traum, der mich nun schon seit Monaten verfolgte.

Das Boot trieb in kristallklarem Wasser, das so durchsichtig war, daß ich jeden Kiesel, jede Muschel auf dem türkisfarbenen Grund erkennen konnte. Jede Einzelheit war so deutlich wie in einer naiven Kinderzeichnung. An Bord des kleinen Holzbootes, das mit den Jahren von der Sonne und vom Meerwasser alt und glatt geworden war, befanden sich nur Emanuele und ich. Emanuele war wie damals von derselben Schlange gebissen worden, und er lag im Sterben. Bekleidet mit seinen Khakishorts wie an diesem letzten Morgen, die Schlangenzange an seiner Hüfte baumelnd, lag er ausgestreckt auf den Planken, die Augen halb geschlossen, halb starr. Eine körperlose Stimme – Colins Stimme? – nahm wie ein Klangecho die Reflexe der Sonne auf dem leicht gekräuselten Wasser auf und verstärkte sie. Emotionslos sagte sie: »Das einzige Mittel gegen Schlangenbisse ist Wasser. Du mußt ihn ins Wasser legen.« Sein Körper war schwer wie Stein, doch mit verzweifelter Kraft gelang es mir, ihn mühsam hochzuheben und hinauszuschieben, Zentimeter um Zentimeter, dazwischen immer wieder Luft schöpfend, bis ich ihn ein paar Sekunden über dem Rand des kleinen Bootes im Gleichgewicht hielt. Dann rollte er über Bord wie in Zeitlupe, berührte das Wasser und sank außerhalb meiner Reichweite. Ich sah zu, wie er versank, und konnte ihn nicht wieder zurückziehen; seine Arme und Beine waren ausgestreckt, und die kleinen Wellen auf der Oberfläche spiegelten sich golden und verspielt auf seinem schlafenden Gesicht. Er sank tiefer und tiefer, wurde kleiner und kleiner, bis er eins wurde mit dem kieselbedeckten Grund und den klaren, sauberen Muscheln und die gleiche grünliche Farbe annahm. Meine Stimme wollte nicht gehorchen. Machtlos, entmutigt und niedergedrückt von dem ganzen Gewicht meiner erneuten Unzulänglichkeit, sah ich zu, wie er ins Unerreichbare versank.

»Er wird ertrinken. Ich kann ihn nicht herausziehen. Er ist zu schwer. Er ist zu weit weg.« Ich beendete den Satz unter verzweifeltem Schluchzen.

»Er ist tot«, sagte die Stimme im Hintergrund. »Er ist tot. Du kannst nichts mehr tun.« Wie immer wachte ich in diesem Moment auf. Das Telefon läutete.

Es war Iain. Seine Stimme hatte einen seltsamen, unsicheren Klang.

»Geht es dir gut?« fragte ich, plötzlich hellwach.

»Ja. Und Oria und Saba auch. Es geht um das Flugzeug. Ich habe es leider zu Bruch geflogen.«

Genau über den Kutua-Bergen war der Motor ausgefallen. Dann begann das, was Oria später als »den lautlosen Fall« beschrieb. Nur Iains außergewöhnliche Kaltblütigkeit und sein fliegerisches Können retteten ihnen das Leben. Er entdeckte in dem dichten Busch ein verlassenes Vieh-*boma*, das von Sträuchern und Bäumen überwuchert war, und er machte auf dieser kleinen Lichtung eine Bruchlandung. Das Flugzeug verlor beide Tragflächen. Saba war von Flugbenzin durchnäßt. Er schaffte es, einen Notruf zu senden, der von einer Bereitschaftsstelle des Laikipia-Funknetzes empfangen wurde. Dann fiel die Batterie aus. Sie konnten Jonathan Leakey, der über Funk alarmiert worden und sofort mit seiner Maschine gestartet war, sehen, wie er kreiste und nach ihnen suchte, doch das Wrack war von der üppigen Vegetation verschluckt worden. Sie waren unsichtbar. Erst am Abend wurden sie von einem *moran* aus dem Stamm der Gemps entdeckt, der loslief, um das Dorf und die Polizei zu verständigen. Im typischen Rocco-Douglas-Hamilton-Stil feierten sie in dieser Nacht mit den jungen Kriegern und veranstalteten mit dem Lamm und den Avocados, die ich ihnen glücklicherweise mitgegeben hatte, ein Festessen. Am nächsten Tag holte sie ein Landrover der Polizei ab und brachte sie nach Nairobi.

Ich verständigte sofort Colin über Funk, damit er unseren Lastwagen hinschickte, um das, was von dem Flugzeug übriggeblieben war, abzuholen. Sie transportierten es auf ihre Farm in Naivasha. Seitdem steht dieses tapfere kleine Fluzeug dort unter einer Plane auf dem Rasen, wie eine verstümmelte Libelle, Erinnerung an vergangene Träume und verlorene Abenteuer.

37

Vom Himmel herab

Über Mensch, Natur und auch des Menschen Leben,
Nachdenken in der Einsamkeit.

William Wordsworth, Vorwort zu *Der Ausflug*

Als Emanuele noch lebte, war ich wegen seiner Schule zwischen Nairobi und Laikipia hin- und hergependelt. Da Sveva noch nicht alt genug war, um in den Kindergarten zu gehen, konnte ich jetzt auf der Ranch bleiben.

Eines Tages erhielt ich noch einen Brief von Aidan. Es war der Brief eines Mannes, der von seinem Pflichtgefühl innerlich zerrissen wurde, und es war ein Abschiedsbrief. Im Postskriptum schrieb er: »Solange ich lebe, werde ich die Erinnerung an dich mit mir herumtragen.«

Es traf mich tief, ihn verloren zu haben, und obwohl ich es schaffte, ihm zurückzuschreiben und ihm zu sagen, daß er immer auf meine Freundschaft und mein Verständnis zählen könne, fühlte ich mich verlassen, und die Erinnerungen an unseren fliegenden Teppich und an die Freude und Intensität unserer Begegnungen verfolgten mich noch lange.

Selbst diesen Traum hatte Emanueles Tod abrupt beendet, doch vielleicht war es von vornherein so bestimmt gewesen.

Die Sonne ging weiter jeden Tag auf, Sveva wuchs prächtig heran, und mein Leben ging weiter. Wenn das Glück mich auch für eine Zeitlang verlassen hatte, so verlor ich doch nie meine geistige Kraft. Unsere geistige Kraft ist wahrhaftig unsere letzte Zuflucht. Als alles verloren schien, als ich allein im Wind über meinen Gräbern stand, spürte ich, daß jetzt der Zeitpunkt gekommen war, den Kopf zu heben und Afrika mit neuem Bewußtsein in mich aufzunehmen.

Als ich ein kleines Mädchen von neun oder zehn Jahren war, sagte mein Vater eines Abends, während wir mit den Hunden spazierengingen, fast unvermittelt zu mir: »Kuki, das Wichtigste, was du je in deinem Leben lernen kannst, ist, mit dir selbst allein sein zu können.

Früher oder später wird die Zeit kommen, wo du mit dir selbst allein bist. Du mußt in der Lage sein, mit dir selbst als Gesellschaft zurechtzukommen und dich ihr zu stellen.« Ich habe nie erfahren, was meinen Vater veranlaßte, mir dies zu sagen, aber ich habe es nie vergessen. Jetzt war die Zeit gekommen, wo sich erweisen mußte, ob ich es konnte, denn nun war ich wirklich allein. So lernte ich, selbständig zu leben und zu denken, wie sehr ich auch innerlich zerrissen war, und ich entdeckte, daß ich keine Angst hatte, daß ich alles annehmen konnte, was geschah, und daß ich mich dafür glücklich schätzen konnte.

Meine Freunde kamen häufig zu Besuch, und meistens kamen sie per Flugzeug. Ein Flug über Afrika vermittelt das Gefühl unbegrenzter Freiheit und Weite. In Kenia sind kleine Flugzeuge sehr verbreitete Verkehrsmittel und sehr beliebt, denn früher gab es häufig gar keine Straßen, und die zu überbrückenden Entfernungen waren immens. Private Landebahnen auf Farmen und Ranches sind etwas Alltägliches; sie sind mit den vorhandenen landwirtschaftlichen Geräten leicht zu bauen und zu warten, und es gibt keine komplizierten Vorschriften, die beachtet werden müssen. Das Fliegen wird nicht als Luxus empfunden, sondern als unschätzbare Möglichkeit, die Kommunikation zu erleichtern, Geschäfte zu tätigen und Freundschaften zu pflegen. Man kann praktisch auf der Pferdekoppel von Freunden landen und zu ihren Häusern hinübergehen, um dort einen Drink zu nehmen. Man kann an der Küste von Lamu frühstücken, im Hochland von Laikipia zu Mittag essen und abends am Turkanasee dinieren, eine Reise, die mit dem Auto Wochen dauern würde. Das Flugzeug ermöglicht auch eine schnelle Rettung in Notfällen. Von den fliegenden Ärzten bis hin zu den meisten Zoologen und Ranchern im Hochland fliegen in Kenia viele Menschen ihr eigenes Flugzeug. Wilson Airport in Nairobi ist der größte Flugplatz für Privatflugzeuge in Afrika. Doch unsere Landebahn in Ol Ari Nyiro war zwanzig Autominuten von Kuti entfernt. Emanuele hatte gehofft, seinen Flugschein machen zu können, und wir hatten eine zweite Landebahn in der Nähe des Hauses geplant. Ich beschloß, diesen Plan auszuführen und die neue Bahn fast unmittelbar vor meiner Haustür bauen zu lassen, so daß jeder, der landete, einfach zu Fuß zum Haus kommen konnte. Es gab noch andere Gründe dafür. Ich wollte nie wieder in die Lage kommen, so viele Kilometer fahren zu müssen, um Hilfe zu bekommen, wie ich es für Emanuele hatte tun müssen.

Schließlich machte ich eines Tages mit Iain und Colin einen Spaziergang, um den Platz unmittelbar außerhalb unseres Gartens in Kuti auszuwählen. Der alte Raupenschlepper kam mit klirrenden Ketten herangefahren und schlug eine Bresche durch den Busch, von dem Hügel unterhalb Kutis bis zu den strohgedeckten Hütten der Arbeiter. Es kamen Arbeiter, um die größeren Felsen und Wurzeln mit der Hand zu entfernen. Der Boden wurde planiert und eingeebnet. Sveva und ich säten Grassamen, indem wir ihn von der Ladefläche unseres kleinen Lastwagens warfen, was sehr viel Spaß machte. Er würde keimen und wachsen, sobald es regnete. Jetzt hatte ich eine Landebahn bei Kuti.

Eines Tages vor Beginn des Sommers flog mich Richard Leakey nach Koobi-Fora, »der Wiege der Menschheit«, wo er regelmäßig hinflog, um die Ausgrabungen und die Forschungsarbeiten über unsere frühen Vorfahren zu überwachen, die im Auftrag der staatlichen Museen durchgeführt wurden. »Du mußt einmal raus hier«, sagte er mit klarem Blick für meine Situation. »Koobi-Fora wird dir guttun.« Er hatte recht. Er holte mich an meiner neuen Landebahn ab, und wir flogen nach Turkana.

Ich hatte den Turkanasee immer sehr gemocht. Seine uralte Leere faszinierte mich. Ein unablässiger heißer, trockener Wind wehte aus dem ewigen Schweigen der Jahrtausende. Über der ruhigen Oberfläche des Sees ging die Sonne purpur- und indigofarben unter. Wir liefen über den schwarzen vulkanischen Sand, der nach Soda roch; fremdartige gigantische Fischknochen aus geheimnisvollen Tiefen waren hier ans Ufer gespült worden. Als wir schwimmen gingen, war das Wasser warm, als ob ständig ein kleines Feuer unter ihm brannte und es temperiert hielt.

Ein Platschen ganz in der Nähe verursachte kleinen Wellen auf der Oberfläche. »Nur ein Krokodil«, grinste Richard unbeeindruckt. »Keine Angst. Sie sind satt.« Diese gewaltigen, gepanzerten Reptilien, deren Augen über die Wasserfläche ragen, verbringen ihr träges, ereignisloses Leben als Teil eines größeren Plans und passen sich ein ins weise Gleichgewicht der Natur.

Als ich an diesem Abend auf der offenen Veranda von Richards windgepeitschter Hütte saß und an einem ausgezeichneten, gut gekühlten Wein nippte, fühlte ich mich durch die Erhabenheit des Sees gereinigt und neu belebt. Die starre, schmucklose Schlichtheit dieser Felsen und kahlen Ufer war ein starker Kontrast zu der üppigen Vegetation von Laikipia. Es schien, als wären wir eins mit unseren Vorfahren, und ich spürte, wie der Wind der Zeiten meine unvernarbten Wunden fortwehte, sie mit den Schmerzen und Sorgen aller Menschen verschmolz, die je über diese Erde geschritten waren, von ihren ersten Anfängen genau an diesem Ort bis hin zu diesem Augenblick in meiner eigenen Geschichte. Die heilsame Wirkung, die Richard vorausgesagt hatte, stellte sich ein, und ich war ihm dankbar für seine Intuition.

Bei meiner Rückkehr wirkte Laikipia grüner, fruchtbarer und reicher, als ich es je erlebt hatte. Dort oben hatte ich mich meiner innersten Natur gestellt: Allein, aber nicht einsam, ohne irgendeine Entschuldigung, hinter der ich mich hätte verstecken können, hatte ich erneut gespürt, daß ich sehr wohl meine eigene Gesellschaft angstfrei erleben konnte. Langsam begann meine Wunde zu vernarben.

Ich fing an, häufiger mit Iain Douglas-Hamilton zu fliegen. Iain flog völlig entspannt und sehr niedrig; es war eine herrliche Art, den afrikanischen Busch zu erkunden. Vielleicht flog er gelegentlich riskant, wie manche behaupteten, doch ich wußte, daß er sachkundig und mutig jede Notlage meistern konnte. Mit Iain zu fliegen war für mich nicht einfach nur spannend, es war ein reines Vergnügen. Obgleich es von manchen als beunruhigend empfunden wurde, daß er es mit Kleinigkeiten nicht so genau nahm, hatte ich absolutes Vertrauen in seine Fähigkeit, mit Nerven aus Stahl und einem kühlen Kopf mit jeder unvorhersehbaren Situation fertig zu werden. Er flog, wie gesagt, sehr niedrig und suchte dabei mit seinen Augen forschend die Umrisse des Terrains ab, so daß wir von den Tieren, auf die wir aus waren, jede Einzelheit mitbekommen konnten. Von Iains Flugzeug aus konnte man mehr sehen als von jedem anderen.

Einmal verbrachte Iain mit einem befreundeten Paar und deren Kindern gerade ein Wochenende in Laikipia, als an einem kühlen Morgen kurz nach dem Frühstück Schreie unsere Aufmerksamkeit erregten, die aus der Richtung des Swimmingpools kamen. Hinter einem »Kinderschutzzaun«, den ich hatte bauen lassen, um zu verhindern, daß Sveva, die noch nicht schwimmen konnte, hineinfiel, stand sie, klein, wie sie war, ganz allein und rief: »Mama.« Selbst aus der Entfernung konnte ich erkennen, daß Sveva etwas merkwürdig aussah, und ihre Stimme klang fremd. Sie war völlig durchnäßt. Ich warf den Sessel um, auf dem ich saß, und ohne mir die Zeit für Entschuldigungen zu nehmen, war ich mit wenigen schnellen, atemlosen Schritten bei ihr. Iain folgte mir. Sie trug einen dicken Overall, Socken, Gummistiefel und einen Pullover. Sie war naß bis auf die Haut, ihre Stiefel waren voller Wasser, und Wasser tropfte ihr auch aus den Kleidern und Haaren. Ich nahm sie auf den Arm; sie war so schwer, daß ich unter ihrem Gewicht wankte. Erst da begann sie zu weinen. Während ich sie auszog und abtrocknete, brachte sie unter heftigem Schluchzen ihre Geschichte heraus, die uns alle erstaunte.

Sie hatte mit dem anderen kleinen Mädchen gespielt und war von ihm aus Versehen ins Wasser gestoßen worden. Aus Schreck über das, was sie angerichtet hatte, war die Kleine, statt uns zu rufen, weggelaufen, um sich zu verstecken. Sveva war wie ein Stein auf den Grund gesunken. Von all den schweren Kleidungsstücken nach unten gezogen, war sie weder in der Lage, sich treiben zu lassen, noch konnte sie schwimmen. Und dann?

»Und dann, Mama, habe ich meine Augen unter Wasser aufgemacht, und alles war blau und kalt, und ich konnte die weiße Leiter sehen, sie war etwas zu weit weg ... ich konnte nicht rankommen ... da habe ich meine Füße vom Boden abgestoßen und hab es gerade geschafft, sie zu fassen, und ich bin rausgeklettert ... so wie Ema es mir beigebracht hat, falls ich mal reinfallen würde ... wie ein Frosch. Jetzt ist mir kalt, und ich habe Angst ... aber da hatte ich überhaupt keine ...«

Wir standen sprachlos da, blickten auf sie herab, ein nasses kleines Kind von noch nicht einmal drei Jahren. Ich wußte, daß sie noch nicht schwimmen konnte ... es war unbegreiflich. Bei der Vorstellung, was normalerweise geschehen wäre ... und was nicht geschehen war, wurde mir schwach. Ich fing an zu zittern, ein verzögerter Schock. Iain ergriff meine Schultern, um mich zu beruhigen, schüttelte mich ein wenig, sah mir tief in die Augen. »Kuki«, sagte er langsam und versuchte, ruhig zu klingen, »Kuki, deine Tochter wird ewig leben, verstehst du das nicht? Sie hat es allein geschafft herauszukommen – bei Gott! – voll angezogen, aus einem tiefen Becken, mit zwei Jahren, bevor sie überhaupt gelernt hat, sich im Wasser treiben zu lassen. Meine Güte – es gibt wahrhaftig Dinge, die keine Wissenschaft erklären kann.«

Den ganzen Tag lang war Sveva ungewöhnlich still, ebenso wie ich, die ich nicht in der Lage war, das zu verdauen, was hätte passieren können. Um uns aus unserer nachdenklichen Stimmung aufzurütteln, flog Iain uns für den Vormittag zu Carletto. Sveva hielt ich, in eine Decke gehüllt, in meinen Armen. Geistesabwesend betrachtete ich den Schatten des Flugzeugs, der sich rasch über die trockenen Sträucher bewegte und Warzenschweine aus ihren Löchern scheuchte; rosahälsige Sträuße setzten sich in Trab, und Zebras galoppierten wenige Meter unter uns durch den Staub.

Im Sonnenschein des frühen Nachmittags steckte ich Sveva in ihren Badeanzug und ging mit ihr zu unserem Pool.

»Zeig mir, wie du das gemacht hast. Wir wollen doch mal sehen, ob du es noch mal schaffst.« Aber sie konnte es nicht. Obwohl sie fast nackt und leicht war und obwohl das Wasser von der Mittagssonne erwärmt war und meine Anwesenheit sie beruhigen mußte, sank sie nach unten, und ich mußte sie wild prustend an den Haaren herausziehen ... am Morgen hatte sie noch nicht mal Wasser geschluckt, sie hatte nicht gehustet ... Iain und ich sahen uns ungläubig an, und bis zum heutigen Tag kann sich keiner von uns erklären, was wirklich geschehen ist, welche gütige, unbekannte Macht ihr das Leben gerettet hat.

In den Monaten und Jahren danach, wenn sie manchmal nachts wach wurde, weil sie Husten hatte oder einen bösen Traum, war sie oft schon wieder still und ruhig, bis ich ihr Bett erreicht hatte. Sie erzählte mir dann, daß Emanuele bei ihr gesessen habe, so wie er es immer getan hatte, und dann war sie getröstet. Wenn etwas Unheimliches geschieht, etwas, das über die Kategorie dessen, was wir »normal« nennen, hinausgeht, wenn Phantasie, Erinnerungen und Magie sich verbinden und uns aus der Fassung bringen, dann bezeichnen wir es als »unglaublich« und verwerfen es, denn wir fühlen uns unwohl, wenn wir über das Unbeweisbare nachdenken, als ob wir uns in unbekannte und gefährliche Gegenden vorwagen würden. Doch solche Dinge geschehen nun einmal, und daß wir sie nicht erklären können, liegt an unserer Begrenztheit; unsere Unfähigkeit, sie zu begreifen, ist unser Problem und hat nichts mit der Authentizität der Geschehnisse zu tun. An dem Tag, als Jack Block starb und im Wasser eines Flusses in Chile versank, ging sein Boot, das am Anlegeplatz seiner Farm in Naivasha festgemacht war, aus keinem erkennbaren Grund unter. Zweifellos wußte Paolo, daß er bald sterben würde, und als er starb, wußte ich es im selben Augenblick, noch bevor es mir jemand sagen konnte, und ich wurde blaß, verbarg mein Gesicht in den Händen und weinte Tränen vor Schmerz.

Später pfiff Sveva häufig eine Melodie – ich kann beim besten Willen nicht pfeifen, doch sie pfeift wunderbar –, und zwar genau die gleiche Melodie, die Paolo immer pfiff. Und wenn ich sie frage, wer ihr diese Melodie beigebracht hat, antwortet sie ganz selbstverständlich: »Niemand, ich kenne sie einfach.« Dann ist da noch ihr linker Zeigefinger: völlig normal, hübsch und biegsam. Aber wenn sie sich auf etwas konzentriert, krümmt sie ihn zusammen, und er sieht aus wie Paolos verletzter Finger, jener, den er nach dem ersten Unfall nicht mehr bewegen konnte. Wir wissen nicht, wie und warum, aber es bleibt eine Tatsache, daß sie es tut.

Wenige Tage nach der Episode mit dem Swimmingpool hörte ich eines Morgens über unsere interne Funkverbindung, daß ein Hirte auf den Sampara-Bergen in der Nähe von Enghelesha einen toten Leoparden gemeldet hatte. Ich fuhr dorthin, und zusammen mit dem jungen Stellvertreter des Verwalters und einigen Spurenlesern machten wir uns auf die Suche nach dem Kadaver. In Laikipia war es üblich, niemals ein totes Tier liegenzulassen, ohne nach dem Grund für seinen Tod zu suchen. Wir stiegen aus dem Wagen und setzten den Weg zu Fuß fort. Es war weiter, als wir gedacht hatten. Am Junihimmel zogen sich langsam schiefergraue Wolken zusammen, und es sah nach starkem Regen aus. Endlich fanden wir den aufgedunsenen, stinkenden Leoparden unter einem Katappenbaum am Berghang. Es war ein junges Männchen, übel zugerichtet, zerkratzt und mit Bißspuren: vermutlich das Ergebnis eines Kampfes mit einem stärkeren Rivalen um die Gunst eines Weibchens. Das Fell war beschädigt, und die Haare fielen in ganzen Büscheln ab; es hatte keinen Sinn, ihn abzuhäuten, und wir beschlossen, ihn dort liegenzulassen.

Genau in diesem Moment fiel mir der erste schwere warme Regentropfen auf den Kopf, und Donner ließ die Erde erbeben. Ein kalter, leicht böiger Wind kam auf. Bald fiel mit Hagel vermischter Regen, der wie eisige Nadeln in meine nackten Arme und Beine stach. Es gab keine Fluchtmöglichkeit. Das Auto war rund sieben Kilometer entfernt. Es war der erste schwere Schauer der langen Regenfälle des Jahres 1983. Das Wasser lief durch die trockenen steilen Wege wie ein Fluß, trug Zweige, Blätter und Äste, kleine tote Vögel, eine Grasschlange und verirrte Mistkäfer mit sich und umspülte uns stellenweise mit seinen schlammigen Wirbeln von den Knöcheln bis zu Knien und Hüften. Unter den vereinzelten Bäumen konnten wir wegen der Blitzgefahr keine Zuflucht suchen. Der Himmel schien sich wie ein grauer Deckel aus Wasser auf die Hochebenen gesenkt zu haben, drückte uns nieder, durchnäßte uns bis auf die Knochen. Ich glaube, mir ist nie im Leben kälter gewesen. Häufig, und näher als ich es mir vorstellen wollte, zuckten weiße Blitze im Zickzack über den Himmel, und der Donner explodierte mit gewaltigem Getöse. Im böigen Wind wateten wir durch wirbelnde Sturzbäche, bis wir wieder am Auto waren, was Stunden in Anspruch nahm.

In diesen Stunden, als wir vom Regen geblendet, vom Donner betäubt, von Dornen und Ästen zerkratzt waren, fand in mir im heulenden Sturm eine Art Katharsis statt, als ob das Unwetter symbolisch die alte Haut, die noch an mir haftete, und die Überreste des alten brennenden Schmerzes fortgewaschen hätte.

Als wir schließlich mit klappernden Zähnen und nassen Haaren den Wagen und dann das Haus des Verwalters erreichten, lieh er mir einen Pullover und einen von seinen *kikois*. Während ich meine Haare und meinen Körper im Badezimmer mit einem rauhen Handtuch trockenrieb, betrachtete ich mich in dem kleinen rostigen Spiegel, wie ich es seit Wochen nicht mehr getan hatte. Nasse Locken hingen um mein mageres Gesicht. Frisches Grau schimmerte durch das Blond meiner Haare, und neue tiefe Falten betonten die Mundwinkel. Doch meine dunkel gebräunte Haut war jung und gesund. Auch meine graugrünen Augen sahen frisch aus, und in meinem hageren Gesicht wirkten sie größer und klarer. Meine Schulterblätter standen hervor, meine Hände mit den kurzgeschnittenen Nägeln waren schlanker, meine Arme dünner; seltsamerweise sah ich zugleich viel älter und viel jünger aus.

In Kleider gehüllt, die mir zu groß waren, kauerte ich mich barfuß vor den Kamin, wo der Hausdiener ein prasselndes Feuer aus Mutamayo-Holz entfacht hatte. Er brachte mir ein Tablett mit starkem süßem Tee und in Scheiben geschnittenem dickem Vollkornbrot, frisch gebacken, mit hausgemachter Bauernbutter. Ich aß heißhungrig, als wäre es das erstemal in meinem Leben, jeden Bissen genießend, wie ich es seit Wochen nicht mehr getan hatte, während die Wärme des Feuers allmählich in meine Glieder drang. Ein Gefühl körperlichen Wohlbefindens überkam mich; ich fühlte mich angenehm müde und fit zugleich. Ich glaube, das war die beste Mahlzeit, die ich je in meinem Leben gegessen habe.

Draußen hatte sich der Sturm gelegt, und die Nacht sank schnell herab. Jemand kam herein und hatte Außergewöhnliches zu berichten: Auf der Graswiese hatten sich siebzehn Ochsen vor dem Sturm unter einen Baum geflüchtet; in diesen Baum hatte der Blitz eingeschlagen, und sie waren alle umgekommen. Der junge Mann ging hinaus, um nachzusehen, und ich fuhr langsam die dreißig Kilometer zu meinem Haus in Kuti, auf der anderen Seite der Ranch. Durch das offene Wagenfenster drang das Quaken von Millionen Fröschen. Das Auto schlitterte durch den dunkelroten Schlamm und hinterließ neue Spuren, wie die Verzierung auf weicher Schokoladencreme. Kurz vor Kuti leuchteten grüne Augen im Scheinwerferlicht auf, ich sah einen gefleckten Körper, und schon war der Leopard mit dem Dik-Dik, der aus seinem Maul hing, verschwunden, von der Nacht verschluckt.

Die Schönheit und das Glück, in diesem Augenblick hier zu sein, machten mich euphorisch. Auf nackten Füßen ging ich zu Emanueles Grab. Mit dem Kopf an Paolos Baum wie an seiner Schulter gelehnt, seufzte ich tief, und die Nachtluft roch neu und gut.

Allmählich begann eine Idee in meinem Kopf Gestalt anzunehmen, eine positive, triumphierende Idee, die das unwiderrufliche Ende in einen neuen Anfang verwandelte. Sie reifte langsam heran, und sie wurde zu meinem Lebenssinn. Wenn auch Emanuele und Paolo nicht mehr hier waren, der Ort, die Tiere und ich waren noch hier, und ebenso die Gründe für meine Entscheidung.

Als ich eines Tages Emanueles Sachen durchsah, war mir ein Buch in die Hände gefallen, das Paolo ihm zum Geburtstag geschenkt hatte: das tragische, grausige und doch prophetische Buch von Peter Beard: *The End of the Game*. In Anlehnung an den bekannten Popsong »Desiderata« hatte Paolo geschrieben:

> Emanuele, Du bist ein Sohn des Universums. Nicht mehr und nicht weniger als ein Baum oder ein Stern oder ein Stein. Du hast das Recht, hier zu sein. Mit all ihren Grenzen und verlorenen Träumen ist die Welt immer noch schön für jeden, der einen neuen Anfang sieht, immer wenn die Sonne über unserem Mukutan untergeht. Paß auf Dich auf. Sei glücklich. Ich liebe Dich. Paolo.

In diesen Worten lag etwas Endgültiges wie in einem Epitaph, doch jetzt konnte ich darin einen neuen Sinn entdecken: Wie Steine, wie Berge, wie alles Geformte in der Natur hatten wir das Recht, hier zu sein. Aber wir hatten nicht das Recht, die Umwelt, die uns umgibt und die das gleiche Existenzrecht hat, zu verschmutzen oder zu zerstören. In Emanueles offenen, toten Augen hatte ich die Spiegelung des Himmels und der Bäume gesehen, die er nicht mehr sehen konnte. Er war gestorben und vorausgegangen, doch die Natur bestand weiter, und in ihr mußten wir leben und weitermachen und gütig sein.

Das war die Botschaft, die in Emanueles Tod lag. Die Liebe seines Lebens war sein Tod gewesen: Doch sie sollte nicht auch sein Ende bedeuten. Wenn er auch physisch von uns gegangen war, sein Geist war geblieben, und der Ort und ich waren noch immer da. Wie Paolo war

Emanuele Idealist gewesen. Er wäre im folgenden September zur Universität gegangen, um Zoologie und Agrarwirtschaft zu studieren, und eines Tages wäre er mit vielen neuen Ideen zurückgekommen. Er hätte seine neuerworbenen Kenntnisse auf der Ranch in die Tat umgesetzt, hätte neue Techniken mit überliefertem Wissen und mit seinen Grundsätzen kombiniert, nämlich das Gleichgewicht zwischen Wildem und Gezähmtem aufrechtzuerhalten, die Geheimnisse der Natur zu erforschen und sie zu ihrem Schutz und zu ihrer ausgewogenen Entwicklung anzuwenden.

Ich dachte über die Zukunft Afrikas nach, über seine wachsende Bevölkerungszahl, über die Kinder von heute, in deren Händen das Schicksal Kenias bald liegen wird. Kinder, die in den Randgebieten der Städte aufgewachsen sind, wo von der freien Natur nichts übriggeblieben ist, ihre Köpfe verwirrt und vergiftet von fremden Religionen, von Armut und fehlenden würdigen Zielen. Diese Kinder hatten niemals die Schönheit ihres Landes gesehen, noch hatte man sie gelehrt, sie zu lieben. Der durchschnittliche städtische Afrikaner hat noch nie einen Elefanten gesehen. Wie sollten solche Menschen eine Politik machen können, die sie in die Lage versetzte, die Umwelt zu schützen und gleichzeitig ihr eigenes Überleben zu sichern? War diese ganze Wildnis dazu verdammt, aufgrund mangelnden Wissens und fehlender Planung zu verschwinden? Sicherlich konnte ich nicht alles ändern, doch ich konnte den Gedanken nicht ertragen, daß Ol Ari Nyiro das gleiche Schicksal erleiden sollte.

Die einzige Lösung bestand darin, den Kindern in Schulen die Möglichkeit zu bieten, das Land und die Traditionen ihrer Vorfahren unmittelbar zu erleben, und ihnen zu zeigen, daß man mit der wilden Natur in Einklang leben kann und leben sollte, daß man lernen kann und lernen sollte, die Natur zu nutzen, ohne sie zu vernichten, ja, sie sogar gleichzeitig zu schützen. In Ol Ari Nyiro war bereits alles dafür vorhanden. Die wildlebenden Tiere, die einheimischen Pflanzen, die Menschen, die Haustiere und die Kulturpflanzen. Wir hatten nicht nur die Quellen und den Mukutan-Fluß, sondern auch die von Menschenhand angelegten Wasserreservoirs, die gut planierten Straßen und die schmalen Pfade, die von Generationen von Büffeln und Antilopen auf ihrem Weg zum Wasser getreten worden waren. Unser Land war eine Oase, wo die Tiere willkommen waren und wo sie Zuflucht, Futter, ihren idealen Lebensraum fanden. Doch unser Land war auch eine funktionierende Ranch, mit Viehbestand, Plantagen und Menschen, die dort lebten. Wir hatten bewiesen, daß es möglich war. Wir sollten uns noch mehr bemühen, noch besser werden, vorbildlich zeigen, wie dieses Ziel zu erreichen war.

Hier zogen die Elefanten aus dem Norden entlang ihrer uralten Routen, die sie kannten und benutzten, seit es Elefanten auf der Erde gab. Jetzt jedoch wurden die Routen immer häufiger von Feldern unterbrochen, die sich entlang der Safariwege so schnell ausbreiteten, daß die Tiere sich unmöglich der Veränderung anpassen konnten. Es war unvermeidlich, daß sie der Versuchung eines reifen Maisfeldes nicht widerstehen konnten, und sie fielen darüber her, wie sie über die Gräser und Büsche hergefallen waren, die vor dem Mais dort gewachsen waren. Obwohl sie unschuldig waren, betrachtete man sie dann als Schädlinge, brandmarkte sie als Getreideplünderer, erschoß sie, wenn man sie erwischte: Die Menschen würden ihre Rechte immer gegenüber den Rechten der wilden Tiere durchsetzen, so ungerecht dies auch sein mochte, solange man nicht einen Weg fand, das Wilde mit dem Gezähmten zu verknüpfen, und eine sichere Route für die Elefanten fand, auf der sie ziehen konnten. Es mußte dringend etwas unternommen werden, um die Ungerechtigkeit ihrer allmählichen Ausrottung zu verhindern.

Die Nachkommen der ersten Nashörner, auf die Delamere zu Beginn des Jahrhunderts gestoßen war, lebten noch hier auf Ol Ari Nyiro. Doch wie viele hatten wir genau? Was wußten wir von ihnen? Warum hatten sie dieses Gebiet als Zufluchtsort gewählt? Wovon ernährten sie sich?

Die Menschen auf der Ranch verwendeten noch immer die einheimischen Pflanzen, die sie auf der Ranch sammelten, um eine Vielzahl von Krankheiten zu heilen. Welche Pflanzen? Welche Krankheiten? Wieso konnten wir nicht mehr über sie herausfinden, die Geheimnisse von jenen alten Leuten lernen, die sich noch daran erinnerten, und sie aufzeichnen, bevor es zu spät war? Es gab zahllose Möglichkeiten, das Land zu nutzen und es gleichzeitig zu respektieren. Man mußte nur den ersten Schritt tun und dann weitere Schritte folgen lassen, um ausreichende Hilfe zu bekommen, und es gab keinen Grund, warum ich nicht Erfolg haben sollte. In mir reifte der Entschluß, mein möglichstes zu tun, um aus Ol Ari Nyiro ein einzigartiges Beispiel dafür zu machen, wie dieses Ziel erreicht werden konnte. Die Ranch mit ihren Tieren, wilden und zahmen, und ihren Pflanzen, kultivierten und einheimischen, und ihren Menschen, die in einem sich verändernden Afrika lebten, sich aber – gerade noch – ihrer überlieferten Fertigkeiten erinnerten, würde zu einem lebenden Denkmal für die Männer werden, die ich geliebt hatte. Wenn

43. Allein mit Gordon, ganz rechts im Bild (Oria Douglas-Hamilton)

44. Iain, Kuki und Sveva an den Gräbern (Kuki Gallmann)

49. Sveva und Nashornschädel (Yann Arthus-Bertrand)

50. Nashorn im dichten Busch auf Ol Ari Nyiro (Rob Brett)

43. Allein mit Gordon, ganz rechts im Bild (Oria Douglas-Hamilton)

44. Iain, Kuki und Sveva an den Gräbern (Kuki Gallmann)

45. Pokot-Tänzer auf Emanueles Rodeo (John Sacher)

46. Kuki und Cheptosai Selale, die Medizinfrau (Kuki Gallmann)

47. Kuki und ihre Hunde (Simon Welland)

48. Frühstück in Kuti, links im Bild Simon (Simon Welland)

49. Sveva und Nashornschädel (Yann Arthus-Bertrand)

50. Nashorn im dichten Busch auf Ol Ari Nyiro (Rob Brett)

51. Kuki mit Michael Werikhe, der bei einem Fußmarsch durch Europa Geld zum Schutz der Schwarzen Nashörner sammelte und einen Teil davon Ol Ari Nyiro zur Verfügung stellte (Raffaele Meucci)

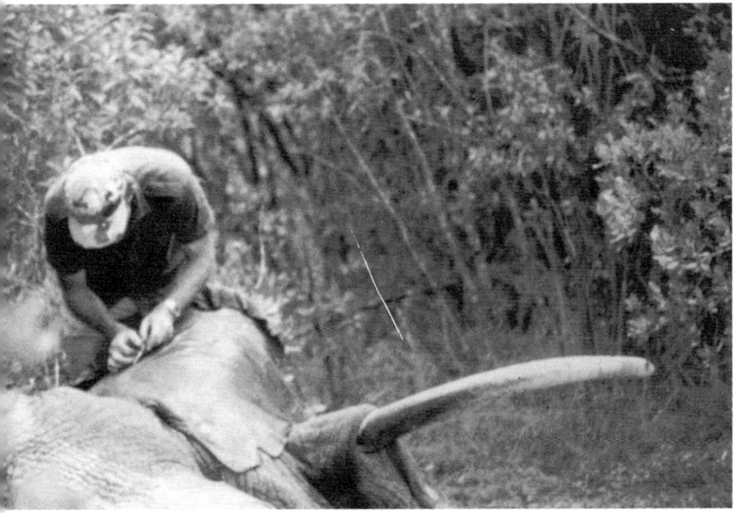

52. Elefanteneinsatz: Colin behandelt einen verwundeten Elefanten (Simon Welland)

53 ▲

◀54

53. Kuki vor dem Elfenbeinfeuer (Oria Douglas-Hamilton)

54. Sveva vor dem Elfenbeinfeuer (Kuki Gallmann)

55. Richard Leakey in Kuti (Kuki Gallmann)

56.Kuki mit einem Nashornjungen (Yann Arthus- Bertrand)

Seite 4-8

55 ▲

56 ▼

57. Kuki, Sveva und Rastus im Garten in Kuti (Mark Bader)

ihr Tod für das Land, seine Natur und seine Menschen etwas Positives zur Folge hätte, dann würde er einen Sinn bekommen.

Einmal flog ein Flugzeug in niedriger Höhe über das Haus, landete, und ein Freund stieg aus, der extra aus Italien gekommen war, um mir eine Nachricht zu bringen: »Es reicht. Du gehörst nicht hierher. Was willst du noch alles verlieren? Deine Freunde machen sich Sorgen. Komm zurück nach Italien.«

Ich ging mit ihm zu den Gräbern am Ende des Gartens. Vögel zwitscherten auf Paolos Baum; in seinem Schatten war Emanueles Baum bereits kräftig herangewachsen, wie ein Junge in der Obhut und im Schutz der väterlichen Liebe. Wie jeden Tag hatten Sveva und ich zwei rote Hibiskusblüten auf die Gräber gelegt. Ich stand dort in dem friedlichen Schatten und betrachtete meinen Freund. Das Stadtleben und die Arbeit hatten ihm nicht gutgetan. Tiefe Falten durchzogen sein Gesicht, und er hatte den gehetzten Blick eines Menschen, der keine Zeit mehr hat, innezuhalten und auf seine innere Stimme zu hören, und der für die wilde und freie Natur nichts übrig hat.

»Ich habe sie hier begraben, weil hier unser Zuhause ist«, sagte ich sanft. »Ich habe zwei afrikanische Bäume gepflanzt, weil ihre Körper eines Tages deren Gestalt annehmen werden. Ich habe beschlossen, zu bleiben und meine Pläne erfolgreich durchzuführen; sonst wären all diese Erfahrungen umsonst gewesen. Ich bleibe hier. Du bist sehr freundlich, und ich freue mich über deine Anteilnahme und danke dir. Aber ich werde nicht nach Italien zurückkehren, um wieder dort zu leben. Ich werde nicht fliehen und aufgeben. Ich bin in Kenia und will hier bleiben, doch diese Gunst muß ich mir erst noch verdienen.«

Seitdem ich meinen Entschluß gefaßt hatte, empfand ich ein neues Gefühl von Klarheit und Ruhe. Ein Frieden breitete sich in mir aus, wie ich ihn noch nie zuvor erlebt hatte. Gleichzeitig wuchs meine Entschlossenheit, in meinem neuen Leben erfolgreich zu sein, und es wuchs eine Kraft, die ich nicht in mir vermutet hätte.

38

Eine neue Stiftung

Die wahre Entdeckungsreise besteht nicht darin, neue Landschaften zu erforschen, sondern mit neuen Augen zu sehen.

Marcel Proust,
Auf der Suche nach der verlorenen Zeit

Die ersten, denen ich von meiner Idee erzählte, waren Oria und Iain. Sie waren von Naivasha heraufgeflogen und über Nacht geblieben.

Am Morgen machten wir sehr früh einen Spaziergang zu Paolos Damm. Der erste Regen hatte die Luft von der Erinnerung an alten Staub gereinigt. Wir rutschten durch den Matsch, in dem die Tiere der vergangenen Nacht ihre Spuren hinterlassen hatten, umkreisten die Zwillingsdämme am Fuße des Kuti-Berges und sahen hinab auf die friedliche, majestätische Weite der Ranch.

Eine Wildnis, die es zu beschützen galt. Von einer eigenartigen Stimmung ergriffen, kamen wir still zurück, erreichten den Garten von der rückwärtigen Straße aus, wo er unerwartet mit Blumen und Rasenflächen aus dem Busch auftaucht, und gingen geradewegs zu den Gräbern. Paolos Baum war kräftig und gesund. Emanueles trieb neue Blüten, und alles duftete frisch und neu. Dort, mit Sveva im Arm und umgeben von meinen Hunden, erzählte ich meinen Freunden, daß ich beschlossen hatte, mein Leben dem Ideal des friedlichen Miteinanders von Mensch und Umwelt zu widmen, und daß ich auf Ol Ari Nyiro in Erinnerung an Paolo und Ema ein Beispiel schaffen wollte, wie dieses Ziel erreicht werden konnte. Ich bat um ihre Hilfe. Wir umarmten uns.

An diesem Morgen wurde »The Gallmann Memorial Foundation«, die Gallmann-Gedächtnisstiftung, ins Leben gerufen.

Im Sommer reiste ich nach Europa. Emanuele war erst wenige Monate tot, doch ich hatte das Gefühl, als ob er schon vor einer Ewigkeit von mir gegangen wäre.

ihr Tod für das Land, seine Natur und seine Menschen etwas Positives zur Folge hätte, dann würde er einen Sinn bekommen.

Einmal flog ein Flugzeug in niedriger Höhe über das Haus, landete, und ein Freund stieg aus, der extra aus Italien gekommen war, um mir eine Nachricht zu bringen: »Es reicht. Du gehörst nicht hierher. Was willst du noch alles verlieren? Deine Freunde machen sich Sorgen. Komm zurück nach Italien.«

Ich ging mit ihm zu den Gräbern am Ende des Gartens. Vögel zwitscherten auf Paolos Baum; in seinem Schatten war Emanueles Baum bereits kräftig herangewachsen, wie ein Junge in der Obhut und im Schutz der väterlichen Liebe. Wie jeden Tag hatten Sveva und ich zwei rote Hibiskusblüten auf die Gräber gelegt. Ich stand dort in dem friedlichen Schatten und betrachtete meinen Freund. Das Stadtleben und die Arbeit hatten ihm nicht gutgetan. Tiefe Falten durchzogen sein Gesicht, und er hatte den gehetzten Blick eines Menschen, der keine Zeit mehr hat, innezuhalten und auf seine innere Stimme zu hören, und der für die wilde und freie Natur nichts übrig hat.

»Ich habe sie hier begraben, weil hier unser Zuhause ist«, sagte ich sanft. »Ich habe zwei afrikanische Bäume gepflanzt, weil ihre Körper eines Tages deren Gestalt annehmen werden. Ich habe beschlossen, zu bleiben und meine Pläne erfolgreich durchzuführen; sonst wären all diese Erfahrungen umsonst gewesen. Ich bleibe hier. Du bist sehr freundlich, und ich freue mich über deine Anteilnahme und danke dir. Aber ich werde nicht nach Italien zurückkehren, um wieder dort zu leben. Ich werde nicht fliehen und aufgeben. Ich bin in Kenia und will hier bleiben, doch diese Gunst muß ich mir erst noch verdienen.«

Seitdem ich meinen Entschluß gefaßt hatte, empfand ich ein neues Gefühl von Klarheit und Ruhe. Ein Frieden breitete sich in mir aus, wie ich ihn noch nie zuvor erlebt hatte. Gleichzeitig wuchs meine Entschlossenheit, in meinem neuen Leben erfolgreich zu sein, und es wuchs eine Kraft, die ich nicht in mir vermutet hätte.

Nationen und in der Umweltschutzbewegung gehört hatte. Anschließend sprach ich mit Tubby Block, dem Freund aus den ersten Tagen. Auch er war sehr hilfsbereit. Am Ende unserer Unterhaltung sagte er: »Du solltest Maurice Strong kennenlernen. Ich werde ihm schreiben.« Ich war verblüfft, daß sowohl Tubby als auch Richard, die von ihren Interessen, ihrem Charakter und Hintergrund her so unterschiedlich waren, dieselbe Person vorschlugen. Meine Neugier, diesen Mann kennenzulernen, war sofort geweckt.

Ich verabschiedete mich von meinen Hunden, als ginge ich auf einen Kreuzzug. Das letztemal waren Emanuele und ich zusammen in Europa gewesen. Wir hatten uns in Rom getroffen. Er kam von einem Segelurlaub mit Mario in Griechenland, ich kam mit Wanjiru und Sveva aus Venedig. Wir wollten alle zusammen nach Sardinien fliegen, wo wir bei Freunden wohnen würden. Er kam durch die Menge der Passagiere, die in der Maschine aus Athen gewesen waren, und ich sah ihn zuerst. Er trug einen blauen Beutel über der Schulter, hatte eine neue Seglermütze auf dem Kopf und ging leichtfüßig, die langen Beine in Jeans; er sah gut aus und schien, hinter der dicken Glasscheibe, die den Ankunftsbereich abtrennte, weit weg. Er konnte mich nicht sehen, und er konnte mich nicht hören. Endlose Augenblicke lang hatte er unerreichbar gewirkt, ich hatte Angst bekommen, daß die Menge ihn verschlingen würde, und ich geriet unsinnigerweise in Panik. Kaum konnte ich den Impuls unterdrükken, gegen die Scheibe zu hämmern, um seine Aufmerksamkeit zu erregen. Dann hatte er sich umgewandt und uns entdeckt. Ein Lächeln hatte sein Gesicht verwandelt, Sveva hatte voller Freude gewinkt, und die Angst hatte sich gelegt.

Europa war grau, heiß, überlaufen von ziellosen, müden Touristen im Ferienmonat August.

Ich wollte Leute in verschiedenen Ländern besuchen, um herauszufinden, wie meine Idee von Menschen aufgenommen werden würde, die mich nicht kannten und die deshalb in ihrem Urteil unvoreingenommen sein würden. In London wohnte ich bei Aino und Tubby Block, während Sveva und Wanjiru bei meiner Mutter in Italien blieben.

Es gab Tage, an denen ich das Gefühl hatte, es nicht mit der Welt aufnehmen zu können. Ich erinnere mich an einen Morgen, an dem ich unfähig war, mein Zimmer zu verlassen, und an dem Ainos Sohn Anthony, der mit Ema befreundet gewesen war, Kirschen und Sekt vor meiner

Sein Zimmer in Laikipia war nun verschlossen. Ich hatte nichts entfernt, nichts verändert. Seine Bücher, seine Kleidung, seine Schlangenhäute an der Wand, seine säuberlich aufgereihten Schlangengeräte, die Jacke, wie er sie, über die Rückenlehne seines Sessels gehängt, zurückgelassen hatte. Alles in seinem Zimmer schien jeden Moment mit seiner Rückkehr zu rechnen, und ich war nicht in der Lage gewesen, irgend etwas anzurühren. Es wirkte so, als ob er nie fort gewesen wäre.

Dreimal täglich wurde eine rote Hibiskusblüte an das Kopfende des Tisches gelegt, wo sein Platz gewesen war.

Jeden Abend wurde an den Gräbern ein Feuer entzündet, dessen Licht man auf der Ranch von weit her sehen konnte. Es hielt die Tiere fern – hauptsächlich Elefanten, die Fieberakazien lieben –, und mir schien, als läge in dieser Flamme, die Nacht für Nacht brannte, eine symbolische Bedeutung. Ein Feuer zu versorgen ist in gewisser Weise so, als versorge man eine Pflanze; es braucht Fürsorge, Beständigkeit und Hingabe, eine Art Liebe. In einem Feuer ist etwas Uraltes und Unwandelbares, wie in den Wellen des Meeres, der Strömung eines Flusses oder der Ruhelosigkeit des Windes. Deren wechselhafte Form und immerwährende Bewegung verändern sich ständig und sind deshalb immer gleich. Jedes Feuer ist dasselbe Feuer. Jede Welle ist dieselbe. Der Wind, der heute weht, ist Millionen Jahre alt.

Bevor ich Kenia verließ, besprach ich meinen Plan mit einer Anzahl enger Freunde, die, wie ich hoffte, behilflich sein konnten.

Der erste war Richard Leakey. Er kam vom Museum zu mir nach Hause, und wir saßen in meinem Arbeitszimmer mit der venezianischen Tapete, die ich Jahre zuvor auf einer Auktion gekauft hatte. Dort, wie zum Trost von Venedig umgeben, erzählte ich ihm von meiner Vision. Er hörte ruhig zu.

»Ich habe die Idee. Ich habe den geeigneten Ort. Ich brauche die geeigneten Menschen. Ich brauche deine Hilfe.«

»Du hast sie schon«, sagte Richard, der nie ein Wort zuviel sprach. »Was du erreichen möchtest, ist wertvoll. Nimm dir ruhig Zeit. Überhaste nichts. Mach dir klar, was du wirklich willst. Ich werde dich unterstützen.« Er meinte es ernst. Richard schlug vor, daß ich mich mit Maurice Strong, einem Freund von ihm, in Verbindung setzen sollte. Mein Plan, so meinte er, würde ihn bestimmt interessieren, und er wäre ganz sicher bereit zu helfen. Ich hatte Maurice Strong nie kennengelernt, obwohl ich von seinen außerordentlichen Leistungen bei den Vereinten

des kaufen oder verkaufen? ... wenn uns die Frische des Windes und die Spiegelungen im Wasser nicht gehören, wie könnt Ihr sie dann kaufen?«

Wir diskutierten meine Pläne, und er übernahm es, die notwendigen Schritte einzuleiten, um ihnen einen offiziellen rechtlichen Rahmen zu geben. Es war ein wichtiger praktischer Schritt nach vorn.

Die Reaktionen der Menschen, besonders die meiner Freunde, machten mir Mut. Iain erklärte sich bereit, den Vorsitz des wissenschaftlichen Beratungsausschusses zu übernehmen, dessen Aufgabe es war, die vorrangigen Forschungsziele zu bestimmen und bei deren praktischer Durchführung beratend und unterstützend tätig zu sein. Richard und Tubby hatten beide unabhängig voneinander mit Maurice Strong Kontakt aufgenommen, und zu meiner Überraschung erhielt Tubby einen Antwortbrief, in dem es hieß: » ... sagen Sie Mrs. Gallmann, daß ich ihr gerne bei ihrem mutigen und ungewöhnlichen Unternehmen behilflich sein werde und daß ich mich darauf freue, sie kennenzulernen.«

Ich begegnete Maurice zum erstenmal einige Zeit nach meiner Rückkehr in Nairobi. Richard hatte mir ein Exemplar einer internationalen Zeitschrift gegeben, in der ein Artikel über ihn erschienen war. Darin wurde er als eine Art Genie beschrieben, als begeisterter und weitsichtiger Umweltschützer mit geschäftlichem Geschick, einem untrüglichen Spürsinn und der idealistischen Energie und Ausdauer, die allen wirklichen Führungspersönlichkeiten und Neuerern nachgesagt wird. Auf der Titelseite der Zeitschrift war ein durchschnittlich aussehender junger Mann mit dünnem Schnurrbart, grauem Anzug und einer Aktentasche zu sehen, der gerade aus einem Taxi stieg.

Tubby hatte mich zum Essen ins Norfolk-Hotel eingeladen, um mich mit ihm bekannt zu machen. Ich kam zu früh, und während ich in der Eingangshalle wartete, sah ich mir den unaufhörlichen Strom von Autos an, die vor dem Eingang hielten, um Geschäftsleute und Touristen abzuliefern. Aus einem ganz gewöhnlichen Taxi stieg ein durchschnittlich aussehender, graugekleideter junger Mann mit dünnem Schnurrbart, der eine Aktentasche trug – das Ganze war so identisch mit dem Foto, daß ich fast losgelacht hätte. Er blickte sich um, und seine Augen machten mich augenblicklich in der Menge aus. Es waren Augen, denen nichts entging: lebhaft, intelligent, durchdringend und schelmisch, und sein Blick wirkte ungewöhnlich eindringlich.

»Mr. Strong, wie ich annehme?« entfuhr es mir.

»Mrs. Gallmann.« Die Augen zwinkerten verschmitzt. »Ich bin froh,

Zimmertür abstellte. Er war jung und freundlich. Ich hatte ihn schon als Kind gekannt, und ich fing an, in ihm – wie in jedem anderen jungen Mann – ein Spiegelbild Emanueles zu sehen. Die Kirschen blieben ungegessen, und der Sekt wurde schal, und ich blieb still im Bett, bis der Abend kam. Mit geschlossenen Augen lauschte ich dem Echo meiner Erinnerungen, und ich wußte, daß meine Freunde mir vergeben würden.

Es gab Nächte, in denen ich von Alpträumen verfolgt wurde, verwirrt und schmerzgeplagt im Dunkeln in meinem zerwühlten Bett erwachte und mich verzweifelt an die verrückte Illusion klammerte, daß das Wunder geschehen war, daß Emanuele lebte, gesund und noch immer bei mir war. Dann sah ich im abgeschirmten Licht der Nachttischlampe auf dem silbergerahmten Foto seine Augen, rätselhaft und unverwandt. Der fremdartige, geschäftige Lärm Londons drang durch die geschlossenen Fenstervorhänge, und die Wirklichkeit seines ewigen Schweigens überwältigte mich erneut.

Ich sehnte mich danach, in Laikipia zu sein, den Vögeln zu lauschen, mit den Hunden spazierenzugehen, mich in Tälern zu verlaufen, an den Gräbern zu sitzen, mir vom Wind der Hochebenen, von seinen weisen, sanften Händen, die Tränen trocknen zu lassen. Doch es gab vieles zu tun, und es mußte jetzt getan werden.

Ich reiste nach Zürich, um einen Rechtsanwalt zu treffen, den man mir als die ideale Person empfohlen hatte, um bei der Errichtung der Stiftung zu helfen. Das Flugzeug war voller unbekannter Menschen. Den Kopf gegen das Fenster gelehnt, sah ich auf die schneebedeckten Gipfel der Alpen hinab. Ich fühlte mich plötzlich ausgelaugt und einsam, auf dem Weg zu einem Fremden, dem ich von einem Traum erzählen wollte, von der Geschichte von Menschen, die er nie kennengelernt hatte, von einem Ort, an dem er nie gewesen war, und von meinem verzweifelten Wunsch, aus meiner persönlichen Not, von der er nichts wußte, etwas Positives, Bleibendes, Lohnendes zu machen.

Das Treffen mit dem Rechtsanwalt Hans Hüssy war eine angenehme Überraschung. Sein Büro befand sich in einem alten Haus, das in einem baumbestandenen Garten am See lag. Die großen Räume mit altem Stuck und Kaminen aus behauenem Stein standen in einem aparten Gegensatz zu den modernen und primitiven Skulpturen und Gemälden. Er zitierte die Worte des Häuptlings Seattle an die Amerikaner, die den Indianern das Land abkaufen wollten. Es waren Worte, die ich glaubte und als wahr empfand: »Wie könnt Ihr den Himmel und die Wärme des Lan-

schäftigt, aus den frischen Grashalmen Nester zu bauen. Die milde Luft duftet berauschend nach Jasmin und Mimosen, und die Carissa-Büsche plustern sich mit weißen Blütentrauben. In jeder Regenzeit erneuert sich die überraschende und wunderbare Vielfalt dieser üppigen Vegetation.

Über Jahre hinweg hatte ich beobachtet, daß unsere Leute auf Ol Ari Nyiro eine Vielzahl von Pflanzen, Beeren und Früchten sammelten, darunter wilden Spinat und gewundene Wurzeln, die sie mit nach Hause brachten, um sie zu kochen. Die meisten waren köstlich und hatten einen würzigen, unverfälschten Geschmack. Die Leute benutzten seltsame Samen und Schoten und auch die Rinde von Bäumen als Medizin. In den meisten ihrer Siedlungsgebiete und in den Eingeborenendörfern sind diese Pflanzen heute im Verschwinden, und zwar durch das Umpflügen des Bodens, den Anbau fremder Getreidesorten, durch Unkrautvertilgungsmittel und durch Überweidung.

Ich interessierte mich immer stärker für die traditionelle Anwendung pflanzlicher Heilmittel, und ich war der Meinung, daß es für die Stiftung eine nützliche Aufgabe wäre, dieses wertvolle, doch schwindende Wissen aufzuzeichnen und diese Pflanzen zu suchen und Gebrauch von ihnen zu machen. Ich fand heraus, daß eine sehr alte Pokot-Frau, die Mutter von Langeta, den wir damit beauftragt hatten, die Grenze der Pokot zu kontrollieren, auf unserem Gebiet die anerkannte Expertin für pflanzliche Medizin war. Ich beschloß, sie zu besuchen, denn ich wollte sie fragen, ob sie bereit sei, ihr Wissen mitzuteilen und an einem Projekt zur Ethno-Botanik, also der bei den Stämmen verbreiteten traditionellen Verwendung von einheimischen Pflanzen, mitzuarbeiten.

Als ich kam, saß sie vor ihrer Hütte, Kinder und Ziegen spielten um sie herum. In den Augen der Frau lag eine unerreichbare Weisheit. Als sie mich sah, stand sie auf – umringt von kleinen Kindern, mit Fliegen bedeckt, im roten Staub, im Abfall und Mist des kleinen Hofes. Zahlreiche Messingringe, die mit den Jahren an Farbe verloren hatten, baumelten von ihren gedehnten Ohrläppchen. Reihen von Halsketten aus braunen Perlen lagen um ihren Hals. Ihr Schädel war traditionell an den Seiten geschoren, und oben auf dem Kopf stand in dichten Löckchen eine Krone aus langem krausem Haar wie eine Mähne.

Ich war ihr schon einmal begegnet. Sie war mit einer Gruppe junger Nditus und schwarzgekleideter Krieger gekommen. Meilenweit waren sie zu Fuß in der heißen Mittagssonne gelaufen. Den Staub, der von ihren marschierenden Füßen aufstieg, konnte man von weitem sehen, und

zu kaufen, und ich gab Colin völlig freie Hand, sich, immer wenn nötig, von seiner Arbeit auf der Ranch freizunehmen, um verwundete und verstümmelte Elefanten zu retten. Berichte über solche Fälle erreichten uns selbst aus unserer direkten Nachbarschaft immer häufiger. Eine neue Ära schien angebrochen, eine Ära, die anders war als jene Zeit damals oben an der Nordgrenze, wo er und Paolo, wie die meisten Männer in Afrika, die gleichen Tiere gejagt hatten, die wir jetzt versuchten zu retten.

Ungefähr um diese Zeit wurde der Leiter unseres Wachpersonals, Luka Kiriongi, mit dem »David-Sheldrick-Preis« geehrt, der jedes Jahr einem Kenianer verliehen wurde, der sich um die Erhaltung der wilden Tiere außerordentlich verdient gemacht hatte. Wir fuhren zum Regierungspalast, wo Luka den Preis und einen respektablen Betrag aus den Händen von Präsident Moi entgegennahm. Luka wirkte größer, als er aufrecht und stolz und in seiner besten Uniform vor klickenden Kameras elegant salutierte. Dank der Bemühungen unseres Wachpersonals waren in Ol Ari Nyiro seit Jahren kein Elefant und kein Nashorn mehr von Wilderern getötet worden.

Dank der behutsamen Umweltschutzmaßnahmen wuchsen auf Ol Ari Nyiro weiterhin einheimische Pflanzen, und das Klima und der Höhenunterschied zwischen den Gipfeln der Berge und dem Grund der Mukutan-Schlucht sorgten für eine erstaunlich vielfältige Flora.

Wenn der Regen auf Laikipia fällt, ist es wie ein Erwachen. In Afrika geht kein Samen je verloren, keine Wurzel wird unfruchtbar. Schlafendes Leben beginnt wieder zu sprießen. Über Nacht scheint das Gras grüner zu wachsen. Neue Knospen und frische Triebe zeigen sich an scheinbar totem altem Holz und an trockenen grauen Ästen. Zwischen Felsen und auf kahlen Pisten blühen außergewöhnliche Lilien, rosafarben und fleischig, und die hellen Feuerbälle des Aemantus schaukeln wie leuchtendrote Pompons im Wind. Riesige Pilze durchbrechen die harte Kruste der Termitenhügel. Termiten schwärmen aus zum Hochzeitsflug, flattern millionenfach, wie goldener Schnee. Angesichts dieser Pracht scheinen die Tiere vor Freude darüber, an diesem gigantischen Fest teilhaben zu können, übermütig zu werden. Gutgenährt und mit glänzendem Fell käuen die Antilopen und Büffel zufrieden wieder. Dicke Elefanten und gesunde Giraffen recken sich nach oben, um von den zarten jungen Blättern an den oberen Zweigen der Akazien zu fressen, deren pudrige, runde Blüten weiß und gelb sind. Die Webervögel sind eifrig damit be-

schnell und so wütend, daß er ein galoppierendes Pferd einholen konnte, war furchterregend. Colin zog los, um ihn zu finden, wurde von dem brüllenden Bullen attackiert und mußte um sein Leben laufen. Nur ungern erlegte Colin den Elefanten, der eine Spur aus stinkendem Eiter hinterließ. Die Stoßzähne waren noch immer mit getrocknetem Blut bedeckt. Der obere Teil seines Rüssels war schrecklich geschwollen, gebrochen und brandig. Eine Kugel steckte darin.

Kurz darauf wurde ein junger Elefant gesichtet, der durch eine Schlinge verkrüppelt war. Fallen und Schlingen sind die gemeinste und feigste Art, Wild zu fangen. Sie bestehen aus einem stabilen Draht, der häufig aus drei, vier oder noch mehr Einzeldrähten zusammengedreht ist. Man stellt sie entlang der Pfade auf, die die Tiere benutzen, um zu Wasserstellen oder Salzlecken zu kommen. Die kleineren Tiere, wie Dik-Diks oder Impalas oder sogar Buschböcke, können sich nicht selbst befreien und bleiben schutzlos und vor Angst zitternd darin gefangen, bis die Wilderer kommen, um sie zu töten. Man weiß, daß sich manche Leoparden ein Bein oder einen Fuß abgebissen haben, um fliehen zu können. Größere und stärkere Tiere, wie Büffel und Elefanten, schaffen es normalerweise, den Metalldraht abzureißen, doch die Schlinge, die sich bei dem verzweifelten Kampf immer enger zugezogen hat, bleibt tief im Fleisch stekken und unterbricht die Blutzufuhr. Die Wunde infiziert sich, das Bein schwillt an, und das humpelnde Tier wird schwächer und schwächer. Bald wird es von der Herde ausgestoßen und seinem Schicksal überlassen. Unfähig zu laufen und durch Hunger entkräftet, wird es zur leichten Beute für jeden Räuber, ob Mensch oder Löwe. Die Geier entdecken es und versammeln sich geduldig auf nahe gelegenen Bäumen, wo sie warten, bis sie an der Reihe sind. Dieses unnötige Leiden ist ungeheuer grausam.

Es gelang uns, für diesen jungen Elefanten die Hilfe von Dieter Rottcher zu bekommen, einem Tierarzt, der die Wildnis liebte und große Erfahrung darin hatte, wildlebende Tiere im Busch zu betäuben. Der Elefant wurde mit einem Betäubungspfeil beschossen, bekam eine Injektion mit Antibiotika, und die Schlinge wurde entfernt. Colin assistierte dabei, und nach einer ganzen Reihe ähnlich erfolgreicher Operationen hatte er gelernt, diese komplizierte Technik zu beherrschen, für die man sowohl Zielsicherheit, Mut und Erfahrung eines Jägers als auch die medizinischen Kenntnisse eines routinierten Tierarztes haben muß. Schließlich gelang es uns, ein eigenes Betäubungsgewehr mit Zubehör

aus, einen Oxfordabsolventen, der schon in Kenia gelebt hatte und einen eindrucksvollen Lebenslauf vorweisen konnte. Er hatte zwei Jahre in Tsavo verbracht und dort im Rahmen seiner Doktorarbeit die noch kaum erforschten nackten Maulwurfsratten untersucht. Rob Brett war ein intelligenter und kompetenter junger Mann mit Mutterwitz und angenehmen Umgangsformen, der sich sofort in die Gemeinschaft und das Leben auf Ol Ari Nyiro einpaßte. Ich richtete ein einfaches Lager für ihn ein, aus dem sich mit den Jahren das Forschungslager der Stiftung entwickeln sollte und das wir nach und nach mit zusätzlichen Einrichtungen versahen und weiter ausbauten. Es war geplant, daß Rob vier Jahre auf Ol Ari Nyiro verbringen würde. Unter Mitwirkung unseres Wachpersonals und unterstützt von Iain und Colin machte er sich daran, den Bestand unserer Nashörner, über die man so wenig wußte, zu zählen. Der Busch auf Ol Ari Nyiro ist außerordentlich dicht, und Nashörner sind normalerweise Einzelgänger, mit Ausnahme von Muttertieren mit ihren Jungen oder Nashornkühen und -bullen zur Paarungszeit. Iain stellte die Theorie auf, daß die Fußabdrücke von Nashörnern bei jedem einzelnen Tier unterschiedlich sind – wie unsere Fingerabdrücke. Rob perfektionierte und verfeinerte die Technik und konnte so siebenundvierzig Schwarze Nashörner auf Ol Ari Nyiro identifizieren. Damit war unser Bestand an freilebenden Nashörnern in Ostafrika der größte außerhalb von Nationalparks. Doch sie brauchten unseren Schutz.

Nach dem Verkauf von Ol Morani und Colobus, die besiedelt wurden, und aufgrund des Preisanstiegs und der erhöhten Nachfrage nach Elfenbein geschah nun immer häufiger, was früher nur selten vorgekommen war: Verwundete Tiere und Tiere mit Drahtschlingen im Fleisch suchten Zuflucht auf Ol Ari Nyiro.

Unsere Askaris und Viehhirten berichteten laufend von Büffeln, Antilopen, einmal sogar von einer Giraffe, am häufigsten aber von Elefanten, die humpelten und aggressiv waren, die eiternde Wunden, Speere im Körper oder Schlingen in den Beinen hatten.

Eines Tages wurde einer unserer Turkana-Hirten von den Stoßzähnen eines wütenden Elefanten tödlich verletzt, dem tags zuvor zwei junge Kühe zum Opfer gefallen waren; am folgenden Tag tötete er Cinders, den stolzen braunen Hengst, auf dem Emanuele so gerne geritten war. Der getötete Hirte war Loyamuk, jener halbblinde alte Mann, nach dem Emanuele seine einäugige Lieblingszischotter benannt hatte. Die Vorstellung, daß ein rasender Elefant durch den Busch brach, und zwar so

mäßig für diesen – hoffentlich noch sehr fernen – Anlaß proben mußte. Er verbrachte einen Großteil seiner Freizeit damit, außerordentlich komplizierte holländische Kreuzworträtsel zu lösen, als eine Art »geistiges Training«, das offensichtlich erfolgreich war, denn er trug sein Alter mit Würde, und sein Geist war scharf und lebhaft.

Auf diesen ersten Besuch folgten weitere, und im Laufe der Jahre unterstützte Prinz Bernhard die Stiftung großzügig und auf vielerlei Weise. Schließlich erklärte er sich bereit, ihr erster Schirmherr zu werden, wofür ich ihm immer dankbar sein werde.

Als die Stiftung endlich in Zürich eingetragen wurde und ich alle offiziellen Dokumente erhielt, hatte ich das gute Gefühl, etwas erreicht zu haben. Nun war es Zeit, unser erstes Projekt in Angriff zu nehmen. Es mußte etwas Bedeutendes sein, und es mußte ein Erfolg werden.

Ol Ari Nyiro war bereits für seinen reichen Wildbestand und für das starke Vorkommen von Schwarzen Nashörnern bekannt. Darüber hinaus gab es bei uns dank unseres Wachpersonals keinerlei Wilderei, was einzigartig war. Ich stellte zu meiner Überraschung fest, daß es über diese gefährdeten und scheuen Dickhäuter nur sehr wenige Forschungsarbeiten gab. Als erstes Projekt der Stiftung schlug Iain die Beobachtung, den Schutz und die Erforschung der Lebensbedingungen unserer scheuen Schwarzen Nashörner vor, die noch heute, wie seit ihren Anfängen auf der Erde, ungehindert in den Schluchten lebten.

Mit Hilfe von Jim Else, einem amerikanischen Wissenschaftler, der für das Museum arbeitete, und mit Colins Unterstützung entwarf Iain den Plan für das Projekt. Wir mußten feststellen, wie viele Nashörner auf Ol Ari Nyiro lebten und wie ihre Beziehungen untereinander waren, wo sich ihre Standorte und wo ihre bevorzugten Weideflächen befanden und was wir über ihre Lebensbedingungen und ihre natürlichen Gewohnheiten wissen mußten, um sie wirksam schützen zu können. Diese Erkenntnisse würden bei der Einrichtung verschiedener, von der Regierung landesweit geplanter Nashorn-Schutzgebiete von Nutzen sein. Sobald der Entwurf fertig war, beschlossen wir, uns mit der Zoologischen Gesellschaft in London in Verbindung zu setzen, um herauszufinden, ob es einen jungen Wissenschaftler gab, der das Projekt und die Ausbildung der Kenianer übernehmen könnte. Sie sollten die dafür nötigen Fähigkeiten erlernen, denn Aus- und Fortbildung stellten einen integralen Bestandteil des Programms der Stiftung dar.

Aus der Liste der vorgeschlagenen Personen wählten wir Rob Brett

daß Tubby zu spät dran ist. So können wir beide uns etwas kennenlernen.«

Maurice schaffte es, daß Menschen sich augenblicklich wohl fühlten, und er stellte nie überflüssige Fragen. Es freute mich, ihn sagen zu hören, daß es ihn – wie mich – äußerst neugierig gemacht habe, daß so unterschiedliche Freunde wie Tubby und Richard aus dem gleichen Grund und zur gleichen Zeit von mir gesprochen hätten. Maurice hatte vielfältige Interessen; er kannte sich in östlicher Philosophie aus und zeigte sich spirituell mehr interessiert, als ich bei ihm erwartet hätte. Am Ende sprachen wir über alles mögliche, vom Naturschutz bis hin zu Leben und Tod. Ich hatte das Gefühl, als hätte ich ihn schon immer gekannt. Wie Richard war Maurice schließlich bereit, der Stiftung als Treuhänder beizutreten.

Eines Tages brachte Richard mit seinem Flugzeug einen wichtigen Besucher herauf nach Laikipia. Die Maschine hielt auf meiner Landebahn, und ich ging mit Sveva und den Hunden hinüber, um die Gäste zu begrüßen. Wie ein Zauberer mit seinem Hut hatte Richard dieses Mal Prinz Bernhard von den Niederlanden heraufgeflogen. Er trug eine grüne Khakihose und eine Baskenmütze voller Anstecknadeln mit Abbildungen aller möglichen Tiere, hatte ein Glitzern in den Augen und ein Lächeln auf den Lippen. Ich glaube, es gibt nur wenige Menschen, die mehr Ausdauer haben als dieser höfliche Gentleman, der sein Leben und den größten Teil seiner Zeit dem Schutz wilder Tiere gewidmet hat. Unermüdlich reist er um die Welt, um bei Staatsoberhäuptern und Naturschützern für den Schutz und das Überleben der wilden Tiere auf dieser Erde einzutreten.

Er sprang aus dem Flugzeug wie ein junger Mann und strahlte eine große Freundlichkeit aus; als er erfuhr, daß ich meinen Sohn so kurz nach dem Tode meines Mannes verloren hatte, war er sehr bewegt. Die Schönheit und Freiheit von Laikipia faszinierten ihn ebenso wie die Möglichkeiten, die sich hier zum Schutz der Fauna und Flora boten. Wir sprachen über vieles von dem, was ich hier in Ol Ari Nyiro zu verwirklichen hoffte, und er zeigte sofort großes Interesse für mein Anliegen.

Prinz Bernhard wandert gern im Busch, und er liebt es, sich an Nashörner und Elefanten heranzupirschen. Er hat eine Leidenschaft für Zigarren, Krimsekt und mexikanische Musik, und einmal erzählte er mir grinsend, daß er für seine Beerdigung die Lieder »Paloma« und »Boca de oro« augewählt habe, die die königliche Musikkapelle in Holland regel-

ihr Safarilied erklang bis hoch über die Baumwipfel. Der starke Geruch nach Holzasche, saurer Milch, Rauch und Schweiß war in der reglosen Luft ebenso intensiv und ebenso unverwechselbar gewesen wie der Geruch der Büffelherden. Wie alle anderen hatte sie in der Mittagssonne und in der windigen Nacht im Schein des Feuers getanzt. Sie hatte getanzt, als spielte Zeit keine Rolle.

Ihr Name, so erfuhr ich jetzt, war Cheptosai Selale.

Die kleine, runzlige alte Frau vom Stamme der Pokot ist die einzige anerkannte Schamanin, die in unserer Gegend noch lebt. Wenn sie stirbt – und viele Jahre haben bereits Falten in ihre Haut gegraben und Weisheit in ihren grünlichen Augen hinterlassen –, wird all ihr Wissen mit ihr sterben. Ich war entschlossen, mit Geduld und Freundlichkeit ihre Unterstützung beim Aufspüren und Verzeichnen der wertvollen Pflanzen zu gewinnen, deren Geheimnisse sie kannte.

Als Geschenk hatte ich ihr Zucker, Tee, Seife und Salz mitgebracht. Ich konnte keinen Tabak finden, doch als ich sie sah, vermutete ich, daß sie so etwas wohl selbst unter ihren Kräutern und Wurzeln haben würde.

Ich dachte an Paolo und an das besondere Verhältnis, das er zu den *wazee* der Pokot gehabt hatte, und an die heilkräftige Medizin, die sie mit ihm geteilt hatten. Ich sagte ihr, daß ich ihr Wissen respektierte und bewunderte, und daß ich es für zu wertvoll hielt, als daß es verlorengehen dürfte. Während unserer Begegnung stand sie die ganze Zeit über da, klein und stolz, und lauschte ihrem Sohn, der übersetzte. Sie sprach nur wenig Swahili und antwortete meist in der Sprache der Pokot. Nicht einmal wich sie meinem Blick aus; ich sah in ihren Augen etwas Starkes und Einmaliges. Ich begriff, daß wir, bevor es zu spät ist, die Demut und die Klugheit aufbringen müssen, solche Menschen zu bitten, ihre Lehren an uns weiterzugeben. Wir müssen diese Blindheit abschütteln, die wir uns selbst auferlegt haben und die unsere Wahrnehmung verschleiert, müssen unser übliches Leben an der Oberfläche überwinden und hinab zu unserem Innersten dringen. Zur Quelle aller Dinge, die uns allen gemeinsam ist.

Es war ein äußerst seltsames Erlebnis, diese Kommunikation mit ihr zu spüren. Es war wie ein vergrabener Schatz gemeinsamen Wissens, wie ein tiefes Erkennen zwischen zwei Wesen, die die gleiche Vision und vielleicht die gleiche Weisheit miteinander geteilt hatten, fast so, als wäre auch ich in einem anderen Leben eine Medizinfrau gewesen und als wüßte sie das auch.

Sie blinzelte nicht ein einziges Mal, und doch blickte sie nicht starr. Ohne auch nur einmal den Blick von mir abzuwenden, nickte sie am Ende einfach. Ich gab ihr die Hand, ohne sie zu schütteln. Ihre Hand war heiß und trocken wie ein Stein in der Sonne.

Ihr Gesicht, das zum erstenmal eine Gefühlsregung verriet, verzog sich zu einem zahnlosen Grinsen. Ich lächelte nur zurück, denn nichts weiter war nötig, und ich wußte, daß mir ihre Hilfe gewiß war.

Auf der Rückfahrt war ich gehobener Stimmung. Plötzlich war der Himmel Afrikas mehr denn je mein Himmel, mehr denn je spürte ich meine Verwurzelung in dem alten Staub der roten *murram*-Pisten ... in dem Salbeiduft, der dem hohen Gras entströmte und sich mit dem Geruch von Jasmin, Elefantenmist, heißem Staub und Feuer mischte. Das ist der Geruch von Laikipia.

Wenige Monate nach diesem Treffen begann unser Projekt über Ethno-Botanik und wurde durch die Mitarbeit von Fachleuten und dank der unschätzbaren Hilfe von Cheptosai Selale ein großer Erfolg.

Hatte ich zu Anfang mehr mit Männern zu tun, so entdeckte ich jetzt allmählich die Frauen von Ol Ari Nyiro. In Afrika bekommen Frauen auf dem Lande selten die Gelegenheit, aus ihrem engen Umfeld herauszukommen. In ihren Heimatdörfern bestellen sie die Felder und hüten die kleinen Viehherden. Auf einer Ranch, wo die Männer arbeiten und wo es für sie kein Land zu bebauen gibt, leben sie zusammen mit ihren Kindern wie eingesperrt. Sie sind von ihren Männern abhängig, und die täglichen, zum Überleben notwendigen Aufgaben bestimmen ihren Tagesablauf. Sie stehen mit der Sonne auf und gehen mit dem Mond schlafen. Sie sammeln Holz, das sie in gewaltigen, ordentlichen Bündeln auf ihren gebeugten Rücken tragen, um in ihren dunklen Hütten ein Feuer zu entfachen, die sich dann sofort mit dickem, beißendem Rauch füllen. Die Hütten sind sicher und warm wie Höhlen, doch draußen ist die Temperatur niedriger, wodurch sich die Kinder gefährlich verkühlen: Erkältungen und Lungenentzündung gehören zu den häufigsten Krankheiten. Früher machten die Frauen in den Dörfern aus den natürlichen Materialien, die sie im Wald gesammelt hatten, zum Beispiel Tierhäuten, Holz, Wurzeln, farbigen Samenkörnern oder seltsam geformten Kürbissen noch Gerätschaften und Schmuck und tauschten bei durchziehenden Händlern Wild- und Ziegenhäute gegen Perlen ein.

Heutzutage kommen keine Händler mehr vorbei, und auf den Wochenmärkten im Dorf werden keine Perlen mehr verkauft, sondern bunte Nylonkleidung, Plastikschüsseln und Blechkannen für den Tee. Die Fertigkeit, hübsch verzierte Gerätschaften aus jedem verfügbaren Material anzufertigen, geht immer mehr verloren.

Mir fiel auf, wieviel unnütze Zeit die Frauen damit verbrachten, in die Ferne zu blicken, mit den Kindern um die Hütten herum zu sitzen und darauf zu warten, daß es Zeit wurde, aus Mais und Gemüse das Essen zu kochen. Ich stellte fest, daß sie begierig darauf waren, etwas zu tun, womit sie sich den Tag über beschäftigen konnten, und ich versorgte sie mit Perlen, Garn, Wolle und Häuten, wobei ich es ihnen überließ, was sie damit herstellen wollten. Ich war überrascht, mit welchem Talent und Geschick, mit welcher Erfindungsgabe, penibler Sorgfalt und Phantasie sie sich an die Arbeit machten. Decken und Spitze, Wandbehänge und Gürtel, Halsketten und Ohrringe – wie durch Zauberei entstanden zarte und exotische Dinge unter ihren geschickten Händen. So entwickelte sich auf Ol Ari Nyiro allmählich ein kleines blühendes Zentrum für Kunsthandwerk, und es war für mich eine echte Befriedigung, den Stolz und die Begeisterung zu sehen, die die Frauen in ihre Arbeit legten. Der Erlös verschaffte ihnen etwas eigenes Geld und half ihnen, ihr Leben besser und erfüllter zu gestalten. Das Füllhorn Afrika schien schier unerschöpfliche Möglichkeiten zu bieten.

Die »Gallmann-Gedächtnisstiftung« stand mittlerweile auf sicheren Füßen, und wir brauchten ein Emblem. Es sollte Sinnbild der Stiftung sein und gleichzeitig an Afrika erinnern. Ich war der Meinung, daß die kleine und die große Akazie, die auf Paolos und Emanueles Grab wuchsen, ideal dafür waren. Unsere Freunde und ich kannten ihre Bedeutung, und für Fremde symbolisierten sie den typisch afrikanischen Baum. Ich bat die Künstlerin Davina Dobie, mit der ich befreundet war und die für Svevas Kinderzimmer den Möwenschwarm gemalt hatte, die Bäume als Vorlage für das Emblem zu nehmen. Sie verbrachte eine Woche in Laikipia, und ihre sensible Arbeit war von Liebe und Kunstsinn geprägt: ein größerer und ein kleinerer Baum, die nebeneinanderstehen und deren Äste sich berühren.

39

Robin

*»Biondo era, e bello, e di gentile aspetto ...«**

Dante Alighieri, *La Divina Commedia*

Eines Abends, kurz nach meiner Rückkehr aus Europa, hielt ein Wagen in der Einfahrt meines Hauses in Nairobi. Von der Tür aus sah ich ein Paar Beine in Jeans die Stufen hinunterlaufen. Beim Anblick der schlanken jungen Beine, der Safaristiefel und des elastischen Gangs dachte ich einen Moment lang – verrückterweise – an Ema. Blaues Hemd, dunkle Haut, glattes helles Haar, das fast silbern gebleicht war, fröhliche blaue Augen unter buschigen blonden Augenbrauen, volle sinnliche Lippen, die an den Mundwinkeln nach oben geschwungen waren, und ein schelmisches Lächeln zeigten, das das gutaussehende, jungenhafte Gesicht erhellte: Es war Robin, den ich jahrelang nicht gesehen hatte.

Jetzt kam er herein aus der Dunkelheit einer Nacht, die wie so viele andere aussah, kam herein in mein Wohnzimmer, das mit Kerzen und einem Kaminfeuer erhellt war, setzte sich lächelnd auf mein weißes Sofa und streckte seine Beine auf dem Teppich aus, als sei er hier immer zu Hause gewesen. Er lauschte aufmerksam meiner Geschichte, und die Zeit verging, während ich noch einmal von meinem Schmerz und meiner Trauer erzählte, vom neu entdeckten Lebenssinn und dem Gefühl der Wiedergeburt. Dann erzählte er ungezwungen von seinem eigenen Leben, und es war ein Vergnügen für mich, einfach nur dazusitzen und zuzuhören, und zu spüren, wie meine Sorgen von mir glitten wie fließendes Wasser.

Robin war als Kind eines englischen Vaters und einer norwegischen Mutter in Kenia geboren. Sein Vater war Luftwaffenoffizier gewesen. Seine Mutter stammte von abenteuerlustigen Vorfahren ab, die das fahle

* »Er war blond und schön, von hübscher Gestalt ...«

Licht des Nordens Europas verlassen hatten, um in Kuba, Mosambik und schließlich in Kenia zu leben, wo sie als Kaffeepflanzer bekannt wurden. Sie selbst war auf einem Schiff im Hafen von Madeira geboren worden. Sie hatte den schneidigen Luftwaffenoffizier während des Krieges kennengelernt, und einmal hatte er sie – und einen Konzertflügel – wegen einer Party von Nairobi nach Zypern geschmuggelt. Kurz danach heirateten sie und sind bis heute ein glückliches Paar.

Von seiner Mutter hatte Robin eine außergewöhnliche Liebe zu Tieren und ein großes Verständnis für sie geerbt. Sie war – wie später Robin – immer von einer kuriosen Mischung von Haustieren umgeben: Schildkröten und Hunden, Hühnern und Katzen, Affen und Enten, und dazu noch sprechenden Papageien.

Robin hatte etwas Unbeschwertes an sich. Kurz nach seiner Geburt hatte er eine gefährliche Blutvergiftung erlitten, und die Ärzte hatten den Eltern geraten, nach Hause zu fahren und ihn dort sterben zu lassen. Unerwarteterweise überlebte er; über Jahre hinweg war er dünn und blaß und ein wenig gespenstisch, bis er dann im späten Teenageralter zu einem ungewöhnlich attraktiven jungen Mann heranwuchs. Robin hatte eine Ausbildung als Ingenieur hinter sich und kannte sich mit allem aus, was mit Wasser, Maschinen und Motoren zu tun hatte. Zu der Zeit, als ich ihn kennenlernte, arbeitete er beim Film, wo er für künstlerische und technische Aufgaben und für Spezialeffekte zuständig war.

Manche Menschen haben eine freudlose Ausstrahlung, andere dagegen scheinen sich immer auf der Sonnenseite des Lebens zu bewegen. Zu diesen gehörte Robin. Er hatte eine positive Ausstrahlung, eine heitere, angenehme Art; er wirkte, als könne er mit allem, was ihm widerfuhr, fertig werden und jedes Problem leichten Herzens in Angriff nehmen.

Nach dem ersten Abend kam er am nächsten Tag wieder und auch am übernächsten. Zu meiner Überraschung gestand er mir, daß er in mir jahrelang die ideale Frau gesehen habe; doch ich war mit einem Mann verheiratet, den er gern hatte und achtete. Er selbst durchlebte gerade eine kurze und unglückliche Ehe, und er war neun Jahre jünger. Er sagte mir, daß meine Grabrede für Emanuele ihn tief bewegt und in ihm den Wunsch geweckt habe, mich wiederzusehen.

Seit Emanueles Tod hatte ich den Wunsch gehegt, eines Tages an einen schönen unbekannten Ort zu fahren, und zwar mit einem schönen Menschen, einer sanften, verständnisvollen Seele – Mann oder Frau, das war gleich –, um in der neuen, reinen Landschaft auszuspannen und all meine Erinnerungen fließen zu lassen, wie und wann sie wollten. Ich spürte, daß Robin die ideale Person dafür war, und vertraute mich ihm an, worauf ich spontan eine positive Antwort bekam. Er brachte mich an einen Ort, an dem ich noch nie gewesen war. Er lag in der Nähe des Magadisees, und es war eine wunderbare und zauberhafte Zeit des gegenseitigen Entdeckens. In nur wenigen Stunden änderte sich das Wetter viele Male, Regen wechselte ab mit Sonne, die Sonne mit Wind und der Wind mit Wolken. Wir beobachteten, wie die heiligen Ibisse mit fließenden Bewegungen fischten, wobei ihre Spiegelungen auf dem Salzwasser des Sees ebenso lebendig wirkten wie sie selbst. Als wir ganz verzaubert zurückfuhren, hielten wir Händchen wie zwei Teenager. Danach war unsere Beziehung nicht mehr platonisch, und als er kurz darauf wegen seiner Arbeit von Malindi in das Haus seiner Eltern nach Mathaiga zog, schlug ich Robin vor, mit mir zusammenzuleben.

Abgesehen von meinen Ehemännern, hatte ich nie mit einem Mann zusammengewohnt. Wir teilten unsere Tage und Nächte. Wir lachten. Erneut klang eine Männerstimme durch das Haus. Männerkleidung hing an der Garderobe, und sein Wagen parkte in unserer Zufahrt. Robin half mir, ein paar der Schatten zu vertreiben, die mich bis dahin verfolgt hatten und denen ich mich nicht hatte stellen können. Seit Paolos Tod hatte ich den Unfallort sehen wollen, wo er gestorben war. Doch bisher war ich nicht dazu fähig gewesen, diese Straße wieder zu befahren, die sehr verkehrsreich war und die meine ganz persönlichen Erinnerungen barg. Ich bat Robin, mich zu begleiten.

Ich pflückte einige Gardenien, und eines Morgens fuhr er mich hinunter zur Straße nach Mombasa. Der Ort, wo Paolo verunglückte, hieß nach einem berühmten Jäger »Hunter's Lodge« und beherbergte nun ein Hotel. Ich kannte es gut, denn auf unserem Weg zurück von der Küste hatten wir dort oft Rast gemacht.

Er parkte den Wagen am Straßenrand, und ich stieg aus. Ich sah mich um und versuchte, mir vorzustellen, was Paolo als letztes gesehen hatte: eine Reihe Gummibäume, das Schild der Tankstelle, die unsteten Wolken Afrikas. Ich suchte auf der weichen grauen Teeroberfläche nach Bremsspuren, doch das Wetter hatte sie schon lange verwischt. Wo genau war die Stelle? Ob sich die Leute, die dort arbeiteten, daran erinnerten? Sinnlos. Das Personal an der Tankstelle hatte sicherlich längst gewechselt. Es spielte keine Rolle.

Ich fand eine Stelle, wo das Gras grüner zu sein schien und einige vereinzelte Wildblumen blühten. Ich verschloß meine Ohren vor dem Geräusch des vorbeirauschenden Verkehrs und meine Augen vor den neugierigen Blicken der Vorüberfahrenden. Aus den Lautsprechern in Robins Auto klang laut und suggestiv die Musik von Boccherini. Ich legte behutsam meine Gardenien auf das Gras. Stille senkte sich sanft und friedlich auf meine Seele, während Robin neben mir stand, mich wortlos unterstützte und meine heilenden Tränen der Erinnerung respektierte.

Sveva war damals drei Jahre alt. Sie vermißte Emanuele und die Gruppe seiner jungen Freunde, für die sie eine Art Maskottchen gewesen war. Robins Anwesenheit und Aufmerksamkeit erfüllten ihre unausgesprochene Sehnsucht. Auf der Ranch machte er Ausflüge mit seinem Motorrad, wobei sie vor ihm saß und ich hinter ihm. Die Luft roch nach Harz, Büffeln und wachsender Natur. Häufig überquerten Elefanten nur wenige Meter vor uns die Straße, schüttelten ihre Köpfe in unsere Richtung, um anschließend ihr Elefantenleben ungestört fortzusetzen. Um uns herum erstreckte sich Laikipia in all seiner unversehrten Schönheit, und ich fühlte mich jung und sorglos. Sveva lachte und schüttelte ihr blondes Haar im Wind. Robin war das, was wir beide an diesem Punkt unseres Lebens brauchten. Die Hunde liefen hinter uns her, kämpften verspielt miteinander, bellten jeden Dik-Dik an oder jagten Hasen in roten Staubwolken.

Eines Abends war Gordon hinter meinem Wagen hergelaufen, und wir merkten erst am nächsten Tag, daß er nicht zurückgekommen war. Als wir ihn fanden, steckte er, unfähig, sich zu bewegen, im Schlamm des Ngobitu-Staubeckens. Er war die ganze Nacht über dort gewesen. In seinen warmen, liebevollen Augen konnte ich lesen, daß er sich in sein Schicksal gefügt hatte. Er blickte mich mit einem Ausdruck verzweifelter Treue an, der mich noch wochenlang verfolgte. Robin fuhr sofort mit ihm zum Tierarzt nach Nairobi, doch seine Nieren und sein tapferes Herz waren schon zu sehr geschwächt. Sobald der Wagen die Auffahrt hinabfuhr und auf der von Kandelaber-Euphorbien gesäumten Straße verschwand, wandte ich mich mit einem Kloß im Hals um. Ich wollte gerade ins Haus gehen, als ich bemerkte, daß Emanueles Hund Angus, der seit dessen Tod bei Mapengo gelebt hatte und ihm überallhin gefolgt war, wieder auf meiner Veranda aufgetaucht war. Er saß auf der anderen Seite des Gangs auf Gordons Platz: Er hatte die Führung unseres Rudels

Schäferhunde übernommen. Da wußte ich, daß Gordon nicht überleben würde.

Als Robin mir am Abend die Nachricht über Funk übermittelte, weinte ich um meinen alten Freund und um eine weitere abgeschnittene Verbindung zur Vergangenheit. Robin nahm sich einen Tag frei von den Filmarbeiten und brachte ihn wieder mit zurück nach Laikipia, wo wir ihn in der Nähe der Gräber, im Schatten eines Busches, beerdigten, wo er oft über mich gewacht hatte, wenn ich in Erinnerungen versunken dort saß. Auf seinem Grab pflanzte ich kleine gelbe Blumen.

Robin strahlte eine heitere Gelassenheit, eine positive Einstellung aus, die zu meiner Heilung beitrug. Zur großen Freude meiner Freunde, die ihn sofort akzeptierten, blühte ich durch seine Liebe auf. In seiner Gesellschaft fühlte ich mich so glücklich und frei wie seit Monaten nicht mehr. Im Chaos meines Seelenlebens war er ein stabilisierender und positiver Faktor, und er half mir, mit meiner Einsamkeit zurechtzukommen. Ich erlebte eine Phase sonnigen Glücks und intensiven körperlichen Wohlbefindens, die sehr lange währte. Unsere Beziehung sollte Jahre dauern, und als schließlich unsere Wege sanft auseinanderliefen, entwikkelte sie sich zu einer von Liebe, Erinnerungen und absolutem gegenseitigem Vertrauen getragenen tiefen Freundschaft, die mir kostbar ist und die ich immer in Ehren halten werde.

Durch Robin konnte ich zum erstenmal hinter die Kulissen der seltsamen Scheinwelt des Kinos blicken. Das Beobachten von Menschen, die in Filmen mitspielten und die Wirklichkeit reproduzierten, half mir, die wirkliche Rolle, die mir im Leben zugeteilt war, zu akzeptieren. Es war eine eigenartige Welt, in der nichts so war, wie es schien. Ihre Neuheit, Unwirklichkeit und Absurdität boten mir Ablenkung von meinen wahren Schmerzen und trösteten mich. Ich besuchte Robin oft zusammen mit Sveva am Drehort.

Während der Dreharbeiten zu dem Film »Jenseits von Afrika« fuhr ich zu ihm an die Küste. Man hatte speziell für den Film aus England ein gelbes Doppeldeckerflugzeug des Typs »Gypsy Moth« einfliegen lassen, ein glänzendes und überraschend stabiles Juwel der Luftfahrt, das praktisch überall landen und starten konnte. In diesem Fall mußte es am Strand landen, und einmal ließ man mich mitfliegen. Es war wie ein Flug in einer romantischen Zeitmaschine. Ebenso leicht wie die Motte, nach der er benannt worden war, hob der gelbe Doppeldecker von dem schmalen verlassenen Strand ab, den die einsetzende Ebbe freigegeben hatte und der von rauhen Dünen bewacht und von Palmen gesäumt war. Der Strand war abgezäunt worden, damit das Seegras auf ihm weiter seine charakteristischen natürlichen Muster zeichnen konnte und die Füße der Touristen die glatte Oberfläche des Sandes nicht zertrampelten.

Robin, der Sveva, eine blonde Vierjährige in einem weißen Kaftan, auf seinen Schultern trug, winkte lächelnd zu mir hinauf. Wir kreisten hoch über der unruhigen See, die vom Monsun gekräuselt wurde; das Flugzeug stieg behende in den stürmischen Himmel hinauf, hinein in den Wind, der durch das offene Cockpit in mein Haar blies. Fast hätte ich vor Freude geschrien. In einem einzigen Augenblick übersprangen wir die Grenzen von Zeit und Raum, und ich glitt innerhalb weniger Sekunden von der Stille und dem natürlichen, immerwährenden Rhythmus des Meeres hinüber zu den nach oben gewandten Gesichtern fremder Menschen, zu Bojen und Außenbordmotoren, von der Vergangenheit in die Gegenwart. Als wir wieder landeten und zu der plötzlichen Ruhe und Stille des Strandes zurückkehrten, der ganz der Gewalt der Natur überlassen worden war, hatte dies eine fast körperliche Wirkung. Ich stieg aus dem Flugzeug so benommen aus wie jemand, der in wenigen Minuten siebzig Jahre durchlaufen hat. Wieder einmal drängte sich mir die Unzulänglichkeit unserer Vorstellung von Zeit auf. Dieser Gedanke durchbrach die einengende Vorstellung, daß wir alles wissen und daß Zeit und Raum sich unseren Gesetzen unterordnen müssen. Deutlich begriff ich, daß Zeit, so wie wir sie wahrnehmen, eine menschliche Erfindung ist, auf fragwürdige Weise mit unserer Dimension verknüpft. Und das gleiche gilt für die Grenze des Todes. »So gewiß, wie der Tod ist, steht geschrieben, daß wir uns wiedersehen werden«, hatte Emanuele am 19. März, an Paolos Todestag, in sein Tagebuch geschrieben. Es war wahr, und dies war ein wundervolles Gefühl.

Mit Robins Hilfe begann meine Wunde zu heilen.

40

Sveva, ein Kind Afrikas

»Paulo« – sagte Mirimuk – »Paulo ni mama mzee.«

Am hinteren Ende des Flurs, der an meinem Schlafzimmer in Kuti vorbeiführt, war Emanueles Zimmer noch immer verschlossen. Nachts hörte man seltsame raschelnde Geräusche, und ich hatte den Verdacht, daß Fledermäuse und Mäuse angefangen hatten, sich dort ungestört einzunisten. Emanuele war ordentlich gewesen, und ich wußte, daß er es nicht gern gehabt hätte, wenn seine Sachen durcheinandergebracht oder kaputtgemacht worden wären, doch jedes Eindringen wäre mir wie die Entweihung einer kostbaren Reliquie vorgekommen. Robins gesunder Einfluß half mir, viele Geister zu vertreiben, und eines Tages beschloß ich, daß die Zeit gekommen war, diesen Raum wieder zu öffnen.

Der Entschluß dazu wurde durch den Umstand ausgelöst, daß ich es übernommen hatte, das, was Emanuele begonnen hatte, zu Ende zu führen. Meine Gespräche mit Iain über die Nashörner hatten mir den Brief an Michael Werikhe in Erinnerung gerufen, den ich am Tag nach der Beerdigung in Emanueles Tagebuch gefunden hatte, als wir alle Schlangen freigelassen hatten. Das Tagebuch lag noch immer auf seinem Schreibtisch. Das Türschloß war leicht eingerostet, doch die Tür selbst ließ sich leicht öffnen. Ein fast greifbarer, süßlicher Duft nach Schlangenhäuten und Rattenkot schlug mir aus dem Zimmer entgegen. Ich machte die Fenster weit auf, und nun fiel wieder Sonnenlicht auf die mit Staub bedeckten Bücherreihen und auf seine Schätze. Der Boden war mit Schlangenhautstücken und Schmutz übersät. Ein Bienenstock hing in einer Ecke; aus irgendeinem Grund hatten Bienen diesen Raum schon immer gemocht.

Während das Licht auf den Schimmel fiel und Insekten herumsummten, setzte mich an Emanueles Schreibtisch und öffnete sein Tagebuch. Es war modrig, aber unbeschädigt. Ich fand den Brief an Michael und las ihn erneut. Emanuele hatte ihn gebeten, eine Weile zu uns zu kommen, und ich beschloß, seinen Wunsch zu erfüllen. An diesem Abend schrieb ich an Michael in Mombasa, wo er als Hundeführer im Werkschutz einer Fabrik arbeitete. Ich erklärte, was Ema zugestoßen war, und lud ihn ein, nach Laikipia heraufzukommen, damit er sein erstes Nashorn sehen konnte, wie es Emas Wunsch gewesen war. Wenige Tage später erhielt ich seine Antwort:

> ... Ich habe viel Respekt vor ihm gehabt und ihn bewundert ... ich bin untröstlich darüber, daß wir nie Gelegenheit hatten, uns kennenzulernen ... das Gefühl, etwas verloren zu haben, wird mich immer begleiten. Ich werde ihn nie vergessen, und ich werde versuchen, in meiner Liebe zur Natur sein Vermächtnis zu bewahren. Sobald ich ein paar Tage frei habe, würde ich gern sein Grab besuchen ... Bitte lassen Sie wieder von sich hören.

Viele Grüße, Michael

Das war der Anfang eines Briefwechsels, der sich über Monate hinzog, und der Anfang einer Freundschaft, die unser Leben lang Bestand haben wird. Als Michael endlich Urlaub bekam, holte ich ihn in Richard Leakeys Büro ab, und wir fuhren hinauf zur Ranch. Für ihn war es die Entdeckung einer neuen Welt: ein abgelegener Ort der Schönheit, wo Menschen sich um die Natur kümmerten und es den Tieren gutging. Michael war ein ernster junger Mann mit Brille, der leidenschaftlich reden konnte, der lauter und idealistisch war und Energie und Tatkraft genug besaß, für die Verwirklichung seines Traumes hart zu arbeiten. Ich mochte ihn auf der Stelle, und ich erkannte seine Vorzüge: Er hatte sich nicht nur dem Überleben der wilden Tiere und besonders der Nashörner verschrieben, sondern war auch Afrikaner und gehörte keiner Organisation an. In der Welt der Umweltschützer, die größtenteils von europäischen Akademikern beherrscht wird, die für ihre Arbeit bezahlt werden, waren Michaels Idealismus und Engagement wertvoll und selten. Er konnte Menschen seiner eigenen Rasse ansprechen, also die Menschen, in deren Händen letzten Endes das Schicksal der wilden Tiere Afrikas liegen würde. Er konnte ihnen Vorbild sein, sie begeistern in einer Sprache, die sie verstanden. In einer Zeit, in der die internationalen Medien ständig darüber berichteten, daß Kenia dabei war, seine wildlebenden Tiere auszurotten, war hier endlich ein Kenianer, der in den Nachrichten als positives Beispiel dafür erwähnt werden konnte, daß Versuche unternommen wurden, diese Tiere zu retten.

Und tatsächlich marschierte Michael wenige Jahre später zu Fuß durch Ostafrika und schließlich durch Europa. Er sammelte eine ungeheure Summe Geld für den Schutz der Nashörner und wurde international bekannt; er verkehrte mit ranghohen und einflußreichen Persönlichkeiten, war ein Liebling der Medien und wurde von allen geachtet. Er reiste kreuz und quer durch die Welt, um Preise und Auszeichnungen entgegenzunehmen, doch er verlor niemals seine Einfachheit und blieb seinen alten Freunden und seiner Sache treu. Als seine Tochter geboren wurde, nannte er sie nach dem Baum auf Emanueles Grab Acacia; und alles begann mit diesem ersten Besuch.

Wie ich es erwartet hatte, verfiel er dem Zauber Laikipias. Als er drei Wochen später wieder abfuhr, nachdem er sein erstes Nashorn gesehen hatte, das nach ihm den Spitznamen Michael erhielt, und nachdem er einen riesigen Python gefangen und wieder freigelassen hatte, wie Emanuele es getan hätte, waren wir Freunde. Wenige Tage später schrieb er mir:

> Ich werden die Laikipia-Ranch nie vergessen. Ich werde sie vor meinen Augen sehen, und ihre Melodie wird an mein Ohr dringen, wo immer ich bin. Der Frieden dort hat mich so euphorisch gemacht ... für mich ist sie ein Paradies, eine Oase der Liebe und Hoffnung ...
>
> Alles Liebe, Michael.

Der Brief hatte ein Postskriptum:

> P. S. Er war zwar nicht körperlich dort, um mir alles zu zeigen. Aber sein Geist war da. Jeder braucht einen Helden, und er ist meiner.
> P. P. S. Ich habe meinen Gürtel und meine Wasserflasche absichtlich liegenlassen, damit sie mich, immer wenn ich an sie denke, an Laikipia erinnern und mein Interesse wiederentfachen, wenn es einmal nachlassen sollte.

Tage zogen vorbei wie Wolken, und plötzlich waren es Jahre.

Der Baum auf Emanueles Grab wurde – genährt von dem, was einst sein Körper gewesen war – im Schatten dessen von Paolo immer kräftiger, und oben berührten sich ihre Zweige, waren ineinander verschlungen, als hielten sie sich an der Hand. Webervögel bauten ihr Nest in Paolos Baum, Bienen flogen zu den blassen, cremefarbenen Blüten und trugen die Pollen zurück zu ihren Stöcken hinter unserem Haus. Diesen Honig aßen wir zum Frühstück, und als sich die ersten Schoten und Samen an unseren Bäumen zeigten, verteilten Sveva und ich einige davon auf der Ranch, nahmen andere mit nach Nairobi, um sie dort einzupflanzen, und schenkten eine ganze Menge Michael Werikhe, der gerade unten in Mombasa, im Rahmen eines von ihm ins Leben gerufenen Projektes, ein brachliegendes Stück Land mit einheimischen Bäumen bepflanzte. Das Gefühl, daß ihre Körper jetzt in anderer Form wirklich nach Afrika und zu uns zurückkehrten, bereitete uns eine unendliche Freude.

Sveva wuchs heran; sie war zartgliedrig und von harmonischer Anmut, strahlend und freundlich, fröhlich und mitfühlend und wegen ihres Charmes von allen geliebt. Ihr Spitzname »Makena«, die »Glückliche«, hätte nicht treffender sein können. Sveva strahlte eine ruhige Reife aus, die an Emanuele erinnerte, obwohl sie in vielerlei Hinsicht unterschiedlich waren; sie war körperbetonter und extrovertierter, als Emanuele es gewesen war. Ihr langes Haar hatte einen dunkleren Goldton, durchsetzt mit silbernen Streifen; ihre Augen zeigten noch immer dieses erstaunliche tiefe Blau. Abgesehen von ihrer kleinen Nase, die nichts vom römischen Profil ihres Vaters hatte, war sie Paolos Ebenbild: in der Art, wie sie ging, mit dem Bronzeton ihrer Haut, den langen, schnellen Schritten, dem Lächeln, ihrem Geschmack und ihrer musikalischen Begabung.

An den sonnigen Morgen auf der Ranch machte sie oft Ausritte auf ihrem Pferd Boy oder auf dem hochbeinigen Kamel Kelele, und seit jenem unerklärlichen Vorfall, als sie in den Pool gefallen und aus eigener Kraft zur Leiter geschwommen war, bevor sie überhaupt wußte, wie das geht, war sie eine sehr gute Schwimmerin geworden, die sich wie Paolo im Wasser ganz in ihrem Element fühlte.

Sveva war von den wildlebenden Tieren fasziniert. Mit Mirimuk als Lehrer hatte sie von Anfang an alles über das Leben im Busch erfahren, ganz wie ein afrikanisches Kind. Vom ersten Augenblick an, als er Sveva als wenige Tage altes Baby gesehen hatte, war sie für ihn »Paulo« geworden, und seine tiefe Zuneigung zu ihr war rührend und grenzenlos. Sie erwiderte seine Gefühle mit ihrer natürlichen Anmut und teilte mit ihm die Liebe zu dem Land und seinen Lebewesen.

Wenn wir allein waren, verbrachten Mirimuk, Sveva und ich oft eine Nacht draußen, wie wir es in vergangenen Zeiten mit Paolo getan hatten. Wir suchten uns dann einen Platz, von dem aus man einen Stausee oder ein Tal überblicken konnte, und machten ein Feuer aus trockenem Wurzelholz. Mirimuk saß neben Sveva und erzählte ihr Geschichten von den Turkana, von Paolo und von früheren Jagdabenteuern. In der tiefen Dunkelheit der afrikanischen Nacht betrachtete ich die beiden: den alten, grüngekleideten Mann mit seiner abgewetzten Jacke und dem vielbenutzten Gewehr, und das blonde, langhaarige Mädchen mit Augen wie blaue Seen. Das Feuer ließ orangefarbene Schatten auf der schwarzen und der goldenen Haut spielen, sie hielten sich an der Hand, sie lachten, sie flüsterten. Alt und Jung, zwei Welten, die sich in vollkommener Harmonie begegneten, in dieser entlegenen Gegend des uralten Afrikas, wo alles so ist, wie es immer war. Wieder empfand ich, was für eine besondere Gunst es war, hier sein zu dürfen, Paolos Tochter diese einzigartigen Erfahrungen und die außergewöhnlichen Erinnerungen schenken zu können, die sie immer begleiten und sie zu einem besonderen Menschen machen würden.

Irgendwann im Laufe der Jahre waren wir einmal nachts mit Mirimuk unterwegs, um Tiere zu beobachten. Ich hielt Svevas Hand, als wir in dem Versteck kauerten, das Mirimuk tagsüber zusammen mit Garisha gebaut hatte. Plötzlich sahen wir einen Leoparden, der wenige Meter von uns entfernt eine Akazie hinaufsprang, um sich ein Schaf zu holen, das dort als Köder ausgelegt worden war. Der Ast ächzte unter dem Gewicht, Perlhühner gackerten, und die Umrisse des schwarzen Schattens zeichneten sich scharf gegen den Vollmond ab. Sveva, die erst sechs Jahre alt war, war still und furchtlos, gefaßt und ruhig wie eine Erwachsene. Sie hielt den Atem an, drückte meine Hand und nahm dieses Erlebnis für alle Zeiten tief in sich auf. Am nächsten Morgen kommentierte Mirimuk das Geschehen: »*Paulo*«, er strich ihr liebevoll über den Kopf – »*Paulo ni mama mzee.*« Es war das größte Kompliment: »Paulo ist eine weise alte Frau.«

Immer wieder holten mich die Erinnerungen an die Vergangenheit ein, überfielen mich, zu Zeiten, in denen ich nicht damit rechnete, und an Orten, wo ich nicht auf sie gefaßt war.

Eines Nachmittags fuhr ich nach Pembroke, weil ich Colins Sohn Andrew abholen wollte, einen kleinen Burschen und engen Freund von Sveva, der die Ferien auf Laikipia verbringen sollte. Zum erstenmal nach

Jahren ging ich hinein, weil ich Sveva die Schule zeigen wollte, auf die ihr Bruder gegangen war. Es roch dort immer noch nach Phenolseife, und alles wirkte kleiner.

Als ich mit einem Kloß im Hals nach Andrew Ausschau hielt, wanderte mein Blick automatisch über diese neue Kindergeneration hinweg und suchte hoffnungsvoll nach dem dünnen kleinen Jungen mit dem blonden glatten Pony und den ernsten Augen, der mein Sohn gewesen war und dessen Schatten sich immer mit denen der Kinder vermischen wird, die herangewachsen und fortgegangen sind. Die grauen Uniformen ließen diese Jungen alle gleich aussehen, wie ein Heer von Ameisen, und das Licht, das durch die Buntglasfenster der kleinen Kapelle drang, erinnerte an das Licht eines Aquariums.

Eine glänzende Messingplatte im Inneren, unmittelbar neben der Kapellentür, ließ mir das Blut in den Adern gefrieren. Im wieder aufflakkernden Schmerz rang ich, von Erinnerung überwältigt, nach Luft: Unter der Überschrift »In stillem Gedenken« waren ein paar Namen aufgelistet, und ich las überrascht und schockiert zugleich:

EMANUELE PIRRI-GALLMANN
1975–1978

Drei kostbare Jahre seines Lebens waren hier auf ewig und für alle sichtbar eingraviert.

Die meisten von Emanueles Freunden von Pembroke und Hillcrest waren ins Ausland gegangen, um zu studieren, wie er es auch getan hätte; doch als sie zurückkehrten, erinnerten sich manche an uns und standen früher oder später wieder vor unserer Tür.

Eines Nachmittags hielt ein neuer Mercedes auf der Zufahrt zu meinem Haus in Nairobi, und ein großer, gutaussehender junger Mann mit Schnurrbart und Brille, der elegant und schick gekleidet war, kam lächelnd auf mich zu. Er war Inder, und ich erinnerte mich schwach, ihm schon einmal begegnet zu sein. »Ich bin Mukesh«, sagte er freundlich. »Erinnern Sie sich nicht mehr an mich?« Natürlich erinnerte ich mich. Er sah ganz anders aus als der dünne Teenager, der in derselben Klasse wie Ema gewesen war und zur Clique seiner besten Freunde gehört hatte. Er hatte sein Studium in England abgeschlossen und trat jetzt in das elterliche Geschäft in Kenia ein. Ich war beeindruckt von seiner Höflichkeit und Reife und von dem echten Mitgefühl, das ihn Jahre später wieder zu meiner Tür geführt hatte, um Emas Grab zu besuchen. Mukesh wurde ein regelmäßiger Gast. Mindestens zweimal die Woche kam er nach der Arbeit auf seinem Heimweg bei uns vorbei, und bei einer Tasse Gewürztee sprachen wir von Emanuele, über Mukeshs Zukunft, seine Liebe zur Fliegerei, über Leben und Tod und über die indische Philosophie seiner Vorfahren, für die ich mich immer interessiert hatte. Oft brachte er Sveva kleine Geschenke mit, zum Beispiel die orientalischen Süßigkeiten, die sie über alles liebte, machte sich Sorgen, wenn sie krank war, und beriet mich in geschäftlichen Fragen. Wir freuten uns immer auf seine Besuche; er wurde für mich ein verläßlicher Freund, und in gewisser Weise adoptierte ich ihn wie einen neugefundenen Sohn. Er kam immer zu Emanueles Todestag nach Laikipia und schloß sich damit der Gruppe unserer Freunde an.

Seit sich ihre Bäume berührt hatten, begingen wir Paolos und Emanueles Todestag gemeinsam, und zwar jeweils an dem Wochenende, das beiden Daten am nächsten kam. Wie immer kamen Freunde mit dem Auto oder Flugzeug herauf. Wir saßen um die Gräber, die mit Blumen bedeckt waren, und nun, da Sveva kein kleines Kind mehr war, übernahm sie die Aufgabe, mit zwei Gläsern Champagner in der Hand aufzustehen, ein paar Worte zu sagen und die Gläser gegen die Grabsteine zu werfen. Einmal stand sie, mit ihrem langen blonden Haar und in ihrem langen Kleid hübsch anzusehen, sehr gerade im Licht des Feuers, das die Nacht erhellte. Mit dünner Stimme, die nur ich und Wanjiru und die wenigen, die nahe genug saßen, hören konnten, flüsterte sie: »Papa Paolo, Emanuele: ich vermisse euch, und ich liebe euch, ich liebe euch, ich werde euch immer lieben.« Von ihrem eigenen Wagemut überwältigt, setzte sie sich wieder und verbarg sich dicht neben mir im Schatten.

Als ich in dieser Nacht auf meinem Weg zu Svevas Schlafzimmer war, um ihr gute Nacht zu sagen, überkam mich ein Gefühl von Einsamkeit und Melancholie. Ich legte meinen Kopf an Wanjirus breite Schulter, wie ich es gelegentlich tat, und küßte ihre frische Wange. Wanjiru, die offenbar in der gleichen Stimmung war und vielleicht auch durch das Glas Champagner, das sie nicht gewohnt war, Mut gefaßt hatte, sah mich mit ihren gütigen, mütterlichen Augen an und sagte fast schüchtern: *»Gina yangu ... Gina yangu si Wanjiru ... gina yangu ni Gallmann.«* (»Mein Name ist nicht Wanjiru. Mein Name ist Gallmann.«) Ich war gerührt und fühlte mich über die Maßen geehrt. Sie hätte in diesem Moment nichts sagen können, was mir mehr bedeutet hätte.

»Kuki, mein Schatz«, schrieb Oria mir:

». . . ein kleines Mädchen in Weiß saß auf einem Stein im Schatten eines Baumes, auf den das Mondlicht fiel. Sie sah ihre Mutter an, mit tiefblauen Augen, ein Stück Erde trennte sie von ihrem Bruder. Um sie herum hielten fünf rote Flammen Wache. Der Wind sang eine Melodie. Kein anderes kleines Mädchen hat einen Vater und einen Bruder aus Stein, aus Bäumen. Können wie je wieder werden, wie wir einst waren, können wir je vergessen? Mit uns allen ist etwas geschehen: Durch Deinen Schmerz, durch ihren Verlust sind wir alle zu besseren Menschen geworden.«

41

Schatten

*Sed fugit interea, fugit inreparabile tempus.**

Vergil, *Georgica, II*

Unser Leben ging weiter nach dem uralten Muster allen Lebens: Neue Freunde gesellten sich zu uns, alte Freunde verließen uns. Wie Schatten leben sie in unserer Erinnerung, traten in unser Leben und entfernten sich wieder von uns. Wir ließen sie ziehen. Man sollte sich nicht an Schatten klammern.

Eines Tages beschloß Mapengo weiterzuziehen, wie Turkana es häufig tun. Nach Emanueles Tod und nachdem alle Schlangen fort waren, hatte das Leben hier für ihn seinen Glanz verloren; wie alle jungen Menschen brauchte er neue Betätigungsfelder und neue Herausforderungen. Ich schenkte ihm Emanueles Lieblingsmesser, wie ich Luka Paolos Lieblingsfernglas geschenkt hatte; wir umarmten uns, und ich sah ihm nach, wie er mit seinem schlaksigen Gang in den abgetragenen Stiefeln, die seinem »Bruder« gehört hatten, seinen Weg ging.

»*Mama*«, sagte er zu mir und schenkte mir sein jetzt selten gewordenes zahnloses Lächeln: »*Mama, kama wewe taitua mimi, mimi tarudi tu.*« (»Wenn Sie mich rufen, werde ich zurückkommen.«) Nach einer Weile hörte ich, daß er eine gute Frau gefunden hatte und eine Arbeit, bei der er mit Pferden zu tun hatte. Er hatte Kinder und war recht glücklich.

Luka hatte allmählich eine verhängnisvolle Leidenschaft für ein Getränk entwickelt, das keine Gnade kennt: das berauschende und süchtig machende Gebräu *changaa*. Innerhalb weniger Jahre wurde er zum zittrigen Schatten des mutigen, wendigen und furchtlosen Fährtenlesers, der er einmal gewesen war. Nachdem es einige besonders unerfreuliche Vorkommnisse gegeben hatte und ich mehrmals versucht hatte, mit ihm

* Inzwischen jedoch verfliegt die Zeit, verfliegt und kehrt nie zurück.

zu reden und – durch die Erinnerung an seine ruhmreichen Taten – seinen Stolz wiederherzustellen, blieb Colin keine andere Wahl, als ihn zu entlassen. Ich werde den Tag, an dem er sich verabschiedete, niemals vergessen.

Ein Wagen brachte ihn nach Kuti, und ein kleiner fremder Mann in schlechtsitzender Kleidung stieg aus. Ohne sein Gewehr, seine grüne Khakiuniform, die schräg aufgesetzte Uniformmütze, ohne den mit Munition vollgestopften Gürtel und seines Stolzes beraubt, sah er aus wie irgendein unbekannter kleiner Mann, der kein Ziel hatte. Ich suchte den Blick seiner müden, blutunterlaufenen Augen und hielt ihm stand. Es waren dieselben scharfen Augen, die früher immer zuerst das Wild, die kaum sichtbaren Büffelspuren auf Grashalmen, ein umgebogenes Ästchen, den frisch gebrochenen Zweig, die Abdrücke von Hufen auf staubigen Pfaden erspäht hatten. Wir spürten die gemeinsame Erinnerung an vergangene Tage, an Menschen, die von uns gegangen waren und die wir beide, jeder von uns auf seine Weise, geliebt hatten. Ich hielt lange seine Hand, eine zitternde Hand, und das einzige, was ich sagen konnte, war: »*Pole*«, das allumfassende Wort für »Entschuldigung«.

»*Pole*«, antwortete er und fügte in einem Anflug der alten Großspurigkeit hinzu: »*Mimi tarudi.*« (»Ich komme wieder.«) Wir wußten beide, daß das nicht stimmte. *Changaa* läßt einen nicht mehr los, führt zu vorzeitigem Altern und einem frühen Tod.

Ich nickte. »*Ndiyo.*«

»*Salamia Kainda.*« (Der Name, den er Sveva gegeben hatte.)

»*Kuenda na Mungu.*« (»Geh mit Gott«.)

Er wandte sich um und ging, doch bevor er wieder in den Wagen stieg, hielt er einen Augenblick inne und sah sich nach mir um. Der Schatten eines Lächelns zeigte sich, in seinen Augen leuchtete noch einmal ein schwacher Glanz. Er schüttelte den Kopf, um seinen Schmerz zu verjagen: »*Awesi kusahau.*« (»Ich werde nichts vergessen können.«) Die Wagentür schlug zu, und er war für immer fort.

An diesem Abend schrieb ich in mein Tagebuch:

> ... die Sache mit Luka kam heute erneut zu einem Höhepunkt, als er die Ranch verließ, höchstwahrscheinlich für immer ... und doch scheint mir, als wären »Aufstieg und Fall des Luka Kiriongi« ein Symbol dafür, was die Weißen dem schwarzen Afrika angetan haben und noch immer antun ... denn zu Lukas Aufstieg und Fall wäre es nicht

gekommen, wäre er nicht mit Weißen zusammengetroffen. Er war der Beste, und er nahm es als gegeben hin, bis man ihm einredete, sich für etwas Besonderes und Besseres zu halten. Er hatte nur das getan, was er instinktiv gut konnte. Eine neue, fremde Wahrnehmungsweise seines Wertes störte das Gleichgewicht und wurde sein Untergang. Seines Stolzes beraubt, in Scham versunken, von seinen Männern nicht mehr respektiert, so geht er dahin, der Mann, der auf meinen beiden Gräbern geweint hat. Der tapfere Jäger, der vortreffliche Fährtensucher, der furchtlose Buschmann, der Gefährte unzähliger Tage und Nächte voller unvergeßlicher Abenteuer ... wie lange er wohl schon trank? Was war der Auslöser, daß er dem *changaa* verfiel und seine Würde verlor ...? Ein schlanker Körper, kleine Statur, ein heiteres Grinsen unter dem schönen Schnurrbart, mutig im Angesicht der Gefahr, wahrhaft treu – heute nacht trauere ich um dich, Luka Kiriongi ...

Es war wirklich ein trauriger Tag für alle auf Ol Ari Nyiro, und am meisten für Colin, der Luka seit dreiundzwanzig Jahren kannte. Mit Mirimuk als Stellvertreter übernahm Hussein Omar die schwierige Aufgabe und Verantwortung, unseren Wachdienst zur Bekämpfung der Wilderei zu leiten.

Dann wurde Mirimuk krank, und nach drei Monaten im Krankenhaus entließ man ihn, damit er zu Hause sterben konnte. Der Diagnose nach litt er an Speiseröhrenkrebs im fortgeschrittenen Stadium, und die amerikanischen Ärzte der Missionstation in Kijabe, wo wir ihn hingeschickt hatten, gaben ihm noch zwei Monate zu leben. Ich besuchte ihn in seinem kleinen Haus bei den Verwaltungsgebäuden der Ranch. Man hatte ihn im Schatten auf eine Decke gelegt, mit dem Kopf auf ein Stück Holz, dem traditionellen Kopfkissen der Turkana. An seinen ausgetrockneten Gliedmaßen war kein Fleisch mehr, und die Hand, die er mir reichte, war kraftlos, doch er versuchte, sich aufzusetzen und einen Löffel der flüssigen Nahrung einzunehmen, die ich ihm mitgebracht hatte. Sein Gesicht war noch hagerer geworden, die Haut spannte noch straffer über den vorstehenden Wangenknochen, und auf seinen Augen lag ein grünlicher Film. Er hielt meine Hand, sah mich mit soviel Zuneigung an, daß ich einen Kloß im Hals spürte, und flüsterte heiser: »*Kama Mungu nafungua melango, sisi napita tu.*« (»Wenn Gott die Tür öffnet, müssen wir hindurchschreiten.«) Erwartungsvoll blickte er an mir vorbei. Sveva war nicht mitgekommen. »*Salamia Paulo*«, sagte er krächzend. Dann schlief er ein.

Als ich einen Monat später aus Europa zurück war, besuchte ich ihn. Ich hatte ihm eine neue, warme Decke, ein Radio und eine Taschenlampe mitgebracht – klägliche Versuche, ihm seine letzten Tage etwas angenehmer zu machen. Inzwischen war er nur noch ein lebendes Skelett. Sein Körper war verfallen, alle Kraft hatte ihn verlassen, die blassen Augen glänzten unnatürlich wie die eines in der Nacht gehetzten und gefangenen Tieres. Er konnte kein Essen mehr schlucken. Er verhungerte. Im Zimmer nebenan plauderten kehlig und ungerührt ein paar Turkana-Frauen, die Ehefrauen seiner Söhne. Ich legte die Decke um ihn und hielt lange Zeit still seine Hand. Ich dachte an die Gefahren, denen er im Busch begegnet war, an die Kämpfe mit Wilderern, bei denen er verwundet worden war, daran, wie oft er gefährlichen, angriffslustigen Tieren nur knapp entkommen war, an die Zeit, als er noch laufen und kämpfen konnte, und wie oft er dem Tod entkommen war. Der Krebs zehrte ihn allzu langsam auf – jeder Löwe wäre gnädiger gewesen. Bevor ich ging, murmelte er langsam: »*Paulo* ...«

Sveva wußte, daß Mirimuk im Sterben lag, und es nahm sie mehr mit, als ich es seit langem bei ihr erlebt hatte. Obwohl der Tod für uns inzwischen etwas Vertrautes ist, das keine Furcht mehr auslöst, hatte sie doch schon so viel verloren, daß jeder neue Verlust schmerzlich war. Aber sie schuldete es Mirimuk und sich selbst, den Mut zu einem letzten Besuch aufzubringen.

»In wenigen Tagen wird er für immer von uns gegangen sein. Er hat nach dir gefragt. Du würdest es dir nicht verzeihen, wenn du ihn nicht besuchen würdest. Morgen gehen wir hin.«

»Ich komme mit.«

»Ich habe dir Paulo mitgebracht.« Die Gestalt unter der Decke bewegte sich leicht, und das, was von Mirimuk übriggeblieben war, setzte sich mit einer enormen Anstrengung auf. Mein Koch Simon war mitgekommen. Sveva trat vor, umklammerte den Topf Honig, den sie als Geschenk mitgebracht hatte, hielt Simons Hand, biß sich auf die Lippen und starrte ihn unverwandt an. Als sie fast bei ihm war, ging sie allein und beugte sich zu ihm herab. Seine Hand ergriff ihren Arm wie eine Klaue, und von seinen lederartigen Lippen sprühte kaum sichtbar etwas Speichel auf ihre langen blonden Haare.

»*Kwaheri, Paulo*«, glaubten wir zu hören, und er fiel zurück auf seine

Decke. Sveva stand mit Tränen in den Augen dabei. Ihre Lippen bebten. »*Ejok*«, glaubten wir zu hören, »Danke« in der Sprache der Turkana. Sie ging lautlos weinend direkt zum Wagen, den Segen ihres sterbenden Freundes wie in einen Regenbogen über sich.

Mirimuk starb in dieser Nacht.

Als wir die Nachricht über Funk erhielten, sahen Sveva und ich uns sehr, sehr lange an. Sie begruben ihn am nächsten Tag auf seiner *shamba* vor dem Nguare-Tor auf Ol Morani, das die alten Leute zu Ehren von Colvile immer noch »Nyasore« nannten.

An seinem letzten Abend, als er fühlte, daß das Ende nah war, hatte Mirimuk darum gebeten, nach Hause gebracht zu werden, und dort war er gestorben. Bis vor kurzem war es bei den Turkana Sitte gewesen, die Toten hinauszubringen und sie den Hyänen zu überlassen. Nun verlangte das Gesetz ein ordentliches Begräbnis. Die Leute, die ich hingeschickt hatte, um zu helfen, hatten ein tiefes Loch in das staubige Feld gegraben. Es war kein Geistlicher dabei, denn wie die meisten seines Stammes hatte Mirimuk keiner Kirche angehört. Mirimuks *manyatta* bestand aus vielen, in einem Kreis angelegten Lehmhütten, wobei jede zur Wahrung der Privatsphäre von einem Zaun aus Holzstöcken umgeben war. Frauen und Kinder sangen voller Trauer und stampften im Rhythmus eines langsamen Tanzes mit den Füßen. Sein Sohn Ekiru, ein Fährtenleser in unserer Wachmannschaft, und mein Koch Simon, dessen Frau Mirimuks Tochter war, führten mich herein, damit ich ihn sehen konnte.

Man hatte alles, was vorher in der Hütte gewesen war, herausgeschafft. Er lag auf der Seite, auf dem nackten, festgestampften Erdboden, vom Hals bis zu den Füßen in einen alten Sack gehüllt. Sein Kopf war schmal und eingefallen wie bei einer alten Mumie, und weiß von Asche und Salz, womit man die Insekten fernhielt und den Verwesungprozeß hinauszögerte. Ich berührte seine Schulter zum Abschied. Sein Ohr sah aus wie ein loses, trockenes Blatt. Ein Sonnenstrahl, der durch das kleine Fenster fiel, betonte noch die Dunkelheit.

Alle waren sie gekommen, die Gefährten und Freunde eines ganzen Lebens: Da war Ngobitu, der Anführer der Meru, und Tunkuri; Ndegwa, der für die Schafe verantwortlich war, und Silas, der kleine Tharaka, mit fast der gesamten Wachmannschaft; sie trugen ihre grünen Khakiuniformen, und Stille lag auf ihren Gesichtern. Da war Arap Chuma, der Mechaniker, mit allen Leuten aus der Werkstatt; Karanja, der Fahrer, Garisha, der Viehhirt, Ali Nyaga, der die Pferde versorgte, und John

Mangicho, der Stellvertreter des Verwalters, im blauen Anzug. Nacheinander sprachen seine Frau und seine Freunde. Dann wandte sich John an mich und bat mich, etwas zu sagen. Ich hatte keine Rede vorbereitet, so ließ ich mein Herz sprechen. Ich erzählte von vergangenen Zeiten, als Mirimuk mich das Leben im Busch gelehrt hatte. Ich sprach von den anderen Gräbern und von dem Salut, den er für die Seelen meiner Männer in die Luft geschossen hatte, von seinem Mut und von seiner Geduld. Und von der Lücke, die er hinterließ. Mit meiner Hand auf dem Sarg dankte ich ihm auf Turkana: »*Ejoknui, Mirimuk.*«

Es entstand leichte Unruhe, die Menge teilte sich, und eine Frau kam nach vorn. Sie war jung und hielt ein Baby auf dem Arm. Um den Hals trug sie Holzperlenketten, und Ohrringe aus Messing hingen von ihren verlängerten Ohrläppchen herab. Sie kam mit vorgestrecktem Arm zum Sarg und berührte ihn. Sie hatte ein stolzes Gesicht und weiße, blinde Augen. Jemand flüsterte mir zu, daß sie die Tochter eines verstorbenen Bruders sei. Sie sprach auf Turkana mit schriller, starker Stimme. Ein Mann übersetzte laut. Sie hatte eine so starke Ausstrahlung, daß niemand sich rührte und wir alle lauschten.

»Ich bin nach Nyasore gekommen, um zu sagen, daß dieser Mann ein Mann war. Ich hatte einst einen Vater, und als er starb, wurde dieser Mann mein Vater. Ich hatte ein Zuhause, doch ich habe es vergessen. Ich hatte einst einen Namen, doch ich habe ihn vergessen. Ich habe das alles vergessen, weil er mein Vater, meine Mutter und mein Zuhause geworden war. Mein Name ist sein Name, und ich bin ihm dankbar. Er hat sich um mich und meine Kinder gekümmert und war immer gut zu mir. Er ist gestorben, und er liegt in dieser Kiste. Die Leute von der Kirche sagen, es sei wichtig, nach der Bibel zu leben. Wir Turkana haben keine Bibel. Die Leute in der Kirche sagen, daß wir, wenn wir nach der Bibel leben, nicht sterben werden. Ich sage euch, daß die Sonne stirbt und daß sie zurückkehrt. Ich sage euch, daß der Regen stirbt und daß er zurückkehrt. Aber wenn ein Mensch stirbt, kehrt er nicht zurück. Er ist tot. Egal was die Leute von der Kirche sagen, ein Toter bleibt tot, und daran ändert ihre Bibel nichts. Wir sind die Turkana, und Gott weiß, wie wir leben. Ich werde mich an diesen Mann erinnern, und die Leere, die er zurückgelassen hat, wird von niemandem gefüllt werden. Und so sei es. *Ejoknui.*«

In der Nachmittagshitze bellte ein Hund. Ohne auf die Menge zu achten, wandte sie sich um und ging.

Mirimuks freier Seele hätte das sehr gefallen.

Trotz des Verlustes von Luka und Mirimuk gelang es Hussein Omar und unseren Aufsehern weiterhin, die Maßnahmen zur Bekämpfung der Wilderei erfolgreich und mit selbstloser Hingabe durchzuführen. Aber hier war noch immer Afrika, wo der Busch wild ist, die Tiere unberechenbar sind und jederzeit Unfälle geschehen können.

Orias Stimme klang schwach und wie aus weiter Ferne über das Laikipia-Funknetz, und ihre Nachricht war erschreckend. Saba, die ein Jahr frei hatte, bevor sie zur Universität gehen sollte, hatte zusammen mit Rob Brett und Bongo Woodley, dem Sohn von Bill, dem bekannten Wildhüter von Tsavo, eine Wanderung am Turkanasee mitgemacht. In der Nacht war sie von einer Giftschlange, entweder einer Kobra oder einer Sandrasselotter, in den Knöchel gebissen worden.

Schlangen sind in Kenia nicht gerade selten, aber wie alle Tiere sind sie scheu und greifen selten an, wenn sie sich nicht in die Enge getrieben fühlen. Es ist äußerst ungewöhnlich, daß Europäer, die normalerweise nicht mit Schlangen umgehen oder barfuß durch hohes Gras oder über rissige Wüstenfelsen laufen, zufällig von einer Schlange gebissen werden. Aber die Douglas-Hamilton-Mädchen trugen selten Schuhe.

Glücklicherweise hatte Robin, der gerade in Loyangelani an dem Film »Mountains of the Moon« arbeitete und dessen Funkgerät auf die Frequenz des Laikipia-Funknetzes eingestellt war, die aus Koobi-Fora kommende Meldung aufgefangen. Iain, der wie üblich beherrscht, aber doch sehr besorgt war, würde sie zurückfliegen.

Ich fuhr sofort mit Sveva nach Nairobi und auf direktem Weg zum Wilson Airport, wo sie landen würden. Oria war bereits da, und auf ihrem Gesicht zeichnete sich eine versteinerte Maske der Angst ab, die ich nur zu gut verstehen konnte. Wir umarmten uns wortlos und warteten dort, beobachteten den dunklen Himmel und wünschten das Flugzeug herbei, damit es dem qualvollen Warten und der Ungewißheit ein Ende bereitete. In diesen stummen Augenblicken erlebten Oria und ich erneut jenes Gefühl eines außergewöhnlichen Bandes zwischen uns, was dieses noch stärker werden ließ.

Das Flugzeug landete, und ein blasser Iain sprang heraus. Saba lebte. Ihr Gesicht war grau, um ihre faszinierenden schwarzen Augen lagen dunkle Ringe, ein unheilvoller Schatten breitete sich über ihren Körper aus und verstärkte jeden Makel ihrer Haut mit einer häßlichen purpurnen Färbung. Eine häßliche blaurote Blase von der Größe einer Glühbirne hatte ihren Fuß an der Seite unförmig anschwellen lassen, wie ein widerliches Meerestier. Erstaunlicherweise hatte Emanuele damals keinerlei sichtbare Reaktion gezeigt. Sie versuchte zu lächeln, als sie uns sah, und brach in meinen Armen in Schluchzen aus. Es ist nicht nötig, all die Assoziationen und Erinnerungen zu erwähnen, die dieser Zwischenfall bei uns allen ausgelöst hatte. Sie überlebte und zeigte viel Mut und Stärke. Nachdem sie wochenlang im Krankenhaus gewesen war, humpelte sie nach Hause und wurde allmählich wieder gesund. Bongo Woodley hatte sofort nach dem Unfall eine neue, in Australien entwickelte Methode zur Behandlung von Schlangenbissen angewendet: regelmäßige Elektroschocks aus der Autobatterie, um das Gift aufzulösen und zu neutralisieren. Obwohl es Sabas erster Schlangenbiß war, hatte er ihr damit höchstwahrscheinlich das Leben gerettet. Ich glaube schon lange nicht mehr an Zufälle. Diese unheimliche Episode war ein weiteres ungewöhnliches Glied in der Kette, das mich für alle Zeit mit den Douglas-Hamiltons verband.

Ich arbeitete, mein Leben ging weiter. Klänge und Bilder kamen wie ziehende Nebel, die manchmal den Spiegel der Erinnerung undeutlich werden ließen. Eines Abends schaltete ich in Laikipia das Funkgerät ein und hörte eine Stimme, die ich seit Jahren nicht gehört hatte. Sie war so lebendig und kam so unerwartet, daß ich unwillkürlich in andere Zeiten zurückgeworfen wurde. Der alte Schmerz und die alte Sehnsucht überfluteten mich in Wellen der Erinnerung. Die Stimme klang so nah und war doch so unerreichbar.

Es war Aidans Stimme.

Ich dachte oft an ihn. Ich sah ihn vor mir, wie er am frühen Morgen, wenn der Tau noch an den Gräsern hängt, allein wanderte, sah die leichten Schritte der langen schlanken Beine und die Schatten seiner Kamele. Um die Mittagszeit, wenn die gleiche Sonne über uns brannte und das Vogelkonzert in Kuti alle anderen Geräusche übertönte, sah ich, wie er unter einer der seltenen Akazien ausruhte. Ich wußte, er würde am späten Nachmittag weiterziehen, wenn die Schatten auf dem stillen Staub und Sand länger geworden sind und im raschen roten Sonnenuntergang für einen kurzen Moment alles feurig erglüht. In den sternklaren, windigen Nächten in Laikipia stellte ich mir vor, wie er denselben Wind spürte und hinauf zu denselben Sternen blickte. Ich spürte, wie er um diese Zeit manchmal meine Gegenwart beschwor, als lächelnde, unvoreingenommene Gefährtin, die seine Stirn kühlte und ihn durch die Nacht begleitete.

Wie in jener Zeit, bevor ich ihn kennengelernt hatte, sprachen die Leute zwar häufig von ihm, aber er ließ sich nur selten sehen.

Ich wußte, daß er noch immer das privilegierte Leben der ersten Entdecker führte, daß er oft dem Ruf des Abenteuers in die entlegenen Gebiete noch unentdeckter – oder bereits wieder vergessener – Wüsten folgte. Ein gemeinsamer Freund hatte mich vor einigen Jahren, als ich aus Europa zurückkehrte, angerufen, um mir mitzuteilen, daß man Aidan in Äthiopien, wo er allein unterwegs gewesen war, ohne Papiere aufgegriffen und ins Gefängnis gesteckt hatte. Er hatte schon einen Monat dort verbracht. Nur Richard Leakey, der durch seine archäologischen Ausgrabungen in dieser Gegend Kontakte unterhielt, konnte helfen. Ich rief ihn an. Er hatte davon gehört und sagte, er würde versuchen, ihm zu helfen. Kurze Zeit später erfuhr ich, daß Aidan frei war, und ich fühlte mich erleichtert. Ich konnte es nicht ertragen, ihn im Gefängnis zu wissen, mit seinen langen, ruhelosen Beinen, gefangen in einem engen Raum, aus dessen Fenster er die lockenden und doch unerreichbaren Berge sah, die er hatte besteigen wollen.

Bald danach erzählte man mir von einem anderen Zwischenfall. Aidan hatte sich verspätet und mußte nachts landen. Er war einer der erfahrensten Piloten, und Nachtflüge waren für ihn nichts Ungewöhnliches. Doch Privatlandebahnen im Hinterland sind nicht beleuchtet. Man hatte einen Jungen angewiesen, sich mit einer Sturmlampe in der Hand ans Ende des Flugfelds zu stellen, um die äußere Begrenzung zu markieren, damit Aidan die Länge seiner Landefläche abschätzen konnte. Allein in der Dunkelheit, wartete der kleine Junge mit seiner Laterne auf den lärmenden Vogel – *ndege* in Swahili bedeutet sowohl Vogel als auch Flugzeug –, der vom Himmel fallen sollte. Als aber das Dröhnen der unsichtbaren Maschine bedrohlich nahe kam, geriet er in Panik und rannte mit der Lampe in die Nacht hinein. Aidan folgte dem Licht und landete tief im Busch in den Wipfeln der Bäume, wobei sein Flugzeug zu Bruch ging.

Mit dem Kopf auf den Knien saß ich auf dem Teppich und lauschte dieser körperlosen Stimme, die bald erstarb.

Wenige Tage später brachte mir die Post ein unerwartetes Paket. Das Papier war abgegriffen und brüchig, als ob es in weiter Ferne aufgegeben und durch viele Hände gegangen wäre. Es enthielt keinen Sand oder getrocknete Blätter oder Schmetterlingsflügel, sondern ein neues Buch. Auf der ersten Seite las ich schmerzlich überrascht eine Widmung, geschrieben in einer einst vertrauten Handschrift:

Wenn Dir dieses kleine Buch gefällt, denk an mich.
Wenn Du auf diesen Seiten Weisheit findest, denk an mich.
Ich danke Dir für Deine Freundschaft
und für die vielen Beweise Deines Mitgefühls.

Dein alter Freund Aidan

Ich öffnete das Buch, und die ersten Worte, auf die mein Blick fiel, lauteten:

> ... jedes bißchen unversehrte Natur, das übriggeblieben ist, jedes bißchen Park, jedes bißchen noch unverbrauchte Erde sollte zum Schutzgebiet erklärt werden, sollte als Beispiel dafür erhalten werden, was das Leben ursprünglich sein sollte, damit wir uns erinnern.*

Rob Brett lernte fliegen, und Mukesh machte gerade die letzten Prüfungen für seinen Flugschein. Er hatte beschlossen, seinen ersten Alleinflug herauf nach Laikipia zu unternehmen. Er wollte in den Osterferien, kurz nach Emanueles Todestag kommen.

Ich sah Rob meine von Kandelaber-Euphorbien gesäumte Zufahrt heraufkommen, und mir fiel auf, wie sehr sie in den letzten Jahren gewachsen waren; sie bildeten nun eine beeindruckende Allee hochgewachsener, grüner Stämme. Ich goß uns zwei Tassen Kaffee ein und wollte hören, wie es um die nächste geplante Nashornaktion stand.

Rob küßte mich auf die Wange und setzte sich mir gegenüber. In seiner offenen Art sah er mir direkt in die Augen und begann nach einem für ihn ungewöhnlichen Zögern: »Kuki, du hast doch gehört, daß gestern in Nairobi ein Flugzeug abgestürzt ist. Mein Lehrer wurde dabei getötet.«

Ich hatte davon gehört. »Das tut mir leid.«

»Ein Flugschüler war mit ihm in der Maschine, der auch dabei getötet wurde.« Er stockte. Ich sah ihn einen Augenblick verständnislos an. »Der Schüler war Mukesh. Es tut mir furchtbar leid.«

Er reichte mir die Tageszeitung. Auf einem Foto in schlechtem, grauem Druck lächelte Mukesh das freundliche, warme Lächeln, das ich mit der Zeit so liebgewonnen hatte. Die Tasse Kaffee erreichte nie meine

* Laurens van der Post, *A Walk with a White Bushman.*

Lippen. Einen Moment war ich vom Schock wie gelähmt, dann stand ich auf und ging ziellos hinaus in den Garten. Ich hatte nur noch den Wunsch, allein zu sein, mit diesem neuen Kummer, der mir den Atem nahm. Unwillkürlich zog es mich zu den Gräbern. Sie waren für mich inzwischen zu meinem »Zauberkreis« geworden, und ich ging dorthin, um Trost, Rat und Frieden zu finden, wenn ich mich einsam und verwirrt fühlte.

Genau an diesem Tag hatte ich Mukesh nach seinem ersten Alleinflug bei mir erwartet. Das Mittagessen war vorbereitet, auf dem Tisch lag bereits ein zusätzliches Gedeck. Diese Nachricht drang wie schmerzhafte Nadeln in meine Seele. Mukesh war etwas Besonderes gewesen: begabt, gutherzig, vielversprechend. War es denn wirklich so, daß die Besten jung sterben? Niemals wieder würde sein Wagen in unserer Auffahrt halten, und niemals wieder würde er auf unserem weißen Sofa sitzen und uns mit Geschichten von seiner Arbeit oder Erzählungen aus Indien unterhalten. Er würde bei Emanueles Jahrestag nicht mehr dabeisein. Wanjiru weinte, als sie es erfuhr, und das ganze Personal war über diese Tragödie erschüttert, denn alle hatten seine stille Art gemocht und ihn wegen seiner echten Zuneigung und Sorge, die er uns entgegenbrachte, geschätzt.

Als ich wieder in Nairobi war, fuhr ich zum erstenmal zum Haus seiner Eltern in Muthaiga, um ihnen mein Beileid auszusprechen. Dutzende von Wagen parkten in der Auffahrt, und aus den Zimmern drang Gesang. Das Überschreiten der Türschwelle war wie das Überqueren einer unsichtbaren Grenze von Zeit und Raum: Ich war in Indien.

Es war der zehnte Tag nach seinem Tod; nach dem Glauben der Hindus gesellt sich die Seele an diesem Tag zu den Göttern ihrer Vorfahren. In wenigen Tagen würde sein Onkel seine Asche mit zurück an den Ganges nehmen. Es schien unfaßbar. In der überfüllten Küche waren Unmengen von Menschen damit beschäftigt, komplizierte Currygerichte, Fladenbrot und die für solche Zeremonien üblichen Süßigkeiten zuzubereiten. Männer in traditionellen weißen Gewändern und Frauen in weißen Saris drängten sich in den reich geschmückten Räumen, in denen es nach Weihrauch und Gewürzen duftete. Ein dünner Hindupriester saß mit geschlossenen Augen im Schneidersitz auf einem Kissen und sang Trauergesänge.

Der Vater, der wie eine ältere Ausgabe von Mukesh, nur ohne dessen Schnurrbart und Brille, aussah, kam mich begrüßen. Ich wußte, daß er in der Geschäfts- und Bankenwelt ein einflußreicher Mann war. In seiner Trauer und durch die traditionelle Kleidung sah er jünger aus, als ich ihn mir vorgestellt hatte, ebenso seine Frau, eine große, schöne Frau in einem Sari aus weißer Seide, deren Gesicht tränennaß war. Sie umarmte mich und sagte mit verzweifelter Stimme: »Ich war so stolz auf meinen Sohn. Ich gehe in sein Zimmer, und er ist nicht dort.« Sie sah sich um. »Wo ist er?«

Von einem auf einer Art Altar aufgestellten und mit Ringelblumen geschmückten lebensgroßen Foto sahen mich Mukeshs Augen über die Weihrauchschwaden hinweg an. Unter dem Tupfen aus Safran und Reis auf der Stirn schienen sie im Licht der Kerzen zu zwinkern. Sie erinnerten mich in verblüffender Weise an Emas Augen.

Ich wandte mich seiner Mutter zu. »Er ist bei Emanuele. Ich bin mir ganz sicher. Sie waren Freunde. Sie waren Brüder. Und mir ist, als hätte ich wieder einen Sohn verloren.«

Ich ging hinaus in eine trübe Nacht, die den ersten Aprilregen brachte. In der Hand trug ich in einem gelben Taschentuch eine Handvoll Mandeln und Kardamom-Süßigkeiten für Sveva – Mukeshs letztes Geschenk.

42

Emanueles Rodeo

Denk an mich, wenn ich gegangen bin,
Weit fort ins Land der Stille.

Christina Rossetti, *Andenken*

Immer beginnt der Morgen mit Wind, einem blauen und blaßgoldenen Licht und dem kühlen nassen Tau auf dem Gras. Am Rande meines Gartens, wo die beiden Bäume der Erinnerung wachsen und den Horizont und die Berge bewachen, sind meine Gräber mit rosafarbenen und roten Blumen bedeckt. Auf dem Rasen vor meinem Haus sind, als Vorbereitung für das abendliche Fest, Tische und Kissen, Teppiche und Zelte geschmückt mit Palmenzweigen und Bougainvilleen; daneben steht die lange Reihe der Barbecue-Roste.

In der morgendlichen Brise weht die rote Fahne, schwarz beschriftet mit dem Wort EMANUELE, das im Rhythmus der Windstöße erscheint und wieder verschwindet.

Es ist der Tag seiner Party.

Zu den Dingen, die ich nicht ändern wollte, zählte das Rodeo, das Emanuele und ich während der letzten Monate seines Lebens geplant hatten. Es hätte die Feier zu seinem achtzehnten Geburtstag sein sollen, und alle Angestellten von Ol Ari Nyiro, unsere Freunde und die Leute von den benachbarten Ranches hatten daran teilnehmen sollen. Zu seinen Lebzeiten hatte ich nie eine Party für Emanuele gegeben. Jetzt gebe ich jedes Jahr eine für ihn, zu seinem Andenken.

Eine lange Reihe Autos parkt an der Straße in Kuti, und es werden ständig mehr. Flugzeuge kreisen in niedriger Höhe, um auf der Landebahn zu landen. Eine bunte Gesellschaft von Afrikanern und Europäern jeden Alters bewegt sich auf das umzäunte Viehgehege zu, wo die Vorbereitungen im Gange sind. Aus den Geländewagen springen die Mannschaften: lachende Afrikaner, auf deren T-Shirts die Namen ihrer Ranches aufgedruckt sind. Alle wollen an dem heutigen Ereignis teilnehmen.

Auf einem großen Schild steht das Programm des Tages. Diesmal finden ein Staffelreiten mit Kamelen, Eseln und Pferden statt, ein Wettlauf für Kinder, Tauziehen sowie mehrere Spiele, bei denen Geschicklichkeit im Umgang mit Rindern erforderlich ist, und schließlich als krönender Abschluß der beliebteste Wettbewerb, das Bullenreiten im reinsten Rodeostil, bei dem die Teilnehmer auf dem Rücken eines Bullen reiten müssen. Sie dürfen sich nur mit einer Hand festhalten und es gilt, so lange wie möglich oben zu bleiben. Simon Evans, Jaspers Sohn, ist Meister darin. Es gibt einen Malwettbewerb für die Kinder unserer Schule zum Thema »Tiere auf unserer Ranch«. Für die beste Leistung ist ein Preis ausgesetzt, ebenso wie für den schönsten, mit einheimischen Bäumen bepflanzten Garten. Später gibt es dann traditionelle Tänze und Essen für alle. Silvesterparty und Disco dazu.

Freunde, die ich seit Jahren nicht gesehen habe, kommen auf mich zu, um mich zu begrüßen: bekannte Gesichter, junge Männer und Frauen, Emanueles Freunde, die inzwischen erwachsen geworden sind und eine Reife erreicht haben, die er nie haben wird. Wie hätte der zwanzig-, dreißigjährige Emanuele wohl ausgesehen? Von einem großen gerahmten Foto, das auf einem Tisch neben der Trophäe für den Sieger aufgestellt ist, lächelt er, ein Schlange um seinen Hals gewunden, sein trauriges, wissendes Lächeln, das nie alt werden wird.

Unter den Gästen ist der gutgelaunte, rothaarige Toon Hanegraff, größer als alle anderen, Michael Werikhe, der wieder einmal den ganzen Weg von Mombasa heraufgekommen ist, und Carletto mit all seinen Töchtern und zehn weiteren Gästen. Noch ein Flugzeug nähert sich, im Tiefflug den Boden absuchend. Das Geräusch des Motors verändert sich, kommt immer wieder. Das muß Iain sein ... Er ist es. Saba und Dudu, die inzwischen schöne Frauen geworden sind, steigen mit Oria aus: goldbraune italienische Haut, Ohrringe und Armreife, lange Röcke und nackte Füße, an deren Knöcheln Reifen klimpern. Unser vollbesetzter Lastwagen kommt in einer roten Staubwolke an, fröhliche und festliche Meru-Lieder erklingen.

In der Mitte des Viehgeheges kümmert sich Colin mit der Trillerpfeife im Mund und einer blauen Mütze als Sonnenschutz auf dem Kopf um die Vorbereitungen. Rinder werden ausgesucht und mit einem Zeichen versehen. Kamele und Esel warten mit ihren Hirten in der Nähe. Neue Sisalseile werden fürs Tauziehen zurechtgelegt, Preise werden aufgebaut. Eine große, mit einem angreifenden Büffel bemalte Zielscheibe wird für das Bogenschießen aufgestellt. Die Mugie-Mannschaft besteht aus einer Gruppe von Samburu. Sie sehen schön aus in ihren roten und weißen *shukas*, mit den Ohrringen aus roten Holzperlen und den glänzenden Speeren; sie stehen alle auf ein Bein gestützt, wie stolze Flamingos. Die Mannschaft von Ol Ari Nyiro mischt sich unter die Menge, faßt mit an, erfüllt ihre Gastgeberpflichten. Alle tragen sie khakifarbene T-Shirts, die grellrot bedruckt sind: FÜR EMANUELE. Unter ihnen sehe ich Mapengo, der eine Feder im Haar trägt. Für einen Tag im Jahr kehrt er von dem weit entfernten Ort, wo er jetzt arbeitet, nach Laikipia zurück, um für seinen *ndugu* (Bruder) zu kämpfen. An diesem Tag kommt wieder der alte Mapengo zum Vorschein; seine großspurige Art, sich zu bewegen, und das zahnlose Grinsen scheinen unverändert, während er vor der jubelnden Menge einen Bullen »für Emanuele« reitet.

Unter Rufen, Klatschen und allgemeinem Beifall beginnt das Rodeo. Zum wievieltenmal? Zum fünften-, sechstenmal? Es ist der letzte Tag des Jahres, der Festtag, der seinem eigentlichen Geburtstag am nächsten liegt. Für die Neulinge unter den Gästen erinnere ich bei der Preisverleihung daran, daß es auf diesem Land einen jungen Mann gegeben hat, der Afrika, seine Tiere und seine Menschen liebte und der jetzt tot ist. Der aber, da die Liebe die Brücke zum Jenseits ist, in den Herzen derjenigen weiterlebt, die ihn kannten und liebten. Und da er, wie alle jungen Menschen, Partys liebte, soll dieses Fest zur Erinnerung an ihn gefeiert werden, und wir werden uns für ihn freuen.

Im Schatten eines Baumes stehen die Pokot bereit für die abendlichen Tänze um die Freudenfeuer. Gekleidet in ihre alten eingefetteten Häute, sind sie viele Kilometer gelaufen, um wieder hier zu sein, um ihre Lieder zu singen, in denen sie an den *kijana* erinnern, der die Menschen liebte und die Schlangen zu sehr liebte. In ihrer Mitte, den Schädel und das hagere Gesicht feierlich mit rötlichem Ocker beschmiert, entdecke ich Cheptosai Selale, die alte Medizinfrau. Sie werden zusammen mit den Leuten von Ol Ari Nyiro im Schein des Lagerfeuers die Tänze tanzen, die die ganze Nacht dauern werden. Und wenn morgen die Sonne eines neuen Jahres aufgeht, wird sie ein heiserer Chorgesang begrüßen, der aus tausend Kehlen wie aus dem tiefsten Herzen Afrikas aufsteigt.

Die Popmusik wird langsamer, leiser, hört dann ganz auf. Die Tänze sind unterbrochen, die Gäste gehen hinaus auf den Rasen, blicken auf die Uhr. Es ist fast Mitternacht.

Eine ältere, langsamere Melodie setzt ein, ein betörender spanischer

Rhythmus, der sich zu einem Crescendo steigert, das immer lauter und akzentuierter wird: Ravels »Bolero« steigt durch das *makuti*-Dach in die kalte, sternklare Nacht hinauf, und die Menge lauscht, verzaubert und in ehrfürchtigem Schweigen, Emanueles Musik. An den Gräbern brennt das Feuer wie in jeder Nacht.

Durch die Schatten am Ende des Gartens, der von Hunderten von flackernden Kerzen wie ein Märchenland beleuchtet wird, bewegt sich Robin auf leisen Sohlen, eine Fackel in der Hand. Ein Raunen geht durch die Menge, als die erste von vielen Raketen unter lautem Zischen mit einem Funkenregen wie ein Komet nach oben schießt und zu Millionen Sternen zerplatzt, die den Himmel erhellen.

Selbst die Elefanten verstehen, daß heute nacht etwas Großartiges, Ungewöhnliches geschieht.

Wein fließt in die Gläser. »Prost Neujahr!« Freunde kommen und umarmen mich. »Es war wieder eine wunderbare Gedenkfeier für deinen Sohn.«

In der Dunkelheit kann niemand meine Tränen sehen. Ich blicke hinauf in die geheimnisvolle Weite und suche nach ihm. »Herzlichen Glückwunsch zum Geburtstag, mein Liebling«, sage ich leise.

Er wäre zweiundzwanzig geworden. Wieder ist ein Jahr vergangen, wieder hat ein neues begonnen.

43

Das Elfenbeinfeuer

Wenn die großen Tiere verschwunden sind, stirbt der Mensch gewiß an einer großen Einsamkeit der Seele.

Häuptling Seattle von den Nez Percé, 1884

In den späten achtziger Jahren drangen somalische Banditen und Deserteure der somalischen Armee in die nördlichen Provinzen Kenias ein und überzogen das Land mit einer Welle des Terrors. Sie zogen mordend durch die Nationalparks und ließen verstümmelte Kadaver, hilflose Jungtiere und dezimierte Elefantenherden zurück. Jeden Tag ereigneten sich Tragödien auf den offenen Savannen und im dichten afrikanischen Busch. Die bestehenden Tierschutzorganisationen, die schlecht ausgerüstet waren und denen es an Mitteln, Führungskräften und angemessener Planung mangelte, schienen machtlos, diese Welle organisierter Wilderei zu stoppen. Verzweifelt verfolgten wir, was geschah, und unternahmen alles, was in unseren Kräften stand, um diesem Schlachten ein Ende zu setzen.

Obwohl wir die Lage auf Ol Ari Nyiro unter Kontrolle hatten, erreichten uns häufig Meldungen über Tiere, die auf benachbarten Ranches verletzt worden und nach Ol Ari Nyiro gehumpelt waren, um dort zu sterben. Die Zahl der durch Drahtschlingen verkrüppelten Elefanten wuchs, und immer, wenn wir von einem Fall hörten, fuhren Colin und unsere Mannschaft los, um zu helfen.

Ich stehe im Gras unter einer kleinen Akazie und sehe zu, wie Colin sich um einen betäubten jungen Elefanten kümmert. Durch die grünen Uniformen perfekt getarnt, warten ein paar Leute unserer Wachmannschaft im Schatten eines großen Busches. Drei werden zurückbleiben, um auf den Elefanten aufzupassen und um dafür zu sorgen, daß kein Löwe, kein Pokot- oder Samburu-Jäger seinen geschwächten Zustand und seine Behinderung ausnutzt. Sie werden so lange ein wachsames Auge auf ihn haben, bis er sich erholt hat oder wieder von seiner Herde aufgenommen wird, die ihn zurücklassen mußte, als er nicht mehr gehen und mit der Gruppe mithalten konnte.

Nach einigen Wochen war die Wunde verheilt. Er humpelte nicht mehr. Seine Mutter kam jeden Tag, um nach ihm sehen, und seine eigene Herde, die vermutlich auf seine Schallrufe hin herbeikam, nahm ihn wieder auf. Unsere drei Askaris, die sich um ihn gekümmert hatten, ihn mit Luzernen gefüttert, mit Wasser getränkt, rund um die Uhr bewacht und mit ihm gesprochen hatten, damit er sich sicher fühlte, waren nach Ol Ari Nyiro zurückgekehrt. Bis zum nächstenmal.

Der Tsavo-Nationalpark, der einst das Reich frei umherstreifender Elefanten gewesen war, wurde nun zum Schauplatz des qualvollen, einsamen Todes von Hunderten wehrloser Dickhäuter, die menschlicher Gier zum Opfer fielen. Eine Zählung, die 1988 unter der Leitung von Iain Douglas-Hamilton stattfand, ergab, daß nur noch wenige tausend Elefanten in Tsavo übriggeblieben waren und ihre Zahl täglich kleiner wurde. Trotz der internationalen Empörung und der Hilfe, die Kenia zuteil wurde, schien nichts diese wahllose Vernichtung aufhalten zu können. Der Elefant schien, wie der Dinosaurier, zum Aussterben verurteilt.

Im April 1989 erfuhr ich von Oria über Funk, daß Richard Leakey vom kenianischen Präsidenten überraschend zum neuen Leiter des »Wildlife«-Ministeriums zum Schutz wildlebender Tiere und Pflanzen ernannt worden war, aus dem bald die »Kenya Wildlife Services«, eine überstaatliche Organisation, hervorgehen sollte. Praktisch über Nacht war Richard nun dafür verantwortlich, die Situation des Tier- und Pflanzenschutzes im Land neu zu organisieren. Die Aufgabe, die man ihm anvertraut hatte, war beängstigend, und die meisten Menschen hätten sie für unmöglich gehalten. Richard ging sie mit all seiner Kraft, all seiner Zeit und all seinem Mut an.

»Meinen Glückwunsch oder mein Beileid?« fragte ich ihn am Telefon, sobald ich nach Nairobi gekommen war.

Er lachte sein kurzes, bedeutungsvolles Lachen: »Beides.«

Ich zweifelte keine Sekunde daran, daß er der Aufgabe gewachsen sein würde, und er bewältigte sie auf seine übliche, untadelige Art.

Es gab Prioritäten verschiedenster Art, doch ganz oben auf der Dringlichkeitsliste stand zweifellos, das Abschlachten der Elefanten aufzuhalten. Aber wie? Es war klar, daß, solange Elfenbein und Elfenbeinprodukte gekauft wurden, es immer jemand geben würde, der Elefanten tötete. Wie viele andere war Richard der Meinung, daß die einzige Möglichkeit, das Abschlachten zu beenden, darin bestand, den Handel zu unterbinden. Er kam zu dem Schluß, daß Kenia ein bisher nie dagewesenes Beispiel der Geschlossenheit geben sollte.

Die Vereinigung der Besitzer von Nashorn-Schutzgebieten in Privathand, deren stellvertretende Vorsitzende ich war, traf sich jedesmal in einem anderen Schutzgebiet. Diesmal waren wir an der Reihe; das Treffen fand auf Ol Ari Nyiro, in meinem Haus in Kuti, statt. Der »Wildlife«-Leiter wurde immer dazu eingeladen, und diesmal war es Richard. Unerwarteterweise war es ihm trotz seiner vielen Verpflichtungen möglich, zu kommen. Er wollte Koobi-Fora besuchen, das in einem Nationalpark liegt, und Kuti lag auf seinem Weg. Er eröffnete die Sitzung am Morgen, und alle waren von seinen klarsichtigen und zuversichtlichen Ausführungen beeindruckt.

Als Richard am Abend vom Turkanasee wieder nach Ol Ari Nyiro zurückkam, erzählte er uns, daß der Präsident zugestimmt habe, alles Elfenbein, das in den letzten zwei Jahren im staatlichen Elfenbeinlager gesammelt worden war, öffentlich zu verbrennen. Das Elfenbein hatte auf einer Auktion verkauft werden sollen, und die Interessenten waren bereits eingetroffen. Es waren insgesamt zwölf Tonnen, die über drei Millionen Dollar wert waren. Richard hatte den Verkauf abgesagt.

»Zwölf Tonnen!« Mir verschlug es den Atem. »Wie kann man denn zwölf Tonnen Elfenbein verbrennen? Brennt Elfenbein überhaupt?«

»Ich weiß nicht genau«, sagte Richard ungerührt. »Es muß einen Weg geben. Versuchen wir's einfach!«

Die abgebrochenen Elfenbeinstücke, die unsere Leute in Laikipia finden, werden bei uns aufbewahrt. Damit sie diese Stücke abgeben und nicht etwa unter der Hand verkaufen, zahlen wir je nach Größe eine entsprechende Entschädigung. Dann werden die Stücke numeriert und in ein Verzeichnis eingetragen. Erst wenn wir eine Wagenladung zusammenhaben und sich die lange Fahrt lohnt, bringt Colin – der auch unser ehrenamtlicher Jagdaufseher ist – das Elfenbein nach Nanyuki und liefert es bei der zuständigen staatlichen Stelle ab. Mit Richards Erlaubnis bat ich Colin, ein paar größere Stücke heraufzuschicken, und mit einem Anflug von Unwirklichkeit verbrannten wir sie während des Essens in meinem Kamin.

Es dauerte lange, und wir verbrauchten eine ganze Menge Holz, doch schließlich verbrannten die Stücke zu flockiger Asche. Das Feuer mußte sehr heiß sein, und das Verhältnis von Holz zu Elfenbein betrug ungefähr zehn zu eins. Richard bat Colin um Hilfe. Der Gedanke, zwölf Tonnen Elefantenstoßzähne und die entsprechenden hundertzwanzig Tonnen Brennholz zu vernichten, war schwindelerregend. Einen ganzen Wald zu verbrennen, um das Elfenbein zu verbrennen, war aus ökologischer Sicht vielleicht ebensowenig akzeptabel, wie Elefanten zu töten, und obwohl das verwendete Holz von dem in Baumschulen gezogenen und »importierten« Gummibaum stammen würde, den es in Kenia im Überfluß gibt, fühlte ich mich dennoch nicht ganz wohl dabei. Die Entscheidung lag natürlich nicht bei mir, doch ich suchte weiter nach einer anderen Lösung.

Die besten Ideen meines Lebens haben sich immer dann in meinen Kopf geschlichen, wenn ich kurz vor dem Einschlafen war. Um sicherzugehen, daß ich mich am nächsten Morgen noch an sie erinnere, habe ich immer ein Notizbuch und einen Stift auf meinem Nachttisch liegen. Einige Tage nach jenem Wochenende sah ich, kurz bevor ich in den Schlaf sank, mit plötzlicher Klarheit, daß die öffentliche Verbrennung des Elfenbeins eigentlich zum Ziel hatte, der ganzen Welt zu zeigen, wie entschlossen Kenia war, den Elfenbeinhandel zu beenden: Wenn der Präsident den Scheiterhaufen vor den Augen der versammelten Weltpresse entzündete, mußten die Flammen sich augenblicklich ausbreiten und dramatisch auflodern. Selbst eine kurze Verzögerung wäre eine Art Antiklimax. Das Feuer mußte vor allen Dingen *fotogen* sein.

Plötzlich hellwach geworden, setzte ich mich im Bett auf: Robin.

Robin würde wissen, wie man Elfenbein verbrennen konnte, ohne diese Unmengen Holz zu verbrauchen, *und* er würde wissen, wie man das Ereignis eindrucksvoll inszenieren konnte. Das war sein Job, und genau das hatte er dutzendmal für die Spezialeffekte in Filmen geschafft. Er war gerade aus Norwegen zurückgekommen, und ich wußte, daß er bald wegen eines Films in den Fernen Osten reisen würde. Ich rief ihn sofort an. Es war nach Mitternacht. Er meldete sich verschlafen.

»Wenn du pressewirksam zwölf Tonnen Elfenbein verbrennen solltest, wie würdest du das anstellen?« fragte ich ihn.

»Ganz einfach«, antwortete er und schlug mir eine praktische Lösung vor. Er würde die Stoßzähne, einen nach dem anderen, in eine leichtentzündliche durchsichtige Lösung tauchen. Dann würde er sie auf einem Holzstoß aufschichten, der wiederum auf einem versteckten System von Röhren ruhte, die mit einem Generator verbunden wären. Durch diese Röhren könnte man Benzin sprühen, um die Hitze und das Feuer in

Gang zu halten, solange es nötig war. Er wäre durchaus in der Lage, so etwas mit seinem Team für Spezialeffekte erfolgreich durchzuführen, und er bot augenblicklich seine Hilfe an.

Am nächsten Morgen rief ich Richard an. »Ich glaube, es wäre nicht schlecht, wenn du dich mal mit Robin treffen würdest«, sagte ich. »Er hat ein paar Ideen zu dem Elfenbeinfeuer, die sich sehr vernünftig anhören.« Ich beschrieb sie ihm kurz.

»Sag ihm, er soll um neun hiersein«, sagte er. Robin bekam den Auftrag, während Colin dafür verantwortlich sein würde, die Errichtung des gigantischen Scheiterhaufens zu organisieren.

So war ich gleich auf mehrfache Weise am letzten Akt des Elefantendramas beteiligt.

Es war der 18. Juli 1989.

Ein Schauer durchlief die Menge im Nairobi-Nationalpark wie eine Welle. Die blaugekleidete afrikanische Blaskapelle fing zu spielen an. Die Leute klatschten und reckten ihre Hälse, um besser sehen zu können. Kameras klickten.

Eine frische Rosenknospe am Revers, stieg Präsident Moi aus seinem blankgeputzten Wagen. Der Klang der Nationalhymne stieg hoch hinauf in den fast wolkenlosen Himmel. Im Dunstschleier in der Ferne waren Nairobis Wolkenkratzer zu sehen und erinnerten an die Bedrohung, die der Mensch für die unberührte Natur darstellt.

Näher, doch bis jetzt noch im Hintergrund, lag ein Haufen säuberlich und effektvoll aufgeschichteter Elefantenstoßzähne, Symbol für einen Massenmord an fast zweitausend Elefanten. Erst am Tag zuvor hatten wir mitgeholfen, diese Stoßzähne hierherzubringen, Sveva und ich, Colin und Robin, Oria und ihre Töchter sowie die Leute aus Laikipia, die wir zur Unterstützung geschickt hatten. Und natürlich Richard.

Durch die zusammengedrängte Menge konnte ich undeutlich erkennen, wie Robin nach vorn ging. In der Hand hielt er einen langen Stab, der in eine brennbare Lösung getaucht worden war. Er war bereit, das Feuer zu entzünden.

Unter den Anwesenden waren viele meiner Freunde, Menschen, die im Laufe der Jahre ein Teil meines Lebens und meiner Arbeit geworden waren, ein Teil von dem, was ich heute bin. Mein Blick wanderte über die Menge und blieb bisweilen mit einer gewissen Verwunderung auf dem einen oder anderen bekannten Gesicht haften. Das »Who's Who«

des internationalen Tierschutzes war hier versammelt. Die letzten Noten der Nationalhymne verklangen in der heißen Nachmittagsluft. Gefolgt von Richard, trat Präsident Moi auf das rotdrapierte Podium gegenüber der Pressetribüne. Hinter ihm ragte der Elfenbeinberg in die Höhe, der bald in Flammen aufgehen würde, um der Welt zu beweisen, daß Kenia den Worten Taten folgen ließ. In der gespannten Stille war das Knistern des Mikrofons zu hören.

Mit klarer Stimme verlas der Präsident seine historische Rede. Ein Berg von Elfenbein im Wert von über drei Millionen Dollar, das Symbol der sinnlosen Zerstörung der Umwelt durch den Menschen, würde jetzt in diesem Schutzgebiet für wildlebende Tiere verbrannt werden. Mir erschien dies wie ein Reinigungsprozeß, mit dem die Verbrechen und Verderbtheiten der Vergangenheit beseitigt wurden, damit wir noch einmal, geläutert und frisch, von vorn anfangen können.

Die Rede endete unter Beifallsrufen. Der Präsident trat vom Podium herunter. Robin entzündete den Stab und übergab ihn Richard, der ihn Präsident Moi überreichte.

Ich hielt den Atem an und schloß einen Moment lang die Augen.

Die Stoßzähne, die in eine Speziallösung getaucht worden waren, fingen sofort Feuer. Flammen loderten glühendheiß empor. In einer undurchdringlichen Wolke, die nach alten Knochen roch, stieg zuerst dünner, dann dichter Rauch in die Luft. Wie eine Elfe schien mir durch den Rauch hindurch Svevas Gestalt, die in einiger Entfernung stand und Wanjirus Hand hielt. Das Elfenbein wurde schwarz und fing an, knisternd zu brennen. Tosender Applaus brach aus der Menge, während die Fernsehteams aus aller Welt den Menschen in jedem Winkel der Erde dieses neue Opfer Afrikas zeigten. Mitten in der Menge stand Robin, der die Benzinpumpe und den Generator bediente; noch immer konnte ich ihn nur undeutlich durch den Rauch sehen, und ich wußte, daß er lächelte.

Fasziniert beobachtete ich, wie die versengten Stoßzähne in dem orangefarbenen Feuer langsam schwarz wurden, und mir war sehr wohl bewußt, daß dies einen weiteren Wendepunkt und die Krönung jahrelanger Vorbereitungen für mich bedeutete. In den darauf folgenden Stunden zerstreute sich die Menge allmählich. Einige schlenderten noch umher. Oria lud mich zum Tee ein, und Sveva und ich gingen mit. Neben den weißen Sommerwolken trieb eine neue gelbe Wolke am Nachmittagshimmel.

Am Abend kehrten wir zurück. Die Menge hatte sich schon vor Stunden zerstreut. Die Nacht brach rasch herein, und der Nairobi-Nationalpark gehörte jetzt wieder den Tieren.

Die Askaris in Tarnkleidung bewachten mit ihren Gewehren die Überreste von Tausenden von Stoßzähnen, dem Symbol der verlorenen Herden, die einst über die weiten Ebenen zogen. Das Feuer schwelte noch. In der glühenden Asche waren noch immer die zu Asche zerfallenden Formen langer gebogener Hauer zu erkennen. Ich stand wie gebannt in der sengenden Hitze und mußte an andere Orte denken, an andere Menschen und andere Feuer in meinem Leben, von denen dies das letzte war.

Ganz in der Nähe brüllte ein Löwe seinen rauhen, heiseren Gruß an den aufgehenden Mond. Die Lichter Nairobis schmückten die Nacht wie herabgefallene Sterne.

Eine kleine Hand schob sich in meine – der Zeigefinger krümmte sich, wie immer, wenn Sveva tief in Gedanken war. Das zischende Flackern der letzten züngelnden Flammen des Elfenbeinfeuers malte rötliche Reflexe auf ihrer Haut. Ihr Haar leuchtete wie eine helle Flamme. Solange sie lebt, wird sie sich an diesen einmaligen Augenblick erinnern. Er war erneut ein Ende, erneut ein Anfang, und er umfaßte, läuterte alles, was bis dahin in unserem Leben geschehen war, und gab ihm einen Sinn.

Vor uns lag die Zukunft mit all ihren Herausforderungen. Ein Kreis hatte sich geschlossen, ein neuer hatte sich geöffnet.

44

Epilog

Denn das Wort heißt Auferstehung,
Und selbst das tiefste Meer wird seine Toten freigeben müssen.

D. H. Lawrence, *Be Still*

Als ich nach dem Elfenbeinfeuer von Nairobi nach Laikipia zurückfuhr, war es wie eine Reise in die Vergangenheit. Man läßt die hohen Gebäude Nairobis hinter sich, und nach den dunklen Wäldern aus Zypressen und Pinien, mit denen die Abhänge bepflanzt ist, hat man den ersten atemberaubenden Blick über den Ostafrikanischen Graben und den Naivashasee mit seiner sichelförmigen Insel.

Entlang der frisch geteerten Straße hinter Nyahururu liegen kleine Farmen, Dörfer mit Holzhütten, kleine Waldflächen, wo man heute nur noch selten wilde Tiere sieht.

Der Teer endet abrupt. Wir fahren durch dichtbesiedelte Gebiete: Akker mit kleinen Hütten darauf, Wellblechdächer, kleine Herden mit Ziegen und mageren Rindern, die von scharfäugigen Hunden bewacht werden, kahle Flächen mit halbverbrannten Baumstümpfen, die einst die Colobus-Ranch bildeten. Vom Straßenrand winken uns Kikuyu-Kinder zu, und wir winken zurück. Manche von ihnen kommen ein- bis zweimal pro Jahr in einem LKW, den ich ihnen schicke, zusammen mit ihren Lehrern auf die Ranch, um die freilebenden Tiere zu sehen, die auf den urbar gemachten Feldern keinen Lebensraum mehr finden.

Ein kleiner Mann scheint neben der staubigen Piste vor uns aus dem Nichts aufzutauchen und hebt fast scheu die Hand zum Gruß. Meine Aufmerksamkeit ist auf die Straße gerichtet, und da ich wie immer begierig darauf bin, endlich heimzukommen, bremse ich etwas ab, halte aber nicht an. Etwas an dieser Gestalt kommt mir bekannt vor ... Wanjiru und Sveva schauen zurück und rufen gleichzeitig voller Überraschung: »Das ist Luka.«

Ich steige auf die Bremse, und der Wagen hält in einer roten Staubwolke, durch die er auf uns zugelaufen kommt, den kleinen geschmeidigen Körper nach vorn gebeugt, um der Luft weniger Widerstand zu bieten und dadurch schneller zu sein: seine typische Art, mit geringstem Kraftaufwand zu laufen, die ich überall wiedererkennen würde. Zu oft waren wir im schimmernden Morgengrauen wie im Licht eines feurigroten Sonnenuntergangs gemeinsam hinter einem Tier hergerannt oder vor ihm geflüchtet, und zu oft hatte ich versucht, seine natürliche Geschmeidigkeit und den Winkel seiner Schritte nachzuahmen. Er bleibt neben meinem offenen Fenster stehen.

»Luka.«

»Memsaab. Kainda. Wanjiru. Kumbe, wewe badu najua mini!« (»Sie erkennen mich noch!«)

Er ist alt geworden. Er hat einige Zähne verloren und ist jetzt viel dünner. Die Haut spannt sich über den Wangenknochen. In seinen geröteten Augen schimmert noch etwas von dem alten Schwung. Er erzählt uns, daß er einen Laden, eine *shamba* in Lariak hat und daß es ihm gutgeht . . . Er vermißt den Busch. *»Habari wa faru?«* (»Was machen die Nashörner?«) Seine Stimme klingt sehnsüchtig. Er will irgendwann einmal zu uns nach Hause kommen, um uns zu besuchen. Bald. Nächsten Monat vielleicht. Wir verabschieden uns. Seine winzige Gestalt wird im Rückspiegel kleiner, er steht unbeweglich, mit erhobener Hand. Sveva winkt, bis sich der Staub auf die Erinnerung an seinen Schatten legt.

Am Ende der *murram*-Piste erreichen wir das Tor. An den starken Pfosten hängt ein aus altem Zedernholz geschnitztes Schild: OL ARI NYIRO RANCH. LAIKIPIA RANCHING CO. Darunter ein neues: »The Gallmann Memorial Foundation« (Gallmann-Gedächtnisstiftung). Das Tor öffnet sich, der Askari begrüßt uns mit einem Lächeln. Wie alle Besucher schreibe ich meinen Namen in das Gästebuch. Meine erste Frage lautet immer: *»Habari wa nvua?«* (»Irgendwas gehört, ob es Regen geben soll?«) Das Tor schließt sich hinter uns, und wir sind in Afrika angekommen.

Sanftgeschwungene Hügel, blaßgrüne *leleshwa,* leuchtendrote Erde. Große Schwärme Perlhühner. Nach Süden hin, am Fuße der Ol-Ari-Nyiro-Seite des Enghelesha-Berges, breitet sich der unberührte Wald aus, wo noch immer Stummeläffchen, Leoparden und Büffel, seltene Vögel und Schmetterlinge Zuflucht finden. Und das unmittelbar neben den

Grasweiden, auf denen wohlgenährte Boranrinder grasen, und den mit Mais und Hafer, Sorghum, Weizen und Bohnen bepflanzten Feldern.

Sveva und ich spielen immer, wer von uns das erste vierbeinige wilde Tier entdeckt. Es dauert nicht lange: Es ist eine Herde Antilopen. Flüchtende Warzenschweine. Ein Zebrahengst, massig, mit zuckendem Schwanz über einem runden, dicken Leib, beobachtet uns von der Mitte der Piste aus, schnaubt durch die schwarzen Lippen und trottet hinter seinen Stuten her.

»Elefanten!« kreischt Sveva. Die Gruppe von Elefantenkühen mit Jungtieren, die gemächlich von den Dornenbäumen fressen, beachtet uns kaum. Die Rüssel richten sich vorsichtig auf, um unsere Witterung aufzunehmen, die Ohren schlagen, Mägen rumpeln. Ein Schwarm Pelikane fischt am Nyukundu-Damm. Auf der Ostseite trinkt eine große Herde Dorperschafe, weiße Körper und schwarze Köpfe, bewacht von ihren Hirten. Neben ihnen blicken freundliche Wasserböcke unbesorgt in die Welt, schön und harmlos wie haarige Zeichentrickfiguren. Am Großen Damm trinken Büffel, bis zu den Knien im Wasser stehend. Schwarze Köpfe gehen in die Höhe, von den Mäulern tropft es, längliche Ohren lauschen.

Zwischen Lichtungen und *luggas* hindurch steigt die Straße hinauf nach Kuti, und dann taucht hinter der Landebahn mein Garten auf, voller Blumen, und in den Euphorbien, die zu einer Allee herangewachsen sind, erklingt der Gesang der Vögel. Die zwei Dornenbäume sind jetzt in der Ferne zu sehen, und ich grüße sie. Simon kommt lächelnd zum Wagen, und wir schütteln uns die Hand. *»Ejok.«* – *»Ejoknui.«* Die Hunde springen um uns herum und jaulen vor Freude.

Die Rückkehr nach Laikipia scheint jedesmal gleich, doch immer ist irgend etwas anders. Kleine Dinge. Vielleicht gilt es, neue Welpen zu begrüßen, oder die Orchideen blühen zum erstenmal; Elefanten haben sich von dem Elektrozaun nicht abschrecken lassen und wieder einmal einen Pfefferbaum entwurzelt oder die Wasserleitung unterbrochen; der Leopard hat das Hundefleisch stibitzt; ein tollwütiger Schakal mußte am Tor erschossen werden; eine Kobra hat beschlossen, sich im Fischteich niederzulassen; jemand ist an Malaria erkrankt und muß ins Krankenhaus gebracht werden; ein Schwarm wilder Bienen hat sich schon wieder oben an der Decke in Emanueles Zimmer eingenistet.

Ungewöhnliche und denkwürdige Ereignisse, so wie an jenem Abend kurz nach dem Verbrennen des Elfenbeins: Die Hunde warteten schon auf ihren Abendspaziergang, als Simons stille Gestalt an meiner Tür auftauchte. Sein gleichmütiges Gesicht schien etwas von seiner normalen Gelassenheit verloren zu haben.

»*Memsaab*«, flüsterte er ernst. »*Warani wa tayeri ya Pokot alikuja kusalamia wewe. Ni saidi ya mia. Unajaza kiwanja.*« (»Die jungen beschnittenen Pokot-Krieger sind gekommen, um Sie zu grüßen. Es sind über hundert. Die ganze Landebahn ist voll von ihnen.«) Er schien beeindruckt. »*Ni kitu kubwa sana.*« (»Es ist eine ganz große Sache.«)

Ich ging mit den Hunden hinaus auf den Rasen. Das goldene Licht des Nachmittags zeichnete klar die schwarzen Umrisse der Berge; der Kamm des Mugongo wa Ngurue sah aus wie das Profil eines Wales, der sich gerade in die geheimnisvolle Mukutan-Schlucht stürzen will. Die Wolken schimmerten orangefarben, als ob unterhalb des Horizonts ein unsichtbares Feuer brennen würde.

Die Hunde wurden nervös, richteten die Ohren auf und standen vor, mit der Nase nach Westen. Schwarze Nasen bebten, sie witterten etwas Fremdes im Wind. Beunruhigt sträubte sich das lange Haar auf ihrem Rücken, wie bei einem Rudel Hyänen, das zur Jagd bereit ist.

Wie eine riesige Rinderherde, wie gleichförmig trampelnde Büffelhufe, näherte sich langsam eine Armee nackter, rhythmisch stampfender Füße aus der Ebene. Es ertönte ein seltsamer, stöhnender Klang, tief und vibrierend, kraftvoll und unheimlich, der immer näher kam: der Beschneidungsgesang der jungen Pokot-Krieger.

Ich nahm Svevas Hand. Ihre blauen Augen weiteten sich vor Neugier. Die Hunde drängten sich um uns. Ich wandte mich an Simon. »Sag ihnen, daß sie willkommen sind. Wir werden sie hier erwarten.«

Es war ein weiter Weg von Italien bis hierher, von der friedlichen Umgebung meiner Kindheit: Schultafeln, auf denen griechische Wörter standen, graue Klassenzimmer, alte Gemälde, Glocken, die von Kirchtürmen riefen, Geschichte, die in den Herbstnebeln schwebte.

Eine nicht enden wollende Prozession brauner Schatten bewegte sich wie ein Zug hölzerner Geister zwischen den Akazien und den Euphorbien in der Zufahrt. Ihre Gesichter waren von langem, geflochtenem Haar verdeckt, das bis zur Hüfte herabfiel. Von der Brust bis zu den Knien waren sie in Häute gehüllt, die mit Fett und rotem Ocker weich und schmiegsam gemacht worden waren. Da ihre Gesichter verborgen und ihre Körper nicht zu erkennen waren, erschienen sie geschlechtslos und fremd, wie Geister oder Engel. Sie warfen ihr Haar dramatisch von einer Seite zur anderen, bewegten sich wie Masken, die nichts enthüllten.

Es war, als ob die Erde lebendig geworden wäre und menschliche Gestalt angenommen hätte. Jeder von ihnen hielt einen neuen Prunkbogen und Pfeile, in die komplizierte, rostbraune und elfenbeinfarbene Muster eingebrannt waren. Es waren weit über hundert Männer. Sie sangen ihren eindringlichen Gesang, gingen in einer Reihe hintereinander und näherten sich in endlosen spiralförmigen Kreisen, eine indirekte Annäherung als Symbol der Freundschaft. An der Spitze gingen die alten Häuptlinge. Ich erkannte ein paar von ihnen, Straußenfedern steckten in ihren Kappen, schwarze *shukas* waren um ihre eingefallenen Hüften geschlungen, ihre schwieligen Füße steckten in Sandalen aus ungegerbtem Fell. Sie trugen Speere, deren Spitzen als Zeichen des Friedens verhüllt und nach unten gerichtet waren.

Bevor wir uns recht versahen, hielten die Krieger an und standen nun in einem nahezu kreisrunden Ring um uns herum. Sveva und ich warteten in der Mitte auf dem kurzgeschnittenen Rasen, der der Wildnis abgerungen worden war, zwischen den Blumen und umgeben von unseren großen Hunden. Unsere helle Haut und die hellen Haare stachen hervor, und mir wurde klar, daß sie und ich die einzigen weiblichen Wesen bei dieser Zeremonie waren. Unsere europäische Abstammung und meine Position als Herrin über diesen Landbesitz gaben uns, so nahm ich an, den Status von Männern.

Und doch hatte es eine Zeit gegeben, die erst wenige Jahre zurücklag, in der ebendiese Pokot gekommen waren, um unsere Nashörner zu töten.

Die Häuptlinge traten vor, um uns die Hand zu schütteln. *»Sopai«* (»Ich grüße euch«), sagte der älteste Häuptling. *»Epah«* (»Und ich grüße euch«), antwortete ich.

Langeta – der Sohn von Cheptosai Selale, der alten Medizinfrau, die mit Kräutern heilte – kam näher, um für mich zu übersetzen.

»Kuki, wir kommen in Frieden, um dich zu grüßen und um dir Glück zu wünschen. Unser Krieg mit den Turkana-Rebellen ist vorbei, und dies ist eine Zeit der Freude für die Pokot, denn die erste Beschneidungszeremonie seit dreiundzwanzig Jahren geht zu Ende. Jede *manyatta* hat einige ihrer jungen Krieger zu dir gesandt, und keiner von ihnen wird diesen Tag und seine Bedeutung vergessen.

Wir haben deine Grenze überschritten, um unsere Freundschaft und unsere Bereitschaft zur Mitarbeit auszudrücken. Du, Musungu, warst gut zu uns, und wir werden zu dir stehen, und wir sind gekommen, um dir zu danken. Du sollst wissen, daß wir dich wie eine von uns betrachten. Du hast uns geholfen, und wir werden dir helfen. Wir werden die Tiere, für die du sorgst, nicht stören. Was wir jetzt sagen, kann nicht zurückgenommen werden und soll nicht vergessen werden, denn dies ist eine heilige Feier für die Pokot, und Gott sieht dabei zu.

Diese jungen Männer sind beschnitten worden, und ihre Wunden sind jetzt verheilt. Morgen und für alle Zeit werden sie sich wie Männer kleiden, doch heute werden sie für dich singen und tanzen. Wenn du einen Wunsch hast, sprich.«

Was hätte ich mir noch wünschen können? Sie waren gekommen, um mich in meinem Heim im Herzen Afrikas zu begrüßen. Ich war Teil ihres Lebens geworden, wie sie Teil des meinen geworden waren. Diese wilden Pokot-Krieger standen zwischen meinen Blumenbeeten, unter den Bäumen, die ich gepflanzt hatte und die unter meinen Augen herangewachsen waren, um mich zu ehren, mich, ein Mädchen aus Venezien, dessen Namen sie kannten, und mich als eine der Ihren zu akzeptieren. Die Wirklichkeit übertraf meine Kindheitsträume bei weitem.

Am Rande des Gartens standen zwei gelbe Fieberakazien, Erinnerungen an den Verlust und die Trauer, die ich als Preis für das Privileg hatte zahlen müssen, dieses Land zu beschützen. Sie beschworen Paolos und Emanueles Gesicht herauf. Wenn der Gott der Pokot zusah, dann auch sie. Liebe konnte nicht sterben: Meine Bewußtheit, mein Verantwortungssinn und mein Gefühl hierherzugehören waren aus meiner Liebe zu ihnen erwachsen.

Wie in einer gut einstudierten Choreographie kamen acht der Männer nach vorn und bildeten einen engen Kreis um uns. Sie rochen nach Rauch und Schweiß und Tierfett. Sie stellten eine Kürbisflasche in der Mitte auf den Boden.

Ich sah zu Simon hinüber, der am Rand des Kreises Wache stand und auf mein Zeichen wartete. Jetzt kam er heran und gab mir meine Tasche. Instinktiv begriff ich, was von mir erwartet wurde. Ich beugte mich vor und legte ein symbolisches Geschenk in die Flasche.

Gemeinsam spuckten die acht jungen Krieger als zeremoniellen Segen einen Sprühregen auf uns herab, und in diesem Moment begann erneut das Stöhnen aus über hundert Kehlen. Während sie wieder ihre Haare schüttelten, konnte ich drei Wörter verstehen. »*Therra gnowgnow, Mama Kuki.*« (»Danke, Mama Kuki.«)

»*Therra gnow-gnow*«, antwortete ich schlicht.

Geschlossen warfen sie ihre Köpfe zurück, die Haare fielen nach hinten, und einen flüchtigen Augenblick lang konnte ich ihre unverdeckten Gesichter sehen.

Ich begriff sofort, daß das die höchste Ehre war. Zusammen mit Sveva schritt ich den Kreis ab und dankte ihnen. Ich schüttelte jedem einzelnen die Hand, mit dem dreifachen Pokot-Handschlag, den ich in der Zeit mit Paolo gelernt hatte. Erneut gesichtslos, sangen die jungen Männer immer und immer wieder »*Therra gnow-gnow*«; ein hypnotisch wirkender Refrain, der wie ein natürlicher Laut klang, wie die Stimme eines Tieres der Erde oder eines Vogels im Wind; sein Echo klang nach, als sie schon lange fort waren.

Nachdem die letzten Pokot gegangen waren, spazierten Sveva und ich zu unseren Bäumen am Ende des Gartens. Das Feuer aus dem Holz des wilden Olivenbaumes brannte wie jede Nacht am Fuß der Bäume. Ebenso wie beim Elfenbeinfeuer wenige Nächte zuvor, reflektierte der Schein auf ihrem goldenen Haar und auf ihrer Haut, während ihre Augen die Erfahrungen ihrer ungewöhnlichen Kindheit widerzuspiegeln schienen.

Der von den Blättern unserer Dornenbäume eingerahmte klare Äquatorhimmel war mit Millionen heller, unbekannter Sterne übersät. Ich erinnerte mich daran, daß Emanuele eines Nachts, als wir draußen am Nagirir-Damm zelteten, zu mir gesagt hatte: »Manche dieser Sterne sind vor Millionen von Jahren gestorben. Und doch sehen wir heute ihr Licht.«

Ich erzählte es Sveva, und wir blickten gemeinsam nach oben, fühlten uns zerbrechlich, und doch stark, als Teil des Universums, in der tröstenden Erkenntnis der Ewigkeit. Das, was sie eines Tages sein wird, wird aus den Erfahrungen ihrer Kindheit erwachsen. Hier lag meine Hoffnung. Vor langer Zeit war ich ein kleines Mädchen gewesen, das von Afrika träumte.

Hand in Hand gingen wir zum Haus zurück. Es war ein außergewöhnlicher Tag gewesen, und ich wollte darüber nachdenken und ihn in meinem Tagebuch festhalten.

Die mit Messing ausgelegte Ebenholzschatulle, in der ich meine Stifte aufbewahre, hat einen doppelten Boden. Darunter liegen Paolos Briefe. Ich nahm sie heraus. Es war Jahre her, daß ich sie gelesen hatte.

Oben auf einem Blatt aus dünnem Luftpostpapier hatte er geschrieben: »Kuki«. Darunter hatte er die Konturen seiner Hand nachgemalt. Eine eigentümlich schlanke Hand.

Unten auf der Seite hatte er geschrieben: »Ich liebe dich. P.«

Ich legte meine Hand auf die Umrisse seiner Hand und wünschte, ich könnte noch immer ihre Wärme fühlen.

Da waren kleine Notizen. Eine auf ein Etikett gekritzelte lautete: »Ich WILL ein Kind mit dir.«

Ich entdeckte eine zusammengefaltete, aus einem Schulheft herausgerissene Seite. Paolo hatte nicht mehr die Zeit gehabt, sie mir zu geben, und seltsamerweise konnte ich mich nicht einmal erinnern, sie überhaupt schon gesehen zu haben. Im Bewußtsein des unwiderruflich Vergangenen las ich:

> ... in der POESIE entlädt sich das Herz. Als letztes bitte ich Dich, Gedichte zu schreiben und sie uns eines Tages lesen zu lassen. Du hast die Gabe, zu sehen, zu fühlen und Dich mitzuteilen. Ich habe die Zeit, die mir gegeben war, vergeudet, denn nie habe ich lang genug innegehalten, um zu sehen und zu fühlen. Doch Du hast es getan. Vielleicht hast Du für das, was Du erreicht hast, einen hohen Preis bezahlt. Vielleicht ist es das Einfachste von der Welt, aber weil man ein ganzes Leben braucht, um es zu lernen, ist es auch das wichtigste Geschenk, das Du uns machen kannst. Allen von uns, die Dich geliebt haben und noch immer lieben. Nur so wird uns, die wir Dich geliebt haben, alles wieder gehören: das Gute und das Böse, die Freude und die Begeisterung, die Melancholie und der Schmerz, die Menschen und die Orte, *e come era il tempo* ... die einzige wirkliche Eigenschaft wahrer Liebe ist Unsterblichkeit ... Ich werde Dich immer vor mir sehen, mein geliebter Schatten, auf dem Rasen in Laikipia, umgeben von den Hunden, wie Du Deine Gedichte schreibst. Und in Deinen Gedichten werde ich mit ewiger Hingabe und unendlicher Freude das strahlendschöne Land Deiner Schmetterlingsseele wiederfinden, an das ich mein Herz verschenkt habe. Sei glücklich. Dein P.
>
> P.S. Wenn Du es nicht für mich tust, tu es für Ema.

Ich starrte lange auf diesen Brief. Die Stille in meinem Schlafzimmer wurde nur durch das prasselnde Feuer unterbrochen. Von einem Schwarzweißfoto auf dem Kaminsims winkten mir Paolo im Gummiboot am Großen Damm und Emanuele, ohne Sattel vor ihm im Wasser reitend, ein letztes Lebewohl zu. Am mittleren Balken meines Himmelbetts hing immer noch der abgeschnittene Nylonfaden, an dem einst das

Straußenei befestigt war, das ein Geheimnis gehütet hatte. Wie ein anderes Straußenei hing an der Lehne meines Sessels Emanueles weißer Motorradhelm, der seinen Kopf beschützt hatte. Im Nebenzimmer schlief Sveva mit ihren Träumen.

Ich dachte über die Vergangenheit und über all diese Vorzeichen nach. Mir blieb keine Wahl. »Die einzige wirkliche Eigenschaft wahrer Liebe ist Unsterblichkeit.«

Umgeben von meinen Erinnerungen, nahm ich in dieser Nacht den Stift zur Hand und begann zu schreiben.

Laikipia, Juli 1989

Glossar

ayah	Krankenschwester, Dienstmädchen, Kindermädchen
boma	mit Stöcken oder Sträuchern umgebene Einfriedung
bunduki	Gewehr
bwana	Herr (Anrede)
chui	Leopard
duka	Geschäft, Laden
fundi	Handwerker
ganduras	wallender Umhang
gari	Auto
hapana	nein
jambo	Hallo
jikoni	Küche
jina	Name
kanga	traditionelles weites Frauengewand
kanzu	langes Kleid
kati kati	Mitte
kidogo	klein
kifaru	Nashorn
kifo	Tod
kijani	junger Mensch
kikoi	traditionelles weites Männergewand
kisima	Quelle
kisu	Messer
kondoo	Schaf
kubwa	groß
kufa	sterben, tot
kwaheri	auf Wiedersehen
kwenda	gehen
leleshwa	wilder Salbei
lugga	kleines Tal
maji	Wasser
makuti	Dach aus Palmenblättern
manyatta	traditionelle Behausungen einer Stammessippe innerhalb einer Einfriedung
maramoja	sofort

matatu	Taxi
mbogo	Büffel
mbwa	Hund
memsaab	Frau (Anrede)
mistuni	Wald
mlima	Hügel
mnyama	Tier
moran	junger Krieger
moto	heiß, Feuer
mpishi	Koch
mti	Baum
mugongo	zurück
mutamayo	Wilder Olivenbaum
mutaraguo	Zeder
ndege	Vogel
ndiyo	ja
ndovu	Elefant
ngoma	traditionelles Tanzfest
ng'ombe	Vieh
nurue	Schwein
nugu	Pavian
nyama	Fleisch
nyasore	der Dünne
nyoka	Schlange
nyukundu	rot
nyumba	Haus
pole	es tut mir leid
posho	Maismehlbrei
rudi	zurückkehren
sahau	vergessen
shamba	kleine Farm, Feld
shuka	Umhängetuch, Schal
simba	Löwe
taabu	Problem
wachungai	Hirten
wapi?	wo?
wasungu	Europäer/in
wazee	alte weise Männer